저는
인문학이
처음인데요

저는 인문학이 처음인데요

초판 1쇄 발행 2014년 3월 25일
초판 11쇄 발행 2019년 4월 05일
개정판 1쇄 발행 2021년 3월 30일
개정판 2쇄 발행 2021년 4월 15일

지은이 박홍순
펴낸이 조기흠

편집이사 이홍 / **책임편집** 권미경 / **기획편집** 최진
마케팅 정재훈, 박태규, 홍태형, 배태욱, 김선영 / **디자인** 표지 [★]규, 본문 디자인 결 / **제작** 박성우, 김정우

펴낸곳 한빛비즈(주) / **주소** 서울시 서대문구 연희로2길 62 4층
전화 02-325-5506 / **팩스** 02-326-1566
등록 2008년 1월 14일 제25100-2017-000062호

ISBN 979-11-5784-491-3 13100

지금 하지 않으면 할 수 없는 일이 있습니다.
책으로 펴내고 싶은 아이디어나 원고를 메일(hanbitbiz@hanbit.co.kr)로 보내주세요.
한빛비즈(주)는 여러분의 소중한 경험과 지식을 기다리고 있습니다.

저는
인문학이
처음인데요

박홍순 지음

H3 한빛비즈
Hanbit Biz, Inc.

인문학 입구에서 망설이는 그대에게

많은 사람들이 인문학 입구에서 서성인다. 그냥 문을 열고 발을 내디디면 될 일인데, 망설임의 시간이 길다. 혹은 용기를 내서 조심스럽게 노크를 했는데 응답이 신통치 않으면 다시 멀리 물러나곤 한다. 마치 영어에 자신 없는 사람이 외국인 앞에 섰을 때처럼 선뜻 다가서지 못하고 주춤거린다. 10년 가까이, 상당히 긴 시간 동안 영어를 접했으면서도 정작 필요한 순간에는 두려움 앞에서 말문이 막혀버린다.

왜 영어 앞에서 주눅이 들까? 이유는 크게 두 가지다. 하나는 절실하지 않아서다. 만약 외국의 거리에 던져져 있다면 무슨 수를 써서라도 그동안 배운 영어 단어나 문장을 조합해 의사소통을 시도할 것이다. 당장 내가 하지 않아도 큰 문제가 없다고 여기기 때문에 벽 앞에서 피해버린다. 다른 하나는 그동안의 영어 교육 방법이 잘못되었기 때문이다. 실제 사용할 수 있는 방식이 아니라 시험 중심으로 배웠기 때문에 어찌해야 할지 막막하다. 문법은 머리에 맴도는데 말문은 열리지 않는다. 혹은 실제 생활에 쓰일 일이 거의 없는 어려운 단어만 잔뜩 외우다 지쳐버렸던 기억도 우리를 의기소침하게 만든다.

인문학 입구에서 망설이는 이유도 마찬가지다. 막연하게 필요하다는 생각 정도이지, 나에게 필수적인 영역, 당장 사용해야 할 그 무엇이라는 절실함이 부족하기 때문이다. 인문학 없이도 먹고사는 데 불편함을 별로 느끼지 않는데, 굳이 수고로움에 몸을 맡기려는 동기가 생길 리 없다. 하지만 먹고사는 데만 만족한다면 굳이 우리가 스스로를 인간으로 주장할 이유도 별로 없다. 또한 엄밀히 따지자면 인문학은 먹고사는 문제에 직결되는 영역이다. 왜 점차 우리 사회는 먹고사는 일 자체가 점점 어려워지는 쪽으로 가는지를 고민한다면 곧바로 인문학과 만난다. 그간 학교에서의 인문학 교육 방법이 잘못되었기 때문이기도 하다. 마치 영어 단어나 수학 공식을 외우듯이 인문학도 암기해서 내 머릿속에 저장해두어야 할 대상으로 자리 잡았다. 이래저래 부담스러울 수밖에 없다.

인문학은 일상의 삶에 밀착해 있다. 일상과 분리된 인문학이라면 신기한 화석에 불과하다. 기원전 플라톤, 혹은 수백 년 전 근대 사상가의 글이 현재 우리의 구체적인 삶에 직접 관련이 없다면 박물관에서 만나는 낯선 유물에 지나지 않을 것이다. 그저 자신의 박학다식함을 뽐내는 수단일 뿐이다. 인문 고전이 필요한 것은 우리의 현실에서 절실한 인문학적 사유와 다양한 문제의식을 담뿍 지녔기 때문이다.

이 책은 인문학 입구에서 망설이는 사람들을 위해 만들어졌다. 영어 문법이나 단어처럼 우리를 질리게 하는 방식이 아니라 일상의 삶과 생각에서 출발했다. 이를 위해 상대적으로 친근한 미술작품, 영화나 연극, TV드라마와 다큐멘터리 등에 나타난 인간의 삶에 인문학적 사유를 녹여

내는 방식으로 접근했다. 일상생활과 상상력을 통해 촉발된 인문학적 사유를 심화하기 위해 관련된 인문 고전을 연결하고, 풍부하게 이해할 수 있도록 현실의 사례를 통해 풀어냈다. 이 책이 마치 자기 방문을 열듯이 자연스럽게 인문학의 문을 여는 데 도움을 줄 수 있다면 저자로서 큰 보람을 느낄 것 같다.

2014년 봄의 입구에서, 박홍순

목차

2부 나를 돌아보는 시간

3부 삶과 죽음 그리고 행복

4부 관계 안의 인간

5부 돈과 일 그리고 여가

1

상상력이
인문학의 첫걸음이다

인문학의 힘

인문학은 참 고약하다. 꼭 계륵과 같다. 큰 쓸모나 이익은 없는데 왠지 버리기는 아까운 그 무엇 말이다. 고상하게 말하면 의식주, 좀 더 노골적으로 말하면 돈 버는 데 직접적으로 도움이 되는 것 같지 않은데, 자꾸 필요하다고들 말한다. 심지어 요즘 직장에서는 인문학과 접촉을 하지 않으면 아무 생각 없는 사람으로 취급받기 일쑤다. 사기업은 물론이고 공기업에서도 연수 과정에 인문학 프로그램이 단골 메뉴로 들어가곤 한다.

제한된 시간을 쪼개 써야 하는 대학생과 직장인 입장에서는 이래저래 큰 부담으로 다가온다. 사실 영어 스펙을 쌓거나 업무와 관련된 전문 지식을 흡수하기에도 시간이 모자란 판이다. 게다가 직장에 다닌다면 정해진 업무 시간 이외에도 추가로 일을 해야 하는 경우가 많기 때문에 시간을 내는 것 자체가 쉽지 않다. 하지만 거의 의무처럼 인문학을 강조하는 분위기이다 보니 여간 부담스러운 게 아니다.

우리를 주눅 들게 하는 인문학

문제는 인문학이 그리 만만하지 않다는 점이다. 밑도 끝도 없는 느낌이랄까? 어디서부터 시작해야 할지 막막하다. 당장 무슨 책을 읽어야 할지부터 갈피를 잡을 수가 없다. 일단 적당한 책을 소개받았다 하더라도 그다음에는 어느 책에 손을 대야 하는지 쉽게 판단이 안 선다. 더 난감한 문제는 철학이나 미학, 역사학에 관한 입문서라고 해도 도무지 이해하기가 어렵다는 점이다. 쉬운 건 둘째 치고 몇 페이지를 끙끙거리며 읽고 나면 다음으로 넘어가려는 순간 앞의 내용이 가물가물하다. 은근과 끈기로 한 권을 다 읽고 좀 더 심화된 책으로 한 발짝만 더 들어가면 머리가 아파온다. 인문학 책들은 한 문장 한 문장을 이해하는 일조차 힘겨울 때가 많다. 그러다 어느 순간 책꽂이를 보면 앞부분만 조금 읽다가 꽂아둔 책들이 패잔병처럼 도열해 있다.

조금은 더 적극적으로 도움을 받기 위해 인문학 관련 강연을 찾기도 한다. 한두 번 듣다 보면 뜬구름 잡는 느낌에서 벗어나기 어렵다. 흔히 '공자님 말씀'이라고 표현하듯이 뭔가 듣기 좋은 이야기만 골라서 하는 기분이랄까? 혹은 지금 듣는 이야기가 내가 살아가는 일과 어떤 관련이 있는지 불분명하게 다가오곤 한다. 결국 꾸준히 참석하겠다던 처음의 마음은 어느샌가 사라지고 다시 일상으로 돌아가고 만다.

▲ 《레 미제라블》은 장발장의 이야기뿐만 아니라 민중의 가난과 고통, 시민혁명 등의 주제를 담고 있다.

그나마 나름대로 부단히 인문학의 문을 두드린 사람들은 나은 편이다. 대부분의 성인은 다른 나라의 웬만한 고등학생 정도면 이미 다 정독했을 만한 기본적인 고전 소설조차 낯설게 느낀다. 빅토르 위고의 《레 미제라블》이 뮤지컬과 영화로 대히트를 쳤지만 정작 책을 읽어본 사람은 매우 드물다. 읽은 듯한 착각을 하고 있을 뿐이다. 초등학교 때 동화책으로 짧게 장발장의 모험에 대해 읽은 정도가 전부다. 그저 가난 때문에 빵 한 조각을 훔쳤다가 19년간의 감옥살이를 한 장발장 이야기 말이다. 감옥에서 나온 후 교회 물건을 훔쳤다가 신부의 관용과 사랑으로 양심의 눈을 뜬 이야기, 여러 가지 우여곡절을 겪으며 시장이 되고, 다시 감옥에 갇힌 후 탈출하는 이야기, 장발장의 뒤를 쫓는 어떤 경감을 피해가며 결국 가난한 여공의 딸을 보호하는 이야기 정도가 기억에 남

상상력이 인문학의 첫걸음이다

아 있다. 이 이야기들이 내용 전개의 핵심적인 배경을 이루는 프랑스대혁명과 어떻게 맞물리는지에 대해서는 깜깜하다.

　세르반테스의 《돈키호테》도 비슷한 경우다. 돈키호테의 모험담을 모르는 사람이 거의 없지만 완역된 내용 전체를 읽은 사람은 그리 많지 않다. 마찬가지로 아마 초등학교 때 어린이용으로 나온 동화책을 통해 접한 경험이 대부분일 것이다. 서양 봉건사회의 대표적 우상인 신분제의 거드름을 무너뜨리고 교회 권력을 발가벗기는 돈키호테를 추적하는 사람이 얼마나 있을까? 몇 년 전 노벨연구소가 세계 최고의 작가 100명을 대상으로 한 설문조사에서 《돈키호테》가 '문학 역사상 가장 위대한 소설'로 선정되기까지 했던 사실에 비추어보면 우리 사회의 지적 게으름을 다시 한 번 확인하는 사례인 것 같다.

　인문학 고전 중에 가장 접근하기 쉬운 대표적인 고전 소설이 이 정도이니 철학이나 역사학과 관련된 고전들이 어떤 처지일지는 불을 보듯 뻔하다. 어떤 계기로 철학 책을 펼쳐보았다가 이내 덮어버린 기억이 생생할 것이다. 개념어와 개념어 사이를 널뛰기 하듯 넘어다니는 내용에 질려버리기 십상이다. 텍스트 분석 훈련이 잘 안 되어 있기 때문에 생긴 결과다. 한 문장 한 문장을 곱씹으며 읽는 습관 자체가 없기도 하다.

　이래저래 인문학은 우리를 주눅 들게 한다. 차라리 나랑 인연이 없다며 무시해버리기라도 할 수 있으면 좋으련만 그조차도 꺼림칙하다. 당장 사회나 직장에서 인문학을 권하는 분위기도 그렇지만, 스스로 인문 교양을 쌓고 싶은 욕구도 분명히 가지고 있기 때문이다. 정신없이 반복되는 일상 속에서 무언가 내면을 향한 갈증이 내 안에 있음을 부정할 수 없으니 말이다.

왜 인문학이 필요한가

인문학의 상실은 곧바로 학문의 상실을 낳는다. 과장이라고 할지 모르겠다. 문학, 역사학, 철학이 위기라고 해서 멀쩡한 다른 학문이 왜 졸지에 문제가 되느냐고 의아해할 수도 있다. 한국사회에서 가장 인기가 있는 학문인 경영학, 법학, 의학을 생각해보자. 이들 학문은 공통적으로 인간을 다룬다. 경영은 인간 경영을 기반으로 한다. 법정에서 인간 아닌 동물을 대상으로 재판을 할 리가 없다. 의학이야 더 말할 나위도 없다. 인간을 상대로 하기 때문에 이러한 각 영역에 윤리가 결합된다. 경영 윤리, 법 윤리, 의료 윤리처럼 말이다. 인문학은 각 학문 영역에 윤리성을 부여한다. 그렇기 때문에 인문학의 상실은 곧바로 학문에서 윤리를 떼어낸다. 한국사회에서 그 전형적인 현상을 발견할 수 있다.

먼저 경영 윤리부터 보자. 한국의 대기업은 합법과 편법, 불법 가리지 않고 온갖 문제들을 만들어낸다. 부동산 투기는 말할 것도 없고 각종 투기의 선봉에 대기업이 서 있다. 한 달이 멀다 하고 기업의 비리나 부패 관련 기사가 쏟아져 나오는 게 한국사회의 현실이다. 횡령과 불법 비자금 조성, 주가 조작 등으로 한두 번 재판을 받지 않은 대기

상상력이 인문학의 첫걸음이다

업 총수가 드물 정도다. 편법 상속은 너무나 비일비재해서 이제는 새로운 일도 아니다. 이 가운데 기업의 부동산 투기 문제를 좀 더 자세히 들여다보자.

한국은 부동산 투기가 극성을 부리는 나라다. 지난 50년 동안 GDP와 땅값의 상승을 비교하면 좋은 참고가 된다. GDP는 1964년 7천억 원에서 2015년 1,560조 원으로 상승했다. 한국은행 발표에 의하면 같은 기간에 민간 소유 땅값은 1조 7천억 원에서 8,400조 원으로 상승했다. 무려 4천 배가 올랐다. 이 기간 GDP 상승이 민간 소유 땅값 상승분의 4분의 1 수준이다. 토지 집중 현상도 심각하다. 30퍼센트가 안 되는 사람이 우리나라 전체 사유지의 99퍼센트를 차지한다. 다른 부분에 비해 많은 이익을 제공해왔기에 부동산은 수익률이 가장 높은 투자 상품이라는 사고방식이 지배한다. 특히 대기업이 부동산 투기의 선봉에 서 있다.

기본적으로 기업이 경영 윤리에 충실하다고 할 때, 기술개발에 자본을 투자하고 경영혁신을 통해 생산성을 높여 더 많은 이윤을 창출하는 경우를 말한다. 4차 산업혁명 시대를 대비하기 위해 기업의 기술 경쟁력 강화와 시설투자 확대가 필요하다는 주장이 더 빈번하게 제기되는 중이기도 하다. 하지만 그 이면에는 한국 대기업들의 부동산 투기를 통한 이윤 극대화가 기승을 부리는 중이다.

국세청 통계자료에 의하면 2007~2017년 개인 토지는 5.9퍼센트 줄어든 반면 법인 토지는 무려 80.3퍼센트나 증가했다. 법인 토지 증가량은 판교 신도시의 1천 배, 서울 여의도의 3,200배나 된다. 상위 10

퍼센트 기업이 소유한 토지는 2배 늘어났으며, 부동산 가격으로 치면 485조 원에서 1,212조 원으로 약 2.5배 늘었다. 증가분 가운데 88퍼센트는 상위 1퍼센트 재벌과 대기업이 차지했다.

부동산 투기는 한국 사회에서 소득 불평등의 주범이다. 또한 생산적 활동과 거리가 멀다는 점에서 경제의 비효율성을 증가시키는 주범이기도 하다. 다른 나라와 비교를 해봐도 한국 기업의 이러한 행태는 투기 말고는 다른 해석이 어렵다. 기업이 생산적인 자본재에 투자하는 비용에 대비하여 90퍼센트 이상이 토지인 비생산, 비금융 자산의 순구입 비율을 보면 한국이 평균 15.92퍼센트인데 반해 OECD 평균은 1.49퍼센트다. 한국이 무려 10배나 높다. 게다가 법인의 토지 면적 증가의 72.5퍼센트가 전답, 과수원, 골프장 등이어서 낮은 보유세 부담을 이용한 투기 목적의 토지 매입임을 알 수 있게 한다.

세계경제의 어려움, 특히 중국의 맹렬한 추격 때문에 한국경제의 어려움이 강조되는 와중에도 대기업들은 부동산 투기에 집착해왔음을 보여준다. 토지는 재생산이 불가능하기에 늘어날 수 없는 재화다. 재벌, 대기업 보유 토지 증가는 다른 한편으로 개인과 중소기업의 보유 토지가 줄어든다는 말이 된다. 부동산 투기로 가격이 급등한 결과 대기업은 천문학적인 액수의 불로소득을 누리지만 중소기업, 벤처기업, 신규기업은 그만큼 더 비싼 가격을 주고 구입하거나 임대해야 하기 때문에 부담은 더 커진다. 대기업의 경영 윤리 부족이 한국경제와 대다수의 사회구성원에 얼마나 큰 피해를 주는지 보여주는 사례다.

　　　　　　　　　　　　상상력이 인문학의 첫걸음이다

우리는 흔히 자본주의를 비정한 이윤 논리만으로 생각한다. 윤리나 정의는 아예 발붙일 여지도 없는 돈의 전쟁터로만 여긴다. 자본주의와 기업이란 원래 그렇다는 생각이다. 마치 셰익스피어의 《베니스의 상인》에 나오는 악덕 고리대금업자 샤일록처럼 말이다. 샤일록은 성경에 나오는 야곱의 예를 근거로 아무런 제한 없는 이윤 추구 행위를 정당화한다.

"바야흐로 생식 작업이 활발하게 진행되는 중에 말씀이야, 빈틈없는 야곱이 껍질을 벗긴 가지를 한창 재미를 보고 있는 암컷 눈앞에다 꽂아놓았단 말씀이에요. 그런데 그때 밴 새끼들이 전부 반점이 있었기 때문에 몽땅 야곱의 것이 되었단 말씀이야. 이게 바로 돈 버는 방법이죠. 야곱은 하늘의 축복을 받은 거죠. 이득을 본다는 건 축복이란 말씀이에요. 훔친 것이 아니라면 말씀이야. (…) 전 돈도 새끼를 낳게 합니다."

샤일록이 경제 행위에 대해 어떤 생각을 갖고 있는지를 자세하게 보여주는 대목이다. 양이 새끼를 낳을 때 표시가 나도록 해서 자신의 것으로 만들었다는 이야기다. 결론적으로 훔친 것만 아니라면 이득을 본다는 건 축복이라고 말한다. 즉 법으로 정한 범죄가 아닌 이상 개인이 이익을 극대화하기 위해 취하는 모든 행위는 정당화될 수 있다는 뜻이다. 고리대금도 이러한 관점에 비추어보자면 현실적으로나 도덕적으로 전혀 문제 될 게 없다는 주장이다. 자신은 돈도 새끼를 낳게 한다는 말에서 알 수 있듯이 돈으로 돈을 불리는 것은 야곱이 양을 통해 재산을 증식한 것과 조금도 다를 바가 없다. 그의 관점에서는 더 많은 양을 낳아서 부자가 되는 것이 정당하듯 높은 이자율로 더 많은 돈을 만들어내는 게 문제 될 것이 없다.

연극 〈베니스의 상인〉의 한 장면을 보자. 샤일록이 재판정에서 증서에 적힌 대로 안토니오의 가슴 옆의 살 1파운드를 베어내려는 순간이다. 안토니오의 친구가 빌린 돈의 세 배를 대신 지불하겠다고 제안한다. 판사도 증서의 기한이 지켜지지 않아 샤일록에게 심장 옆에서 1파운드의 살을 베어낼 권리가 있지만 자비를 발휘하여 원금의 세 배를 받고 증서는 찢어버리자고 권한다. 하지만 안토니오에게 원한을 가진 샤일록은 오직 법률대로, 증서대로만 재판을 하겠다며 이를 거부한다. 판사는 우리가 잘 알고 있는 요구를 한다.

"이 증서에는 한 방울의 피도 원고에게 준다고 되어 있지 않았소. 분명히 '살 1파운드'라고만 쓰여 있소. 그러므로 증서대로 '살 1파운드'를 떼어 가지시오. 그러나 살을 베어낼 때 피 한 방울이라도 흘리면 원고의 토지나 재산은 베니스 국법에 의해서 전부 국고로 몰수하겠소. (…) 살은 꼭 1파운드만, 그 이외에 많거나 적게 잘라서는 안 되오. 만일 1파운드보다 많거나 적게 자를 경우에는 그것이 설사 20분지 1이나 머리카락 하나의 차이라도 차이가 난다면 그대의 생명은 없소."

결국 샤일록은 재판에서 패소한다. 전 재산을 잃고 모든 권리를 박탈당한 샤일록은 비참한 모습으로 법정을 떠난다. 샤일록을 단죄한

상상력이 인문학의 첫걸음이다

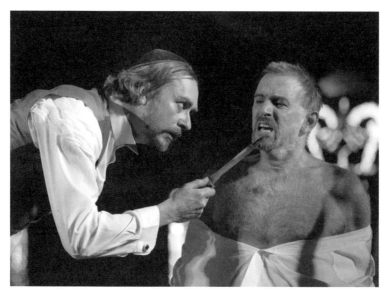

▲ 연극 〈베니스의 상인〉의 한 장면

셰익스피어의 생각은 그 시대 평범한 사람들의 윤리 감정을 반영한다. 하지만 현재 한국사회에서는 고리대금업이 도덕적으로도 완전한 시민권을 얻은 듯하다. 불법 추심원들의 밤낮 없는 협박, 고리채에 의한 가정 파괴 등이 더 이상 낯선 현상이 아니다. TV를 켜면 고리대금업체들의 광고가 끊이지 않는다. 심지어 한국을 대표하는 대기업들도 신용카드를 매개로 고리대금업에 뛰어들었다. 한국의 대기업과 상당수 사람들의 상식은 범죄만 아니라면 어떤 수단과 방법을 사용하든 모든 이윤 극대화가 다 정당화될 수 있다고 여긴다. 우리는 흔히 최소 투입에 최대 산출이라는 경제적 효율성의 원리를 실현하는 것이라면 무엇이든 문제될 게 없다고 생각한다.

범죄만 아니면 어떻게 돈을 벌든 상관없다는 논리는 당연히 내가 번 돈 내가 어떻게 쓰든 무슨 상관이냐는 논리로 이어진다. 자본주의사회에서 내 돈 내 맘대로 쓰는데 누가 뭐라고 할 것이냐는 생각이 지배한다. 한국사회에서 식을 줄 모르는 명품 추종 현상도 같은 맥락이다. 핸드백 하나에 수천만 원, 청바지 하나에 수백만 원을 넘는 것이 이제 더 이상 놀라운 일이 아니다. 수십억 원이 넘는 주택도 넘쳐나고, 재벌 2세들이 외국 도박장에서 하룻밤에 수십억 원을 날리기도 한다.

부를 지닌 사람들이 적극적으로 소비를 해야 경제가 활성화되는 것 아니냐는 그럴싸한 근거까지 제기된다. 적어도 자유주의사회에서 그러한 행동을 사회적으로 비난해야 할 이유는 전혀 없다는 입장이다. 아예 한술 더 떠 경제나 소비 문제에 대해 도덕적 잣대를 들이대서는 안 된다고 말한다. 이러한 사고방식에는 인문학이 끼어들 자리라곤 단 한 뼘도 없다.

하지만 인문학이 주목하는 인간은 독립적이거나 고립된 개인이 아니다. 인문학은 인류 전체까지를 인간을 이해하는 시야로 받아들인다. 구호단체인 월드비전에 따르면 지금도 세계에서는 어린이가 7초마다 한 명씩 영양실조나 이와 관련된 질병으로 죽어가고 있다. 네 명 중한 명의 어린이와 그 가족이 하루 1달러도 되지 않는 돈으로 살아가고 있다. 또한 유엔 세계식량계획WFP에 따르면 전 세계에서 매일 8억 5천만 명이 저녁을 굶고 잠자리에 들고 있으며 이 가운데 절반이 어린이다. 세계경제개발연구소 발표에 의하면 세계 성인 1퍼센트가 전 세계 부의

40퍼센트를 소유하고 있으며 세계 부의 30퍼센트는 미국이 갖고 있다. 이러한 현실에서 가진 사람들의 도덕적 책무를 의미하는 '노블레스 오블리주Noblesse oblige'는 어찌 보면 인문학적 소양을 가진 사람이 취해야 하는 가장 최소한의 마음일 것이다.

이는 인간 사회가 단순히 경제 논리, 이윤 욕구에 의해서만 움직여서는 안 된다는 믿음이다. 《자유론》으로 우리에게 잘 알려진 존 스튜어트 밀은 "경제학은 하나만으로 유리된 것이 아니며, 보다 큰 전체의 일환이고, 그 밖의 모든 부분과 밀접히 관련된 사회철학의 한 부분이다. 따라서 그 고유 영역 내에서의 결론도 일정한 조건이 수반될 때만 정당하다. 그것은 경제학 자체의 범위 내에서는 없는 여러 원인으로부터의 간섭이나 반작용의 제약을 받는다는 것이다."라고 말한다.

막스 베버는 자본주의는 그 출발에서부터 도덕적 토대와 뗄 수 없는 관계를 지녔다고 강조한다.

오늘날 우리들은 직업인일 수밖에 없다. 왜냐하면 금욕은 수도원에서 직업생활의 한가운데로 옮겨지고, 세속 내의 도덕을 지배하기 시작하는 동시에, 기계적 생산의 기술적·경제적 조건에 묶여 있는 경제조직, 그 강력한 세계질서를 만들어내는 데 힘을 더하게 되었기 때문이다. 이 세계질서야말로, 압도적 힘을 가지고, 현재 그 기계장치 속에 들어가는 일체의 제 개인의 생활을 결정하고 있고, 장래도 아마 화석화된 연료의 최후의 한 조각이 탈 때까지 그것을 결정할 것이다. 《프로테스탄티즘의 윤리와 자본주의 정신》

막스 베버에 의하면 자본주의사회를 만든 것은 프로테스탄트, 즉 신교도들이었다. 그들이 근면과 절약을 좌우명으로 삼아 자신의 직업을 신에게 부여받은 천직이라 생각하며 신앙생활을 하듯 자기 목적적으로 노동한 결과다. 처음부터 기업가는 사치와 향락에 빠져 있었을 것 같지만 전혀 그렇지 않다. 근대 초기의 시민계급은 귀족과 대비되는 절약과 검소함의 상징이었다. 이는 시민계급의 형성 과정을 통해 일정하게 확인할 수 있다. 적어도 영국과 프랑스의 경우 아래로부터 시민계급이 형성되었다. 즉 농민 중에서 근면과 성실을 무기로 부를 축적한 부농이 출발점이 되었다. 근면한 노동을 통해 부를 축적하는 것은 신의 은총에 부응하는 일이라는 신교 윤리관과 맞물리면서 자본주의 발전의 동력이 되었다는 주장이다.

물론 대규모로 자본이 축적되고 사회 전체가 기업가 중심의 자본주의로 자리 잡은 시기인 19세기로 접어들면서부터는 이들이 다시 사치와 향락의 주인공이 된다. 하지만 현재까지도 일정하게는 근검과 절약의 정신을 이어가는 기업가들도 있다. 미국에서 상속세 논란이 있을 때 기업의 사회적 책무를 강조하며 반대운동의 선봉에 섰던 대표적인 기업가들이 그러하다.

워렌 버핏은 학창 시절 신문 배달 등으로 모은 9,800달러를 밑천으로 삼아 50년 만에 세계적인 갑부가 되었다. 하지만 현재도 검소한 생활을 유지하는 것으로 유명하다. 1958년에 오마하에서 산 3만 1,500달러짜리 집에서 거주하며 계속 중고차를 구입해서 운전한다. 주로 20

▲ 근검과 절약의 정신을 이어가는 대표적인 기업가. 워렌버핏 & 빌 게이츠.

달러짜리 스테이크 하우스에서 식사를 하고 12달러짜리 이발소를 이용한다. 딸이 돈을 빌려달라고 하자 "돈은 은행에 가서 빌리는 것이다. 축구팀에서 아버지가 유명한 센터 포드였다고 그 자리를 자식이 물려받을 수 없다."며 자립을 강조했던 일화는 잘 알려져 있다. 빌 게이츠도 마찬가지다. 잦은 출장 중에도 비행기는 이코노미클래스만 이용한다. 호텔도 작은 규모의 일반실을 사용하고 맥도날드 햄버거로 식사를 해결하는 경우도 많다. 2007년 한 인터뷰에서는 자녀들에게 매주 1달러의 용돈을 주고 있다고 했다. 집안일을 도와주면 일의 가치에 따라 추가 지급하는 방식이었다. 이조차 3등분하여 소비, 저축, 기부에 사용하도록 했다.

이들은 단순히 세금을 통한 사회적 기여만이 아니라 축적한 부의 사회 환원에도 적극적이다. 워렌 버핏은 10여 년 전에 "향후 수십 년 동안 재산 대부분을 기부하겠다."고 공언한 뒤 매년 보유 주식을 기부하고 있다. 그동안 기부한 주식을 환산하면 467억 달러에 달한다. 남은 재산도 생전 혹은 사후에 모두 자선사업에 사용할 계획이라고 발표한 바도 있다. 빌 게이츠도 자기 재산 대부분을 사회에 기부하겠다고 선언했다. 그간 빌 게이츠 내외가 기부한 자산의 가치는 총 500억 달러에 달하는 것으로 알려졌다. 부의 획득이 개인 능력만이 아니라 사회적 요소도 작용한 것이기 때문에 사회적인 역할을 일정하게 해야 한다는 도덕적 책무의 발로일 것이다.

법 윤리는 어떠한가? 한국사회에서 법학은 오래전에 인문학의 뿌리를 싹둑 잘라냈다. 오직 사법고시 준비만이 전부가 되어버렸다. 철학이나 미학은 아예 법학과 무관한 학문으로 치부된다. 유럽은 물론이고 흔히 경제 동물이라고 불릴 정도로 효율성에 집착하는 일본만 하더라도 법학과 출신 철학자나 문학가가 꽤 있다. 하지만 한국사회에서 그런 사람은 거의 찾아볼 수 없다.

법에서 윤리가 사라진 상태에서 법은 정해진 법률 내에서 유죄와 무죄를 판별하고 형량을 저울질하는 단순한 기술로 전락해버렸다. 이미 한국 법조계에서 오랜 전통으로 자리 잡은 '전관예우 관행'은 하도 유명해서 재판에 대해 약간의 관심을 가진 사람이라면 누구나 알고 있을 정도다. 판사나 검사 출신이 변호사 개업을 했을 때 일정 기간 재판에서 '예우'해주는 관행 말이다. 말이 예우지 사실상 가장 치졸한 범죄행위다. 해당 변호사가 맡은 재판에 대해 검사와 판사가 최소 형량을 구형하거나 선고한다. 재판이 정의와 법에 의해서가 아니라 변호사의 출신에 의해서 좌우되니 법의 이름으로 자행되는 사기 행위가 아니고 무엇이랴. 우리 사회의 뿌리 깊은 관행으로 이미 굳어져버려서 어디서부터 손을 봐야 하는지조차 막막할 지경이다. 법이 인문학의 기반을 잃어버리고 윤리에서 분리되는 순간 어떤 추악한 문제가 생길 수 있는지를 극명하게 보여준다.

　　의료 윤리 문제도 만만치가 않다. 의사 개인의 문제로 돌리기 어렵다. 의대 진학 후 전공 공부에만 매달려야 하기에 인문학을 접할 시간이 거의 없다. 의료 '윤리'에 대한 고민과 통찰이 좁아질 수밖에 없는 조건이다. 물론 교육 체계만의 문제는 아니다. 공공의료 중심의 유럽과 달리 기업화된 병원 위주의 의료 체계인 점도 크게 작용한다. 공공병상은 비율로 따지면 10퍼센트 남짓이고, 공공병원은 수로 따지면 5~6퍼센트 수준이다. OECD 회원국 중 밑바닥이다.
　　한국사회에서 '과잉 진료' 논란이 어제 오늘의 일이 아니게 된 것도 의료 윤리의 취약과 관련이 깊을 수밖에 없다. 건강보험심사평가원 자료에 따르면, 지불한 진료비가 적정한지를 묻는 진료비 확인 접수가 매년 약 2만 건에 이른다. 이 가운데 실제로 환불된 경우도 3분의 1 가량이다. 과잉 진료를 의심하는 의료 소비자가 많다는 뜻이다. 한국의 항생제 사용량이 OECD 평균의 1.6배에 달하는 점도 과잉 진료와 무관하다고 하기 어렵다.
　　의약분업 제도는 의료 비용을 더 들이지 않고 양질의 의료 서비스를 받게 될 것이라는 정책 목표 아래 2000년부터 시작되었다. 하지만 연간 수조 원에 달하는 직접적인 보험진료비 증가에도 불구하고 의료 환경이 이전에 비해 나아졌다고 생각하는 의료 소비자의 수는 그리 많지 않다. 민간병원에서는 수익 증가를 위해 이미 공급이 수요를 초과하고 있음에도 병상을 증가시키고 있다. 인구당 병상이 OECD 평균을 넘어선 상태다. 과잉 공급된 병상과 각종 고가 장비가 필요 이상의 의료비 지출을 유도한다. 첨단 고가장비도 OECD 평균의 두 배 수준이다. 환자의 의료비 부담은 갈수록 늘어난다. 의료에서 윤리가 분리되는 순간 환자가 더 많은 이윤을 위한 수단으로 취급되는 현실로 귀착된다.

몇몇 인기 있는 학문 분야에서 살펴보았듯이 인문학의 실종은 각 학문에서 윤리를 잃어버리게 한다. 윤리의 상실은 철학의 부재를 의미한다. 철학이 없는 곳에서 오직 기술적 합리성과 이윤 논리만이 지배하는 현상이 나타나는 것은 당연지사다. 학문으로서의 의미는 사라지고 기술과 상행위만이 남는다. 우리 사회에서 인문학이 얼마나 절실한지를 비뚤어진 현실 자체가 웅변적으로 보여주는 셈이다.

인문학에 대한 편견부터 없애자

우선 인문학이란 무엇인지에 대한 이해가 필요하다. 어떻게 갈지 갈피를 잡기 위해서는 우선 어디로 갈지를 가늠해야 한다. 하지만 우리 주변에는 인문학에 대한 여러 가지 오해가 만연해 있어서 갈 길을 혼란스럽

상상력이 인문학의 첫걸음이다

▲ 드라마 〈시크릿 가든〉의 한 장면

게 한다. 먼저 인문학을 자신을 꾸미는 유용한 능력이나 장식으로 여기는 입장이다. 드라마 〈시크릿 가든〉에서 미술관에서 선을 보는 이유에 대한 현빈의 대사가 장안의 화제가 되었던 적이 있다.

> "마네 좋아하시나 봐요. 미술관에서 선 보는 커플은 우리밖에 없을 듯
> 싶은데."
> "시간 낭비를 안 해도 되거든요."
> "그게 무슨?"
> "걸음걸이 보면 성품 나오고, 그림 보는 안목 보면 교양 수준 보이고, 미
> 술관에 어울릴 사람인지 클럽에 어울릴 사람인지, 향수 취향이 노골적
> 인지 우회적인지 답이 빠르니까."

미술에 대한 안목이 그 사람의 인격과 품위를 말해준다는 의미다. 현대미술은 단순히 보는 미술이 아니라 이해하는 미술이다. 감각적이기보다는 이지적인 요소가 지배적이다. 현대미술은 미술과 미학의 역사, 특히 현대철학에 대한 일정한 이해를 전제로 하기 때문에 결국 미술을 통해 인문학적인 소양을 어느 정도 확인할 수는 있다. 이 드라마가 방송된 이후 미술관을 찾는 사람들의 발길이 늘었다고 하니 웃어야 할지, 씁쓸해해야 할지 모르겠다. 경험론 철학의 아버지라 불리는 베이컨은 이러한 유용성을 어느 정도는 인정한다.

> 학문을 하는 것은 즐거움과 장식과 능력을 위해 도움이 된다. 즐거움을 위한 효용은 혼자 한가하게 있을 때 나타난다. 장식으로서의 효용은 다른 사람과 대화를 나눌 때 나타나고 능력을 위한 효용은 사물을 판단하고 처리할 때 나타난다. 《학문에 관하여》

확실히 학문은 혼자 있을 때 즐거움을 줄 수 있다. 며칠 동안 조그만 방 안에 혼자 있어야 하는 상황이라 하더라도 인문학에 익숙한 사람이라면 책을 통해 지루하지 않게 혼자만의 시간을 즐길 수 있다. 또한 인문학적인 소양을 갖추고 있는 사람은 풍부한 지식이 있어서 타인을 끌어당기는 힘이 있다. 나아가서 어떤 현상이나 사건에 대해 더 깊게 통찰할 수 있다. 인문학은 세상을 살아가는 데 유용하게 작용한다.

하지만 지식의 축적에서 오는 즐거움과 장식이 인문학의 효과일 수는 있어도 인문학의 의미를 충분히 설명해주지는 않는다. 인문학뿐만이 아니라 학문 일반의 의미가 단순히 더 많은 지식을 우리 머릿속에 넣어두는 데 머물지 않는다. 살아가는 데 필요한 지식으로 본다면, 막스 베버도 지적하듯이 차라리 미개인이 더 뛰어날 수 있다.

> 우리들은 학문이 없는 미개인에 비해 자신의 생활조건을 더 잘 알고 있다고 말할 수 없다. (…) 그에 비해 미개인은 그날의 식량을 얻기 위해서는 어떻게 해야 하는가, 또 어떤 옛 가르침이 유용한가를 잘 알고 있다. 그러므로 학문을 한다는 것이 반드시 그만큼 자신의 생활조건에 관한 일반적인 지식을 많이 갖는다는 의미는 아니다. 《직업으로서의 학문》

　　실제로 일상의 지식은 글자라고는 배워본 적도 없는 전통사회의 보통 사람들이 우리보다 더 많이 알고 있을 수 있다. 현대인은 자신이 사용하는 도구에 대해서조차 잘 모른다. 예를 들어 복사기를 이용하거나 운전을 하지만 그 기계에 대해 잘 알지는 못한다. 어떤 원리에 의해 작동하는지, 문제가 생겼을 때 어떻게 해야 하는지를 모른다. 다만 도구로 이용할 뿐이다. 하지만 전통사회의 농민들은 농사일과 자신이 사용하는 농기구에 대해 누구보다도 정확한 지식을 갖고 있다. 심지어 의식주에 필요한 것들을 스스로 만들기도 한다. 그러므로 우리가 살아가는 데 필요한 지식을 더 많이 아는 일이 인문학의 근본적인 목적일 수는 없다.

　　또한 다른 사람과 대화를 나눌 때 필요한 설득의 수단을 얻는 것을 인문학의 목적으로 보는 견해도 충분하지 않다. 물론 논리적인 설득력을 갖게 되는 것이 인문학의 중요한 성과 중의 하나임은 분명하다. 아리스토텔레스가 강조한 바와 같이 설득은 인간의 고유한 능력을 계발하고 사용하는 일이기도 하다.

> 참인 것과 좋은 것은 본성적으로 더 증명하기 쉽고 설득력이 있다. 더욱이 몸을 사용해서 자기 자신을 보호할 수 없다는 것이 부끄러운 일인 데 반해 말을 사용해서 그럴 수 없다는 것은 부끄러운 일이 아니라고 한다면, 이는 이치에 맞지 않는다. 연설을 사용하는 것이 몸을 사용하는 것보다 인간에게 더 고유한 특징이기 때문이다. 《수사학》

우리는 고립된 채 혼자 살아갈 수 없는 이상 늘 누군가를 설득해야 하는 상황을 마주한다. 단순히 성품이 좋다고 해서 그 사람의 말을 신뢰하지는 않는다. 설득에 필요한 공감을 얻을 수 있겠지만 확신을 심어줄 수는 없다. 어떤 주제에 대한 설득의 수단은 별도의 능력을 필요로 한다. 인문 고전은 글이라는 수단을 이용해 자신의 관점을 타인에게 설득하는 방식으로 쓰여 있기 때문에 논리를 세우고 다양한 측면에서 풍부한 논거를 제시하는 방법을 습득하기에 좋다. 또한 인문 고전은 인류 역사 속에 나타난 수많은 논쟁을 담고 있다. 각 분야에서 형성된 수많은 쟁점과 논쟁 과정을 고스란히 포함한다. 인문 고전을 접하고 그 내용을 자신의 것으로 소화하는 과정에서 유효한 설득의 수단을 찾는 능력이 계발될 수 있다. 하지만 논리적 설득 능력도 인문학을 통해 개인이 얻게 되는 효과의 하나일 뿐 인문학의 의미를 설명해주지는 않는다.

상상력이 인문학의 첫걸음이다

그렇다고 해서 무슨 대단히 형이상학적인 의미를 말하고자 하는 것은 아니다. 인문학이 도달하고자 하는 목적지는 바로 행복이다. 인문학의 핵심 축이라 할 수 있는 문학, 역사학, 철학은 모두 무엇이 행복한 삶이며 그것을 어떻게 실현할 수 있는지를 고민한다. 공통적으로 인간의 사유와 역사에 대한 반성적 성찰을 통해 행복한 삶을 실현하는 것을 목표로 한다. 이를 위해 세계와 인간 그리고 자신, 나아가서는 이들 간의 관계를 대상으로 한 체계적인 인식 과정이 필요한데, 이에 접근하는 과정, 사고하고 표현하는 방법이 다를 뿐이다.

문학은 작가가 직접 경험한 것이든 아니면 가상으로 설정한 상황이든 비유나 상징을 통해 우리의 감성을 자극하며 대화를 걸어온다. 물론 문학이 감성만을 지녔다는 뜻은 아니다. 마찬가지로 철학이나 역사학이 이성만으로 이루어진 것도 아니다. 모두 감성과 이성을 포괄하며 작업이 이루어진다. 하지만 상대적으로 문학이 감성 영역에 더 폭넓은 접촉면을 갖고 있다는 점은 분명하다. 문학은 개인에 투영된 의미를 통해 행복한 삶을 묻는다. 역사학은 인간의 경험을 다루되 개인의 내밀한 마음과 행위보다는 이를 둘러싸고 형성된 사회적 흐름에 주목한다. 역사적 시간에 따라 거슬러오는 통시적 접근이든 아니면 시간을 뛰어넘어 연결되는 공시적 접근이든, 거시적 맥락에서 인간의 삶을 다룬다. 역사의 결절과 질곡, 나아가서는 변환을 이루는 요소나 원리를 탐구함으로써 인류의 더 나은 미래를 향한 길을 묻는다. 철학은 내적인 사유 영역을 통해 인간과 세계의 의미, 정신과 행위가 향해야 할 방향을 모색한다.

인문학은 생활이다

인문학에 전문적으로 종사하는 사람들은 평범한 우리와는 참으로 달라보인다. 흔히 철학자라고 하면 머릿속에 어떤 모습이 떠오르는가? 검은 뿔테 안경을 썼을 것 같고, 평소에도 알아듣지 못하는 어려운 개념어를 남발할 것만 같다. 역사학자는 한 줌 햇빛도 들지 않는 골방이나 도서관 서가에서 수많은 역사 자료 더미 안에 파묻혀 있는 사람이 떠오른다. 문학가도 만만치 않다. 보통은 현실의 삶과는 무관하게 공상과 망상에 빠져 있는 모습을 떠올린다. 하나같이 세상에 적응 못 한 사람들의 이미지다. 인문학에 대한 일종의 편견이다. 이러한 편견이 인문학으로 향하는 발길을 가로막기도 한다. 인문학을 현실에서 아무 쓸모가 없는 호사 정도로 여기게 한다.

인문학의 목적지가 행복이고 행복이 개인의 구체적인 삶과 유

상상력이 인문학의 첫걸음이다

리될 수 없는 이상, 인문학은 우리의 일상생활과 떼려야 뗄 수 없는 관계에 있다. 보통은 '일상생활'이라는 말을 떠올리면 온갖 잡다한 일들을 생각한다. 성인이라면 매일 반복되는 가정생활과 직장생활이 일상의 중심이 된다. 간혹 시간을 내서 여가생활을 즐기기도 한다. 가정생활을 들여다보면 전업주부로 살아가는 여성의 경우는 육아, 가사 등이 대부분의 시간을 차지한다. 남성은 가정에서 보내는 시간이라고 해봐야 식사, TV 시청 등이 고작이다. 여기에 쇼핑이라든가 외식 등에 조금씩 시간이 부여된다.

일상 가까이에 인문학이 있다

일상생활을 되돌아보면 보잘것없어 보이는 잡다한 것의 집합처럼 느껴지기 십상이다. 잡다한 일상이 마치 영원히 반복될 듯이 끊임없이 다가온다. 간혹 축제나 파티 등을 통해 일상성의 굴레에서 벗어나려 시도하지만 그것도 잠시뿐, 결국 다시 일상성의 늪에 발을 담근다. 일상성 안에서 느끼는 감정은 분주함과 권태로움, 기쁨과 슬픔 등 서로 모순처럼 보이는 상태들이 뒤섞여 있기 마련이다.

　　인문학은 바로 이 일상의 시간과 공간 안에서 우리와 함께 숨 쉰다. 일상생활이 철학을 비롯한 인문학과 얼마나 밀접하게 연결되어 있는지를 전면적으로 탐구한 대표적인 철학자로 르페브르를 꼽을 수 있다. 그는 《현대세계의 일상성》을 통해 하잘것없어 보이는 일상성의 문제를 집요하게 파헤친다.

철학에 비해서 일상생활은 비철학적인 것으로 제시되고, 이상 또는 관념에 비해 현실적 체계로 간주되었다. 일상생활에 비하여 철학적 생활은 훨씬 우월한 것으로 생각되었고, 초연하게 거리를 둔 부재의 추상적 삶으로 여겨졌다. 철학은 현실의 수수께끼를 판독하려 애쓰나, 곧 자신의 실재성 결핍을 진단한다. 이러한 평가는 철학의 고유한 속성이다. 철학은 스스로를 실현하고 싶어 하지만, 실현은 철학에서 도망가버린다.

흔히 일상생활의 문제는 지극히 현실적인 것, 그래서 철학과는 무관한 것으로 여긴다. 이에 비해 철학이나 학문은 순수하고 고귀한 정신의 산물로 치켜세운다. 철학은 복잡하고 사소해 보이는 일상생활과는 달리 고도의 정신적·추상적 작업으로 생각하는 경향이 강하다. 하루하루를 살아가면서 겪는 일은 하찮고 사소한 것으로 취급받는다. 일상은 철학에 의해 버림받은 채 짜증 나는 반복 속에 내팽개쳐 있다.

인문학이 뿌리를 내려야 할 일상이 관성과 기계적 작용에 머물러 있게 되면서 인간은 생활의 주인의 자리에서 밀려났다. 현대사회 대부분의 사람들은 일상에 포위당해서 꼼짝달싹 못한다. 일상성의 감옥에서 헤어나지 못한 채 비판적인 문제의식 없이 하루하루를 살아간다. 그 결과 현대사회에서 개인이 가진 영향력은 실체 없이 희미한 상태에 머문다. 그러면 어찌해야 하는가? 르페브르는 다음처럼 강조한다.

우리는 철학적 순수성과 일상적 비순수를 결정적으로 갈라놓아야만 할까? 일상을 지혜에 의해 버림받고 유기된 슬픈 운명으로 간주해야 할

상상력이 인문학의 첫걸음이다

까? 또는 일상은 깊은 빛이 이 세상을 비추는 것을 방해하는 장막이라고 말해야 할까? 아니면 불가피한 지속성, 존재의 안과 밖, 진리의 실추 등이 '그 자체로' 진리와 존재의 속성일까? 이런 생각은 결국 철학을 헛된 것으로 만들거나 또는 철학을 지속성, 실천적 진부성, 진부한 실천성으로 판명된 비철학적 세계의 변형의 출발점 또는 선두로 삼게 만든다. 따라서 우리에게 열려 있는 유일한 길은 일상의 이중성·저급성·다산성·빈약과 풍요로움을 보여주기 위해 철학에서부터 출발하여 일상을 분석하고 묘사하는 일이다. 그것은 일상에서부터 그 고유의 창조적 행위와 미완의 완성을 끌어내는 혁명적 기도가 될 것이다.

인문학을 처음 시작하면서 보통 생소한 개념어에 발목이 잡히는 경우가 많다. 이때 사전에 풀이된 의미를 중심으로 사변적인 개념어를 습득하는 방식으로 접근한다면 금방 재미를 잃어버리고 지친다. 인문학과의 대화가 작심삼일로 끝나기 딱 좋은 방식이다. 현실적인 필요와 맞닿아 있지 않을 때 애초의 동기는 희미해지고 다른 재미를 찾게 된다. 애초부터 인문학의 각 분야는 생생한 현실생활의 필요에 의해 만들어지고 확장되어왔다. 현실생활을 새로운 눈으로 보는 시선이 고전을 만날 때 인문학과 친근한 관계를 맺을 수 있다.

인문학과 일상이 분리되어선 안 된다. 만약 인간의 생활과 무관하게 철학이 그 자체로 존립하려 한다면 생명력이 사라질 것이다. 일상에서 분리된 인문학은 자신의 근거를 상실하고 화석처럼 굳어져버린다. 실제 삶과 무관한 철학이라면 자기만족적인 것은 될 수 있을지언정 인간에게 실천적인 의미를 줄 수는 없다. 일상성 속에 사회의 비밀이 숨어 있기에 그 비밀을 파헤침으로써 진정한 의미에서의 인간과 사회에 대한 통찰에 도달할 수 있다.

그렇다고 일상에 대한 관심이 그저 사소하고 잡다한 개개의 사건과 사례에 현상적으로 머물러서도 안 된다. 이러한 접근은 단지 일상에의 매몰 이외에는 아무것도 아니다. 그냥 평범하고 관성적인 눈으로 일상을 본다면 일상의 늪으로 더 빠져든다. 르페브르는 "일상 속에서 살며 일상을 체험하되, 일상을 수락하지 말고 비판적 거리를 유지할 것"을 요구한다. 일상에 주목하되 일상의 이면에서 현상을 만들어내는 본질을 추적하는 과정이 필수적이다. 이를 통해 인문학과의 만남이 성사된다. 철학의 눈으로 일상생활을 분석하고, 사소해 보이는 현상 이면에 도사리고 있는 근본적 요소를 찾아내고, 문제를 해결할 수 있는 대안을 실천적으로 만들어야 한다. 철학과 일상 사이의 만리장성을 허물어야 한다.

인문학이 어떻게 일상에 적용되는가

일상생활과 인문학이 어떻게 연결되어 있는지를 실질적으로 탐구하는 작업을 해보자. 우리는 흔히 본능적인 감정을 인문학적인 탐구가 전혀 필요 없는 영역으로 여긴다. 예를 들어 자식에 대한 부모의 사랑은 무조건적이기 때문에 그 자체로서 이해하고 행위할 뿐 성찰의 대상으로 생각하지 않는다.

상상력이 인문학의 첫걸음이다

▲ 오귀스트 톨무슈 〈모성애〉 1860년

갓난아기라는 말을 들으면 어떤 것이 떠오르는가? 제일 먼저 가족, 아버지나 어머니와 같은 단어가 떠오를 것이다. 아기를 중심으로 단란하고 행복한 가정이 그려진다. 아기의 재롱을 보면서 함박웃음을 터뜨리는 부모의 모습이다. 햇볕이 기분 좋게 내리쬐는 휴일이면 유모차를 끌고 근처 공원을 산책하는 가족의 한때가 그려지기도 한다. 자식에게 헌신하는 엄마의 끝없는 사랑, 여성의 신비로운 본능으로까지 여겨지는 모성애도 빼놓을 수 없다. 묵묵하게 뒤를 지켜주는 아빠의 사랑도 추가된다. 여기에 무슨 반성적 사고가 개입될 여지가 있느냐는 생각을 하게 된다.

▲ 에드워드 헨리 포타스트 〈해변에서〉 1917년경

미국의 인상주의 화가 에드워드 헨리 포타스트의 〈해변에서〉는 감상만으로도 마음을 푸근하게 한다. 그는 뉴욕 인근의 해변에서 물놀이를 하는 미국 중산층 가정의 모습을 담은 연작으로 잘 알려져 있다. 예술의 전당에서 열렸던 〈인상파 거장전〉에 그의 작품이 출품되기도 했다. 그림은 대부분의 사람들이 가족에 대해 갖고 있는 따뜻한 이미지를 더할 나위 없이 잘 표현해준다. 바닷가 모래사장에 놀러 나온 가족의 한때다. 화창하고 바람도 적당히 불어 가족 나들이에 좋은 날인 듯하다. 엄마가 아이를 물속으로 데려가려는 중이다. 하지만 아이는 물이 무서운지 주춤거린다. 발을 뗄 생각을 안 하고 여차하면 주저앉을 태세다.

　　　　　　　　　　　　　상상력이 인문학의 첫걸음이다

엄마가 "아가야 괜찮아. 엄마가 이렇게 팔 꼭 붙들고 같이 있을게."라며 아이를 구슬리고 있을 것 같다. 뒤편에서는 아빠가 모래사장에 앉아 아내와 아이의 유쾌한 실랑이를 미소 띤 얼굴로 보고 있으리라.

우리는 아기를 만족스러운 삶의 전제조건처럼 여긴다. 자신의 성장 과정이 어떠한가와 상관없이 아기가 삶에 활력과 만족을 주리라 믿는다. 비록 엄마나 아빠가 가난한 가정에서 불우하게 자랐어도 자신이 갖지 못했던 행복하고 자유롭고 평화로운 유년을 아이를 통해 만회할 수 있으리라 기대한다. 아이와 함께하는 시간 속에서 얻는 모성애와 부성애 체험을 통해 자신이 성인이 되면서 얻은 손상을 회복할 수 있다고 생각한다. 여기에 더 이상 무슨 말이 필요할까 싶다. 앨리 러셀 혹실드는 《감정노동》에서 이러한 심리를 다음과 같이 설명한다.

> 우리는 자녀에 대한 사랑은 '자연스러운 것'이라고 말한다. 그 감정의 표현은 문화의 영향을 받으며, 감정이 드러나는 과정은 심리학적으로 설명할 수 있겠지만, 우리는 부모가 갖는 감정 자체를 '자연스럽다'고 받아들인다. 우리는 여기에 아무런 규범적인 보호막이나 감정 법칙이 필요하지 않다고 생각한다.

하지만 아기라는 말 옆에 육아라는 단어를 나란히 놓으면 상당히 다른 느낌으로 다가올 수 있다. 실제로 아이를 키우고 있거나 육아 경험을 가지고 있는 사람이라면 더욱 그러하다. 특히 대부분의 가정에서 육아를 거의 전적으로 담당하고 있는 여성의 입장에서는 그리 훈훈

하고 낭만적인 모습으로만 다가오지는 않을 수 있다. 그림에서 아이의 팔을 붙들고 서 있는 엄마의 일상에는 자식에 대한 사랑이라는 말만으로는 위안이 될 수 없는 그늘이 있다. 육아라는 단어와 여기에 연결되어 있는 일상의 그늘에서 인문학적 성찰은 시작된다.

자녀를 둔 여성의 정신적 부담은 다른 종류의 사회적 부담보다 더 무겁다. 엄마와 자녀 사이를 연결하는 감정적 유대관계는 다른 어떤 강제보다도 더 강력하게 죄어온다. 특히 전업주부의 경우는 더 심하다. 육아는 고단한 육체노동에 덧붙여 감정노동까지 요구한다. 육아와 남편 뒷바라지를 인생의 꿈으로 생각했던 여성이 얼마나 있을까? 누구나 학창 시절에 자신의 인생에 대해 나름 부푼 꿈을 지녔을 것이다. 하지만 결혼과 함께 찾아온 출산과 육아로 인해 직장을 그만두고 상상하지 못했던 어려움을 맞이한다. 최소한 아이가 어린이집을 다닐 수 있는 4~5세가 될 때까지 하루 종일 아이의 옆에 붙어 있어야 한다. 이 과정에서 다른 가족의 육아 도움을 받을 수 없는 여성은 직장을 그만두어야 하는 경우가 많다. 차라리 강제노동을 하는 사람은 자신의 상관이나 주인을 미워하거나 두려워하고, 자기가 하는 일을 싫어할 수 있다. 그러나 엄마는 훨씬 더 복잡하고 파괴적인 감정의 희생자가 된다. 아이와 유대관계로 맺어진 엄마는 불만조차도 제대로 표현할 수 없다.

부모와 자녀 사이에서는 감정노동을 상대적으로 덜 요구받을 것이라고 기대하게 된다. 그렇지만 현실에서는 사실 그런 관계들 사이에 존재하는 내재적 모순을 무난하게 표현하는 비밀스러운 작업이 훨씬 더 중요하다. 유대가 깊을수록 사실 더 많은 감정노동이 진행되지만, 우리는 더욱더 의식을 하지 못한다. 그렇다면 가장 개인적인 유대가 맺어지는 상황에서 감정노동이 가장 강하게 진행될 가능성이 높다. (…) 부모 자식 사이의 유대는 둘 사이의 모순을 반영하는 법칙을 가지고 있기 쉽다. 부모는 자녀를 사랑하면서도 미워하고, 자녀도 마찬가지다.

맞벌이를 한다고 해도 크게 달라지는 것은 없다. 결국 일을 마치고 집으로 돌아오면 육아는 다시 여성의 추가 노동이기 십상이다. 육아를 사실상 전담하면서 마주치는 현실과 스스로에 대한 불만은 자식에 대한 분노 감정으로 나타나기도 한다. 자녀를 사랑하면서도 미워하는 복잡한 감정에 휘말린다. 하지만 이내 혹시 자신이 아이를 사랑하지 않는 것은 아닌가 하는 두려움과 죄책감이 엄습한다. 감정적 유대에 의해 자녀에게 구속되어 있는 여성의 입장에서는 이럴 수도 저럴 수도 없는 상황 앞에서 무력감을 느낀다. 상당수의 여성이 출산과 육아 과정에서 우울증에 걸리는 것은 부정할 수 없는 현실이다. 절망적인 무력감과 고독감 앞에서 여성의 육아 우울증은 우연일 수 없다.

짐 데일리의 〈일요일 아침〉은 화가의 의도와는 무관하게 육아를 하는 여성이 맞닥뜨리고 있는 현실의 한 단면을 잘 보여준다. 짐 데일리도 포타스트와 마찬가지로 주로 미국 가정의 일상적인 모습을 화폭에 담은 화가다. 다만 포타스트가 미국 동북부 대도시의 중산층 가정에 주

▲ 짐 데일리 〈일요일 아침〉 2000년경

목했다면 짐 데일리는 중남부 농촌의 가족에 주목했다. 미국에서 가장
많이 판매된 작품상을 수상한 해도 있을 정도로 대중적인 인기가 높다.
그의 작품 대부분은 아이를 매개로 하여 화목하고 행복한 미국 가정의
모습을 보여준다. 이 그림도 현상적으로는 우리 입가에 아기바보 소리
를 듣는 아빠의 미소를 짓게 만든다. 아기는 목욕통에서 장난을 치고 엄
마는 옆에서 따사로운 햇볕을 받으며 독서를 즐기고 있다. 평화로운 일
요일 아침의 단란한 가정 분위기를 보여주는 듯하다.

상상력이 인문학의 첫걸음이다

하지만 여성이 육아 과정에서 감수하게 되는 감정노동의 고통을 고려하는 순간, 우리는 평화로운 가정을 다루고자 했던 화가의 의도와는 다른 측면에서 그림에 접근할 수 있다. 일요일 낮에 햇볕이 드는 창가에 차 한 잔 타놓고 한가하게 독서에 몰입할 수도 없는 일상이 떠오른다. 아이가 엄마를 한시도 가만히 놓아둘 리가 만무하기 때문이다. 집안일은 일 년 내내 휴일이 없지 않은가. 책의 어느 구절을 손으로 짚고 있는 모습도 예사롭게 넘겨지지 않는다. 목욕통에서 장난을 치는 아이를 신경 쓰느라 내용이 잘 들어오지 않자 손으로 짚어가며 집중해보려 하는 모습처럼 보인다. 그림에 나타난 장면 직후에 어떤 일이 벌어질지도 대충 짐작이 간다. 아이는 주변에 온통 물을 튀겨놓은 것도 모자라 온몸에 비누 거품을 묻힌 채 목욕통 밖으로 나오려 한다. 발을 올려놓은 모습이 어설픈 게 곧 엎어지거나 물을 엎질러서 한바탕 난리가 벌어질 것만 같다. 그러면 잠깐의 독서는커녕 아이에게 소리를 지르고 짜증을 내는 상황이 올 수도 있다. 하트 모양의 목욕통이 주는 정감과는 달리 아이의 등짝이나 볼기를 철썩 때리며 혼을 낼 수도 있다. 그래서인가 책을 들고 앉아 있는 여인의 표정은 피곤해 보이고 어깨는 지쳐 보인다.

인문학적으로 생각의 지평을 확장한다는 것

부모와 자식의 관계를 접하면서 시야를 조금 더 넓혀보면 또 다른 사고로 지평이 확장될 수 있다. 육아와는 별개의 측면에서 모성애와 부성애의 관점으로 '사랑'이라는 면에 주목할 수도 있다. 사랑이면 그냥 사랑이지 또 뭐가 문제 될 게 있을까 싶겠지만, 만약 그렇다면 부모와 자식 사이의 갈등은 이해할 수 없는 영역으로 남아버린다. 실제로 대부분의 가정에서 자식이 초등학교 고학년 정도만 되어도 다양한 성격 형성으로 충돌이 생긴다. 중학생으로 접어들면 '중2병'이라는 말이 생길 정도로 상당수 가정에서 부모와의 갈등이 증폭된다. 자식에 대한 사랑의 의미에 대해 고민하지 않는다면 일방적으로 자식의 잘못으로 치부되고 해결의 실마리는 사라진다. 에리히 프롬은 인문학적 통찰을 통해 이 문제에 접근한다.

> 사랑은 소유의 양식인가, 존재의 양식인가에 따라 두 가지 의미를 갖는다. (…) 소유양식에서 사랑이 경험될 때 '사랑하는' 대상의 제한, 감금, 통제를 뜻한다. 생명을 주는 것이 아니라 목을 조르고 질식시키며 죽이는 행위이다. 대개의 사람은 사랑하고 있지 않다는 사실을 숨기기 위해 사랑이라는 단어를 오용한다. 자식을 진정으로 사랑하고 있는 부모가 얼마나 되는가는 여전히 전적으로 미해결된 문제이다. 부모의 자식에 대한 잔인성은 육체적인 것에서부터 정신적인 고문, 무관심, 단순한 소유욕 및 사디즘에까지 걸쳐 있으며, 너무나 충격적인 사실이지만, 우리는 자식을 사랑하는 부모가 대부분이라기보다는 진정으로 사랑을 베푸는 경우는 오히려 예외임을 믿어야만 한다. 《소유냐 존재냐》

이건 또 무슨 소린가? 진정으로 자식을 사랑하는 경우가 오히려 예외라고 하니 말이다. 거기다가 사디즘까지 운운하니 이 세상의 모든 선한 부모들에 대한 모욕처럼 들린다. 하지만 노여움을 가라앉히고 에리히 프롬의 문제의식을 곰곰이 따라가보자. 부모들이 어린 자식에 대해 어떻게 하는지를 되짚어보면 조금은 이해가 간다. 한국청소년정책연구원의 아동과 청소년 인권 실태 조사에 의하면 초등학생의 하루 평균 여가시간은 3시간 정도에 불과하다. 여기에는 수면 이외의 모든 시간이 다 포함된다. 게다가 전체 평균이 이 정도이고 초등학생 네 명 중한 명꼴은 고작 1시간이다. 놀라운 건 고등학생의 평균 여가시간과 거의 비슷하다는 점이다. 한국 초등학생들이 그 혹독하다는 입시생 못지않은 바쁜 일상을 보내고 있는 실정이다. 초등학생이 중·고등학생보다정규 수업은 적게 받지만 그만큼 과외 활동이 많아 여가시간의 대부분을 공부하는 데 쏟고 있다. 여가시간이 부족한 이유의 대부분은 숙제나학원, 과외 활동 때문이었다. 영어 학원, 수학 학원, 글짓기 학원, 피아노 학원, 미술 학원, 태권도 학원 등 쉴 새 없이 이 학원에서 저 학원으로 옮겨 다녀야 하고, 학교 숙제뿐 아니라 학원 숙제에 시달려야 하니여가시간이 턱없이 부족할 수밖에 없다.

더 놀라운 것은 아이와 부모의 인식 차이다. 여가시간이 충분한지에 대한 만족도 조사에서 초등학생 상당수가 '전혀 충분하지 않다' 또는 '충분하지 않다'는 응답을 했다. 하지만 초등학생 학부모 3분의 1 이상은 자녀의 여가시간이 '충분하다'고 응답했다. 초등학생의 여가시간 부족은 곧바로 신체 활동 부족으로 이어지고 정상적인 성장을 가로막을 수 있다. 신체보다 더 심각한 것은 정서적 문제다. 풍부한 감수성을 갖고 다양한 감성적 경험을 해야 할 시기에 학교와 학원의 틀에 박힌 규율 속에서 대부분의 시간을 보낼 때 아이들이 정상적인 정서를 가질 수 있을까?

과연 아이들이 원해서 이 모든 일정을 소화하고 있을까? 부모들은 흔히 말할 것이다. 다 '아이를 위해서'라고. 그렇게 하지 않으면 앞으로 사회에서 경쟁력을 갖기 어렵기 때문에 어쩔 수 없다고. 어른들이 만들어놓은 경쟁사회의 틀을 아이에게 그대로 강요하면서 아이를 사랑한다고 생각한다. 철저히 어른 입장에서의 시각이고 판단이다. 아이를 독립적인 인격체로 존중하기보다는 부모가 정해놓은 틀 안에 넣을 수 있는 대상으로 생각한다. 자식을 소유 대상으로 여기는 것이다. 아이가 원하지 않는데도 부모가 학원이라는 공간에서 학교 수업 이후 대부분의 시간을 보내도록 강제한다면 사랑하는 대상의 제한, 감금, 통제를 지적한 에리히 프롬의 주장이 그저 과장일 뿐이라고만 치부할 수 있을까? 아이가 더 많은 학원에서 더 오랜 시간 동안 있을수록 기뻐하는 부모의 사고방식이 정신적 고문이나 사디즘이라는 표현에서 얼마나 자유로울 수 있을지 의문스럽다.

부모와 자식의 관계를 더 넓히면 여성 문제나 부모의 소유의식 차원의 문제만이 아니라 사회를 유지하는 이데올로기 영역으로까지 확장할 수 있다. 미국에는 앞에서 본 포타스트나 짐 데일리를 비롯하여 메리 캐사트 등 유난히 부모와 자식의 사랑을 매개로 주로 행복한 가족의 모습을 화폭에 담은 화가들이 많다. 미국 대통령 선거에서의 주요

▲ 영화 〈테이큰 2〉의 한 장면

이슈 중의 하나가 가족의 가치라는 점도 잘 알려져 있다. 매번 선거 때마다 공화당과 민주당의 대통령 후보들은 경쟁적으로 가족의 중요성에 대해 거듭 호소한다.

영화도 마찬가지다. 할리우드 영화의 주요 주제 가운데 하나가 가족의 사랑이다. 일반 가족 드라마 종류의 영화는 말할 것도 없고, 재난영화에서도 아버지가 자식을 구하는 이야기가 들어가야 흥행에 성공한다. 지구에 몰아닥친 급작스러운 빙하기를 다룬 〈투모로우〉에서 주된 줄거리는 주인공인 기상학자가 고립된 아들을 구하는 내용이다. 하다못해 블록버스터 액션영화에서조차 자식에 대한 부모의 사랑을 주제로 사용하는 경우가 많다. 한국에서 가장 많은 관객을 동원한 영화로는 〈테이큰〉을 꼽을 수 있을 것이다. 1편은 파리에서, 2편은 다시 터키 이

인문학은 생활이다

스탄불에서 납치된 딸을 구하기 위해 전직 특수요원인 아버지가 화끈한 액션을 펼치는 내용이다. 〈테이큰 2〉의 장면은 납치범과 추격전을 벌이다가 결국 이스탄불의 즐비한 주택가 옥상에서 납치범을 제거하고 마침내 딸과 아버지가 만나 감격적으로 포옹하는 모습이다. 미국의 수많은 영화에서 자주 등장하는 장면인데도 번번이 관객들을 끌어모은다.

왜 미국은 유난히 가족의 가치에 주목하는가? 가족에 대한 사랑은 원래 인간 집단이라면 어디에서나 나타나는 자연스러운 현상이라고 넘겨버리는 순간 통념에서 한 발짝도 벗어날 수 없다. 물론 대부분의 공동체에서 가족은 중요한 가치 중의 하나다. 하지만 상식적인 수준에서의 생각에 머물 때 미국의 정치와 대중문화에서 극성스럽다 할 정도로 나타나는 현상을 제대로 이해할 수 없다.

미국은 유럽을 비롯한 세계 각 지역에서의 이주민에 의해 만들어진 국가라는 점을 생각해볼 필요가 있다. 출신 국적과 인종, 언어와 문화가 서로 다른 사람들을 무작정 법이나 물리력으로 강제한다고 해서 단기간에 국가의 충실한 구성원으로 만들기는 어렵다. 무언가 더 원초적인 감정을 자극해야 할 필요가 있을 때 가족만 한 수단은 없었을 것이다. 국가 유지를 위해서도 미국의 지배세력은 절실하게 가족을 이데올로기화할 필요가 있었다. 할리우드 영화가 전쟁이나 테러 문제, 이념 문제에서 언제나 그러했듯이 미국 주류 집단의 이해를 적극적으로 반영하는 것은 아닌지에 대한 검토도 의미 있는 접근이다.

상상력이 인문학의 첫걸음이다

부모의 자식 사랑이라는, 아무런 고민이나 논의가 필요 없을 것만 같은 일상생활의 사소한 현상에서도 인문학적 사고로의 확장은 얼마든지 열려 있다. 아니, 오히려 일상에 밀접하면 밀접할수록 더욱더 인문학적으로 사유해야 한다. 만약 우리의 실질적인 삶과 관련이 없다면 죽은 인문학에 불과할 테니 말이다. 인문학에 가장 친근하게, 그리고 가장 빨리 접근하는 방법은 일상에서 멀어지는 것이 아니라 반대로 일상에 밀착하는 일이다. 다만 일상에 완전히 매몰되어서는 안 된다. 일상 안에 있되, 통념에 머물기보다는 비판적 문제의식과 상상력을 통해 인식을 확장할 때 가능하다.

인문학은 상상력에서 시작된다
장자 《장자》

흔히 현대사회를 가리키는 대표적인 표현의 하나가 상상력이다. 상상력의 시대라는 말이 유행처럼 널리 사용된다. 특히 정보화사회를 맞이하여 하드웨어보다 소프트웨어에 대한 관심이 집중되면서 상상력의 역할이 더욱 강조되고 있다. 빌 게이츠와 스티브 잡스는 정보화사회를 대표하는 상상력의 화신처럼 여겨진다. 물론 이전 시대에도 상상력의 상징이 있었다. 대표적으로 레오나르도 다빈치나 콜럼버스, 에디슨 등이 여기에 해당한다.

하지만 상상력이 주목을 받는 것 못지않게 오해나 편견도 많다. 사전적인 정의 자체가 진정한 의미의 상상력과는 상당히 거리가 멀다. 보통 사전에서는 상상력을 "실제로 경험하지 않은 현상이나 사물에 대하여 마음속으로 그려보는 힘"이라거나 "마음속에서 눈에 보이지 않는

상상력이 인문학의 첫걸음이다

것의 영상 映像을 만들거나 경험을 초월한 세계를 만드는 정신적 능력"
정도로 정의한다. 공통적으로 경험하지 않은 현상이나 사물에서 상상
력이 출발한다는 내용이다.

어원만으로 보면 상상력은 경험과 무관한 공상에 근접해 있다.
상상력Imagine의 어원은 라틴어 'Imaginatio'에서 유래한다. 이 단어는 공
상 fancy에서 파생한 그리스어 'Fantasia'를 단순히 음역한 용어다. 주로
객관적 상황이나 대상과는 무관한 주관적 이미지나 사고 경향을 의미
한다. 무언가 신비롭고 추상적인 공상에 많이 치우쳐 있다. 대부분의 사
람도 어원이나 사전적 정의의 영향을 받아서인지, 상상력을 현실에 없
는 무언가를 우리의 의식 속에 재현하는 신비로운 작용으로 이해한다.

하지만 상상력을 현실과 분리할 때 그것은 뜬구름 잡는 이야기
가 되어버린다. 상상력이 중요하다고 여기지만 그것을 얻기 위해 어디
에서 출발해야 하는지 도무지 알 수 없게 된다. 상상력이 부족하다는
지적을 받아도 무엇을 어떻게 해야 하는지 막연하기만 하다. 심지어 노
력을 통해 형성될 수 있는지조차 불확실하다. 상상력을 현실에서 분리
할 때 우리는 그저 타고난 능력 정도로 이해하고 자신의 불운을 탓하
는 수밖에 없다.

상상력은 현실에 밀착한 꼼꼼한 관찰에서 시작된다

상상력은 통념과는 반대로 일상의 현실과 떼려야 뗄 수 없는 관계다. 현
실에 최대한 밀착하지 않고는 얻을 수 없는 능력이다. 상상력의 대가로

▲ 레오나르도 다빈치와 〈인체비례도〉

알려진 몇몇 인물을 통해 상상력이 얼마나 현실에 뿌리를 두고 있는지, 또한 얼마나 세밀한 경험과 관찰에 의해 비로소 획득될 수 있는지를 살펴보는 데서 시작해보자.

　레오나르도 다빈치는 상상력의 대가라는 말에 전혀 손색이 없을 정도로 엄청난 창조적 성과를 이루어냈다. 미술가일 뿐만 아니라 과학자로서 평생에 걸쳐 물리학·역학·광학·천문학·지리학·해부학·기계공학·토목공학·식물학·지질학 등 여러 과학 분야에 대한 탐구에 지칠 줄 몰랐고 그 결과를 글로 남겼다. 언뜻 그가 남긴 그림을 보면 공상에서 시작하여 공상으로 이어지는 과정처럼 보인다. 하지만 그는 실험 과정을 밟고, 실험으로 얻은 결과들을 기록하고, 이를 통해 일반 법칙을 도출해내는 등 냉철한 경험과 관찰에 기초한 실증적 과학 방법론을 사용했다. 예를 들어 인체에 대한 이해도 단순히 외부 관찰을 넘어 직접 인체를 해부함으로써 각 부분의 특징과 기능을 확인했다. 죽은 이의 몸을 훼손하는 것에 대한 종교적 금기에도 불구하고 지극히 사실적인 인체 해부도를 만들기도 했다.

다빈치는 관찰과 탐구 과정에서 확인한 원리에 상상력을 적용하여 창의적인 도구를 만드는 일에도 큰 관심을 가졌다. 이와 연관된 많은 설계도가 남아 있는데, 〈나는 기계 도안〉도 그중 하나다. 나중에 만들어지게 될 행글라이더와 상당히 유사하다. 날개를 이용한 비행기 구상이다. 손과 발을 이용해 날개를 움직이는 동력을 제공할 구상을 한 듯하다. 솔개와 비둘기를 관찰하며 인간의 비행을 상상한 다빈치는 수많은 관찰 끝에 박쥐야말로 비행에 있어서 가장 이상적이라고 판단했다. 박쥐만이 아니라 다른 여러 종류의 조류를 해부하고 나비와 잠자리, 꿀벌의 비행 습성까지 관찰한 후에 얻은 결론이었다. 인간의 팔과 다리의 힘을 동력으로 이용해 날개를 움직여 날아오르려 했다는 점에서 한계가 있었고, 결국 시도는 실패로 끝났지만 당시로서는 획기적인 생각이었음을 부인할 수 없다.

헬리콥터와 유사한 구상도 기록으로 남아 있다. 이 역시 관찰에 기초한 상상력의 결과였다. 빙글빙글 선회하며 떨어지는 단풍나무 씨앗의 원리를 이용해 수직상승 기계의 바람개비를 빠르게 돌리면 위로 뜰 수 있다고 상상한 것을 구체적인 설계로 옮겼다. 질기고 성긴 아마천에 녹말풀을 먹여 직경 5미터의 프로펠러를 설계했지만 당시로서는 충

▲ 레오나르도 다빈치 〈나는 기계 도안〉 1490년

분한 동력을 제공할 수 없었기에 실패했다. 하지만 현대의 헬리콥터 원리와 놀랍도록 유사하다. 그뿐만 아니라 증기선이나 잠수복, 엘리베이터, 자동차, 낙하산, 망원경 등을 상상해냈다. 그는 자신의 상상을 즐기고 상상을 현실에서 실현하기 위해 부단히 노력했다.

상상력의 대가 대열에서 빠질 수 없는 인물이 미국의 발명가 에디슨이다. 축음기, 전화기, 백열전구, 혁신적 발전기, 상업화된 전등과 전력 체계, 실험적 전기철도, 가정용 영사기 등을 발명했다. 그는 개인적으로 또는 공동으로 1,093개의 특허를 얻어 세계 기록을 세웠다. "발명가는 상상력을 가질 수 있기 때문에 시인이 되어야 한다."는 그의 말처럼, 전기시대를 여는 데 매우 중요한 역할을 한 수많은 발명은 상상력

상상력이 인문학의 첫걸음이다

과 긴밀하게 관련되어 있다.

하지만 그의 발명 역시 공상의 산물은 아니다. 다빈치와 마찬가지로 현실에서 한 발짝도 벗어나지 않고, 치밀한 관찰과 실험을 통해 이루어낸 성과였다. 에디슨은 학교를 그만두고 디트로이트와 포트휴런 간의 철도 급사로 일하기 시작하면서 전기와 인연을 맺었다. 당시 철도 회사는 기차 통제에 전신을 사용함으로써 전기를 상업적으로 이용하려는 시도를 했고, 남북전쟁은 수송과 통신을 광범위하게 확대시켰다. 그의 발명은 전기가 상업적으로 이용되던 당시 상황과 직장인 철도회사에서의 현실적인 적용에서 출발했다. 전신기사로서 일하며 현실을 관찰하고 구체적인 필요에 맞는 대안을 모색하면서 창의적인 성과를 만들어내기 시작했다.

분명 상상력은 미래와 연결되어 있다. 문제는 미래가 미래로부터 오지 않는다는 점이다. 미래는 현실에 젖줄을 대고 있다. 현실에 기초하되 단순히 현실을 반복하거나 부분적으로 개선하는 데 머물지 않고 현실을 넘어서려는 혁신적인 시도 속에서 미래의 첫날은 시작된다. 마이크로소프트의 빌 게이츠가 어느 연설에서 애플이 만든 매킨토시에 대해 한 다음의 말은 혁신의 의미를 잘 보여준다. "새로운 표준을 창조하기 위해서는 조금 달라서는 안 됩니다. 정말로 새로워야 하고 사람들의 상상력을 사로잡아야 합니다." 현실과 미래를 동시에 보는 눈에서 상상력은 자라난다.

존 레논의 <이매진>과 인문학적 상상력

인문학적 상상력도 상상력인 이상 다른 종류의 상상력과 마찬가지로 현실에서 출발하기는 마찬가지다. 또한 현재와 미래를 연결하는 가교 역할을 하는 점에서도 큰 차이는 없다. 이를 위해 새로운 발상을 통한 인식의 지평을 확장하는 것도 필수적이다. 상상력이 새로운 생각인 한 그만큼 비판적 사고를 통해 통념을 벗어날 때 가능해지기 때문이다.

인문학적 상상력은 여기에 내면을 향한 성찰을 포함한다. 인문학이 관심을 두는 대상을 거칠게 구분하자면 두 영역으로 나눌 수 있다. 하나는 세계와 나의 관계에 관한 영역이다. 나 혹은 개인이 자연과 사회를 비롯한 세계와 어떻게 관계를 맺어야 하는지를 다룬다. 다른 하나는 자신의 내부를 향한 대화 영역이다. 의식과 무의식을 포함하여 내면의 세계를 들여다보고 반성적 성찰을 하는 일이다.

존 레논의 〈이매진Imagine〉은 인문학적 상상력의 특징을 간결하면서도 상징적으로 잘 보여준다.

천국이 없는 걸 상상해봐요.
하려고 한다면 그건 쉬운 일이죠.
발아래 지옥이 없고 머리 위에는 빈 하늘만 펼쳐져 있다고 상상해봐요.
모든 사람들이 오늘 밤을 위해 살아간다고 상상해봐요.
국가가 없다고 상상해봐요.
그다지 어렵진 않을 거예요.

상상력이 인문학의 첫걸음이다

신념을 위해 죽이지도 않고 죽일 일도 없고 또 종교마저 없다고 상상해

봐요, 그대. 모든 사람들이 평화롭게 살아간다고 상상해봐요.

나를 몽상가라고 하겠지요.

하지만 나만 이런 꿈을 꾸는 게 아니랍니다.

그대 언젠가 우리와 함께하길 바랄게요.

그러면 우리의 세상은 하나가 될 거예요.

그대 할 수 있을지 모르겠지만 아무도 소유하지 않는다고 상상해봐요.

탐할 필요나 배고픔도 없고 오직 인간에 대한 사랑만 존재한다고 상상해

봐요. 모든 사람들이 이 세상에 함께하는 모습을 상상해봐요.

당신은 내가 공상가라고 말할지도 모르지만 나만 이렇게 꿈꾸는 게 아니죠.

언젠간 당신도 우리와 합류해서 세상이 하나가 될 거죠.

존 레논은 〈이매진〉에서 종교와 국가, 소유가 없는 세상을 상상
해보라고 권한다. 천국이 없는 세상이란 종교가 없는 세상을 의미한다.
단순한 무신론이 아니라 종교가 인류의 역사 속에서 자행한 수많은 악
행에 대한 통찰을 포함한다. 그의 주된 관심은 서로 죽이지 않고 모든
사람이 평화롭게 살아가는 세상에 있다. 실제로 인류 역사를 되돌아볼
때 종교의 이름으로 얼마나 많은 전쟁이 벌어졌는가? 또한 지금 이 순
간에도 신의 이름을 빙자해 얼마나 많은 사람이 전쟁으로 죽어가고 있
는가? 천국과 지옥이라는 이분법으로 우매한 백성을 현혹하여 현실의
고통과 부조리에서 눈을 돌리도록 함으로써 정치적 억압이나 착취를 얼
마나 많이 정당화했는가?

국가와 소유 역시 인간과 인간, 집단과 집단 사이의 불화와 충돌의 가장 큰 원인 제공자였다. 사적 소유가 "탐할 필요나 배고픔도 없고 오직 인간에 대한 사랑만 존재"하는 세상을 사라지게 했다. 사실 인류 원형에 해당하는 사람들, 문명과 격리되어 원시적 공동생활을 영위하는 원주민들의 성향을 보면 갈등과 폭력보다는 협동과 상호이해의 경향이 훨씬 강하다. 이들은 주로 사냥을 통해 생계를 유지하는데, 사냥 획득물은 잡은 사람만의 소유가 아니다. 사냥에서 잡은 것은 크기에 따라 분배되고 큰 것일 경우에는 부족 전체에 분배된다. 구성원 내의 계층적 분화도 거의 없다. 권위적으로 통제하는 지배 집단이 없고 다만 판단력이 뛰어난 사람이 정치적 지도자가 되는 정도다. 서로의 양보와 인내로 될 수 있는 한 적대적인 행위를 피하려는 경향은 아마존 밀림, 오스트레일리아 등의 원시 부족생활에서 공통적으로 나타나는 현상이다. 원시 부족에서 평화와 협력관계가 더 보편화된 현상이었다.

전쟁의 본질은 약탈이다. 다른 집단으로부터 대규모로 약탈할 만한 부가 특정 집단에게 축적되기 시작하면서 전쟁이 시작되었다. 농경사회와 함께 사유재산 제도가 정착되고 사회 내 특정 집단에 부가 집중되면서 충돌과 전쟁은 일상화되었다. 또한 대규모 전쟁은 상당수 구성원의 생명을 담보로 하는 전쟁을 감행할 정도로 강력한 지배 체제가 형성되어 있어야 한다. 전쟁은 명령과 복종이라는 특정한 수직적 인간관계가 형성된 사회에서 강제할 수 있는 행동 양상이다. 그만큼 사회의 부를 독점하고 이를 근거로 군사력을 유지할 수 있는 강력한 지배 집단, 즉 국가가 전제된다. 결국 전쟁의 가장 큰 원인은 사적 소유와 국가였다.

그래서 존 레논은 종교와 소유, 국가가 없는 세상을 꿈꾸자고 권한 것이다. 노래 가사로 표현된 내용은 간략하지만, 그 안에는 인류 역사에 대한 통찰이 포함되어 있다는 점을 알 수 있다. 그의 상상력은 단순하고 막연한 공상이 아니라 현실에 대한 나름의 구체적인 이해 위에서 자라난 통찰이다. 만약 단순한 공상이기만 했다면 평화라든가, 꿈과 희망 같은 말만 되풀이했을 것이다. 혹은 현실과 아무런 관련이 없는 허무맹랑한 미래 사회를 그리거나 현실 도피적 성향을 보였을 것이다.

하지만 존 레논은 현실 도피와는 거리가 멀었다. 오히려 현실의 문제를 해결하기 위한 사회 참여를 원했고, 이 과정에서 〈이매진〉은 탄생했다. 1970년을 전후한 상황은 복잡했다. 유럽은 한편으로 1968년을 경계로 한 사회적 변화 욕구로 꿈틀거리고 있었고, 다른 한편으로 미국의 베트남 침공을 반대하는 전쟁 반대운동이 확산되던 때였다.

1968년 프랑스에서 미국의 베트남 침공과 대학 기숙사에서의 성차별에 항의하기 위해 시작되었던 시위가 급속히 혁명적 상황으로 발전했다. 학생들은 대학과 고등학교를 폐쇄한 채 새로운 교육양식을, 노동자들은 공장과 사무실을 점거한 채 새로운 생산양식을 요구했다. 거의 한 달 동안 일상 업무가 마비됐으며 천만 명에 달하는 노동자가 파업에 참여했고, 파리에서는 수만 명의 시민이 경찰에 맞서 시위를 벌였다. 프랑스의 68운동을 기점으로 하여 이후 영국을 비롯한 유럽 각지로 번져나갔다.

미국은 미국대로 베트남전쟁 반대운동의 회오리 속에서 요동쳤다. 대중적인 전쟁 반대시위와 징집 거부운동이 전개됐다. 수많은 젊은이가 베트남을 침공하기 위한 목적이라면 입대를 거부하겠다며 망명을 하거나 감옥에 갔다. 권투 선수로 유명한 무하마드 알리도 불복종에 참여한 사람 중 하나였다. 베트남전쟁이 벌어졌던 1960년대 말과 1970년대 초에 이르기까지 총 37만 명에 이르는 청년이 징집을 거부하고 격렬한 반전시위를 벌였다.

〈평화에게 기회를〉은 유럽과 미국이 요동치고 있던 시기에 존 레논의 본격적인 사회 참여를 알리는 신호탄과 같은 노래였다. 비틀스 해체와 맞물리면서 그는 사회 문제에 대해 적극적으로 발언하기 시작했다. 새로운 부인 오노 요코와 함께 이 노래를 불렀고, 반전 행사에 참여했다. 사진에서 보이듯이 당시 두 사람은 "당신이 원한다면 전쟁은 종식된다."라는 구호를 내걸고 평화 캠페인에 앞장섰다. 이즈음 발표한 〈민중에게 권력을〉도 각종 시위 대열에서 울려 퍼지는 단골 노래였다.

1971년에 미국으로 건너간 이후에도 두 사람은 반전 평화운동과 인종 분리 정책에 반대하는 운동에 참여했다. 존 레논의 〈반전 퍼포먼스〉도 그 일환이었다. 그가 군복을 입고 앉아 땅에 청진기를 대는 장면을 보자. 진지한 표정으로 청진기를 대고 있는 모습은 그의 기발한 상상력을 잘 보여준다. 전쟁을 일삼고 인종을 차별하는 서구사회가 심각한 질병에 걸려 있는 상태임을 보여주려는 의도인 듯하다.

반전 평화운동을 하면서 군복을 입었다는 게 이상하게 보일지

상상력이 인문학의 첫걸음이다

▲ 존 레논 & 오노 요코 〈평화에게 기회를〉　　▲ 존 레논 〈반전 퍼포먼스〉

모르겠지만 이는 당시의 분위기를 반영한다. 당시 반전 운동가들은 군용 점퍼를 입고 반베트남전 시위에 참가하는 경우가 많았다. 반전 운동을 죽음 또는 파괴와 관련된 물건을 통해 표현했다. 요즘 반핵 운동을 할 때 해골 모습의 복장으로 퍼포먼스를 하는 것과 비슷한 맥락이다. 오노 요코는 허리띠 대신 중무장한 탄띠를 두르고 나타나기도 했다. 탄띠는 그녀가 아무리 평화를 사랑한다 해도 불의가 있는 곳에서는 투쟁을 멈추지 않겠다는 의미였다. 존 레논은 정치활동으로 인해 FBI의 지속적인 감시와 도청을 받아야 했다.

　　존 레논이 미국에서 활동하던 시절 〈이매진〉이 발표되었고 사회의 근본적인 변화를 꿈꾸던 사람들에게 영감을 불어넣었다. 상상력은 처음에는 고독할 수밖에 없다. 상상력은 통념에서 벗어나야 하기 때문에 다수에게 경계의 대상이 되기 십상이다. 특히 인문학적 상상력은 관습적인 사고와 행위에서 벗어나길 촉구한다는 점에서 다수가 불편을 느낄 수밖에 없다. 하지만 그 상상력이 현실의 문제를 해결해나갈 의미 있는 내용을 담고 있을 때 개인에게 머물지 않고 점차 공감을 얻어 다수에게 확산되는 힘을 갖는다. 그래서 존 레논은 "나를 몽상가라고 하겠지요. 하지만 나만 이런 꿈을 꾸는 게 아니랍니다. 그대 언젠가 우리와 함께하길 바랄게요. 그러면 우리의 세상은 하나가 될 거예요."라고 노래한다. 인문학적 상상력이 혼자만의 꿈이 아니라 두 사람, 세 사람에게로, 나아가서는 서로가 합류해서 세상에 거대한 변화를 일으키는 힘으로 나아갈 수 있음을 의미한다.

《장자》, 마르지 않는 인문학적 상상력의 샘

동서양 고전을 통틀어서 《장자》만큼 인간과 사회에 관한 상상력을 품고 있는 책은 없을 것이다. 사회를 지배하는 고정관념의 족쇄를 끊고 자유로운 미지의 세계로 나아가는 정신을 가득 담고 있다. 통념은 강력한 다수의 상식과 관성의 힘은 물론이고 수면 아래 강제의 힘을 감추고 있기 때문에 여기에서 벗어나는 일은 용기를 필요로 한다. 장자는 사회와 대다수 사람의 의식과 행위를 지배하는 규범, 사고방식을 훌쩍 뛰어넘는다. 그리고 자유로운 정신과 발상의 전환을 통해 우리를 인문학적 상상력의 길로 안내한다.

중국의 전통적 사상은 크게 유가와 도가로 나눌 수 있다. 유가는 인간 사회에서의 예절, 관습과 같은 실용적 윤리를 강조한 반면에 도가는 인간 내적인 자유로운 정신세계를 추구한다. 도가 사상은 인간의 초월과 자유를 모색했으며, 그 근간이 바로 노장철학이다. 노자의 생각은 《도덕경》에서, 장자의 사상은 《장자》에서 펼쳐진다.

《장자》는 동시대 다른 제자백가의 사상과는 비교할 수 없을 정도로 풍부한 내용을 담고 있다. 장자가 보여주는 개념이나 범주는 형이상학, 인식론, 인생관에 이르기까지 방대한 영역에 닿아 있다. 이후 중국 철학에서 논의되는 주요 쟁점이 장자가 비판적으로 제기한 문제를 단초로 삼고 있음은 두말할 필요가 없다. 자기중심적 사고에서 벗어나 보다 높은 차원에서 사물을 봐야 한다는 장자의 입장은 세계관의 코페르니쿠스적 전환을 예언한 것이다. 책에 나오는 다양한 우화나 대화는 기

장자(莊子, BC 369~BC289?)

장자의 이름은 장주莊周다. 사마천의 《사기史記》를 보면 송宋나라에서 출생했다. 정확한 생존연대는 알 수 없으나 맹자와 거의 비슷한 시대인 것으로 추정된다. 젊었을 때 하급 관리이기도 했으나, 그 이후 평생 벼슬길에 들지 않았으며 10만여 자에 이르는 《장자》를 완성했다. 초楚나라 위왕威王이 그를 재상으로 맞아들이려 했으나 사양했다. 장자가 살던 전국시대는 지극히 혼란스러웠다. 당시 지식인들은 자신이 처해 있는 상황의 구체적 문제에 집착하여 단순하고 편견이 깔린 이론을 주장했다. 그렇기 때문에 보편적 개념이나 가치의 추구가 아니라 '논쟁을 위한 논쟁', 상대방을 이기기 위한 언변을 꾀하는 데 몰두했다. 그 결과 도道는 간데없고, 진리는 내팽개쳐진 채 당파적 이익만을 추구하는 경우가 많았다. 장자는 이러한 시대의 혼돈 상황을 깨우치는 새로운 사상을 정립하고자 했다.

본적으로 사물과 학문을 바라보는 데 있어서 나타나는 유가와 도가의 인식 차이를 밑바탕에 깔고 있다. 그뿐만 아니라 통념적 사고방식에 대해 새로운 접근을 요구하는 내용으로 가득 채워져 있다.

물고기의 즐거움을 아는가

여기에서 《장자》의 수많은 우화나 대화편을 일일이 검토할 수는 없다. 당연히 제일 좋고 바람직한 것은 시간을 충분히 갖고 책 전체를 정독하는 일이다. 하지만 장자의 인문학적 상상력이 갖는 특징을 만나려는 이 글의 목적을 이루는 일은 단 하나의 대화를 통해서도 충분히 가능하다. 그만큼 장자의 우화나 대화 단 하나 안에도 통념적 사고방식을 넘어서는 발상의 전환이 풍부하게 담겨 있다.

언뜻 지극히 평범해 보이는 〈추수秋水〉편의 한 대화에서도 우리는 장자의 깊이 있는 성찰과 만날 수 있다. 장자는 혜자와의 대화를 통해 우리들이 갖고 있는 기본적인 사고방식 자체를 문제 삼는다.

장자가 혜자와 더불어 호숫가를 거닐고 있었다.
장자가 말했다. "물고기가 유유히 헤엄치고 있군. 물고기는 즐거운 거야."
혜자가 말했다. "자네는 물고기가 아닌데 어떻게 물고기가 즐거운 것을 아는가?"
"그렇다면 자네는 내가 아닌데, 어떻게 내가 물고기의 즐거움을 모르는 것으로 아는가?"

상상력이 인문학의 첫걸음이다

"나는 자네가 아니라서 본시 자네를 알지 못하네. 마찬가지로 자네도 본시 물고기가 아니니 자네가 물고기의 즐거움을 알지 못한다는 것은 틀림없는 일이야."

"얘기를 그 근본으로 되돌려보세. 자네가 내게, '어떻게 물고기의 즐거움을 아는가' 하고 물었던 것은 이미 내가 물고기의 즐거움을 안다고 여겼기 때문이었네. 그래서 나에게 그런 질문을 한 것이지. 나는 지금 이 호수의 다리 위에서 저 호수 밑의 물고기와 일체가 되어 마음을 통해 그 즐거움을 알고 있었던 것이네."

대화를 읽고 나니 장자와 혜자 중에 누가 정상이고 누가 비정상으로 느껴지는가? 아마 십중팔구 장자의 정신 상태가 좀 이상해 보인다고 대답할 것이다. 헤엄치고 있는 물고기를 보면서 "물고기는 즐거운 거야."라고 하니 말이다. 대부분 상식적으로 사람이 물고기가 즐거운지 아닌지 어떻게 알 수 있느냐는 생각이 퍼뜩 떠오를 것이다.

청나라 화가 왕사자王師子의 〈유어도游魚圖〉는 물속을 헤엄치는 물고기의 모습을 상큼한 색조와 붓놀림으로 담았다. 이 화가는 물고기 그림에 재능을 보여서 이 외에도 물고기가 물속을 노니는 모습을 그린 많은 작품을 남겼다. 또한 그림과 연관된 시를 남기기도 했는데, 다음의 〈춘수연의春水漣漪〉라는 시도 이 그림에 잘 어우러진다.

萍藻漾清波 春水漪漪活 良夜碧天遙 銀塘魚讀月
개구리밥은 맑은 물결에 출렁이고, 봄물은 찰랑찰랑 세차게 흐르네.
좋은 밤 푸른 하늘은 멀기만 한데, 은빛 못의 물고기는 달을 읽누나.

▶ 왕사자 〈유어도〉 시기 미상

　　이 화가도 장자와 비슷하게 물고기와 정겨운 감정을 나누는 느
낌이다. 장자가 물고기의 즐거움을 공감했다면, 화가는 한술 더 떠 물
고기가 달을 보고 있다고 여긴다. 적지 않은 사람들이 이 시를 읽고 아
무리 중국 사람들의 허풍이 심하다고는 하나 이건 좀 심하다는 느낌을
받을 것이다. 장자든 왕사자든 현실이 아닌 공상의 세계에서 허우적대
는 사람 정도로 다가온다.

　　　　　　　　　　　　　상상력이 인문학의 첫걸음이다

이에 비해 혜자의 이야기는 상당히 논리정연한 편이다. "나는 자네가 아니라서 본시 자네를 알지 못하네. 마찬가지로 자네도 본시 물고기가 아니니 자네가 물고기의 즐거움을 알지 못한다는 것은 틀림없는 일이야."라는 논리는 우리에게 친근하다. 일단 "나는 자네가 아니라서 본시 자네를 알지 못하네."라는 말은 하나의 전제 역할을 한다. 우리는 흔히 '열 길 물속은 알아도 한 길 사람 속은 모른다'는 옛 속담을 인용하고는 한다. 그만큼 타인의 머릿속에 무슨 생각이 들어 있는지를 정확히 알 수 있는 방법이 없다. 상대방도 부정할 수 없는 전제를 만들어 놓은 것이다.

그리고 그 전제에 입각해서 "자네도 본시 물고기가 아니니 자네가 물고기의 즐거움을 알지 못한다는 것은 틀림없는 일"이라고 결론을 맺는다. 마치 우리에게 익숙한 삼단논법을 접하는 기분이다. '소크라테스는 사람이다. 사람은 모두 죽는다. 그러므로 소크라테스는 죽는다.'라는 식의 논리, 즉 연속되는 2개의 전제로써 하나의 결론을 끌어내는 방법의 추론 말이다. 혜자는 나름대로 치밀한 논리를 전개하고 있는 셈이다. 한마디로 사람끼리도 상대방의 감정을 모르는데 하물며 물고기의 감정을 어떻게 알 수 있느냐는 핀잔이다.

이성과 논리로 보는 혜자의 눈

혜자의 눈은 어떤 눈일까? 먼저 혜자가 본 것은 호수에서의 물고기의 '이동'이다. 이쪽에서 저쪽으로 움직이는 것만 본다. 이러한 의미에서 혜자가 물고기를 바라보는 눈은 육체의 눈, 즉 시각이라는 감각의 눈이다. 다음으로 전제를 통해 결론으로 나아가는 논리적인 눈이다. 다른 말로 하면 이성적인 눈이라 할 수 있다. 혜자가 사물을 바라보는 방식이 우리에게 익숙한 것은 어찌 보면 당연하다. 바로 우리의 눈이 이러한 감각의 눈, 이성의 눈이다.

그리고 과학적 사고방식을 보여주는 눈이기도 하다. 근대과학은 감각과 이성의 주체는 인간이고, 자연은 대상으로 명확하게 분리한다. 감각과 이성적 사고를 동원한 관찰을 무기로 대상을 냉철하게 분석하는 방식이다. 근대 이후 과학기술의 발전은 이러한 눈을 통해서 이루어져왔다. 근대철학을 양분하고 현대에 이르기까지 서구적인 사고방식을 지배하는 경험론과 합리론의 철학도 이러한 논리 위에 세워져 있다.

경험론의 아버지라 불리는 베이컨은 직접 감각으로 경험한 것만 믿으라고 한다. 인간이 자연의 사용자 및 해석자로서 자연에 대해 무언가를 알기 위해서는 무엇보다도 관찰이 우선되어야 한다고 주장한다. "자연의 질서에 대해 실제로 관찰하고, 고찰한 것만큼 무엇인가를 할 수 있으며 이해할 수 있다. 그 이상의 것은 알 수도 없고, 할 수도 없다."《신기관》 직접 감각을 통해 확인한 것만을 확실하게 여겨야 한다는 것이다. 그에 의하면 우리의 사고는 관찰을 통해 발견된 것을 정교하게 배열할 수 있을 뿐이다. 그 이상의 주관적인 창안이나 감상은 불확실하고 무의미하다. 물고기도 자연의 일부인 이상 이 논리에서 조금도 벗어날 수 없다.

합리론을 대표하는 데카르트도 접근 방법이 다를 뿐 적어도 불확실한 상상이나 감상을 거부한다는 점에서는 동일한 결론에 도달한다. "나는 오직 진리 탐구에 전념하려고 하므로, 조금이라도 의심할 수 있는 것은 모두 전적으로 거짓된 것으로 던져버리고, 이렇게 한 후에도 전혀 의심할 수 없는 것이 내 신념 속에 남아 있는지를 살펴보아야 한다고 생각한다."(방법서설) 그에 의하면 아무리 의심하려 해도 조금도 의심할 수 없는 것만 믿어야 한다. 가장 의심스러운 대상은 감각이다. 시각·청각·촉각·미각·후각 등 감각에 속하는 어느 하나도 사실을 있는 그대로 우리에게 반영해주지 않는다. 가장 확실한 정보처럼 보이는 시각적 경험도 사물의 확인이나 색의 구별은 부분적이고 한정된 작업이기 때문에 진리와 거리가 멀다. 그에 의하면 감각적·감성적인 사고를 배제하고 철저히 이성적 사고에 기초해야 한다.

데카르트의 말대로라면 상상도 기본적으로는 감각에 기초한다. 상상은 감각의 영향에서 자유롭지 않다. 상상력은 사유운동신경의 힘을 빌려 신체의 외적 감각을 대상에 적용하면서 감각에 작용할 수 있고, 반면 감각은 상상력에 물체의 상을 새기는 방식으로 상상력에 작용한다. 결국 상상력은 감각과 직접 관계를 갖는다. 감각과 관계를 맺고 있는 이상 이 모든 요소들은 오직 물질 혹은 물질과 연관된 대상에 대해 인지하는 역할을 한다. 그렇기 때문에 상상력은 인위적이고 허구적인 관념에 불과하다.

그러면 장자의 눈은 어떤 눈일까? 맨 마지막 문장을 잘 살펴보자. "나는 지금 이 호수의 다리 위에서 저 호수 밑의 물고기와 일체가 되어 마음을 통해 그 즐거움을 알고 있었던 것"이라고 말한다. 장자가 물고기의 즐거움을 느낀 것이 '마음'을 통해서였음을 알 수 있다. 장자의 눈은 마음의 눈이다. 장자와 물고기가 관찰의 주체와 대상으로 분리되지 않고 마음의 눈을 통해 '일체'가 된다는 것이다.

　　그런데 여러분이 여전히 갸웃거리는 모습으로 의문의 눈초리를 던지고 있는 게 보이는 듯하다. 마음의 눈이라는 게 도무지 황당한 발상이 아닌가 하는 눈길 말이다. 그런데 한번 잘 생각해보라. 부모님이나 친한 친구들 중에서 누군가와 마음으로 통한다고 느낀 적이 있지 않은가? 굳이 상대방이 말을 안 해도 어떤 감정을 가지고 있는지 느껴지는 경험 말이다. 사랑하는 연인 사이라면 더 자주 마음과 마음의 대화를 경험했으리라. 그건 사람 사이이기 때문에 가능한 경우 아니냐고 물을 수도 있겠다. 물고기를 비롯한 자연의 대상과는 여전히 소통이 가능할 리 없다는 의문이 이어질 듯하다.

　　자연을 그저 대상으로만 생각하는 순간 통할 수 있는 가능성은 막혀버린다. 일반적인 고정관념을 일단 머리에서 지우고 주위에서 벌어지는 일들을 생각해보자. 먼저 애완견과 함께 지내본 사람이라면 강아지와 마음으로 소통한 경험을 갖고 있을 것이다. 당연히 강아지는 사람의 언어를 통한 의사소통을 할 수 없다. 하지만 사람을 향한 눈빛이나 몸짓만으로도 대체로 무엇을 원하는지 알 수 있는 때가 꽤 있다. 단순히 즐겁거나 기분이 좋지 않은 상태 정도가 아니라 배가 고프다는 건지, 화장실에 가고 싶다는 건지, 혹은 밖에 나가자는 건지 어느 정도의 구별은 가능하다.

꼭 강아지만은 아닐 것이다. 소든 말이든 이성과 논리의 눈을 접고 마음으로 다가서면 최소한의 감정 공유의 길은 열린다. 인간의 눈으로 대상으로서의 동물을 보는 일방적인 방식이 아니라 함께하는 느낌으로 다가설 때 둘 사이를 가로막고 있던 장벽은 낮아지고 조금씩 마음이 열린다. 그런 게 바로 마음의 눈이다.

우리는 왜 혜자의 논리에 친숙하고 장자의 생각에는 어리둥절했을까? 장자가 이상한 정신 상태로 느껴진 건 그만큼 우리가 마음의 눈을 잃어버렸다는 증거다. 모든 걸 과학적인 눈으로 바라보는 방식에 익숙해진 탓이다. 아주 어려서부터 교육을 통해, 또는 사회적 편견을 통해 이렇게 훈련받아왔다. 심지어 감정이나 마음의 눈이 반드시 필요한 부분에서조차 이성과 논리를 강요받아왔다.

예를 들어 학창 시절의 문학 수업 시간을 떠올려보라. 문학, 그중에서도 특히 시詩는 충분한 감성을 필요로 한다. 물론 그렇다고 해서 시에 이성이 불필요하거나 중요하지 않다는 지적은 전혀 아니다. 이성만큼이나 감성의 힘이 있을 때 시인과 함께 호흡할 수 있다는 의미다. 어떤 경우에는 교실 창문을 열어 귓가를 스치는 바람을 느끼고 스스로 시상을 떠올릴 수 있어야 제대로 된 시 수업일 것이다. 하지만 우리는 철저히 이성, 그것도 형식화되고 왜곡된 합리적 이성의 눈으로만 시에 접근하도록 훈련받는다. 심지어 시를 대상으로 시 전체의 문제의식은 물론이고 하다못해 개별 시어의 의미까지도 답으로 배워서 암기해야 한다. 더 어처구니없는 것은 그렇게 암기한 답을 시험지에 오지선다 식으로 골라서 써야 한다. 문학 수업이 이 정도이니 다른 영역은 말할 것도 없다.

직장을 비롯한 사회생활에서는 감성이 발휘될 기회가 더욱 줄어든다. 분석과 종합을 특징으로 하는 합리적 이성으로만 주어진 상황을 파악하고 대응해야 사회에서 요구하는 경쟁력에 부응할 수 있다. 감성을 동원하는 순간 무능력하거나 직장생활에 부적합한 사람이라고 낙인찍히기 십상이다. 나이를 먹어갈수록 감성은 메마르고 혜자의 사고방식이 우리의 의식을 지배한다. 그 결과 타인과 자연을 그저 대상으로만 바라보고 분석과 구별을 하는 사고방식에 물들어버렸다. 이성 중심주의나 과학기술 만능주의는 어떤 개념이 우리 자신과 일체화된 존재양식처럼 굳어져버리게 했다. 장자가 낯설어지는 것은 당연한 귀결이다.

장자는 마음의 눈을 잃어버린 우리에게 물고기 이야기를 통해 발상의 전환을 촉구한다. 짧은 대화 하나로 인문학적 상상력이 왜 필요하고 얼마나 중요한지를 더할 나위 없이 잘 보여준다. 이제는 잃어버렸던 또 하나의 눈인 마음의 눈을 다시 찾아야 할 때가 아닐까?

인문학적 상상력을 방해하는 적들

마르쿠제 《일차원적 인간》

미술이나 음악처럼 예술 분야에서는 드물지 않게 천재가 나타난다. 피카소가 6~7세 나이에 그린 그림을 보면 '이래서 천재 소리를 듣는구나!' 할 정도로 입이 쩍 벌어진다. 어린 나이에 어떻게 그 정도로 사물의 형태를 정확히 잡아내고 분위기를 살려낼 수 있는지 놀라울 정도다. 모차르트는 또 어떠한가? 세 살에 피아노를 연주했고, 다섯 살에 작곡을 했으며, 열두 살에는 오페라를 상연했다. 음악 신동이라 불리는 게 전혀 과장이 아니다.

하지만 인문학에는 천재가 없다. 동서양을 통틀어서 세계 철학사를 아무리 뒤져봐도 초등학생 나이에 철학 책을 쓴 사람은 없다. 역사학이나 문학도 마찬가지다. 짧은 시 구절이야 어린 나이에 나름대로의 재능을 보인 경우가 있겠지만, 글재주일 수는 있어도 내적 성찰을 담은 내용일 수는 없다. 그나마 소설에서는 아예 흔적을 찾기 어렵다.

인문학 분야에서는 그 나이에 창작은커녕 내용조차 제대로 읽어낼 수 없다. 인문학과 친숙해지기 위해서는 관련 분야에 대한 지식이 어느 정도 축적되고, 스스로 개별 분야와 분야 사이의 연관성을 맺어나갈 정도의 공력이 쌓여야 하기 때문이다. 그렇기 때문에 단 몇 달, 혹은 일이 년 사이에 인문학으로 자신의 정신을 풍요롭게 만들 방법은 없다.

하지만 속도를 보다 빠르게 할 방법은 있다. 속도를 빠르게 하면서도 깊이 있게 다가설 수 있는 길이 있다. 바로 앞에서 강조한 인문학적 상상력을 사용하는 방법이다. 인문학적 상상력은 어느 누구도 우월하게 갖고 태어나는 것이 아니라는 점에서 유전적 요인과는 거리가 멀다. 스스로 하나하나 획득하고 사고의 습관으로 만들어나가는 방법뿐이다. 다시 골치 아픈 과제 앞에 맞닥뜨린 느낌이겠지만, 다행인 것은 누구나 처음에 그 가능성을 갖고 태어난다는 점이다.

인문학에는 천재가 없다

아이가 태어나서 한두 살쯤 되면 단어 두세 개를 조합하여 간단한 문장을 만들기 시작한다. 이 시기에 가장 많이 사용하는 단어는 뭘까? 생각할 필요도 없이 1위는 단연 '엄마'다. 그렇다면 2위는 아마 '맘마'나 '아빠', '싫어'와 같은 단어를 떠올리는 분들이 많을 것이다. 이 가운데 첫 번째로 빠져야 할 단어는 '아빠'다. 뭐 눈앞에 자주 보여야 부르든가 말든가 할 게 아닌가. '맘마'나 '싫어'는 자주 사용하는 단어이긴 하지만,

이보다 더 자주 사용하는 단어가 있다. 의외로 이즈음 아이들은 '왜?'나 '뭐야?'와 같은 의문형 단어를 더 자주 사용한다.

어찌 보면 당연한 현상이다. 태어나서 조금이라도 말을 배울 때까지 아기가 자기 눈에 보이는 모든 것, 또한 주변에서 벌어지는 모든 일이 얼마나 궁금했을지 생각해보라. 표현할 방법을 조금이나마 갖게 되었을 때 봇물 터지듯 궁금증을 쏟아내는 것은 지극히 정상이다. 그렇기 때문에 아이들의 '왜?'라는 의문은 한 번에 그치지 않고 여러 번 이어진다. 아기를 키워본 사람이라면 누구나 경험했을 것이다. 한번 질문이 터지면 꼬리를 물고 계속 이어진다. 어른 입장에서 보면 어이없는 질문이지만 쉴 줄을 모른다.

대부분의 부모는 아이의 '왜?'라는 질문에 몇 번이나 대답을 해줄까? 처음에는 웬만큼 다 받아준다. 아이의 질문에 신기해하며 우리 아이가 나중에 뭔가 되어도 되겠다고 만족스러워 한다. 모든 부모는 그 시기에 자기 자식이 다 천재라도 되는 줄 아니까 말이다. 하지만 그렇게 몇 번 당하고 나면 엄마는 두세 번 정도나 아이의 질문에 응대를 해줄까? 아빠의 경우라면 왜라는 단어가 두 번만 나오려고 해도 엄마에게 물어보라며 피하기 일쑤일 것이다.

부모가 그 정도니 아이가 유치원에 가면 사태는 더 심각해진다. 유치원 선생님 한 명당 돌봐야 할 아이가 10여 명은 되는 조건에서 두 번도 질문을 하기가 어렵다. 한 반에 30명이 넘는 초등학교에 가서는 아예 한 번도 물어볼 수 없다. 선생님도 귀찮아할 뿐만 아니라 아이들에

▲ 질문이 사라지는 과정은 상상력이 사라지는 과정과 일치한다.

게 미운털 박힐 가능성이 커져서 더 이상 질문을 할 수가 없다. 그렇게 중학교, 고등학교 생활을 하는 동안 이제는 무언가 질문을 해서는 안 될 것 같다는 이상한 상식이 우리의 마음을 지배하게 된다.

　'왜?'라는 질문이 사라지는 과정은 곧바로 우리 정신에서 상상력이 사라지는 과정과 일치한다. 모든 상상력의 근원은 의문을 품는 데서 시작하기 때문이다. 인문학에 가장 빠르고 깊게 접근하기 위해서는 잃어버린 '왜?'를 되찾아야 한다. 누구나 풍부하게 갖고 태어난 상상력의 가능성을 되살려내야 한다. 의문이 잊었던 상상력을 자극하고, 여기에서 인문학적 상상력은 싹을 틔울 수 있다.

　　　　　　　　　　　　　　상상력이 인문학의 첫걸음이다

하지만 세상에 공짜는 없다. 저절로 의문이 생길 리 만무하다. 오히려 나이가 들수록 의문이 사라질 가능성이 훨씬 더 크다. 사회 안 곳곳에 관성에 안주하도록 강제하는 요인들이 복병처럼 숨어 있기 때문이다. 그러므로 의문을 갖고 인문학적 상상력을 키우는 일은 흐르는 물을 거슬러 올라가야 하는 물고기처럼 불편하고 힘든 과정을 동반한다. 따라서 불편하고 힘든 과정을 줄이기 위해 무엇이 필요한지를 정확히 알아야 한다. 인문학적 상상력을 가로막는 장애물이 무엇인지를 파악할 때 한결 수월하게 인문학 내부로 들어갈 수 있다.

통념과 관성을 강요하는 사회를 고발하다

자동차의 내비게이션이 길 안내뿐만 아니라 도로 위의 온갖 위험이나 장애물을 미리 알려주는 것처럼, 마르쿠제의 《일차원적 인간》은 우리에게 인문학적 사유를 방해하는 걸림돌, 인문학적 상상력의 적들을 제시해준다.

인문학적 사유는 자유를 향해 나아가는 속성을 지닌다. 인문학적 상상력은 사회에 강제된 통념을 넘어서는 과정이기에 불가피하게 억압에 저항한다. 자신의 자유를 억압하는 걸림돌이야 금방 눈에 뜨일 텐데, 수고스럽게 분석하고 통찰할 필요까지 있겠는가 싶다. 최소한의 사회적 관심과 지적 능력을 가진 사람이라면 상식 차원에서 얼마든지 알아낼 수 있는 문제를 가지고 공연히 호들갑을 떠는 것처럼 보일 수도 있다.

인문학적 상상력을 방해하는 적들

하지만 현실은 전혀 다르다. 현대사회에서 대부분의 사람은 자유를 스스로 포기한다. 어떤 바보가 자신의 자유를 스스로 포기할까 싶겠지만 현실에서 너무나 익숙하게 나타나는 현상이다. 문제는 우리를 조종하는 실체가 쉽사리 눈에 보이지 않는다는 점이다. 예전에는 자유를 빼앗고 억압하는 세력이 누구인지 한눈에 확인할 수 있었다. 직접적이고 노골적인 강압 방식이었기 때문이다. 하지만 현대사회에 들어와서는 무식한 방식의 강제 대신 교묘한 통제와 관리가 이루어지면서 누가 어떻게 자유를 질식시키는지 알 수 없게 되었다. 보다 정확히 말하자면 아예 억압당하고 있다는 사실조차 의식하지 못하게 되어 있다.

마르쿠제는 《일차원적 인간》에서 어떻게 대중이 현대사회에서 전체주의적 억압에 자발적으로 복종해 들어가게 되었는지를 파헤친다.

헤르베르트 마르쿠제(Herbert Marcuse, 1898~1979)
전체주의 사회에 맞선 실천적 독일 사상가다. 한때 하이데거 밑에서 조교생활을 했지만 헤겔과 마르크스 사상에 많은 관심을 가졌다. 나치 정권 수립 직전에 스위스로 도피하여 호르크하이머와 아도르노가 이끌던 〈프랑크푸르트 사회조사연구소〉에 동참했다. 이후 나치즘과 파시즘 같은 전체주의가 출현하게 된 원인을 분석하면서 마르크스와 프로이트의  이론을 결합하려 했다. 1934년 미국으로 망명한 후 발전된 서구사회에서도 감도는 전체주의 성향을 밝히고 대안을 모색하려 했다. 서구의 자본주의와 동구의 사회주의가 비슷하게 전체주의 성향을 띠고 있다는 점을 간파한 그는 1968년의 사회 변화 과정에서 형성된 신좌파에게 많은 영향을 미쳤다. 대표적 저서로 《이성과 혁명》, 《에로스와 문명》, 《일차원적 인간》, 《해방론》 등이 있다.

상상력이 인문학의 첫걸음이다

그는 발달된 산업사회의 특징이 사회 전체를 관리하는 통제장치와 대중의 자발적 복종이라고 보았다. 현대사회를 저항이 없는 침묵으로 규정했다. 대량생산과 대량소비가 만들어낸 물질적 풍요로움 앞에 조용히 복종하는 대중사회를 분석하고, 이를 가능케 한 조건으로 사회구성원 대다수가 일차원적인 사고에서 벗어나지 못하게 하는 상태를 추적했다. 비판적 사유, 자유로운 사회적 상상력이 사라지고 오직 사회적 규범과 통념에 대한 긍정만을 당연하게 여기는 일차원적 인간이 자발적 복종의 주요 원인이다.

침묵의 사회는 비판적 사유, 현실의 억압을 넘어 자유로운 정신으로 나아가는 인문학적 사유의 등장을 막는다. 그러므로 마르쿠제는 현대사회를 이해하고 변화시키기 위해 무엇보다 먼저 일차원적 인간을 강요하는 사회의 여러 장치를 규명해야 한다고 주장한다. 이를 위해서는 거듭 강조했듯이 현실의 관성에 의존하면 안 된다. 반대로 일상생활에서 완전히 눈을 돌려서도 안 된다. 일상에 발을 딛고 서되, 거짓된 의식, 주입당한 욕구, 조작된 욕망에서 벗어나 발상의 전환을 이루어야 한다.

첫 번째 장애물: 소비 중독

한국의 경우만 보더라도 침묵사회라는 규정은 그리 낯설지 않다. 혹시 한국은 그 어느 나라보다도 비판 정신이 가득한 사회가 아니냐고 반론을 펼치는 사람이 있을지 모르겠다. 인터넷을 보면 일반 개인이든 연예인이든 정치인이든 시도 때도 없이 악성 댓글을 다는 사람들로 수두룩한데 무슨 침묵사회냐고 할 수 있다. 작은 술자리라도 만들어지면 직장 상사에 대한 뒷담화에서 시작하여 회사에 대한 불만, 나아가서는 정치 문제에 이르기까지 술안주로 씹어대는 마당에 뭔 소리냐고 말이다. 또한 집에서 TV 뉴스에 부패한 재벌이나 정치인 이야기라도 나오면 잠시의 뜸도 들이지 않고 "저런 쳐 죽일 놈!" 소리가 터져 나오는데 오히려 비판의 과잉이 아니냐고 부인할 듯하다.

그러나 원래 공적인 자리에서의 비판이 사라진 사회에서는 사적인 공간에서의 불만이 더 커지는 법이다. 스스로 지난 몇 년간의 자신을 뒤돌아보자. 직장 상사의 부당한 대우에, 본인의 의사와는 무관하게 정식 출근시간 전에 업무 회의를 잡거나 퇴근시간을 넘겨서도 사무실에 잡아두는 회사에 제대로 저항해보았는가? 법적 근거도 명확하지 않은 불심검문을 거부해보았는가? 부당한 세금 징수나 집행에 대해, 터무니없을 정도로 열악한 사회복지 현실에 대해, 혹은 정치적 부패나 억압에 대해 공식적으로 항의한 적이 있는가? 인터넷이나 집 안 거실, 혹은 술자리가 아니라 직장에서, 공권력을 자임하는 당사자 앞에서, 거리나 광장에서 비판했는가?

지금 우리 스스로의 용기 없음을 탓하고자 하는 것은 아니다. 원래 한국 사람들이 아무런 사회적 문제의식이 없거나 의지가 나약하기만 했던 것도 아니다. 돌이켜보면 80년대의 민주화를 향한 열망과 행동은 특별한 소수만의 전유물이 아니었다. 그 시대를 살아가던 사람들 다수의 공통된 분노이자 저항이었다. 우리는 지난 20~30년 사이에 점점 무력해지고 침묵으로 길들여졌다. 더군다나 무엇이 우리를 침묵으로 끌고 갔는지 정체조차 제대로 파악하지 못하고 있다. 마르쿠제는 그 단서를 다음과 같이 설명한다.

발달된 산업사회의 가장 큰 특징은 해방의 욕구를 효과적으로 제거하면서 풍요로운 사회의 파괴적 힘과 억압적 기능을 유지하고 그 사회의 죄를 용서하는 점이다. 사회의 통제 체제는 낭비의 생산과 소비를 향한 지나친 욕구, 더 이상 실제로 필요하지 않은 분야의 무감각한 노동에 대한 욕구, 이런 무감각 상태를 달래고 연장시키는 휴식 체계에 대한 욕구, 관리되는 가격 하에서의 자유경쟁, 스스로를 검열하는 자유로운 언론처럼 기만적 자유를 지속시키려는 욕구를 강요한다. 사람들은 상품 속에서 자신을 확인한다. 자동차에서, 하이파이 전축에서, 주택에서, 부엌시설에서 자신의 영혼을 발견한다. 이런 상황에 이르면 풍요로움과 자유를 가장한 지배는 사생활과 공적 생활을 포함하는 모든 영역으로 확장되어 모든 진정한 반대를 통합하고 모든 대안을 흡수한다.

자유와 해방을 향한 비판 정신을 억누르고 사회의 통제에 자발적으로 복종하게 만드는 일차적 요인으로 "낭비의 생산과 소비를 향한 지나친 욕구"를 꼽는다. 실제로 대량생산과 대량소비는 산업사회를 규정짓는 가장 중요한 원리다. 둘 가운데서도 최근으로 올수록 대량소비의 비중이 점점 더 커지고 있다. 20세기 초반과 이후 정기적으로 이어진 세계적 불황을 겪으면서 대량소비가 전제되지 않고는 대량생산이 불가능하다는 점을 뼈저리게 깨달았기 때문에 소비를 대규모로 조직하는 일을 가장 중요한 사회적 과제로 여긴다. 그렇기 때문에 현대사회를 소비사회라 부르기도 한다.

마르쿠제의 지적처럼 현대의 도시인들은 "자동차에서, 하이파이 전축에서, 주택에서, 부엌시설에서 자신의 영혼을 발견한다." 오직 소비만이 점령군처럼 도시의 곳곳을 차지하고 있다. 이제 대다수 현대인은 더 이상 내면에서 자신을 찾지 않는다. 정신적 가치나 삶의 가치보다는 새로운 상품 속에서 자신을 발견할 뿐이다. 아파트의 브랜드나 평수가 자신이다. 집은 어떤 사람의 지위나 성공의 정도를 가장 잘 반영하는 척도가 되었다. 또한 자동차의 엠블럼과 배기량이 곧 자신이다. 유행에 맞는 옷, 장식품 등의 상품 속에서 자신의 영혼을 확인한다.

한국사회에서 중산층의 가장 대표적인 징표는 도시의 30~40평대 아파트를 소유하고 있는가, 중형차 이상의 자가용을 지니고 있는가에 있다. 대기업 직장인의 지위는 아파트 평수와 자동차 종류로 극명하게 나뉜다. 20대 후반의 신입사원은 서울이나 주변 위성도시의 20평대 전세 아파트와 소형차, 30대 중반의 과장은 20평대 아파트와 중형차, 40대 중반 이상의 부장이나 임원은 30~40평대 아파트와 대형차를 소유하는 것으로 구분된다. 이 두 가지가 성공을 확인하는 상징이고, 동일한 궤도를 따라가는 과정이 곧 인생이 되어버렸다. 여기에 종종 패밀리 레스토랑이나 잘 차려진 고깃집에서의 외식이 포함된다.

▶ 키르히너 〈포츠다머 광장〉 1914년

　　독일 표현주의 미술의 한 경향인 다리파를 대표하는 키르히너의
〈포츠다머 광장〉은 소비에 영혼을 맡긴 채 살아가는 산업사회의 한 단
면을 잘 보여준다. 포츠다머 Potsdamer 광장은 독일 베를린 시내의 북적북
적한 번화가에 위치하고 있다. 포츠담과 베를린을 잇는 오래된 주요 도
로가 지나가는 교차 지점으로 제2차 세계대전 이전에 유럽에서 가장 혼

▲ 포츠다머 광장은 현재 한국의 종로나 강남 거리처럼 분주한 번화가였다.

잡한 교차로 역할을 했다. 당연히 소비를 선도하는 온갖 종류의 상점으로 즐비했고 유행 상품으로 치장한 사람들로 붐볐다.

"현재와 미래를 잇는 다리 역할"을 자임하며 '다리파' 그룹을 결성한 키르히너는 급격한 산업화와 도시화, 전쟁의 소용돌이 속에서 파괴되는 인간의 실존적 현실을 암울하게 그려냈다. 그림을 보면 당시 유럽에서 유행하던 장식 모자와 옷으로 치장한 여인 두 명이 전면에 있다. 뒤로는 말쑥한 양복 차림의 멋쟁이 신사들이 길을 걷는다. 주변으로는 화려한 상품으로 가득한 상점이 위용을 자랑하며 거리를 장악하고 있다. 가장 특징적인 것은 물질적 풍요로움을 만끽하고 있는 이들의 얼굴이 하나같이 영혼이 없는 마네킹과 비슷하다는 점이다. 마치 가면을 쓰고 있는 듯 무표정이어서 내면의 흔적을 발견할 수 없다. 고독과 차가운 기운이 감돌다 못해 날카로운 긴장감마저 감돈다.

상상력이 인문학의 첫걸음이다

대량생산과 대량소비에 기초한 산업사회에서 현대인들은 영혼을 저당 잡힌 채 풍요로운 소비만 보장해준다면 현실의 억압에 기꺼이 순응한다. 양적으로 증가하는 상품과 서비스의 생산 및 분배가 순종을 합리적인 사고인 양 만들면서 자유의 쇠퇴와 억압은 필연적일 수밖에 없게 되었다. 기계에 의한 대량생산과 대량소비에 의해 관리되는 생활이 안락하고 심지어 '선한' 생활이라면 자유로운 정신을 갖고 자기 결정을 주장할 아무런 이유가 없어져버린다. 여기에서 비판과 새로운 미래를 향한 상상력을 상실한 채 기존 체제를 항상 긍정하고 합리화하는 일차원적 인간이 양산된다. 그림에 등장하는 영혼을 잃은 인물들은 기계적으로 현실에 순응하며 만족하는 일차원적 인간 군상을 보여준다.

두 번째 장애물: 합리성 중독

만약 인문학적 사유를 가로막는 사회적 장치가 소비뿐이라면, 평소에 긴장을 늦추지 않는 것으로 어렵지 않게 벗어날 수 있다. 하지만 장애물은 순간을 넘어 일상적으로 우리의 정신을 지배한다. 일상적으로 비판 정신을 의식의 뒤편에 가두고 긍정의 사유만을 전면에 내세우게 만든다. 그리하여 거짓된 사실의 질서와 거짓된 의식에 순응하도록 한다.

거짓된 의식은 압도적인 기술 기구에서 구체화된다. 이는 '합리성'의 이중적 의미와 관련된다. 과학적 경영과 노동 분업은 경제적·정치적·문화적 생산성과 생활수준을 높였다. 동시에 합리적 기획은 자신의 가장 파괴적·억압적 특징을 정당화하는 사유와 행동방식을 생산한다. 기술적 합리성은 새로운 사회통제방식과 결합된다. 오늘날 지배는 기술 자체로 자신을 지속시키고 확장하는데, 기술은 부자유를 합리화하고, 삶을 자율적으로 결정하는 존재가 '기술적으로' 불가능하다고 주장한다. 이 부자유는 비합리성이나 정치적 형태로 드러나지 않고, 생활의 안락함과 노동생산성을 높이는 기술 기구에 대한 복종으로 나타난다. 기술적 합리성은 지배의 정당성을 보장하며 도구적 이성은 전체주의 사회의 장을 연다.

갈수록 태산이다. 인문학 고전을 접할 때 많은 사람이 가장 두려워하는 순간이기도 하다. '합리성의 이중적 의미'라는 어려운 말로 포문을 여니 가슴이 꽉 막히는 느낌이다. 하지만 막말로 쫄 필요는 없다. 천천히 뜯어보면 내용 안에 힌트가 나온다. 합리성이 이중적 의미를 가졌다고 했으니 뭔가 두 가지 요소가 있을 것이다. 하나는 과학적 경영과 노동 분업, 하나는 합리적 기획으로 나와 있다. 먼저 과학기술에 의한 합리성의 한 요소는 흔히 긍정적이라 여기는 내용이다. "경제적·정치적·문화적 생산성과 생활수준을 높였다."는 부분이나 "생활의 안락함과 노동생산성을 높이는 기술"이라는 부분이 여기에 해당한다.

기술의 도움으로 효율성을 높이면 다양한 영역에서 생산성이 높아진다. 우선 경제적인 측면에서 보면 자동화 기계를 비롯한 첨단 생산설비로 노동생산성을 획기적으로 높임으로써 편리성을 갖춘 상품을

상상력이 인문학의 첫걸음이다

대량으로 쏟아낸다. 백화점이나 마트에 가면 불편함을 개선한 각종 신상품이 넘쳐흐른다. 그 결과 과거에는 극소수 부유층의 전유물이었던 TV, 냉장고, 세탁기 등 각종 가전제품을 이제는 어느 가정에서든 볼 수 있다. 문화적 측면도 마찬가지다. 음악을 예로 들면 전통사회에서는 장인에 의해 만들어진 음악이 공연이나 구전에 의해 오랜 세월을 거쳐서야 사람들에게 더디게 보급되었다. 하지만 현대사회에서는 기계장치의 도움으로 신속하게 작곡을 하고 TV를 비롯한 대중매체나 온라인 사이트를 통해 몇 시간 만에 대중에게 보급된다. 경제적·문화적으로 생활의 안락함이 증가했다.

이번에는 이중적 의미 중 합리성의 또 다른 측면에 해당하는 내용을 살펴보자. 대체로 부정적이라고 여길 수 있는 내용이 여기에 포함된다. "자신의 가장 파괴적·억압적 특징을 정당화"하거나 "부자유를 합리화하고, 삶을 자율적으로 결정하는 존재가 '기술적으로' 불가능하다고 주장"하는 내용이 여기에 해당된다. 그리하여 합리성이 지배의 정당성을 유포하고 전체주의 사회로의 길을 연다는 주장이다. 이 내용은 합리성의 첫 번째 측면보다는 더 어렵다.

아서 밀러의 유명한 희곡 《세일즈맨의 죽음》은 산업사회가 갖는 합리성의 이중적 성격을 현실감 있게 그려낸다. 퓰리처상, 연극비평가상, 앙투아네트 페리상 등 3대 상을 수상한 최초의 작품이다. 브로드웨이에서 셀 수 없을 정도로 여러 번 무대에 올랐고, 또한 한국에서도 여러 차례 연극 작품으로 공연된 바 있다.

▲ 연극 〈세일즈맨의 죽음〉의 한 장면

    간단한 줄거리는 다음과 같다. 30년간 세일즈맨으로 살아온 윌리는 그 일을 자랑으로 생각하고 성실하게 살면 반드시 성공한다는 신념을 가지고 있다. 하지만 점차 노동은 늘고 수입은 줄어 생활고에 시달린다. 유일한 희망이었던 아들 비프는 기대와 달리 방황한다. 아들과의 오랜 갈등을 풀고 화해하던 날, 윌리는 아들에게 보험금을 물려줄 생각으로 자동차를 과속으로 몰아 자살한다. 그의 장례식날 아내 린다는 집 할부금 납입도 끝난 지금, 이 집에는 아무도 살 사람이 없다며 울부짖는 것으로 연극은 끝난다.

    평범한 회사원인 윌리는 산업사회의 합리성을 철두철미하게 신뢰하는 인물이다. 대량생산과 대량소비가 만들어낸 물질적 풍요와 그 안에서의 직업적 성공을 사회와 인생의 가장 중요한 의미로 여긴다. 두

상상력이 인문학의 첫걸음이다

아들도 대도시에서 착실하게 경력을 쌓고 회사원으로 성공하기를 기대한다. 미국에서 도입된 합리적 할부제도 덕택으로 모든 가족이 편안히 살 수 있는 꽤 괜찮은 집도 구입하고 자동차와 각종 가전제품도 소유할 수 있게 된 산업사회를 최선의 모델로 여긴다. 연극 〈세일즈맨의 죽음〉의 한 장면은 자신의 노력만큼 성공할 수 있다는 신념을 갖고 있던 그의 모습을 담았다. 가족이 모두 잠들어 있는 어두운 새벽, 지방 출장을 위해 가방을 들고 집을 나서는 장면이다. 침대 위의 아들은 집을 나서는 아버지의 기척을 느끼지 못한 채 깊은 잠에 빠져 있다. 침대 주변을 제외하고는 칠흑 같은 분위기, 무거운 가방을 양손에 들고 발걸음을 옮기는 윌리의 어두운 뒷모습이 곧 닥칠 비극을 암시하는 듯하다.

기술적 합리성에 기반한 대량생산과 할부제도에 의한 효율적인 소비 체계 덕분에 집과 자동차, 각종 가전제품 등을 소유하고 있어서 외면적으로 보면 남부럽지 않은 삶을 사는 듯하지만, 그 이면에 도사리고 있는 어둠을 발견할 수 있다. 매달 지출해야 할 항목이 가득하다. 냉장고, 세탁기, 진공청소기 등의 할부금과 자동차나 주택의 수리비가 꼬박꼬박 청구된다. 자동차와 주택조차도 할부 구입이라는 점을 고려하면 거의 대부분이 할부로 구입을 하고 상당 기간 이를 갚아나가야 하는 것들이다.

그런데 가만히 생각해보면 이것은 윌리 가족만이 아니라 현대사회를 살아가는 우리 가정의 일반적인 모습이다. 전액 현금을 주고 집을 사는 사람은 거의 없다. 대부분 상당한 정도의 은행 융자를 끼고 산다.

5년이나 10년에 걸쳐 장기적으로 갚아나가니 할부나 마찬가지인 셈이다. 자동차도 대부분 2~3년 정도 할부로 구입한다. TV, 냉장고, 컴퓨터와 같은 가전제품도 카드로 구입하니까 한 번에 지불하는 것 같지만 대부분 분할 납부다. 집이나 자동차는 할부기간이 끝나갈 즈음이면 새로운 제품을 구입해서 다시 할부가 시작되는 경우가 대부분이다. 보통 주택 융자금을 갚을 즈음 평수를 늘려 이사를 가면서 다시 빚을 지게 된다. 자동차도 보통 4~5년 주기로 새 차를 구입하니 끊임없이 할부에 매달리는 셈이다. 결국 우리는 할부인생을 살고 있다. 할부가 끝나는 날이 곧 노년층으로 접어드는 날이거나 인생이 끝나는 날이다. 표면적으로는 합리적이지만 그 안에 할부금 납부에 시달려야 하는 고통이, 그러한 의미에서 비합리성이 숨어 있다.

대도시의 생활 자체도 합리성의 그늘이 가득하다. 《세일즈맨의 죽음》에서 맏아들 비프는 도시에서 회사원으로 성공하길 바라는 아버지의 기대와는 달리 떠돌이처럼 살면서 농장일 등을 한다. 비프는 대도시 생활에 대해 "사실 우린 이런 정신병원 같은 도시 복판에 살 사람이 아냐."라며 혐오감을 드러낸다. 정말 현대인의 일상적인 삶을 지배하는 공간인 도시가 정신병원 같은 곳일까?

상식적으로 도시와 정신병원을 연결하는 게 수월하지는 않다. 정신병은 비합리적인 사고가 지배하는 곳인데, 도시 공간의 구조와 시스템은 합리성과 효율성에 기초하여 만들어졌다고 생각하는 게 우리의 통념이니 말이다. 도심, 부도심, 주변지역으로 나뉘고, 이 각각을 발달된 대중교통망으로 촘촘하게 연결하고 있는 도시는 합리적 구조를 상징한다. 대형 빌딩이나 아파트는 한정된 공간에 많은 사람이 거주할 수 있도록 합리적으로 설계되었다. 어떻게 하면 제한된 시간과 공간에서 최대의 산출을 만들어낼 수 있을까라는 효율성의 원리가 도시를 지배한다.

그러나 서울의 모습을 보다 세밀하게 들여다보면 효율성 안에 도사린 비효율성을 발견할 수 있다. 터질 듯이 많은 사람을 수용할 수 있게 만들어진 도심의 거대한 시설은 퇴근 이후 황량한 유령도시의 배경으로 변한다. 교통 체계는 비효율성을 더 극명하게 보여준다. 도시 교통량은 출퇴근 러시아워를 기준으로 산정한다. 그러지 않으면 출퇴근 시간에 대혼란이 빚어지게 될 테니까 말이다. 그러다 보니 러시아워를 제외한 나머지 시간에 버스와 지하철에는 사람이 별로 없다. 하지만 매년 지하철 적자가 천문학적으로 늘어남에도 불구하고 출퇴근 교통량 때문에 끊임없이 노선을 늘리고 증차를 하는 악순환을 되풀이하고 있다. 직장인은 그들대로 하루에 3~4시간을 길에 버려야 한다. 이 얼마나 비합리적인가.

그런데도 현실에서 우리는 산업사회와 도시가 표방하는 합리성을 철저히 신봉한다. 최소한의 투입에 최대한의 산출이라는 효율성 원리에 의한 대량생산 체계, 대도시의 구조와 운영 시스템, 그리고 이러한 기술적 합리성 안에서의 삶을 인간이 만들어낼 수 있는 최선이자 유일한 대안이라고 믿는다. 합리성은 하나의 신앙처럼 확고하게 마음을 지배하고 있다. 합리성과 효율성에 대한 비판은 신성모독으로 치부되거나 철없는 아이의 투정 정도로 치부된다. 현실적인 것이 합리적인 것이며 기존 체제가 약속을 지킨다는 신념은 순응주의를 만들어낸다. 합리성 중독에 빠져버린 현대인의 사고방식에서 비판적 사유, 인문학적 상상력은 뿌리를 내릴 수 있는 토양을 잃는다.

세 번째 장애물: 미디어 중독

마르쿠제는 일차원적 인간을 강제하는 또 다른 장치로 대중매체를 꼽는다. 사람들은 자기 생각을 말한다고 생각하지만 착각에 불과하다. 대체로 대중매체에 의해 유포된 정보를 사실이자 진실인 양 말한다. 그것도 자신의 언어가 아니라 "광고주의 언어로 말한다."

> 사람들은 자신의 언어를 말하면서 동시에 주인이나 보호자, 광고주의 언어로 말한다. 따라서 사람들은 자신과 자기의 인식, 감정, 열망을 표현하는 것과 동시에 자신이 아닌 어떤 것도 표현한다. 자기 동네에서나 국제무대에서 정치 상황을 '스스로' 서술하면서 사람들은 '그들의' 대중매체가 얘기해주는 것을 서술한다. 우리는 사랑과 증오, 우울과 분노를 서로에게 얘기할 때 광고와 영화, 정치인, 베스트셀러의 용어를 사용해야만 한다. 다차원적 언어는 일차원적 언어로 바뀌며, 거기서는 서로 다르고 모순되는 의미들이 서로 침투하지 않고 따로 떨어져 있다. 즉 의미의 폭발적·역사적 차원이 침묵된다.

상상력이 인문학의 첫걸음이다

현대사회에서 일하는 시간 이외의 시간을 대중매체가 장악하고 있다. 집에서는 TV, 자동차에서는 라디오, 지하철이나 버스에서는 스마트폰을 통해 대중매체와 연결되어 있다. 심지어 일하는 시간조차 책상의 컴퓨터를 통해 업무와 상관없이 인터넷을 기웃거리는 경우가 적지 않다. 특히 스마트폰은 언제 어디서든 대중매체와 접속할 수 있는 무한한 길을 열었다. 어디서나 인터넷 연결이 가능한 스마트폰이 보급되면서 각자의 주머니나 가방 속에 이미 컴퓨터를 갖고 이동하니 말이다. 출근길 지하철에서 모두가 스마트폰을 들고 있는 풍경은 우리가 매일 아침, 저녁으로 마주치는 모습이다. 앉아 있든 서 있든 대부분의 시선은 스마트폰에 꽂혀 있다. 심지어 커피숍에서 친구를 만날 때도 서로 얼굴을 마주 보고 정겨운 대화를 나누기보다는 스마트폰을 들고 네트워크 세계에 빠져 있는 모습이 더 이상 낯설지 않다.

TV 중독이나 컴퓨터 중독보다 더 극심한 스마트폰 중독 현상이 나타나고 있다. 한 설문조사에 따르면 국내 스마트폰 사용자 10명 가운데 4명 정도가 하루 평균 20번 이상 '아무 이유도 없이' 핸드폰을 열어 보고, 3명 중 1명은 스마트폰과 자신을 5미터 이상 떨어뜨리지 않으며 전원조차 끄지 않는 등 병적 집착 증상까지 보이고 있다. 무심코 스마트폰을 열고 무슨 행동을 할까? 카톡을 열어본다는 응답이 32.7퍼센트로 제일 높은 비율을 보인 가운데, '화면만 보고 다시 닫는다'는 다소 어이없는 응답이 27.4퍼센트로 2위를 차지했다. 사람이나 차량, 식사, 약속 시간 등을 기다릴 때 이유 없이 스마트폰을 열어보는 습관이 가장 빈번

▲ 함께 있으면서도 다른 공간에 있는 듯한 모습이 스마트폰 중독 현상을 단적으로 보여주고 있다.

하게 나타난다. 스마트폰을 자신의 분신처럼 여겨서 멀리 두거나 꺼두면 불안해한다. 이미 스마트폰 압수가 초중고 학생들이 제일 무서워하는 벌이라는 말이 상식처럼 되었을 정도다.

스마트폰이 국내에 들어온 지 불과 몇 년이 지나지 않았음에도 국민의 거의 3분의 2가량이 사용할 정도로 엄청난 파급력을 보이고 있다. 한국에서만 나타나는 현상이 아니다. 전문가들은 2020년에는 전 세계에 십억 개 이상의 스마트폰이 시간과 장소에 구애받지 않고 항상 연결되어 있는 '초연결사회'가 열릴 것으로 예측한다. 스마트폰 중독도 전 세계의 보편적인 현상으로 자리 잡고 피해의 심각성도 더욱 심화될 수밖에 없다. 우리의 시간과 공간이 스마트폰에 의해 지배당하는 세상이 이미 현실이 되었다.

사람들 간의 대화도 대중매체에 의해 습득한 단편적 정보가 주

상상력이 인문학의 첫걸음이다

종을 이룬다. 특히 드라마나 스포츠, 연예 프로그램에서 화제가 된 일들이 주요 대화 소재로 오른다. 정치나 경제, 혹은 사회에 관한 대화라 하더라도 대중매체에 의해 제공된 정도나 관점에서 벗어나는 일을 좀처럼 찾기 어렵다. 마르쿠제의 말대로, 자신이 말을 하지만 실제로는 대중매체가 말한 것을 표현만 바꿔 반복하는 경우가 다반사다. 대중매체에 의존하면서 자신의 시간과 공간을 죽임과 동시에 수많은 의미도 함께 사라진다. 열려진 가능성의 폭을 제한하고 대중매체의 정보나 시각과 일치하지 않는 다른 가능성을 배제한다.

그러므로 인문학적 사유, 인문학적 상상력에 발을 딛는다는 것은 대중매체가 생산한 거짓된 이미지에서 벗어나는 과정을 필수적으로 요구한다. 마르쿠제가 강조하듯이 "정보와 오락을 제공하고 주입하는 모든 매체가 사라지는 것은 자기 자신과 사회에 관해 의문을 던지고 생각하며 알아갈 기회를 제공하는 충격적 공간으로 개인을 던져넣을 것이다." 통념을 넘어서는 자유로운 판단과 결정은 우리 스스로 대중매체를 통해 주입되는 모든 선전과 세뇌, 조작에서 해방되어 사실을 알고 이해하는 능력과 대안을 평가하는 능력을 갖춘 개인으로 바뀌어야만 실제적일 수 있을 것이다.

2

나를
돌아보는 시간

나는 누구인가
플라톤 《파이돈》

철학이란 참 얄궂다. 사람을 당황스럽게 하니 말이다. 철학이라는 딱지가 붙은 책을 펼쳐보면 단골로 등장하는 질문이 '나는 누구인가?'이다. 가뜩이나 철학이라고 하면 주눅이 들어 있는 상태인데, 황당한 질문 앞에 서니 막막하다. 너무나 당연한 걸 물어보면 어이없는 기분이 들지 않는가? 뭔가 시작하려는 마음을 품었다가도 이런 질문을 받고 나면 철학에 대한 마음이 금방 사라질 것만 같다. 정말 스스로에게 '나는 누구인가?'라고 묻고 나면 왠지 닭살이 돋는 듯하다.

아마 이 질문과 연관해서 제일 먼저 '너 자신을 알라!'라는 소크라테스의 말이 떠오를 것이다. 이 말만 해도 그렇다. 소크라테스를 대표하는 이 철학 명제가 왜 대단한지 도무지 이해할 수 없다. 소크라테스가 누구인가? 세계의 몇 대 성인을 꼽을 때 석가, 공자와 함께 예외

없이 들어가는 인물이 아닌가. 그런데 이 대단한 철학자를 대표하는 말이 고작 '너 자신을 알라!'라니 맥이 탁 풀린다. 특히 서양철학의 역사를 소크라테스 이전과 이후로 구분하는, 철학에 있어서 일종의 코페르니쿠스적 발상의 전환을 이룬 핵심 명제라고 하니 처음에는 그저 얼떨떨할 뿐이다.

대충 학창시절에 배우기로는 무지를 질타하는 의미인데, 그거야 소크라테스가 아니어도 누구나 할 수 있는 평범한 이야기에 불과하다. 만약 정말로 '너 자신을 알라!'라는 말이 단순히 무지에 대한 질타라면 좀 우스워진다. 하다못해 학창시절에 엄마가 공부 좀 하라거나, 공부해서 남 주느냐고 했던 타박도 따지고 보면 무지에서 벗어나라는 소리니, 우리의 엄마들도 소크라테스의 사촌뻘은 되는 셈이다.

가장 생뚱맞은 말 "너 자신을 알라!"

'너 자신을 알라!'에서 '너'란 당연히 인간을 의미한다. 인간이 뭐 어떻다는 건가? 인간이면 인간이지, 뭘 알아야 한다는 건지 도무지 이해할 수 없는 말의 놀음처럼 보인다. 너무나 당연하고 뻔한 얘기처럼 들린다. 하지만 잘 생각해보면 그리 간단한 문제가 아니다. 스스로의 경우를 되짚어 생각해보라. 인간에 대해 깊이 있게 생각하는 경우는 거의 없을 것이다.

중고등학교 시절에 배우는 과목만 해도 그렇다. 가장 중요하게 여기는 과목이 영어와 수학이다. 수학 공식이나 영어 문법 안에 인간이란 무엇인가에 대해 고민을 요구하는 대목은 없다. 물리나 화학과 같은 과학 분야라면 더 말할 나위도 없다. 그나마 사회 과목이 조금은 연관이 있지만, 주로 정치나 경제, 역사의 사실 문제나 이론을 다룰 뿐 인간은 고민 과제와 거리가 있다. 직장인은 더하다. 당장의 일을 처리하기도 바빠서 하늘의 달을 쳐다본 기억도 가물가물한 마당에 무슨 인간에 대해 생각할 겨를이 있겠는가! 속된 말로 먹고사는 일 신경 쓰느라 골치 아파 죽겠는데 그런 황당한 주제로 생각할 일 자체가 거의 없다.

전통사회는 물론이고 소크라테스가 살던 그리스 시대로 거슬러 올라가도 사정은 비슷했을 것이다. 대부분의 사람들은 당장의 일상생활을 벗어나서 무언가를 생각하는 일이 쉽지 않다. 농사만 해도 그렇다. 농사를 잘 모르는 사람들 입장에서야 씨를 뿌려놓으면 알아서 다 자랄 것 같지만 실제로는 온통 걱정할 일투성이다. 대부분의 가난한 농민들은 소나 말 대신 채 녹지 않은 언 땅에서 직접 쟁기를 끌어야 했다. 이후의 근심과 걱정은 비, 태풍, 홍수 등 대부분 날씨와 연관되어 있다. 자연의 변화야말로 전통사회 사람들에게 가장 중요한 문제였다. 그래서 태양력이든 태음력이든 어느 문명에서나 자연을 관찰하고 근본 원리를 밝혀내고자 했다.

고대 그리스도 마찬가지여서 처음에는 자연의 변화와 원리를 탐구하는 자연철학에 관심이 많았다. 소크라테스 이전의 그리스 철학은 대부분 자연철학이었다. 모든 만물의 근본이 물이라고 한 탈레스나 불이라고 한 헤라클레이토스 같은 철학자들이 여기에 속한다. 이들은 철학의 일차적인 대상을 자연에 두고 만물의 본질을 탐구하고자 했다. 소크라테스는 여기에 근본적인 문제 제기를 한다. 자기 자신, 그리고 인간에 대해서도 제대로 모르면서 자연 탐구에 몰두하는 것은 잘못되었다는 이야기다. 소크라테스의 다음과 같은 주장도 그 연장선에 있다. "나는 자연에 대한 사색과는 전혀 관계가 없습니다. (…) 나의 대화를 들은 적이 있는 분들은 내가 이러한 사물에 대해 간단하게든 상세하게든 언급한 일이 있는지 그 여부를 말해보십시오." 〈소크라테스의 변론〉

소크라테스의 죽음과 인간의 본질

철학의 대상을 자연에서 인간으로 바꾸었다는 것은 이제 이해할 수 있을 것이다. 그러면 '너 자신을 알라!'에서 '자신'은 왜 들어가 있는 걸까?

플라톤(Platon, BC 427?~BC 347?)
소크라테스 철학의 계승자, 형이상학의 수립자다. 아테네 시민으로 구성된 법정에서 소크라테스가 사형 판결을 받고 독배를 들며 죽는 것을 보았을 때, 그는 철학적 진리가 무지한 편견과 잘못된 의견에 의하여 유린되는 정치적 현실에 혐오감을 느끼게 된다. 소크라테스의 죽음과 새로운 사상 편력은 플라톤의 초기 대화편의 주요 내용을 형성하는 계기가 된다. 초기 대화편의 대표적인 것으로 〈소크라테스의 변명〉, 〈프로타고라스〉, 〈고르기아스〉 등을 들 수 있다. 플라톤은 기원전 380년에 아카데미를 창설했다. 그는 기원전 368년 전까지, 아카데미의 조직 및 학문의 발전에 몰두했는데, 이 시기가 플라톤의 전성기로서 그의 역작이 많이 완성되었다. 이 시기의 대화편으로 〈국가〉, 〈향연〉, 〈파르메니데스〉 등을 손꼽을 수 있다. 후기를 대표하는 대화편으로 〈타이미어스〉, 〈크리티어스〉, 〈소피스트〉, 〈법률〉 등이 있다.

하여튼 하나하나 영 마음에 안 든다. '자신'이 뭐 그리 대단한 단어라고 이걸 또 문제 삼느냔 말이다. 그냥 자기를 가리키는 단어일 뿐인데, 그게 왜 들어갔는지를 따지는 물음 자체가 짜증이 날 수 있다. 이 물음은 그냥 거울 앞에 서면 보이는 자기가 아니라 진정한 자기를 묻는다. 우리가 무엇을 인간으로, 또한 자신으로 보아야 하는지를 묻고 있다.

이에 대한 내용을 가장 풍부하게 담고 있는 대표적 고전이 플라톤의 《파이돈》이다. 재판정에서 사형을 선고받은 소크라테스가 독약을 마시고 죽던 날에 친구 및 제자들과 나눈 대화 내용이다. 장소는 소크라테스가 갇혀 있던 감옥이고, 이른 새벽부터 해가 넘어갈 때까지의 대화다. 현장에 있었던 제자 파이돈이 고향으로 가는 길에 에케크라테스를 만나 목격담을 들려주는 형식을 취하고 있다. 끝 부분에는 소크라테스가 독을 삼킨 후 숨을 거두기까지의 광경이 잘 묘사되어 있기도 하다. •

신고전주의 미술의 거장 자크 루이 다비드의 〈소크라테스의 죽음〉은 《파이돈》에 나오는 광경을 묘사하고 있다. 대화가 끝나고 독배를 마시기 직전의 상황이다. 가운데에 있는, 손으로 하늘을 가리키며 독배를 받으려 하는 인물이 소크라테스다. 소크라테스는 죽음을 코앞에 둔 사람이라곤 전혀 믿기지 않을 정도로 단호하고 열정적인 모습이다. 한

• 소크라테스는 직접 글을 남기지 않았다. 그에게 불후의 명성을 안겨준 사람은 플라톤이었다. 소크라테스의 철학은 플라톤에 의해 다수의 대화편으로 남아 있는데 후기 저작으로 갈수록 플라톤의 생각이 많이 가미된 것으로 보는 견해가 많다. 《파이돈》은 소크라테스의 대화편이긴 하지만, 실제로 플라톤에 의해서 집필된 연대는 소크라테스 사후 14~15년이 지난 뒤라고 추정되고, 내용을 보더라도 초기 대화편과는 달리 상당 부분 플라톤의 생각이 들어 있다고 여겨진다.

나를 돌아보는 시간

▲ 자크 루이 다비드 〈소크라테스의 죽음〉 1787년

치의 망설임이나 두려움도 없이 독배를 받고 있다. 주위에는 친구나 제
자들이 고통스러운 표정으로 이 광경을 지켜보고 있다. 몇몇 사람은 차
마 사약을 들이켜는 모습을 볼 수 없겠는지 고개를 숙이거나 돌리고 있
다. 허공에 손을 쳐들고 절규하거나 벽을 부여잡고 울음을 삼키는 사람
도 보인다. 소크라테스의 가족의 모습이 보이지 않아 의아할 수 있겠
다. 당연히 소크라테스의 아내 크산티페는 침통한 분위기 속에서 자신
과 어린 자식들의 미래를 생각하며 통곡했다. 소크라테스는 죽음의 의
미를 알지 못하는 아내를 즉시 귀가 조치했다. 침대 가장자리에 앉아 고
개를 숙이고 있는 이가 플라톤이다. 어찌 보면 슬퍼하기보다는 명상하

는 모습에 가깝다. 그만큼 이날의 대화에서 소크라테스가 강조한 죽음의 의미를 가장 잘 이해하고 있어서, 슬픔보다는 담담하게 맞이하고 있는 모습으로 표현되어 있다.

몸이 진정한 자신일 수 있는가

보통 무엇을 자신으로 여기는가? 이번에도 스스로에게 질문을 던져보자. 가증스러운 겉치레로 하는 대답 말고 본심 말이다. 자신이 좋아하는 사람의 기준을 생각해보면 가장 일반적인 답이 나올 것이다. 누구나 다 알고 있는, 너무나 잘 알려진 이야기가 있지 않은가? 남자들 사이에서 애인이 생겼다는 말이 나오면 친구들이 제일 먼저 묻는 말이 "예뻐?"이고, 여자의 경우는 "뭐 해?"라는 건 이제 상식이 되었다. 대부분 남자는 여자의 외모, 여자는 남자의 물질적 능력을 사람을 고르는 가장 중요한 기준으로 삼는다.

플라톤이 살던 그리스 시대에도 사정은 그리 다르지 않았던 듯하다. 《파이돈》에서 소크라테스의 대화를 통해 지혜를 사랑하는 사람은 무엇을 중요하게 생각해야 하는가를 물으면서 이에 대한 생각을 밝힌다. 먼저 일반 사람이 중시하는 바를 묻는다.

이를 통해 우리가 고찰하는 바에 관해 더 알게 될 것이네. 자네가 보기에는 이른바 즐거움, 즉 쾌락이라고 하는 것, 이를테면 먹거나 마실 것에 관련된 즐거움에 대한 갈망이 지혜를 사랑하는 사람에게 해당되는가?

(…) 그러면 그 밖에 몸에 관련된 다른 보살핌에 대해서는 어떻겠는가? 이를테면 유별난 옷이나 신발의 소유라든가 그 밖의 장신구를 귀히 여길 것으로 생각되는가, 아니면 대수로이 여기지 않을 것으로 생각되는가?

사람들은 보통 몸과 관련된 것을 소중하게 여긴다. 일차적으로 먹을 것, 옷이나 신발, 장신구처럼 물질적인 것을 중요하게 생각한다. 이 모든 것은 물질적인 부가 뒷받침될 때 소유할 수 있다는 점에서 결국 재물의 문제로 귀착된다. 귀족이거나 대토지 소유자여서 부가 넘칠 때 아무런 거리낌 없이 사람들이 부러워하는 음식과 저택, 사치품을 마음껏 누릴 수 있다. 하지만 플라톤이 보기에 진정 지혜를 사랑하는 사람이라면 육체와 관련된 즐거움을 귀하게 여기지 않는다. 몸은 지혜는커녕 오히려 우리를 끝없는 탐욕과 갈등으로 몰고 간다.

몸은 우리를 욕정과 욕망, 두려움 그리고 온갖 환영과 어리석음으로 가득 채워 도무지 아무런 생각도 할 수 없게 만드네. 전쟁과 불화 그리고 싸움을 일으키는 것은 다름 아닌 몸과 이로 인한 열망이지. 재물의 소유 때문에 모든 전쟁이 일어나지만, 우리가 재물을 소유하지 않을 수 없게 되는 것은 몸으로 인해서이니, 우리는 몸의 보살핌을 위해 그 종노릇을 하고 있는 게야.

확실히 집단과 집단, 국가와 국가 사이의 분쟁이나 전쟁은 몸에 연관된 재물에의 탐욕이 주로 작용한다. 혹시 종교적·문화적 차이가 전쟁의 주요 원인이라고 주장하는 사람이 있을지 모르지만, 역사적 현실과는 거리가 멀다. 예를 들어 십자군전쟁을 종교와 종교가 충돌한 대표적 전쟁으로 꼽는 데 반대할 사람은 아마 없을 것이다. 십자군전쟁은 회교도에 빼앗긴 성지 예루살렘을 탈환하기 위하여 11세기부터 14세기에 걸쳐 교회가 주도한 수차례의 원정 전쟁을 말한다. 하지만 실제의 십자군전쟁은 우리의 통념과는 상당히 달랐다.

이 전쟁은 성지 회복이라는 명분과는 달리 실질적으로는 영토 확장, 교회와 세속군주의 정치적·경제적 이권 획득을 위한 전쟁이었다. 현실적 권위를 더욱 확고하게 세우고자 했던 교회, 영토 확장에 따른 이익을 추구한 영주, 시장 개척을 희망한 도시 상인의 의도가 맞물린 침략과 약탈 전쟁이었다. 이에 따라 원래 목적인 성지 탈환은 뒷전이고 전리품 노획과 약탈이 우선시되었다. 심지어 4차 원정에서는 기독교 국가인 비잔틴제국을 몰아내고 라틴제국을 건설한다. 만약 종교 사이의 전쟁이었다면 같은 기독교 뿌리를 지니고 있는 비잔틴제국에 대한 공격과 학살은 어떤 이유로도 설명될 수 없다.

그러므로 지혜를 사랑하는 사람이라면 몸과 재물에서 비롯되는 즐거움을 갈망하기는커녕 오히려 쾌락을 대수롭지 않게 여긴다. 결국 몸이나 이와 관련된 재물이 인간에게 진정한 자신일 수 없다. 사람이나 사물의 외적인 아름다움은 어떨까?

아름다움 자체 이외에도 아름다운 것이 있다면 그것은 아름다움 자체를 분유分有하고 있는 한에서만 아름답다고 생각하지 않을 수 없네. 다른 모든 것도 마찬가지야. (…) 어떠한 방법으로든지 아름다움 자체에 참여하고 분유하지 않고는 어떠한 것도 아름다워질 수 없다는 것 (…) 아름다움 자체에 의해서 모든 아름다운 것은 아름다워진다는 것만은 강력히 주장하기 때문이네.

사람이나 사물에 아름다움이 있을 수 있지만 진정한 아름다움은 아니다. 우리가 눈이라는 감각을 통해 현실에서 볼 수 있는 아름다움은 아름다움 자체를 분유하고 있을 뿐이다. '분유'한다는 것은 나누어 갖고 있다는 뜻이다. 진정한 아름다움, 혹은 아름다움 자체가 별도로 있는데, 이를 나누어 갖고 있는 게 현실의 아름다움이다. 나누어 갖고 있기 때문에 현상적으로 아름다운 것은 부분적이고 개별적인 아름다움에 불과하다.

현실의 아름다운 사람이나 사물은 아름다움 자체가 가지고 있는 것을 나누어 가진 모상模像, 즉 모방된 아름다움이다. 본래의 아름다움을 흉내 낸 가짜 말이다. 플라톤이 보기에 아름다움 자체는 개별 사물이나 현상에서는 찾아볼 수 없는 근원적인 영역, 즉 이데아에 속한다. 플라톤은 자연을 '감각적 사물의 세계'라 불렀다. 물리적 세계는 끊임없이 변화하지만 이데아 영역은 변화하지 않고 영원하다. 그래서 이데아는 개별 사물이나 현상이 아니라 그 너머의 '~자체'로서 표현된다. 자연은 절대적이고 변화하지 않는 이데아 세계로부터 파생된 것이다. 아름다운 사물은 참된 실재인 이데아와 감각적으로는 인식되나 가상에 불과한 질료의 혼합물이다.

플라톤은 몸에 속하거나 연관된 것이 진정한 자신일 수 없을 뿐만 아니라 지혜의 획득에도 방해가 된다고 주장한다.

> 지혜의 획득에 대해서는 어떤가? 탐구에 있어서 몸을 동반자로 대동한다면, 몸은 방해가 되는가, 아닌가? 시각과 청각은 진실성을 갖는가? (…) 혼이 몸과 더불어 뭔가를 고찰하려 할 경우에는 속게 될 것이 분명하네. 그러니까 존재하는 것 중에 어느 것이 정녕 어디에선가는 혼에 아주 명백해진다고 한다면, 그것은 추론함에 있어서가 아니겠는가? 하지만 적어도 혼이 가장 훌륭하게 추론을 하게 되는 것은 아마도, 이것들 중의 어떤 것도, 즉 청각도 시각도 또는 어떤 고통이나 즐거움도 혼의 주의를 돌려놓으며 괴롭히는 일이 없고, 혼이 몸과 결별하여 최대한으로 그 자체로만 있게 되며, 혼이 가능한 한 몸과 관계하지도 접촉하지도 않는 상태에서, 진실에 이를 수 있을 걸세.

먼저 시각과 청각을 문제 삼는다. 여기에서 감각이란 시각, 청각, 후각, 미각, 촉각 등 우리가 오감이라고 말하는 것이다. 인간이 지닌 감각 중에서 가장 확실하다고 여기는 시각과 청각이 우리를 속인다면 촉각이나 미각 등 다른 감각은 말할 것도 없다. 우리는 흔히 무언가가 정확하고 틀림없다고 말할 때, '내가 직접 본 거야!'라거나 '내 두 귀로 똑똑히 들었다니까 그러네!'라는 말을 상습적으로 사용한다. 그만큼

▶ 시각, 청각, 후각, 미각, 촉각 등 오감은 우리를 속이고 추론을 방해한다.

자신의 눈과 귀, 즉 시각과 청각을 강하게 신뢰한다.

하지만 감각은 추론을 방해한다. 먼저 고통이나 즐거움처럼 감정이 냉정하고 객관적인 사고를 방해한다. 확실히 감각은 몸에 속해 있고, 몸은 감정을 동반하는 경우가 많다. 어떤 대상을 바라볼 때 희로애락을 비롯한 특정한 감정 상태와 맞물리는 경우가 많다. 대상 자체로 인해 감정이 유발되는 경우가 있다. 어떤 사건이 일어나거나 특정한 현상이 벌어졌을 때 그 상황이 자신이 예상하는 바와 일치하는가, 반대되는가에 따라 감정이 생겨서 냉철한 이해에 지장을 준다. 또한 현상과 무관하게 이미 자신이 갖고 있는 성격이나 감정 상태의 영향을 받아 객관적으로 접근하지 못하는 경우도 있다.

다음으로 감각 자체의 한계도 문제다. 예를 들어 시각의 가장 기본적인 작용인 색의 구별부터 정확하지가 않다. 빨간색 사과가 있다고 가정해보자. 어떤 사람은 그 사과의 색이 빨갛다고 하겠지만, 다른 사람은 불그스름하다거나 혹은 검붉다고 할 수도 있다. 그 밖에도 다홍색, 진홍색 등 붉은색을 가리키는 수많은 느낌과 단어가 있다. 동일한 색에 대해 사람마다 다르게 느끼거나 심지어 동일한 사람이라 하더라도 언제 어느 상황에서 보느냐에 따라 다르게 느낄 수 있다.

동일한 길이의 선을 주변 조건에 따라 전혀 다르게 생각하는 착시 현상도 시각이 정확한 인식을 방해하는 요소 중 하나다. 또한 사람들은 자신이 보고 싶은 것을 보려는 경향이 있기 때문에 동일한 경험을 놓고도 기억이 서로 다른 경우를 얼마든지 겪는다. 그러므로 눈은 인간에게 한정된 정보만을 지시해줄 뿐 모든 정보를 주지는 못한다고 봐야 한다. 우리가 어떤 사물이나 사건을 보고 형태나 색, 상황을 구별하는 것은 부분적이고 한정된 정보이기 때문에 진리의 세계라고 볼 수는 없다는 지적이다.

청각은 더하다. 어떤 소리가 크거나 작은 정도를 구분하는 일도 수월하지가 않다. 사람마다 소리의 크기는 다르게 다가올 테니 말이다. 또한 소리의 정체가 무엇인지를 분별하는 일도 쉽지 않은 경우가 허다하다. 멀리 창밖으로 들리는 소리가 자동차 소리인지, 비가 내리는 소리인지 혹은 고양이 소리인지, 아기가 우는 소리인지 헷갈리기도 한다. 귀로 들은 내용을 기억하는 과정에서도 오류의 가능성은 얼마든지 열려 있다. 누군가의 이야기를 동일한 시간과 장소에서 들었지만 전혀 다른 내용으로 기억하는 경우는 일상에서 자주 겪는 일이다.

이렇게 보면 인간의 온갖 감각이 인간을 속일 수 있다는 말이 된다. 그래서 플라톤은 감각에 기초한 사고가 인간을 진실로 인도할 리 없다고 주장한다. 그렇기 때문에 혼이 가능한 한 몸과 관계하지도 접촉하지도 않을 때, 즉 정신이 감각적·감성적 사고를 배제하고 철저히 정신 자체에만 의존할 때 진실에 도달할 수 있다는 것이다.

▲ 라파엘로 〈아테네학당〉(부분) 1509년

순수한 영혼을 통해 진정한 자신을 발견하라

르네상스 미술을 대표하는 화가의 한 사람인 라파엘로의 〈아테네학당〉
은 플라톤의 생각을 상징적으로 보여준다. 르네상스 미술의 걸작 중 하
나로, 레오나르도 다빈치의 〈최후의 만찬〉이나 미켈란젤로의 시스티나
성당 벽화인 〈천지창조〉, 〈최후의 심판〉에 비길 수 있는 작품으로 여겨
지고 있다. 고대 그리스의 철학자들이 주요 인물로 등장한다. 중앙에 플

라톤과 아리스토텔레스가 있고 이들의 왼쪽 옆으로는 플라톤의 스승인 소크라테스가 사람들에게 무언가 열심히 설명하는 모습이 나온다. 쾌락주의자로 잘 알려진 에피쿠로스, 우주 만물이 수數로 되어 있다고 설파한 피타고라스, 변화의 철학자 헤라클레이토스, 견유학파를 대표하는 디오게네스, 그 외에도 파르메니데스, 유클리드, 제논 등 고대 그리스를 대표하는 철학자가 수십 명이나 등장한다.

그림에서 가장 유명한 장면은 중앙에서 플라톤과 아리스토텔레스가 걸어 나오며 대화를 나누는 모습이다. 옆구리에《티마이오스》, 즉 형이상학이라고 쓰인 책을 낀 채 손가락으로 하늘을 가리키는 인물이 플라톤이다. 아리스토텔레스는 윤리학을 의미하는《에티카》라는 책을 허벅지에 받치고 손바닥을 펴 지상을 가리킨다. 이 두 학문 영역은 논리학과 더불어 고대 그리스의 3대 학문이었다.

라파엘로는 두 사람의 철학적 차이를 재미있게도 손동작 하나로 구분한다. 하늘을 가리키는 손가락을 통해, 진리만으로 이루어진 이데아의 세계가 실재한다고 주장했던 플라톤의 생각을 표현하고 있다. 몸이나 감각을 비롯한 물질은 모방과 허구의 세계고, 진리는 순수한 영혼으로 이루어진 이데아의 세계에 존재한다는 표시다.

> 지혜를 사랑하는 이는 혼으로 하여금 몸과의 결합 상태에서 최대한 벗어나게 하는 사람임이 분명하겠지? (…) 우리가 순수하게 알려고 한다면, 몸에서 해방되어야만 하며 사물을 그 자체로 혼에 의해서 바라보아야 하지. (…) 순수화, 즉 정화는 혼을 몸에서 되도록 분리하고, 몸의 모

든 부분에서 혼이 그 자체로만 합쳐 모이고 결집되게 하여, 현재에 있어서나 이후에 있어서나, 마치 사슬에서처럼 몸에서 혼을 풀려나게 해서, 가능한 한 혼이 홀로 살아가게끔 버릇을 들이는 것일세.

　　인간은 진정한 정신적 삶을 가져다주는 영혼을 가질 때 살아 있게 된다. 즉 영혼이 삶을 가져온다. 그래서 플라톤은 "너 자신을 알라고 명하는 자는 우리에게 혼을 알라고 시키는 걸세."《알키비아데스》라고 한다. 자신을 아는 데 있어서 핵심은 혼에 대한 앎이다. 여기에서 혼은 인간을 초월한 무엇인가를 의미하지 않는다. 혼이란 인간의 외부적인 무엇이 아니라 인간의 본질, 인간의 내적인 정신에 해당한다. 또한 인간 스스로의 지성에 의해 접근할 수 있는 것이다. 그러므로 진정으로 즐거운 삶은 육체가 아닌 혼의 즐거움을 추구하는 가운데 실현된다.

　　이를 위해 정신이 육체의 무덤에서 벗어나야 한다. 정신이 지배자로, 육체가 복종하는 자로서 확실히 구분되어야 한다. "영혼과 육체가 결합되어 있을 때, 영혼은 지배하고 다스리고, 육체는 복종하고 섬길 것을 자연이 명한다고, 신적인 것은 본성상 명령하고 지배하는 것이며 죽어야 할 것은 지배받고 예속되는 것이라고 자네는 생각하지 않나?"《파이돈》 일체의 우월함은 정신으로, 일체의 열등함은 육체로 향한다. 그리하여 정신이 질서, 보편, 정상이라면 육체는 혼란, 특수, 비정상으로 규정된다.

　　결국 '너 자신을 알라!'의 핵심 의미는 정신의 독자성을 옹호하는 데 있다. 진정한 원인은 일체 정신에 있고, 물질적 요소는 조건에 불과하다. 정신을 자연에서 완전히 분리하고 순수하고 고유한 원인으로 자리매김하는 것이 그의 과제였다. 철저하게 정신의 세계에 의지하여 인간이라는 존재의 의미와 진리를 찾고자 했다. 현상적이거나 부분적인 지식을 넘어 본질로 다가가는 것이야말로 영혼에의 접근이었다.

플라톤에게 이데아는 객관적으로 실재할 뿐만 아니라, 보다 정확히 말하자면 감각보다 더욱 실재한다. 감각에 의해 확인될 수 없을 뿐, 참으로 존재하는 것이다. 예를 들어 2+2=4라는 것과, 삼각형 내각의 합은 180도라는 명제가 시간이나 공간 속에 있지는 않지만 참으로 존재하듯이 보편적 본질로서 이데아가 실제로 존재한다. 물질적인 세계는 언젠가는 소멸해버리고 말지만 이 명제들은 언제까지라도 타당한 것이다.

과연 육체에서 분리된 정신이 곧 인간의 본질일까

플라톤과는 반대로 손바닥을 펴서 땅을 향하고 있는 아리스토텔레스의 손은 무엇을 의미할까? 아리스토텔레스가 보기에 진리는 현실이나 감각과 분리된 어디엔가 실재하는 것이 아니라 사물과 함께 존재한다. 이를 대지를 가리키며 자연과 현실의 중요성을 상징하는 손동작으로 대신하고 있다.

아리스토텔레스는 《형이상학》에서 플라톤의 이데아론을 집중적으로 비판한다. 먼저 플라톤의 이데아는 경험적으로 확인할 수 있는 사물에다 '그 자체'라는 말을 붙여 경험적 사물을 영원화한 것에 불과하다.

▲ 아리스토텔레스. 뒤로 펼쳐진 대자연은 인간이 육체와 분리될 수 없음을 상징한다.

책상에다 '책상 그 자체'라고 하면 책상의 이데아가 되고, 말에다가 '말 그 자체'라 붙이면 말의 이데아가 되고, 마찬가지로 사람에다 '그 자체'라 는 말을 붙인 '사람 그 자체'가 사람의 이데아가 된다. 그런 점에서 감각 적인 사물을 머릿속에서 영원한 것으로 개념화한 것에 지나지 않는다.

그가 보기에 플라톤은 이데아를 경험적 사물의 본질이라고 하면 서도 경험적 사물에서 분리하고 있다. 이데아가 경험적 사물의 본질이 되기 위해서는 사물 속에 내재해야 한다. 이를 질료와 형상이라는 개념 을 통해 논한다. 질료와 형상은 분리될 수 없고 형상은 질료를 통해 발 현된다. 플라톤이 이데아라고 지칭한 형상이 질료에 해당한다. 보거나 만져서 알 수 있는 사물과는 따로 떨어져서 존재하는 것이 아니라 이것들과 결합하여 존재한다. 이데아는 단지 인간의 머릿속에만 있는 생각일 뿐이다. 즉 인간을 포함한 자연의 모든 존재는 사물 자체 속에, 사물과 함께 존재한다.

앞의 사진은 아리스토텔레스와 자연을 겹쳐놓았다. 전면에 그의 흉상이 있고, 뒤로는 산과 하늘을 비롯해 대자연이 펼쳐져 있다. 인간을 육체를 비롯한 자연과 분리하는 플라톤과는 대비되는 이미지다. 모든 존재가 구체적 사물과 함께 비로소 존재할 수 있듯이 인간 역시 육체와 함께, 나아가서는 이를 가능케 하는 자연과 함께 존재한다. 만약 정신이 육체에서 분리된다면 그것은 인간 본질의 실현이 아니라 문자 그대로 죽음일 뿐이다. 정신 역시 육체와 구체적 사물을 매개로 하여 실현된다.

진리의 문제도 마찬가지다. 진리의 인식은 우선 자연현상의 인식이다. 감각, 표상, 개념은 실제의 사물로부터 파생된다. 인간의 사유는 신체 없이 존재하는 것이 아니다. 이와 관련하여 《영혼에 대하여》에서 다음과 같이 주장한다.

> 분노·용기·갈망·감각 일반 등 대부분의 경우에서 영혼은 신체가 없이는 영향을 주지도 영향을 받지도 않는다. 특히 사고는 영혼에 고유한 것으로 보이지만, 만약 그것이 상상의 일종이거나, 또는 최소한 상상 없이 존재할 수 없다면 그것은 신체 없이 존재할 수 없다.

육체적 감각에 의존하는 감정은 물론이고 정신의 고유 영역처럼 보이는 사고조차도 신체 없이 존재할 수는 없다. 먼저 감정과 육체와의 관계부터 살펴보자. 분노, 용기, 갈망, 감각 일반 등 감정의 생성과 감정의 표출은 모두 육체와 직결된다. 성적인 갈망에서 볼 수 있듯이 인간의 감정에 해당하는 상당 부분은 육체의 상태에서 비롯된다. 슬픔은 눈물, 긴장은 땀, 분노는 떨림, 즐거움은 웃음처럼 직접적으로 육체적 반응을 동반하면서 나타난다.

감정만이 아니라 육체와 무관한 것처럼 보이는 사고 영역조차 육체와 연관되어 있다. 사고가 "상상의 일종이거나, 또는 최소한 상상 없이 존재할 수 없다면 그것은 신체 없이 존재할 수 없다."는 것이다. 확실히 정신의 기능은 상상의 기능과 분리해서 생각하기 힘들다. 개, 소, 말, 돼지는 물론이고 나아가서 개구리, 개미 등을 동물이라는 추상적 개념으로 묶는 과정, 즉 개별에서 보편으로 나아가는 추상화 과정도 상상의 힘을 필요로 한다. 그런데 상상은 감각과 분리될 수 없다. 우리는 보거나 들은 것에 기초해 상상을 한다는 점에서 그러하다. 그러므로 육체와 무관한 영역처럼 보이는 사고조차 상상을 매개로 하면서 육체와 연관을 갖는다. 영혼은 그 자체가 직접 신체의 일종은 아니지만, 신체와 관련된 어떤 것이며, 따라서 신체에, 즉 어떤 특정한 종류의 신체에 속한다. 영혼은 신체 없이는 존재할 수 없다.

지금까지 살펴보았듯이 '나는 누구인가?'는 곧바로 '인간은 무엇인가?'의 문제와 연결된다. 좀 더 좁히면 '정신이란 무엇인가?'로 연결된다. 철학을 비롯한 인문학이 인간의 정신을 다루는 학문인 이상 나는 누구인지를 묻는 과정에서 시작되는 것은 당연하다. 플라톤과 아리스토텔레스가 이와 관련한 모든 논의를 대표하지는 않지만 중요한 분수령임은 사실이다. 어느 관점에 서느냐에 따라 인간과 정신에 대한 상이한 태도를 지니게 된다. 즉 상이한 세계관과 인생관을 갖게 된다.

당장 정신과 육체를 분리하는가, 아니면 떼려야 뗄 수 없는 관계로 생각하는가에 따라 감각이나 감정에 대해 매우 다른 태도를 갖게 된다. 만약 육체를 정신의 감옥으로 여긴다면 우리는 스스로의 감정을 통제하고 오직 냉철한 이성만 중시하는 사고방식과 삶을 추구하게 된다. 하지만 정신과의 관계에서 감각이나 감정에 정당한 시민권을 부여한다면 세상과 자신을 바라보는 전혀 다른 눈을 지닌다. 나아가서는 우리가 살아가면서 마주치게 되는 욕망에 대해서도 서로 다른 문제의식을 지닌다. 다양한 욕망이 육체와 불가피하게 연결되는 이상 욕망을 경계와 제거의 대상으로 볼 것인지, 아니면 정도의 차이는 있겠지만 적극적인 수용의 차원에서 접근할 것인지로 나뉜다.

나는 악한 존재인가

마키아벨리 《군주론》

인간의 본질을 논할 때 가장 맹위를 떨친 것은 악한 본성이었다. 인간은 태어나면서부터 악한 기질을 타고났다는 견해다. 동서양을 막론하고 대부분의 종교나 사상에서 자신의 정당성을 인간의 악한 본성에서 찾았다. 자신의 이기적인 욕망을 위해 인간은 타인에게, 나아가서는 공동체에 피해를 입히는 존재라는 생각에서 출발했다.

인간은 악하다는 전제에서 시작하는 대표적인 경우가 기독교다. 기독교 교리는 원죄설에서 출발한다. 원죄설에 의하면 신이 창조한 아담과 이브가 죄를 범하여 인간은 원죄를 갖게 된다. 미켈란젤로의 시스티나 성당 천정화 〈천지창조〉 중 〈아담과 이브〉는 인간이 죄인일 수밖에 없는 기원을 설명한다. 이 그림은 아담과 이브가 선악과 때문에 쫓겨나는 《성경》의 〈창세기〉 내용을 담고 있다.

애초에 신은 인간을 창조하고 에덴동산에 살게 했다. 인간에게 불사의 몸을 주었고 "생육하고 번성하여 땅에 충만하라. 땅을 정복하라. 땅 위에 움직이는 모든 생물을 다스리라."⟨모세서⟩면서 축복을 내려주었다.

　　하지만 신은 금기를 만들었다. 선악과를 따 먹어서는 안 된다는 명령이었다. 신의 계획을 파괴하길 원했던 사탄이 이브를 유혹했다. 그림은 이 장면을 담았다. 왼편으로 아담과 이브가 있다. 오른편으로는 뱀의 모습을 한 사탄이 이브에게 선악과를 넘기고 있다. 이브는 호기심이 가득한 눈으로 선악과를 받는다. 아담은 신과 인간의 계약을 무산시키려는 사탄에게 분노의 표정과 거친 몸짓으로 항의한다. 남성의 강인한 근육과 역동적인 동작 묘사를 선호했던 미켈란젤로답게 아담뿐만 아니라 이브도 근육질의 몸을 보인다.

　　이 그림의 오른편으로는 명령을 어기고 선악과를 먹은 후 부끄러움을 알게 된 아담과 이브를 에덴동산에서 추방하는 장면이 나온다. 신은 노여워하며 대리인인 천사를 시켜 칼을 들고 두 사람을 낙원에서 내쫓게 한다. 아담과 이브는 고통스러운 죄인의 표정으로 추방의 길에 오른다. 신의 저주에 의해 아담과 이브는 물론이고 그들의 자녀인 모든 인간은 병과 고통, 육체적 죽음을 겪게 되었다. 신을 거역하여 에덴동산에서 쫓겨남으로써 아담의 범죄는 인류를 영원한 죄에 빠지게 했다.

　　이스라엘이라는 좁은 틀 안에 있던 유대교에서 벗어나 로마를

▲ 미켈란젤로 〈아담과 이브〉 1540년

중심으로 기독교가 세계종교로서 성립하던 시기에 기독교 교리를 정립한 아우구스티누스가 보기에 아담의 죄는 근본적으로 모든 인간을 규정한다. 원죄는 모든 인간에게 무차별적으로 적용된다. 심지어 사회적 관습에 물들지 않은 어린이조차도 죄를 지니고 있다.

> 어린 시절에도 죄가 있다. (…) 연약한 어린아이의 몸에는 죄가 없지만 그 영혼에는 죄가 없지 않다. 나는 어린아이가 시기하는 것을 보고 그것을 알았다.
>
> 《고백록》

나는 악한 존재인가

서양철학의 주류에 해당하는 사고방식도 마찬가지였다. 바로 앞의 글에서 살펴보았듯이 플라톤도 인간의 몸이 본래 지니는 욕망을 악의 근원으로 보았다. "몸은 우리를 욕정과 욕망, 두려움 그리고 온갖 환영과 어리석음으로 가득 채워 도무지 아무런 생각도 할 수 없게 만드네. 전쟁과 불화 그리고 싸움을 일으키는 것은 다름 아닌 몸과 이로 인한 열망이지." 《파이돈》 인간의 몸은 본래 탐욕으로 가득하고 이를 위해 타인에게 해를 끼치는 행위도 마다하지 않으니 여기에 맡기면 악행을 저지를 수밖에 없다는 사고방식이다.

불교도 인간이 본래 지닌 탐욕을 경계하는 마음을 가장 중요하게 여긴다. 붓다의 육성이 가장 진하게 배어 있는 초기 경전인 《법구경》, 《상응부경전》 등을 비롯하여 온갖 경전이 핵심적으로 다루는 내용도 탐욕의 문제다. 심지어 붓다는 보리수 아래에서 깨달음에 도달한 후 다른 사람에게 가르침을 전하기에 주저했다. 당시 붓다의 심정은 다음과 같이 전해진다.

> 고생 끝에 겨우 얻은 이것을 또 남들에게 어떻게 설해야 하는가? 오! 탐욕과 노여움에 불타는 사람들에게 이 법을 알리기란 쉽지 않다. 《상응부경전》

사람들이 탐욕에 휩싸여 있어서 아무리 깨달음을 전하려 해도 제대로 전할 수 없음을 안타까워하는 내용이다. 인간의 탐욕은 얼마나 큰가? "설산雪山을 황금 덩어리로 바꾸어 그것을 두 배로 불린다 해도 사람의 욕심을 채울 수는 없다."《법구경》에도 인간의 탐욕을 논하는 대목이 자주 등장한다. "하늘이 칠보七寶를 비처럼 내려주어도 욕심은 오히려 싫증을 낼 줄 모른다."거나 "돈이 비처럼 쏟아져 들어와도 만족할 줄 모른다."라고 지적한다. 그리하여 "사람은 탐욕, 성냄, 어리석음의 해침을 받는다." 인도 불교에서 중시하는 아나트만 anatman, 즉 무아無我도 탐욕과 집착에 빠져 있는 인간의 속성에서 벗어남을 의미한다.

마키아벨리, 악한 인간 본성을 말하다

마키아벨리는 정치와 처세에 관한 논의에서 빠짐없이 거론되는 인물이다. 마키아벨리즘이라는 용어를 들어보지 않은 사람이 거의 없을 정도로 악명을 떨치고 있기도 하다. "군주는 잔인하다는 악평쯤은 개의치 말아야 한다. 선행은 될수록 천천히 자신의 이름으로 베풀고 악행은 가급적 부하의 이름으로 또는 재빨리 저지르는 것이 낫다."는 그의 주장은 악랄한 통치자를 떠올리게 하는 데 부족함이 없다. 흔히 마키아벨리즘을 정치적 술수와 가혹함, 목적을 위해 수단과 방법을 가리지 않는 파렴치함으로 평가한다.

　　하지만 그의《군주론》은 종교와 도덕에서 구별된 고유한 정치 영역을 설정함으로써 근대를 준비했다. 르네상스기에 보다 현실적인 측면에서 근대적 정치 이론의 토대를 제공하려 했다. 그는 "어떤 상황에서나 선하게 행동할 것을 고집하는 자는 많은 무자비한 자들에게 둘러싸여 몰락을 자초할 것이 불가피하다. 따라서 권력을 유지하고자 하는 군주는 필요하다면 부도덕하게 행동할 태세가 되어 있어야 한다."라고 했다. 부도덕한 사람이 군주가 되어야 한다는 의미가 아니다. 국가와 도덕, 정치와 종교는 별개의 영역이어야 한다는 주장이다. 다만 분열된 도시 국가 사이의 분쟁을 넘어서기 위해 강력한 군주에 의한 통일이 필요한데, 이 과정에서 필요하다면 부도덕한 행위도 감수할 필요가 있다는 지적이다. 도덕이라는 말로 에둘러 표현하고 있지만, 직접적으로는 이제 정치에서 종교적 장막을 거두어야 한다는 것이다. 정치를 독립 영역으로 이해하고 여기에 합당한 원칙을 세워야 한다. 이를 통해 군주가 상황에 따라서 다르게 행동할 수 있는 독자성이 필요하다.

정치와 권력에서 신을 배제하는 것은 정치 주권에 대한 고민을 불러온다. 신에 의해 부여된 권한이 사라진 자리에 무엇이 대신해야 하는가라는 고민이 자연스럽게 이어진다. 마키아벨리는 이 문제에 대해 일정한 동요를 보이는 듯하다. 한편으로는 군주의 배타적 권한으로 대체하는 발상이, 다른 한편으로는 인민의 동의라는 발상이 혼재되어 나타난다. 권력을 유지하기 위해 필요하다면 군주가 "사람들에게 피해를 입히려면 복수를 두려워할 필요가 없도록 크게 입혀야 한다."고 하면서, 동시에 인민의 지지와 동의가 필수적이며 유용하다는 점을 곳곳에서 밝힌다. 그가 주권의 향방을 어디에 두고자 했는지의 문제와 별개로, 신으로부터 정치 주권을 분리한 것 자체가 중요한 의미를 지닌다. 주권이라는 새로운 고민의 영역을 제공했기 때문이다. 이후 근대 정치사상은 주권의 주체 문제를 놓고 치열한 논란을 벌이게 된다.

그런데 인간의 악한 본성을 논하는 자리에서 웬 마키아벨리인가 하고 의문을 품는 사람이 있을 것 같다. 일단 군주나 정치가가 권력을 획득·유지·확장하기 위해 필요한 덕목이 우리의 일상과 어떤 관계가 있는가 싶을 수 있다. 하지만 의외로 우리 스스로가 일상생활에서 의식적이건 무의식적이건 마키아벨리의 생각을 실천에 옮기고 있는 경우가 적지 않다. 우리 모두의 마음속에 작은 마키아벨리를 하나쯤은 키우고 있다고 해도 과언이 아닐 정도로 현대인의 사고방식과 행동을 지배하는 면이 많다. 어찌 보면 우리의 적나라한 현실을 숨기거나 에둘러 표현하기보다는 백주 대낮에 알몸을 그대로 드러낸 것일 수 있다.

또한 강력한 군주의 덕목을 강조한 그는 모든 논의의 근거를 인간의 악한 본성에서 구한다. 대부분의 인문학과 사회학, 그중에서도 특

니콜로 마키아벨리(Niccoló Machiavelli, 1469~1527)

마키아벨리는 르네상스 문예운동이 최고봉에 도달한 시기에 이탈리아 피렌체에서 태어났다. 다양하고 광범위한 저작 활동을 했지만 주로 《군주론》으로 널리 알려져 있다. 15세기 말 이탈리아의 정치적 상황을 보면, 프랑스와 독일이 통일된 국가 형태로 진전되어가는 것과는 달리 로마제국 멸망 후부터 지속된 국가 분열이 더욱 악화되어 외세의 지배가 강화되고 있었다. 이탈리아는 지력, 무력 또는 정치적 능력을 지녔음에도 불구하고 자체의 분열로 외세 침략에 무방비 상태였다. 복잡다단한 환경에 처한 이탈리아에서 태어난 마키아벨리의 흥미를 끈 것은 조국 이탈리아의 운명이었다. 그는 조국을 구하는 유일한 방법은 정치적 해결뿐이라 결론짓고 독창적인 정치사상을 제시했다. 정치를 윤리·도덕과 분리하여, 객관적·과학적 기초 위에서만 이루어질 수 있는 하나의 통치 기술이라 규정했다. 《군주론》은 근대적 의미의 정치학을 창설한 이정표와 같은 책이다.

히 정치학은 인간을 보는 기본 시각을 깔고 시작한다. 인간을 어떻게 보느냐에 따라 상이한 정치 원리를 제시하게 된다. 정치학에서 압도적으로 지배적인 견해가 바로 악한 본성을 지닌 인간이다. 플라톤에서 마키아벨리, 그리고 홉스로 이어지는 정치이론의 굵직한 흐름이 이 논리 위에 서 있다. 우리는 마키아벨리를 통해 인간의 악한 본성이 지닌 실천적 의미에 접근할 수 있다.

은혜를 모르고 변덕스러우며 위선적인 인간

만약 인간이 선한 존재라면 통치자는 선한 본성을 그대로 유지하도록 지켜주는 일만 잘하면 된다. 반대로 악한 존재라면 인위적인 개입이 중요할 수밖에 없다. 마키아벨리는 세상에 나타날 수 있는 온갖 악덕을 인간에게 갖다 붙인다.

> 인간이란 은혜를 모르고, 변덕스러우며, 위선자인 데다 기만에 능하며, 위험을 피하고 이득에 눈이 어둡다. 당신이 은혜를 베푸는 동안 온갖 충성을 바친다. 막상 그럴 필요가 별로 없을 때에는 당신을 위해 피를 흘리고, 자신의 소유물, 생명 그리고 자식마저도 바칠 듯 행동한다. 그러나 당신이 정작 궁지에 몰리면 등을 돌린다. 따라서 그들의 약속을 믿고 다른 방비책을 소홀히 한 군주는 몰락을 자초할 뿐이다. (…) 인간은 두려움을 불러일으키는 자보다 사랑을 받는 자에게 해를 끼치는 것을 덜 주저한다. 왜냐하면 사랑이란 의무감에 의해서 유지되는데, 인간은 이해 타

산적이기 때문에 이익을 취할 기회가 있으면 언제나 팽개쳐버린다. 그러나 두려움은 처벌에 대한 공포로 유지되며 항상 효과적이다.

　　무엇보다 인간은 이기적이다. 자신의 이익이 모든 가치에 우선한다. 다른 모든 가치는 이익을 위해서라면 한순간에 던져버린다. 자신에게 아무리 큰 은혜를 베푼 자라 하더라도 추호의 망설임도 없이 돌아선다. 다만 상대방이 힘이 있는 위치에 있을 때는 비굴할 정도로 복종의 태도를 취한다. 속된 말로 간이든 쓸개든 다 빼줄 것처럼 행동한다. 우리 옛말에도 대감 집의 개가 죽으면 문상객이 넘쳐나지만 대감이 죽으면 썰렁하다고 하지 않던가! 하지만 자신에게 이익이나 손해를 줄 수 있는 어떤 힘도 갖지 못한 상태로 전락하거나 혹은 어려운 처지에 있게 되면 언제 그랬느냐는 듯이 외면한다.

　　그저 비겁하기만 하다면 그나마 나은 편이다. 인간은 자신의 이익을 위해서라면 타인에게 피해를 주는 일도 마다하지 않는다. 위선적이고 기만에 능하기 때문에 상대방을 궁지에 빠트릴 수 있다. 상대방을 속여서라도 자기의 배타적인 이익을 추구한다. 그렇기 때문에 막연하게 인간을 신뢰하는 군주가 있다면 권력을 송두리째 잃어버릴 수 있다. 대중은 언제든지 자기 이익을 위해 군주의 등에 칼을 꽂을 수 있기 때문이다.

　　그러므로 정치 지도자는 대중에게 사랑을 주기보다는 두려움을 주어야 한다. 인간은 자기에게 잘해주는 사람이라 하더라도 이익과 손해를 저울질해야 할 경우에 배반을 주저하지 않는다. 하지만 물리적 처벌을 전제로 한 공포에 대해서는 훨씬 더 강한 부담을 느낀다. 정치 지도자가 자신에 대한 대중의 두려움을 계속 유지할 수 있다면 권력의 기반을 견고하게 만들 수 있다.

인간 본성에 관한 한 마키아벨리와 비슷한 문제의식을 순자荀子에게서 찾아볼 수 있다. 그는 《순자》에서 우리에게 성악설로 잘 알려진 논리를 다음과 같이 펼친다.

> 사람이 나면서는 원래 소인小人이었다. 스승이 없고 법이 없으면 이익밖에 보이는 것이 없게 된다. 사람이 나면서는 원래 소인인 것으로 어지러운 세상을 만나 나쁜 습속을 얻게 되면 소인을 더욱 소인으로 만들고 어지러운 세상을 더욱 어지럽게 만들게 된다. (…) 사람의 입과 배가 어찌 예의를 알며, 사양하는 것을 알며, 염치를 알겠는가. 덮어놓고 씹어 먹으며 통통하게 배가 부르면 그만이다.

순자가 보기에 배부르게 먹고, 따뜻하게 입고, 편히 쉬고 싶은 것은 모든 사람에게 동일한 욕구다. 누구나 이익을 좋아하고 손해를 싫어한다. 중국에서 대대로 훌륭한 인물로 칭송받는 우禹 임금이나 포악함의 상징이었던 걸桀 임금조차도 이 점에서는 차이가 없다. 결국 큰 인물이든 아니든 그 근본은 모두 이익을 좇는 소인에 불과하다. 예의나 사양, 염치를 지니고 태어나는 사람은 단 한 사람도 없다.

나를 돌아보는 시간

그러면 어떻게 동일하게 이기적인 본성을 가지고 태어난 사람 중에 우 임금도 나오고 걸 임금도 나오며, 심지어 흉악하기 그지없는 도적도 나오는가? 이 모든 차이는 오직 후천적인 작용을 통해서다. 세상에 태어나면서부터 성인인 사람은 없다. 타고난 악한 틀을 벗어버릴 때 성안에 도달할 수 있다. 스승의 가르침이나 특히 법에 의한 강제를 통해서만 타고난 이기적 본성을 제어할 수 있다.

인간의 악마성을 만나다 - <눈먼 자들의 도시>

노벨 문학상 수상 작가인 주제 사라마구의 소설을 영상으로 담은 동명의 영화 <눈먼 자들의 도시>는 어려운 상황 앞에서 인간이 어디까지 사악해질 수 있는지를 더할 나위 없이 잘 보여준다. 인간의 인간다움이나 인간의 존엄성이 얼마나 쉽게 무너져 내리는가를 생생하게 보여준다. 먼저 이야기 전개를 따라가보자.

내용은 작가의 황당하기만 한 상상력으로 시작된다. 어떤 남성이 갑자기 눈이 멀고 이어서 주변 사람들도 하나둘씩 시력을 잃으면서 평화로운 세상에 급작스러운 혼란이 찾아온다. 기하급수적으로 환자들이 늘어나지만 안과 의사의 부인은 유일하게 눈이 멀지 않은 상태로 수용소에 같이 들어가게 된다. 수용소에 갇힌 사람들은 처음에는 극심한 혼란 속에서 고통을 당하다가 점차 평정을 되찾는 듯하다. 하지만 곧바로 내적인 갈등이 폭발하고 특히 일부 과격한 집단의 이기성과 폭력이 전체의 분위기를 지배하는 상황으로 치닫는다. 이 과정에서 인간의 이

▲ 영화 〈눈먼 자들의 도시〉 장면 1

기성과 추악함이 여실히 드러난다.

　　모두가 어려운 처지에 있으면서도 더 먹으려는 누군가에 의해 도둑질이 일어나지만 앞을 볼 수 없기에 범인을 찾을 수 없는 상황이 발생한다. 반복되는 도둑질로 인해 대부분의 사람들이 얼마 되지 않는 양으로 끼니를 이어가야 한다. 도둑들이 은신처에서 두 배, 세 배로 늘어난 식량으로 배를 불리고 있는 사이에 예의를 존중하려던 사람들은 그이 분의 일이나 삼 분의 일, 심지어 그것조차도 안 되는 양으로 만족해야 하는 상황에 처한다. 하지만 앞을 못 보니 누가 도둑인지 확인할 수 없고 서로에 대한 불신만 커져간다. 〈눈먼 자들의 도시〉의 장면 1은 서로에 대한 불신으로 이중 삼중의 육체적·정신적 고통에 휩싸인 상황을 보여준다. 중간에 가로놓인 철망은 사람과 사람 사이를 가로막는 벽을 상징하는 듯하다.

그러던 어느 날 배급되던 식량이 아예 끊겨버린다. 폭력적인 집단이 음식을 독차지하고 배급을 통제하는 상황이 발생한 것이다. 이제부터는 먹고 싶은 사람들은 돈을 내야 한다는 협박을 받는다. 수용소 곳곳에서 항의가 터져 나오고 사람들은 벽을 더듬으며 문제의 집단을 찾아간다. 유일하게 시력을 지닌 의사의 부인은 곧바로 사태의 심각성을 느낀다. 현관에 이르렀을 때 즉시 대화나 협상이 불가능하다는 것을 깨닫는다. 침대에서 빼낸 나무 막대기와 쇠 막대기로 총검처럼 무장한 사람들이 식량 상자들을 삥 둘러싸고 있다. 주변으로 다가오는 사람에 대해서는 마구잡이로 주먹질과 발길질을 해댄다. 순간 눈먼 깡패 하나가 호주머니에서 총을 꺼내 공중을 향해 발사하자 모두 공포에 사로잡힌다. 권총을 든 우두머리 사내의 협박이 이어진다.

"모두 입 다물어. 누구든 목소리를 높이면, 그냥 쏴버리겠다. 누가 맞든 상관하지 않겠다. 그럼 불평도 싹 사라지겠지. (…) 분명히 말해두는데, 이제부터는 사정이 다르다. 오늘부터는 우리가 음식을 맡겠다. 경고해 두는데, 아무도 음식을 찾으러 저 앞마당으로 나가겠다는 생각은 하지 않는 게 좋을 것이다. 우리가 입구에 경비를 세워둘 테니까. 누구든 이 명령을 어기는 자는 그 결과가 어떻게 되든 우리는 책임 못 진다. 이제부터 음식은 돈을 받고 팔겠다. 먹고 싶은 사람은 돈을 내라."

어쩔 수 없이 반지나 목걸이, 시계 등 돈이 될 만한 물건을 건네지만 양도 절대적으로 부족하고 질도 형편없는 식량만 전달된다. 그나

▶ 영화 〈눈먼 자들의 도시〉 장면 2

마 패물도 곧 바닥이 나고 다시 식량을 차단당해 굶주림이 이어진다. 이번에는 여자들의 몸을 제공하라고 강요당한다. 더럽고 타락한 인간 본성을 적나라하게 보여주는 장면이 가득하다.

모두의 눈을 멀게 한 작가의 발상이 흥미롭다. 인간이 서로에게 최소한의 예의를 지키고 인간다움을 유지하는 행동은 서로의 시선 때문에 어쩔 수 없이 유지되고 있다는 점을 보여주고 싶었던 듯하다. 만약 타인의 시선을 아랑곳하지 않아도 되는 상황이 발생할 때 대부분의 인간이 본래 지닌 이기적 속성, 즉 타인에게 피해를 입혀서라도 자신의 이익을 추구하는 경향이 드러날 것이라는 진단을 영화는 암울하게 보여준다.

아마 비슷한 상황을 현실에서 볼 수 있었던 사례가 1977년에 뉴욕에서 일어난 대규모 정전 사태에서가 아닐까 싶다. 뉴욕 시로 전력을 공급

나를 돌아보는 시간

하는 시 북부의 전력 시설물에 낙뢰가 발생하면서 밤 8시 37분부터 정전이 발생해서 다음 날 해가 뜰 때까지 암흑 세상으로 변했다. 당시 뉴욕 시장은 '공포의 밤'이라고 지칭했다. 각종 범죄가 들끓어 이날 밤 뉴욕 경찰은 3,776명을 체포했다. 또 1,037건의 화재가 발생했고, 소방서에는 1,700건의 허위 화재 신고가 접수됐다. 뉴욕 시내 할렘과 브루클린, 브롱크스 남부 등에선 백화점과 상가가 약탈되고, 한 자동차 대리점에서 50대의 차량이 한꺼번에 도난당하기도 했다. 주민 800만 명이 공포에 떨었다. 2003년에 뉴욕과 토론토를 포함한 미국 북동 지역과 캐나다의 온타리오 지방에서 급작스럽게 발생한 대정전 때도 뉴욕과 캐나다 일부 도시에서 평소보다 훨씬 많은 강도 및 절도 사건이 일어났다.

소설과 영화의 후반부에 의미심장한 장면이 나온다. 비를 피해 들어간 성당에도 눈먼 사람들이 가득 들어차 있다. 의사 부인은 성당 곳곳을 장식하고 있는 성상에서 희한한 모습을 발견한다. 마리아와 어린 예수, 예수의 제자에 해당하는 성인들을 포함하여 모든 성상이 다 눈을 가리고 있었다. 심지어 〈눈먼 자들의 도시〉 장면 2에서 볼 수 있듯이 성당 전면에 걸린 십자가에 못이 박힌 채로 매달려 있는 예수도 하얀 붕대로 눈을 가리고 있었다.

"혹시 이 동네 사제가 한 일일지도 몰라요. 눈먼 사람들이 성상들을 볼 수 없다면, 성상도 눈먼 사람을 볼 수 없어야 한다고 생각한 것인지도 모르죠. 성상은 그들을 보는 사람들의 눈을 통해 봐요. 다만 이제 실명이 모든 사람의 운명이 되는 바람에 성상도 못 보게 된 거죠. (…) 그 사제는 모든 시대와 종교에서 최악의 신성 모독을 저지른 사람임에 틀림없어. 그러나 그 신성 모독은 가장 공명정대하고 가장 근본적으로 인간적인 것이기도 해. 그 사람은 궁극적으로 신은 볼 자격이 없다는 것을 선포하러 여기에 온 거야."

언제 어디서나 인간을 굽어보는 신의 눈을 왜 가렸을까? 성상은 그들을 보는 사람들의 눈을 통해 사람을 본다는 말을 곱씹을 필요가 있다. 신은 사람의 눈을 통해 사람을 본다. 신의 자혜로운 시선도 결국 사람의 필요에 의해 만든 것이다. 사람들의 눈이 먼 순간 신의 눈도 의미가 없다. 나아가서 인간의 눈이 멀고 세상에 인간의 악한 행동이 가득한 상황에서 신의 존재 자체가 의심스러운 상태에 빠진다.

인간의 죄와 악은 왜 생겨났는가, 아니 보다 노골적으로 말해서 누가 만들었는가? 인간의 원죄는 어디에서 출발한 것인가? 신을 절대화한 기독교 입장에서 신에 의한 악의 창조는 스스로를 모순에 빠트린다. 그래서 아우구스티누스는 악을 창조의 결과물로 보지 않는다. 존재하는 것은 선이고, 악은 선이 결핍되어 있는 상태다. 존재하는 것은 빛이지, 원래 어둠이란 실체가 없다. 빛이 모자랄 때 어둠이 생겨난다. 그러므로 선의 결핍으로서의 악은 신이 아니라 인간의 죄인 부패와 타락에 의해 생겼다.

모든 죄는 아담과 이브가 그러했듯이 신의 명령대로 살지 않고 자유의지를 남용·오용했기 때문에 생겨났다. 그는 "자유의지야말로 우리로 하여금 악을 저지르게 하는 근본 원인이며, 자유의지로 말미암아 우리는 주님의 심판을 받게 된다."라고 한다. 인간의 육체가 원래 악한 것은 아니었다. 아담이 자신의 판단으로 죄를 지은 것처럼 인간이 자유의지에 의해 스스로 악을 만들어냈다. 자유의지에 의해 육체를 매개로 한 욕망과 타락이 생겨났다.

〈눈먼 자들의 도시〉는 신의 눈을 가림으로써 아우구스티누스에게 똥침을 날린다. 한마디로 사기 치지 말라는 거다. 《성경》 내용에 의하면 신이 만들어놓은 선악과의 덫에 인간이 걸렸다고 봐야 한다. 모든 것을 아는 신이 설마 인간이 선악과를 따 먹으리라는 것을 모를 리 없기 때문이다. 그러므로 인간에게 악이 있다면 그것은 신의 책임이 되어버린다. 악의 책임을 인간에게 돌린다면 신의 전능과 권위를 스스로 부정하는 셈이 된다.

악한 본성론의 문제는 억압의 정당화에 있다

인간의 본성을 악하게 보는 견해의 진정한 문제는 단순히 종교적 교리 논란에 있지 않다. 가장 중요한 문제는 이런 견해가 현실의 인간을 억압하는 핵심 논리로 사용된다는 점이다. 인류 역사에서, 적어도 거대한 규모의 국가 체제가 등장한 이래로 지금까지 수없이 반복된 논리다. 마키아벨리는 이를 세련되게 가다듬었을 뿐이다.

물론 정치를 신의 영역에서 인간의 영역으로, '인간이 어떻게 살아야 하는가?'에서 '인간이 어떻게 사는가?'로, 즉 마땅히 해야 하는 바에 관련된 윤리의 영역에서 일반적으로 행해지는 바를 중심으로 한 현실의 영역으로 끌어내렸다는 점에서 정치학의 새로운 전기를 마련한 성과는 충분히 인정되어야 한다. 하지만 그렇다고 해서 그의 논리 안에 숨어 있는 문제까지 그대로 인정할 수는 없다. 특히 너무나 당연하다는 듯이 현대사회에서, 또한 사람들의 마음속에서 강력한 영향을 미치는 현실을 지나쳐서는 안 된다. 그는《군주론》에서 인간의 악한 본성의 실천적 결론을 다음과 같이 이끌어낸다.

> 인간이란 신의가 없고 당신과 맺은 약속을 지키려고 하지 않기 때문에, 당신 자신이 그들과 맺은 약속에 구속되어서는 안 된다. (⋯) 필요하다면 군주는 전통적 윤리를 포기할 태세가 되어 있어야 한다. (⋯) 군주는 좋다고 생각되는 방법으로 처신할 수 없다는 점을 분명히 이해해야 한다. 왜냐하면 자신의 권력을 유지하기 위해서, 그는 종종 신의 없이, 무자비하게, 비인도적으로 행동하고 종교의 계율을 무시하도록 강요당하기 때문이다. 따라서 그는 운명의 풍향과 변모하는 상황이 그를 제약함에 따라서 자신의 행동을 거기에 맞추어 자유자재로 바꿀 태세가 되어 있어야 한다.

그에 의하면 정치 지도자는 악한 인간을 믿어서는 안 된다. 그들과의 약속에 구애받아서도 안 된다. 언제든지 대중을 속일 준비를 하고 있어야 한다. 또한 이기적인 인간을 통제하고 지배자의 권위 아래 두기 위해서는 무자비하게 행동해야 한다. 비록 윤리에서 벗어나는 행위라 하더라도 권력을 유지하기 위해서라면 망설임 없이 비인도적인 폭력 행

▲ 프란시스코 고야 〈재판정에서의 심문〉 1812년

위라도 과감하게 실행에 옮겨야 한다. 단지 군주제사회에서의 논리에 불과한 것 아닌가라는 의문이 생길 수 있다. 하지만 민주주의가 정착한 현대사회라고 해서 크게 다르지 않다. 법에 의한 통치를 기본으로 하는 현대사회라면 법과 형벌에 마키아벨리의 논리가 적용된다.

고야의 〈재판정에서의 심문〉은 법정의 광경을 담았다. 재판을 받는 사람의 머리 위에 고깔모자를 씌우던 당시 스페인의 풍습이 이채롭기는 하지만 어느 사회에서나 볼 수 있는 재판 광경이다. 높은 법대 위에 재판장이 있고, 중앙에는 피고인들이 위축된 모습으로 앉아 있다. 왼편으로는 검사로 보이는 사람이 피고에게 죄를 묻고 있다. 주변에 신부 복장을 한 사람이 꽤 많은 것으로 봐서 종교재판의 일종인 듯하다.

　대부분의 국가에서 재판과 형벌은 인간이 악하다는 전제 위에서 단호한 처벌을 기본 원리로 한다. 미국이나 한국을 비롯해 많은 국가에서 대표적인 법 원리로 삼고 있는 것이 통제이론이다. 통제이론은 흔히 '깨진 창문 이론'으로 알려진 일반적 정책과 연계되어 있다. 깨진 창문 하나가 수리되지 않고 방치된다면, 그것은 잠재적인 위반자들에게 경찰도 지역 주민들도 지역사회를 지키려 하지 않는다는 메시지를 준다. 곧바로 깨진 창문은 낙서와 쓰레기, 폐차에 의해서 더욱 무질서하게 될 것이다. 괜찮은 주민들이 떠날 것이고, 마약 거래자, 노숙자와 가석방자들 같은 새로운 주민들로 대체되면서 우범지대로 변할 것이다. 그러므로 국가와 법은 강력한 처벌을 통해 일탈이 작은 범죄로, 작은 범죄가 큰 범죄로 나아가는 것을 막아야 한다는 불관용 정책의 논리다.

　서양 사상의 문제만은 아니다. 동양 사상에도 비슷한 원리가 고대국가 성립 시기부터 현대에 이르기까지 계속 이어지고 있다. 특히 한비韓非의 법가사상은 상당히 비슷한 결론에 도달한다. 그는《한비자》에서 강력한 처벌 중심의 법을 강조한다.

> 매와 채찍으로 때리고 재갈을 물리지 않으면 조보라 할지라도 말을 몰 수 없다. (…) 위엄 서린 권세와 상벌을 정한 법이 없으면 요순이라 할지라도 세상을 다스릴 수 없다. (…) 법술法術이라는 방책을 쥐고, 벌을 무겁게 하고 사형을 엄히 행하면 패왕의 위업을 달성할 수 있다. 나라를

다스리면서 법술과 상벌을 갖추는 것은 견고한 수레와 좋은 말이 있고 날렵한 배와 편리한 노가 있는 것과 같으니, 이것에 의지해야 목표를 이룰 수 있다.

조보는 옛날에 말을 잘 몰았던 사람의 이름이다. 아무리 말을 잘 다루는 사람이라 하더라도 단호하게 채찍을 들지 않는다면 제대로 말을 몰 수 없다. 엄하고 무거운 형벌로 억제할 때 이기적인 인간의 악행을 통제할 수 있다. 나아가 안정된 통치 기반을 마련할 수 있다.

마키아벨리든 한비든 악한 인간 본성론의 실천적 귀결은 대중에 대한 강력한 통제와 지배에 있다. 철저히 지배세력의 통치 이데올로기 역할을 수행한다. 동서양을 막론하고 전체주의나 권위주의의 통치 성격이 강하면 강할수록 인간의 악한 본성에 대한 강조 역시 두드러졌다. 철저히 강자의 논리다. 하지만 머리끝부터 발끝까지 강자의 이해를 대변하는 이 논리가 수천 년에 이르는 기간 동안 종교와 학문을 통해, 혹은 문학과 영화를 통해, 또한 일상적 교육 체계를 통해 주입되면서 상식과 통념으로 자리를 잡았다.

그 결과 악에서 벗어나기 위해서라면 권위적 통치와 법 집행이 이루어져야 한다고 대중 스스로 인정하도록 한다. 소수 강자의 논리가 대다수 대중의 내면을 자연스럽게 지배하는 현실을 계속 용인해서는 안 된다. 우리의 의식 저변에 자리 잡고 있는 악한 본성 논리가 지닌 노예 논리의 본질을 규명하고 스스로 벗어나려는 문제의식이 필요하다.

나는 왜 항상 불안한가
키에르케고르 《불안의 개념》

TV를 보면 종종 유명 연예인들이 공황장애를 앓고 있다는 소리를 접한다. 공황장애가 어떤 증상인지 모르는 보통 사람들은 무심코 넘어가겠지만 당사자는 죽음의 공포에 가까운 고통을 호소한다. 공황장애는 특별한 이유 없이 예상치 못하게 나타나는 극단적 불안 증상을 의미한다. 극도의 공포심이 느껴지면서 심장이 터지도록 빨리 뛰거나 가슴이 답답하고 숨이 차며 땀이 나는 등 신체 증상이 동반된 죽음에 이를 것 같은 불안감을 보인다. 보통 환자들은 공포의 원인을 알지 못하고 혼돈스러워하며 집중력이 떨어진다. 공황장애 환자의 경우 많은 사람들이 증상 발생 전에 스트레스 상황을 경험하는 것으로 알려져 있다.

공황장애는 특별한 경우지만 현대인은 수많은 종류의 불안 증세를 안고 살아간다. 불안이라는 단어와 함께 동시에 떠오르는 화가는 단연 뭉크다. 화가 자신이 인생 대부분을 불안 증세와 함께 살았다. 어린 시절에 어머니를 잃고 누이도 결핵으로 사망한다. 곧이어 부친도 사망을 하고 또 다른 누이동생도 정신분열증으로 정신병원에 입원한다. 이즈음 뭉크는 불행한 연애 사건으로 인한 권총 사고로 왼손 가운뎃손가락을 잃는다. 그리고 이후 그는 신경발작으로 입원을 하고 평생을 정신병에 시달린다.

현대인은 불안을 끌어안고 산다

뭉크의 〈칼 요한 거리의 저녁〉을 보면 불안한 표정의 사람들이 길거리를 가득 메우고 있다. 당시로서는 최신 유행 복장 차림인 것으로 보아 최소한 중산층의 안정된 생활 기반을 가졌을 듯한 사람들이 거리를 활보한다. 복장을 보면 연인이나 가족끼리 외식을 하고 번화한 거리에서 오붓한 저녁시간을 보내는 중이다. 하지만 사람들의 얼굴을 보면 하나같이 불안으로 가득하다. 눈은 마치 동공이 열린 듯 초점 없이 흔들린다. 원인을 알 수 없는 두려움과 초조함에 사로잡힌 모습이다.

뭉크는 이 그림 외에도 수많은 작품에서 사람들이 느끼는 불안한 감정을 극적으로 표현했다. "예술 작품은 인간의 내면에서부터 온다. 예술은 인간의 결정結晶에의 충동이다."라는 그의 말처럼 그가 그린 작품들은 불안에 시달리는 많은 사람의 공감을 불러일으킨다. 뭉크의 〈불안〉을 보면 작품을 감상하는 사람도 동시에 불안과 초조한 감정 상태를 느낀다. 가장 유명한 작품인 〈절규〉를 볼 때면 사람도, 땅도, 하늘

▲ 뭉크 〈칼 요한 거리의 저녁〉 1892년

도 비명을 지르는 듯한 느낌과 함께 자기도 모르게 고함을 지르고 싶은 충동이 생기곤 한다.

그림이어서 일정한 과장은 있겠지만 이것은 대도시의 혼잡한 인도를 걷는 현대인의 모습일 수 있다. 현대인은 수많은 정신질환에 시달리고 있다. 미국정신의학협회가 정신질환의 종류와 증상을 정의·분류해놓은 《정신질환 진단통계 편람DSM》은 오늘날 세계 정신의학계의 공식 진단 기준 역할을 한다. 1952년 초판 이래 판을 거듭할수록 병의 종류가 늘었다. 19세기 중반 서구 의학에서 불안을 질병의 범주에 넣기

나를 돌아보는 시간

시작했는데, 지금은 불안장애에 해당하는 경우만 봐도 공황장애, 특정 대상공포증, 사회공포증, 강박장애, 범불안장애 등 범주가 점차 다양해지고 있다.

서점에서 볼 수 있는 불안 주제의 책만 해도 넘칠 정도다. 최근 많은 사람의 관심을 받고 있는 알랭 드 보통의 《불안》을 비롯해서 앨런 호위츠의 《불안의 시대》, 대한불안의학회의 《불안한 당신에게》, 데이비드 번스의 《패닉에서 벗어나기》, 앨버트 엘리스의 《불안과의 싸움》 등이 있다. 그 외에도 《불안 버리기》, 《불안하니까 사람이다》, 《한없이 외로운 불안》, 《불안 다루기》 등 다양한 종류의 불안 관련 책이 서점의 서가를 채우고 있다.

"불안은 욕망의 하녀"라는 말로 유명한 알랭 드 보통의 《불안》은 불안에 대한 대중적인 관심을 넓히는 데 큰 역할을 했다. 그가 보기에는 인간이 일반적으로 갖고 있는 속성에 현대사회의 특징까지 맞물리면서 다양한 방식의 불안 증세가 나타난다. 남들에게 사랑이나 인정을 받기 위한 마음, 권력이나 명성을 얻으려는 욕심, 더 나은 삶을 향한 기대 등은 이미 전통사회에서부터 나타나는 불안의 원인이다. 여기에 현대사회에서는 개인의 경쟁력을 극단적으로 중시하는 능력주의 체제에서의 부의 위상 변화, 세계 경제 속에서 고용의 불확실성 등에 기인하는 불안까지 덧씌워져 나타난다. 이 모든 불안의 원인은 자기 스스로의 내적 동기보다는 타인과의 관계, 타인이 자신을 대하는 태도와 연관된다는 점이다.

불안은 인간이 세상에 모습을 드러낸 이후 현재에 이르기까지 항상 감정의 한 축을 담당하고 있었다. 그러한 의미에서 불안은 인간의 본질적인 감정에 속한다. 하지만 시대에 따라 드러나는 깊이와 양상을 달리하면서 변화를 겪어왔다. 또한 심각성의 정도에 있어서도 차이가 있다. 적어도 많은 사람이 공감할 수 있는 것은 현대사회만큼 불안이 일반화되고 심화된 적이 없다는 점이다.

현대사회를 살아가는 많은 사람들이 크고 작은 불안을 느낀다. 치료가 필요한 병적인 불안까지는 아니라 하더라도 일상적인 불안 때문에 내적인 고통을 겪는다. 특히 무한경쟁사회라는 말이 상식처럼 받아들여지는 현대사회에서 언제든지 탈락자가 될 수 있다는 불안감이 엄습한다. 직장인은 직장인대로 빠르게 변화하는 속도에 발맞추지 못함으로써 낙오자나 실패자로 간주될 수 있다는 불안감에 지배당한다. 더군다나 경제 불황, 실업률 증가, 구조조정 등의 어두운 사회 현실은 우리를 더욱더 불안으로 내몬다. 수십 년 전만 해도 40대 정도가 되어 회사 내에서 일정한 지위에 오르면 작지 않은 안정감을 느꼈지만 평생직장 개념이 사실상 사라지고 정리해고가 일상화된 조건에서 불안에서 벗어날 수 있는 나이도 사라졌다.

학생은 학생대로 자신의 불투명한 미래에서 오는 불안감을 안고 살아간다. 과거에는 웬만한 대학을 나오면 최소한의 안정된 생활이 보장되는 경우가 많았다. 하지만 이제는 꽤 이름 있는 대학을 나와도 취업조차 쉽지 않은 판국이다. 그나마 졸업 후에 이삼년 동안 취업이 성사되지 않으면 이후 원하는 직장에 들어갈 가능성이 사라지기 십상이다. 좋은 대학에 들어간다고 해서 해결될 일이 아니기 때문에 입시를 준비하는 과정이든 아니면 대학에 다니는 동안이든 불안에서 벗어나기 어렵다.

불안의 철학자 키에르케고르

《불안의 개념》은 키에르케고르의 파란만장한 삶과 내면의 변화 과정에서 큰 획을 그었던 책이다. 키에르케고르는 평생 동안 불안의 개념에 매달렸고, 이를 철학적으로 규명하고자 했다. 그는 불안을 특정 개인의 심리적 문제로 한정하지 않는다. 불안은 개인의 문제이자 인간 존재를 규정짓는 핵심 영역이다. 《불안의 개념》 서론에서 그는 다음과 같이 묻는다. "어떤 의미에서 이 고찰의 대상, 즉 불안이 심리학적으로 흥미로운 과제인가, 또 어떤 의미에서 이 대상이 심리학상의 과제나 관심이 된 뒤

쇠렌 키에르케고르(Sören Kierkegaard, 1813~1855)
실존주의 철학의 선구자다. 그는 근대사상이 인간의 본질을 이성에 한정하고 이를 통해 합리적 객관성으로 제한하는 사유에 반발한다. 이성에 얽매이지 않는 자유로운 삶의 방식으로서의 인간다움을 '실존'으로 규정한다. 불안이나 절망에 빠진 실존을 직시하고 반성적 성찰에 의한 단독자로서의 삶을 주체적으로 모색하는 데 주목한다. 신앙에 의한 자기 구제의 종교적 실존을 최고의 삶의 태도로 여겼다. 그의 사상은 당시에는 많은 반향을 얻지는 못하였지만, 20세기에 들어서 야스퍼스와 하이데거 등 실존주의 철학자에 의해 재조명되면서 실존주의 사상의 선구적인 인물로 부상한다. 주요 저서로 《이것이냐 저것이냐》, 《반복》, 《철학적 단편》, 《불안의 개념》, 《죽음에 이르는 병》 등이 있다.

에 바로 교의학^{教義學}을 지향하는 것이 되는가?" 문장은 좀 어렵지만 말하고자 하는 내용은 그리 복잡하지 않다.

불안은 개인의 주관적인 정신과 연관되어 있다는 점에서 심리학과 맞닿아 있다. 불안을 직접 느끼는 주체는 현실에서 구체적인 삶을 영위하는 특정 개인이다. 개인과 무관하게 추상화된 차원의 불안이란 뿌리 없는 나무처럼 의미 없는 개념이다. 당장 우리만 놓고 보더라도 당신의 불안이 있고, 나의 불안이 있다. 같은 집에 살고 있다고 같은 불안을 겪는 것도 아니다. 남편과 부인, 그리고 아이는 각자의 고유한 불안을 갖는다. 불안은 각자의 내밀한 심리 안에서 똬리를 틀고 앉아 있다.

하지만 개인의 심리를 추적하다 보면 곧바로 일반적인 정신 개념과 만나게 됨으로써 객관적인 학문 차원으로 연결된다. 무엇보다 먼저 불안은 개인이 느끼지만 모든 인간에게서 공통적으로 나타나는 감정이라는 점에서 일반성을 지닌다. 키에르케고르는 동물에게는 불안이 없다고 말한다. 불안은 인간이 갖는 고유한 감정이기에 인간 일반의 특징과 연결된다. 인간이기 때문에 불안하다. 그는 인간을 불안한 존재로 규정한다.

인간이 불안한 이유는 정신적 존재이기 때문이다. 정신은 머물지 않고 쉴 새 없이 스스로의 새로운 가능성을 향해 나아가는 특성을 가지고 있다. 하지만 그 가능성은 잡으려 하자마자 곧 빠져나간다. 동물은 본능적 충동이 지배할 뿐, 정신으로 규정될 수 없는 존재다. 어떤 가능성을 향해 스스로 나아가지 않기에 가능성이 실현되지 못하는 데 대한 불안도 없다. 정신이 적으면 적을수록 불안도 적다. 정신의 본질을 추적한다는 의미에서 그는 불안을 철학의 출발이자 핵심적 과정의 문제로 끌어들인 철학자다.

인간은 불안에서 달아날 수 없다

왜 인간은 불안한 존재인가? 불안이란 무엇이며 왜 생기는가? 자신의 가능성을 생각하고 이를 실현해나가려는 인간 정신의 본질적인 특성 자체로부터 불안은 시작된다. 키에르케고르는 정신의 현실성에서 불안의 문제를 규정한다.

> 정신의 현실성은 쉴 새 없이 스스로의 가능성을 유인해내는 모습으로서 나타난다. 하지만 정신이 가능성을 잡으려 하자마자 그것은 빠져나간다. (…) 그래서 나는 불안이 공포나 그와 비슷한 여러 개념과는 전혀 다른 것이라는 점에 주의를 촉구하고자 한다. 그 개념들은 어떤 특정한 것에 결부되어 있지만, 불안 쪽은 가능성의 가능성으로서의 자유로운 현실성이다. 동물에게서 불안을 볼 수 없는 것도 그 때문이며, 이것은 동물이 자연적 조건에 있어서 정신으로 규정되어 있지 않기 때문이다.

대부분의 고전, 특히 철학이라는 딱지가 붙은 고전이 그러하듯이 책 역시 첫 문장부터 사람을 기죽인다. 정신의 현실성이 스스로의 가능성을 유인한다는 말이 도대체 뭔 소리일까? 자신의 경우를 떠올려보면 어렵지 않게 이해할 수 있다. 우리의 정신은 한 곳에 머물지 않는다. 끊임없이 무언가를 알려고 한다.

동물과 비교하면 보다 쉽게 이해할 수 있다. 그가 보기에 동물은 본능과 충동에 의해 판단하고 행동한다. 배가 고프면 먹이를 찾고, 졸리면 잠을 잔다. 누군가 자신을 위협하면 본능적으로 도망가거나 저항한다. 번식기가 되고 호르몬 작용에 의해 발정이 시작되면 서로 짝을 찾는다. 물론 동물의 본능적인 속성 가운데 상당 부분은 인간도 지니고 있다. 인간도 자연과 동떨어진 존재가 아닌 이상 우리 안에 먹고 자고 번식하려는 본능은 엄연히 있다.

그러나 인간은 충동에 머물지 않고 정신에 의해 의식적으로 자신을 실현하려 한다는 점에서 동물과 큰 차이가 있다. 본능적 요소가 짙게 남아 있는 어린 시절부터 이미 정신은 내적 작용을 시작한다. 주변의 사물과 현상에 대해 의문을 품고 의미나 원리를 이해하려 한다. 그래서 동물은 번개가 치거나 비가 내리면 이를 피하는 행위를 반복할 뿐이지만 인간은 그 원리를 밝히려 하고 대비하는 방법을 찾는다. 의식주의 해결도 자연이 만들어놓은 조건에 마냥 따라가기만 하는 것이 아니라 농경과 목축처럼 의식적인 고안을 통해 스스로에게 유용하도록 자연을 변화시키기도 한다.

하지만 당장 눈에 보이는 기술적인 차원의 문제가 아닌 근본적인 문제에 대해서 정신은 대부분 가능성일 뿐, 구체적인 실현에서는 늘 좌절을 맛본다. 예를 들어 인간이란 무엇인가, 죽음이란 무엇인가, 죄

▲ 불안은 공포와 달리 뚜렷한 대상이 없다.

란 무엇인가, 행복이란 무엇인가 등과 같이 근원에 해당하는 질문을 던지는 순간 가닥이 잡힐 듯하다가 다시 멀어지는 좌절을 반복한다. 정신은 늘 가능성 차원에서 갈구하지만 시원한 대답을 들려주지 않는다.

불안이 공포나 두려움과는 다른 개념이라는 주장은 어떻게 이해해야 할까? 공포는 어떤 특정한 것에 결부되어 있다는 언급이 힌트가 된다. 공포는 일반적으로 특정 대상에서 오는 감정 상태다. 예를 들어 우리는 범죄의 대상이 되었을 때 공포를 느낀다. 늦은 밤에 어두운 길에서 강도를 만나거나 폭행의 대상이 되었을 때 극심한 두려움에 떤다. 등산을 하다가 높은 낭떠러지 앞에 섰을 때도 공포를 느낀다. 직접적으로 자신의 생명이나 안위를 위협받는 상황이 닥쳤을 때 두려움이 찾아온다. 특정 대상이 만들어내는 감정이기에 그 대상이 제거되면 공포도 사라진다.

하지만 불안은 정신의 가능성에서 오기에 뚜렷한 대상을 전제로 하지 않는다. 만약 불안이 공포의 일종이라면 안정된 생활 조건을 갖추고 있는 사람에게는 불안 증세가 없어야 한다. 하지만 불안은 재산의 정도나 지위 고하를 막론하고 대부분의 사람에게 찾아온다. 불안은 정신 자체의 특성에서 오는, 불확정적이고 일상적인 성격을 갖는다. 세계는 불안의 조건일 뿐이고 불안의 핵심은 인간 자신에게 있다. 그러므로 인간은 불안에서 달아날 수 없다.

실존주의 철학자로 유명한 사르트르도 불안과 일반적인 두려움을 구별한다. 불안은 특정한 대상이나 상황이 아닌 인간에게서 비롯되었음을 인정한다. "불안은 두려움과 구별된다. 두려움은 세계의 존재에 관한 두려움이고, 불안은 자기 앞에서의 불안이다."《존재와 무》 정신의 특성이 불안의 기반이다. 예를 들어 현기증은 두려움이 아니라 불안이다. 높은 절벽에서 혹시 자기가 떨어지지 않을까 하는 마음에서 오는 두려움이 아니다. 내가 스스로 절벽에서 몸을 던지지 않을까 두려워하기 때문에 오는 불안이다.

현대사회는 왜 불안이 만연해 있나

이제 키에르케고르가 말하고자 하는 바가 무엇인지는 어느 정도 이해가 가지만 확실하게 잡히지 않는 구석이 있다. 불안이 정신활동을 할 수밖에 없는 인간의 내적 요인에서 출발한다는 점은 알겠는데, 그러면 외적인 사회적 조건과는 아무런 관련이 없는지 여부가 분명하지 않기 때문이다. 상식적으로 생각해보더라도 사람들이 처해 있는 조건에 따라

나를 돌아보는 시간

▲ 서울의 거리. 불안감에 흔들리며 살아가는 현대인들의 모습을 보는 듯하다.

불안의 정도나 양상은 적지 않은 차이를 보이면서 나타난다. 예를 들어 도시와 농촌을 비교하면 압도적으로 도시에서의 불안 증세가 더 심각하다. 〈서울의 거리〉는 불안한 감정이 일상화되어 있는 대도시의 이미지를 잘 보여준다. 도심의 길거리가 가득 메워져 있지만 건물도 사람도 흔들린다. 어느 것 하나 분명하지 않은, 불확실성이 지배하는 사회 현실에서 불안감에 싸여 살아가는 도시인의 상태를 단적으로 상징한다.

사실 키에르케고르의 불안 개념은 자유를 향한 정신의 가능성 자체에서 나오기 때문에 상당히 막연한 감을 지울 수 없다. 물론 그렇다고 해서 단순히 불안의 현상을 지적하는 데 머물기만 한 것은 아니다. 또한 불안을 인간이 어쩔 수 없이 짊어진 하늘의 벌쯤으로 여기지도 않는다. 불안은 이러저러한 몸의 질병처럼 감수하며 살아가야 하는 부정적 대상에 머물지 않고 인간을 성숙으로 이끄는 능동적 역할을 한다.

인간이 동물이나 천사였다면 불안해지는 일은 없었을 것이다. 인간은 하나의 종합, 정신에 의한 마음과 육체의 종합이기 때문에 불안해질 수 있는 것이므로, 그 불안이 깊으면 깊을수록 인간은 위대하다. (⋯) 불안은 자유의 가능성에 대한 기대이므로, 이 의미에서의 불안만이 신앙의 도움을 입음으로써 절대적으로 교육적이다. (⋯) 불안에 의해 길러지는 것은 가능성에 의해 길러지는 것이다.

만약 육체와 본능만 있고, 정신이 없는 존재라면 아무런 불안도 없다. 하지만 정신이 없는 상태를 우월하다거나 다행으로 여길 수는 없다. 그는 불안이 깊으면 깊을수록 인간은 위대하다고 강조한다. 불안은 정신의 자유에서 오기에 허물이 아니다. 불안이 깊으면 그만큼 자유의 가능성이 크다. "배부른 돼지보다 배고픈 소크라테스가 낫다."라는 존 스튜어트 밀의 말처럼 육체의 욕구에만 만족하는 존재보다는 비록 수많은 고통이 있더라도 정신적 자유를 지닌 인간을 지향해야 한다는 의미일 것이다. 하지만 불안 개념에 대한 접근이 막연한 만큼 방향도 신앙으로 귀결된다. 그가 불안과 관련하여 최종적·실천적으로는 종교적 해결로 향할 수밖에 없는 요인이 스스로의 막연한 논리 안에 있다.

그래서 키에르케고르에게 깊은 영감을 받고 본격적으로 실존주의 철학의 새 장을 연 야스퍼스와 하이데거는 현대사회에서 인간이 처한 상황을 통해 불안의 조건을 구체화한다. 야스퍼스는 《철학학교》에서 불안을 산업사회의 경제적·정치적 상황과 연관시킨다.

160

모든 것은 불쾌할 정도로 뚜렷하게 인류의 몰락을 예언하는 듯하다. 점점 더 신속한 상품 교환을 낳는 생산과 소비의 과정 속으로 현존재가 변해 들어가고 있다. (…) 정치적으로 자유로운 세상에서 인간의 실제 행동이 자유를 말살시키는 방향으로 줄달음질 치고 있다.

인간 존재의 본질이 정신에 있지만, 합리주의가 만들어낸 사회가 정신을 질식시키는 방향으로 가고 있다. 이성이 대량생산과 대량소비를 위한 수단으로 전락하고, 그 결과 현실의 인간은 물질적 만족에 자신을 내맡긴다. 하지만 물질적 만족은 풍부한 정신을 질식시키는 것을 전제조건으로 한다. 대량생산과 대량소비의 규모가 커질수록 정신적 공허함이 늘어나는 현실을 현대인이라면 누구나 경험한다. 또한 민주주의가 꽃을 피울 것이라 예상했던 현대사회에서 자유는 위협받는 처지다. 자유와 민주주의의 선두 주자 역할을 했던 유럽에서 전체주의가 자라나고, 두 차례에 걸친 세계대전에서 확인했듯이 전쟁은 자유를 결정적으로 괴멸하려 한다. 최근까지도 미국의 아프가니스탄 침공과 미국과 이라크의 전쟁처럼 군사적 충돌은 지속되고 군비 경쟁은 멈출 줄을 모른다. 이러한 상황 때문에 현존재는 자기 붕괴 의식, 즉 불안에서 헤어나지 못하고 있다.

하이데거는 불안의 조건으로 현실의 세계를 규정하는, 합리주의 원리가 지배하는 기술세계에서 현존재가 처한 상황에 주목한다. 그는 《동일성과 차이》에서 다음과 같이 말한다.

모두의 현존은 온갖 것을 계획하고 계산하는 일에 몰두하도록 어디에서나 도발적으로 요청되고 있다. 즉 방금 전까지 놀다가도 이내 곧 일에 시달리고, 또 금세 쫓기다가 금세 밀려나는 그런 식으로 어디에서나 도발적으로 요청되고 있는 자신의 모습을 발견하게 된다.

효율성이 지배하는 현실사회에서 사람들은 계산 가능성의 지배를 받으면서 분주하게 계획을 세우고 실행에 옮겨야 한다. 정신은 최소한의 투입에 최대한의 산출이라는 효율성의 원리에 지배당한다. 경쟁 속에서 성과를 내야 한다는 강박관념과 언제든지 경쟁에서 탈락할 수 있다는 파국적 절망감이 정신을 옭아맨다. 정신이 자기 내면을 향해 시선을 둘 여유도 없다. 현대인의 모든 생활을 규정하는 것이 경쟁과 합리성의 원리이기 때문에 모든 사람이 불안 속에 있다. 우리가 한시도 기술세계에서 벗어날 수 없다는 점에서 일상적 불안이 우리를 지배한다. 결국 인간은 기술세계에 끊임없이 내던져진 존재로 살아간다.

복잡해진 현대사회의 새로운 불안 양상

21세기에 접어들어 보다 빠른 변화와 복잡성을 특징으로 하는 현대사회에서, 특히 그 모든 요소가 집중적·압축적으로 드러나는 한국사회에서 불안은 훨씬 다양한 형태로 일상을 지배한다. 경제적 측면에서 과거보다 불안의 요소는 훨씬 빈번하게 우리를 공격한다. 과거에는 수십 년 주기로 불황이 찾아오면서 경제적 불안도 일정한 주기성을 보였지

▲ 노후 대비와 연관된 불안은 고령화사회에서 큰 비중을 차지하고 있다.

만, 이제는 만성불황이 더 이상 낯선 단어가 아닐 정도로 일상화됐다.

지난 2008년 미국의 금융위기와 함께 세계경제는 장기불황의 수렁에 빠졌다. 이미 상당히 시간이 흘렀지만 무모한 팽창 정책의 결과 금융위기가 사상 초유의 재정위기로 전환되며 세계경제를 다시 불안에 떨게 하고 있다. 20세기 후반에 세계경제가 전면적 개방 체제로 전환된 마당에 미국의 위기는 곧바로 세계경제의 위기로 치닫는다. 금융과 실물 등 모든 측면에서 대외의존도가 절대적인 우리나라 경제의 피해는 더 심각할 수밖에 없다. 전 세계적인 불황의 연장선에서 한국도 2퍼센트대 성장이라는 우울한 성적표를 내놓았다. 성장은커녕 기존의 성장 유지조차 어려운 실정이다. 이미 5~6년 이상 극심한 내수 침체와 고용 위축까지 겹치며 불안의 정도도 심화되고 있다.

세계에서 고령화 속도가 가장 빠른 한국사회에서 노후 대비와 연관된 불안도 크게 증가했다. 고용 불안과 맞물리면서 노후에 대한 불안은 더욱 커졌다. 20대의 절반, 30대의 10명 중 3명이 이른바 '백수'인 상황에서 노후 대비는 꿈같은 이야기일 뿐이다. 다행히 직장을 다닌다 하더라도 사정은 비슷하다. 국민연금이야 매달 꼬박꼬박 원천 징수되고 있지만 알량한 국민연금만으로 노후가 보장되리라는 기대를 하는 사람은 거의 없다. 게다가 50세가 넘으면 자리에서 밀려나 정리해고로 회사를 떠나야 하는 경우가 많은 조건에서 불안은 더 증가한다. 생활비, 주택비, 교육비 등의 지출도 버거운 상황에서 대부분 개인연금 가입은 꿈도 꾸지 못하는 실정이다.

늘어나는 범죄도 일상의 불안을 증가시키는 요인이다. 경제 불황의 영향을 받으면서 강도, 절도, 성범죄 등 강력범죄가 계속 증가 추세다. 보이스 피싱을 비롯한 온라인 범죄의 증가도 불안을 키운다. 온라인상에서 개인정보 유출로 나도 모르는 사이에 범죄의 대상이 될 수 있는 세상에서 많은 이용자들이 스트레스를 받고 있다.

일본 원전 사고를 계기로 원전과 먹을거리에 연관된 불안도 무시할 수 없을 정도로 커졌다. 토양과 수질 오염 등 각종 방사능 오염에 불안해하는 일본은 말할 것도 없고, 우리나라도 더는 지진의 안전지대가 아닌 상황에서 국내 원전의 안전성을 우려하는 심리적 불안도 커졌다. 국토는 좁고 인구밀도는 높은 한국의 조건에서 단 한 번의 원전 사고는 모두의 안전에 심각한 위험을 초래할 수 있다. 특히 일본과 인접해 있는 한국으로서는 수산물에 대한 불안이 상당하다.

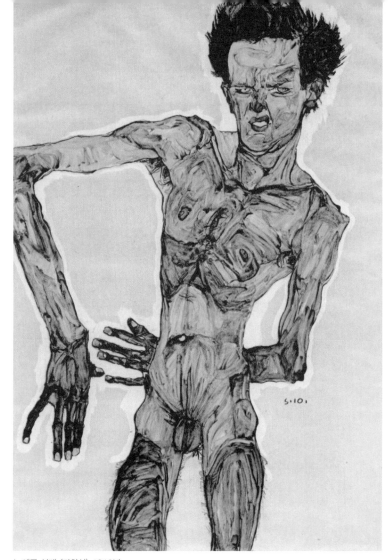

▲ 에곤 실레 〈자화상〉 1910년

　　에곤 실레의 〈자화상〉은 온몸이 뒤틀려서 극도의 불안 상태를
보여준다. 이것은 현대를 살아가는 우리 모두의 자화상일 수 있다. 실
레는 상반신만 다루는 일반적인 자화상 형식을 깨고 자신의 전체 나신

을 담았다. 얼굴은 물론이고 어깨와 팔, 그리고 몸통이 뒤틀려 있다. 자신의 불안한 심리를 몸을 통해 드러냈다. 그의 모습은 기계적인 도시생활에서 겪는 불안을 담고 있다. 〈페슈카에게 보낸 편지〉에서 그는 "이 곳은 얼마나 추악한가. (…) 그림자가 드리워진 빈은 온통 잿빛이고 일상은 기계적으로 반복될 뿐이다."라며 도시가 주는 정신적 아픔을 토로했다. 그는 외설 작품이라는 이유로 감옥에 갔을 정도로 자유로운 성 묘사에 몰두했는데, 이를 솔직한 자아 표현의 한 방법이라고 생각했다. 뒤틀린 육체와 성이 현대인의 정신적인 아픔을 적나라하게 보여줄 수 있다고 보았다.

우리의 내면도 그의 육체 이상으로 뒤틀려 있다. 근본적으로는 키에르케고르가 지적했듯이 인간 정신의 내적인 특징에서 시작되지만, 현대사회의 다양한 조건 속에서 증폭되는 불안에 시달린다. 앞에서 말했듯이 전통적 불안 요인뿐만 아니라 빠르게 변화하는 현대사회에서 덧씌워진 형태로 나타나 일상의 곳곳에 숨어 있는 위험 요소가 각종 불안을 부채질한다. 오죽하면 영화나 드라마도 온갖 위험에 노출된 현대인을 다루는 경우가 많겠는가. 환경오염으로 인한 극도의 기후 변화를 담은 재난영화는 말할 것도 없고, 각종 바이러스를 소재로 한 영화, 드라마, 소설이 쏟아져 나온다. 전국에서 300만 마리 이상의 돼지를 살처분했던 2011년 구제역 사태를 비롯하여 광우병, 조류 인플루엔자, 사스 등 바이러스는 언제 어떤 변종을 통해 우리를 덮칠지 모르는 불안으로 다가온다.

불안은 능동적인 역할을 한다

불안은 무조건 회피해야만 하는 부정적인 역할만 하는 것은 아니다. 키에르케고르에 의하면 불안과 절망은 자신을 정면으로 마주하는 순간이다. 인간으로서 자기를 찾기 위한 통로 역할을 한다는 점에서 능동적인 의미를 지닌다. 불안이나 절망과 거리를 두고 기분 좋고 한가하게 세상을 살아갈 수 있다면, 오히려 자신으로부터 멀어져 있는 상태다. 그래서 그는 《불안의 개념》에서 이렇게 불안을 통한 가능성에 주목한다. "불안이 깊으면 깊을수록 인간은 위대하다. (…) 불안은 자유의 가능성에 대한 기대이므로, 이 의미에서의 불안만이 신앙의 도움을 입음으로써 절대적으로 교육적이다. (…) 불안에 의해 길러지는 것은 가능성에 의해 길러지는 것이다."

불안이 있기에 인간은 위대하다. 불안은 그만큼 만족하고 있지 못하다는 것이다. 만족은 현실에의 안주를 낳는다. 예를 들어 누군가는 다른 사람에게 칭찬과 존경을 받고, 또 명성을 얻으며 현실에서 만족스러운 삶을 살고 있을 수 있다. 학창 시절에 누구보다도 우수한 성적을 기록했고, 좋은 대학을 나와서 좋은 직장에 들어갔으며, 또한 직장 내에서도 능력을 인정받아 빠르게 승진을 하고 있을 수 있다. 남들도 다 부러워하고 자신 역시 스스로에 대해 만족한다면 불안이 무슨 역할을 하겠느냐고 의문을 품을 것이다. 키에르케고르가 보기에 그러한 사람은 내적으로 정체되어 있다. "그들은 자신을 잃고 있다. 정신적 의미에서의 자기를 가지고 있지 않다."《죽음에 이르는 병》 정신은 내부로 향한 것, 즉 자신과 관계하는 것인데, 불안과 절망 없이 현실의 일상에 만족한다면 자신의 내면을 돌아볼 기회도 없고, 그만큼 정신으로서의 자신도 상실한다.

하지만 키에르케고르는 자유를 향한 정신의 가능성 자체에서 불안을 도출하고, 또한 신앙을 통한 정신의 자기 극복 도달을 목표로 삼는다는 점에서 종교적 차원에서 벗어나지 못하는 한계가 분명하다. 불안 개념을 어떻게 규정하는가의 문제는 사회적 실천에서 다양한 차이를 만들어내는 주요 원인으로 작용한다. 불안을 본질적으로 규정이 불가능한 그 무엇으로만 보는 순간 신비화된 내용에 머문다. 인간이 이 시대의 구체적 불안을 깊게 사유하여 사태에 알맞게 논의하고 해명함으로써 해결에 도달할 능력이 없다면 종교적·초월적 측면에서 벗어날 수 없다.

불안의 사회적 측면과 실천적 역할에 가장 적극적이었던 실존주의 철학자로는 사르트르를 꼽을 수 있다. 사르트르의 불안 개념은 키에르케고르나 하이데거에서 출발하지만 내용 전개 과정에서 미묘한 차이를 보인다. 미묘한 차이는 불안 개념을 구체화하는 과정에서 보다 분명하게 드러난다.

정적주의나 무위로 이끌어가는 불안이 아니다. 책임을 느껴본 모든 사람이 잘 아는 불안이다. (…) 실존주의의 불안은 다른 인간에 대한 책임으로서도 설명된다. 불안은 우리를 행동과 분리하는 커튼이 아니다. 행동과 밀접히 결합되어 있다. 《실존주의는 휴머니즘이다》

▲ 사르트르는 불안을 인간에 대한 책임과 연결되는 실천적 개념으로 보았다.

그는 불안 자체로 머무는 정적이나 숙명처럼 떠안는 무위와 구별한다. 불안은 사회구성원에 대한 책임과 연결된다는 점에서 실천적 개념이다. 사르트르는 부대장과 병사의 관계를 예로 들어 설명한다. 부대장이 공격 책임을 지고 병사 몇 명을 죽음의 땅에 보낼 때, 상부의 명령과 자신의 판단이 작용한다. 그 판단이 여러 생명을 좌우하기 때문에 결정하면서 불안을 느끼지 않을 수 없다. 자유로운 선택에 의한 것이지만, 다른 인간에 대한 책임과 연결됨으로써 실천적 행동에 직결될 수밖에 없다. 그런 점에서 사르트르의 자유는 막연한 정신의 가능성을 강조하는 데 머문 키에르케고르와 구별된다.

불안은 정신 내에 머무는 정적인 상태가 아니다. 정신이 사회적 조건과 맞물리면서 사회 내의 다른 구성원과 연계된다. 개인과 집단,

그리고 개인과 사회의 관계 속에서 형성된 불안이기에 불안의 인식은 곧바로 사회에 대한 이해로 연결된다. 불안을 통해 사회와 멀어져 개인의 내면으로만 침잠하는 것이 아니라 사회로 확장되는 인식이다. 또한 자신의 정신과 사회 내에서 불안을 인식했다는 것은 사회적 실천의 문제다. 그러한 의미에서 불안은 행동과의 분리가 아니라 행동을 촉발하는 실천적 계기다.

우리 역시 불안을 개인의 심리적·병리적 현상으로만 보는 좁은 시야에서 벗어날 필요가 있다. 나의 불안을 만들어내는 사회적 조건을 이해하고 이를 해결해나가는 계기로 삼을 필요가 있다. 인간의 정신이 스스로가 되려고 하는, 무엇을 이루려고 하는 구체적 실천과 연관된 자유인 이상, 이를 가로막는 제한 요인을 규명하고 넘어서려는 모색 말이다. 그러할 때 불안은 막연히 기피해야 할 대상이 아니라 능동적인 역할로 바뀔 수 있다.

나는 내 마음의 주인인가

프로이트 《꿈의 해석》

헨리 퓨젤리의 〈악몽〉을 보자. 한 여인이 수렁처럼 깊은 잠에서 헤어나지 못하는 사이에 악령이 여인의 몸을 올라타고 있다. 여인의 몸은 악몽에 시달리면서 고통스러운 듯 뒤틀려 있다. 뒤로 젖혀진 얼굴도 일그러져 있어서 계속 괴로움 속에서 벗어나지 못한 상태임을 보여준다. 이미 여러 차례 몸부림을 쳤는지 침대 시트는 온통 흐트러져 있다. 그녀의 배 위에는 정체불명의 괴물이 자리를 잡고 정면을 응시하고 있다. 게다가 커튼 뒤로 새로운 악령이 고개를 디밀고 있어서 쉽게 끝날 악몽이 아님을 암시한다. 프랑스와 독일의 민간 전설에 등장하는 몽마夢魔다. 전설 속의 몽마는 땅속 깊은 곳에 사는 사악한 존재다.

누구나 악몽에 시달린 기억이 있을 것이다. 사람에 따라 차이가 있지만 끔찍했던 기억으로 남아 있는 악몽 몇 개씩은 있다. 심한 경우

▲ 헨리 퓨젤리 〈악몽〉 1781년

가위에 눌려 극도의 고통을 경험하기도 한다. 잠을 자기가 무서울 정도로 비슷한 종류의 꿈이 우리를 괴롭히기도 한다. 꿈인지 현실인지 구분이 되지 않는 상태로 시간이 흘러가기도 하고, 혹은 꿈이라고 생각은 하면서도 좀처럼 악몽에서 벗어나지 못하는 경우도 있다. 이런 날은 잠에서 깬 후에도 한참 찝찝한 기분을 느껴야 한다.

악몽만 우리의 관심을 자극하는 것은 아니다. 꿈을 꾸지 않는 사람은 없다고 한다. 누구나 잠을 자는 동안 항상 수차례의 꿈을 꾼다고 알려져 있다. 다만 깊은 충격이나 인상이 남는 꿈을 제외하고는 기억이 나지 않을 뿐이다. 인상적인 꿈이 꼭 악몽일 필요는 없다. 흔히 개꿈이라고 말하는 꿈이 있는가 하면 태몽, 특정한 인물이나 사건에 대한 투시적 차원의 꿈, 그리고 과거나 미래에 대한 예시적 차원의 꿈도 있다. 기분이 좋으면 좋은 대로, 이상하면 이상한 대로 하루 종일 기억에 남는 꿈이 있다. 그렇기 때문에 동서양을 막론하고 아주 오래 전 고대시대부터 꿈을 해석하기 위한 시도를 해왔다.

　　이집트와 그리스를 포함한 수많은 고대사회에서 꿈은 초자연적 의사소통, 신의 경고나 중재의 의미로 간주되었다. 신의 메시지가 특정한 힘을 가진 자에 의해서 해명될 수 있다고 생각했다. 고대 이집트에서는 신전의 사제들이 꿈 해석자로 활약했다. 《성경》의 〈창세기〉에는 요셉이 신으로부터 파라오에게 보내진 꿈을 해석했다고 기록되어 있다. 또한 구약 예언서들의 많은 부분이 꿈과 환상의 기록이라 할 수 있다. 《신약성경》에도 사복음서, 〈사도행전〉, 서신서, 〈요한계시록〉 등을 막론하고 꿈과 환상에 대한 기록이 많다. 우리나라의 경우에도 민간신앙 차원에서 꿈이 미래를 암시한다고 믿었으며 다양한 꿈 해몽서가 있다.

내가 생각하는 내가 진정한 자신일까

꿈에 대한 이러한 견해들은 공통적으로 꿈을 초자연적인 현상으로 이해한다는 특징을 가지고 있다. 이미 고대사회에서부터 꿈을 신비로운 현상이 아닌 현실의 정신활동의 일환으로 보는 견해도 있었다. 그리스 철학자 아리스토텔레스는 〈꿈의 예언〉, 〈꿈에 대하여〉라는 글에서 꿈을 심리학적 대상으로 다뤘다. 꿈을 초자연적 계시에서 비롯되는 것이 아니라

▲ 프로이트. 그는 꿈을 초자연적 영역에서 현실과 학문의 영역으로 끌어내렸고, 무의식의 세계를 열었다.

잠자고 있는 사람의 정신활동으로 이해했다. 잠을 자는 동안 받는 사소한 신체적 자극이 꿈속에서는 더 확대된 형태로 반영되기도 한다.

　꿈이 본격적인 학문의 대상으로 자리를 잡은 것은 근대와 현대에 접어들어 심리학이 발달하면서부터라고 할 수 있다. 심리학에서 꿈은 미래를 알려주는 예지의 상징이 아니다. 자신의 당면한 현실, 그리고 마음속의 소망과 동경을 반영한다. 꿈꾸는 당사자나 타인을 향한 좀 더 깊은 인간 내면의 요구를 반영한다. 꿈을 과학적으로 연구 분석한 대표적인 경우가 프로이트의《꿈의 해석》이다. 프로이트 이후 서유럽에서 꿈은 인간의 내밀한 무의식을 탐구하는 심리학의 연구 대상이 되었다.

　프로이트의 문제의식이 중요한 것은 단순히 꿈을 초자연적 영역에서 현실적·학문적 영역으로 끌어내렸다는 데 있지 않다. 나의 의식

　　　　　　　　　　　　　　　　　　　나를 돌아보는 시간

이 마음을 지배하는 주인이 아니라는 점이 더 중요하다. 우리는 아주 당연하다는 듯이 내가 지금 생각하는 바가 곧 자신이라고 여긴다. 나를 알기 위해서는 현재의 내 생각과 행동을 보면 된다고 자신한다. 백보 양보해서 말이나 행동은 꾸며진 것일 수 있으나, 그 이면에 담겨 있는 내 마음속 의식은 아무리 부정하려 해도 부정할 수 없는 자신이라고 여긴다.

우리의 상식적인 판단만이 아니라 철학적으로도 프로이트 이전까지는 생각과 존재가 일치한다는 견해가 지배적이었다. 절대적인 자아 안에서 모든 존재하는 것을 정립하고자 했다. 자아가 생각하는 것이 곧 자신의 존재로 연결되었다. 데카르트의 "나는 생각한다. 고로 존재한다."라는 명제는 분명하고 확고한 자아의 선언이었다. 사유와 존재의 관계에 대해서는 데카르트 이후 근대철학에서도 다양한 견해가 있었다. 데카르트에게 사유가 선행하고 존재 규정이 뒤따른다면, 독일 고전철학의 한 축을 담당했던 셸링Schelling에게 사유와 존재는 동일한 원리의 다른 표현이다.

> 모든 실재성의 궁극적 근거는 바로 그것의 존재에 의해서만 사유 가능하며, 또 오직 그것이 존재하는 한에서만 사유되는 것이다. 간단히 말해 존재의 원리와 사유의 원리가 일치한다. 《철학의 원리로서의 자아》

그는 사유와 존재는 별개가 아니고, 선후로 나눌 수도 없다고 강조한다. 사유와 존재의 관계는 다르지만 적어도 사유가 현실의 인간을 규정짓는 핵심임은 부정할 수 없다. 그러므로 자유의지로서의 사유가 멈춘 곳에서 인간의 본질은 찾을 수 없다. 퓨젤리의 〈악몽〉에 등장하는 여인은 사유가 멈춘 곳에서 벌어지는 일시적인 비정상 상태를 보여줄 뿐이다.

프로이트는 대부분의 사람이 오랜 기간 상식이라고 여기고 있는 견해에 정면으로 돌직구를 날린다. 상식이라는 통념 안에서 그동안 우리들이 속고 있었다는 것이다. 의식이 우리 마음의 주인처럼 보이지만, 사실은 그 배후에서 의식을 조종하는 진짜 주인이 있다. 무의식이 숨겨진 주인이다. 꿈은 무의식을 확인하고 분석할 수 있는 매우 중요한 통로에 해당한다.

무의식의 세계를 그리다 – 〈인셉션〉

숨겨져 있는 무의식의 세계를 대상으로 한 영화 〈인셉션〉은 많은 영화 애호가들의 상상력을 자극했다. 연기파 배우로 자리를 잡아가는 레오나르도 디카프리오가 주연을 맡아서 주목을 받은 면도 있지만, 꿈의 조작을 통해 현실의 의식을 지배한다는 발상 자체가 호기심을 자극하기에 충분했다. 〈인셉션〉의 장면 1은 꿈속에서 벌어지는 희한한 모습을 담았다. 현실의 세계인 3차원 공간이 해체되고 도무지 종잡을 수 없는 차원으로 공간이 재구성된다. 차도와 건물이 하늘로 솟아오르고 마치 피카소의 그림을 보듯이 한 화면 안에 여러 시점에서 바라본 모습이 동시에 공존하는 장면이다.

▶ 영화 〈인셉션〉 장면 1

영화의 줄거리는 대략 다음과 같다. 드림머신이라는 기계로 타인의 꿈과 접속해 생각을 빼낼 수 있는 미래사회가 배경이다. 주인공 코브는 생각을 지키는 특수보안요원이면서 또한 최고의 실력으로 생각을 훔치는 도둑이다.

코브는 우연한 사고로 아내를 살해했다는 누명을 쓰고 도망자 신세가 된다. 어떤 사업가로부터 누명을 풀고 다시 집으로 돌아가게 해주는 대가로, 경쟁 기업 후계자의 꿈으로 들어가 무의식 속에 새로운 생각을 심어 기업 합병을 막아달라는 제안을 받는다. 그는 무의식 속에 생각을 심는 작전인 '인셉션'을 받아들이고 최강의 팀을 조직한다. 과제를 수행하는 과정에서 꿈속에 다시 꿈을 꾸고, 꿈의 주체에 따라 미로를 만들면서 깊은 무의식 속으로 들어간다. 미로에 또 다른 미로를 만들기도 하고, 미로의 안과 밖으로 넘나들기도 한다. 여러 우여곡절과 위기를 겪으며 임무를 완수한 코브는 결국 자신이 원했던 고향으로 돌아가 아이들을 만나게 된다. 하지만 그것조차 꿈인지 현실인지를 확인해주지 않은 채 영화는 끝난다.

영화에는 프로이트와 연결될 수 있는 몇 가지 장치가 나온다. 먼저 경쟁 기업 후계자의 꿈으로 들어가 무의식 속에 새로운 생각을 심어 기업 합병을 막는다는 발상 자체가 무의식의 핵심 문제의식에 접근한다. 인셉션은 무의식을 바꿈으로써 의식 영역에 작동하도록 어떤 사실을 집어넣는 작업이다. 무의식이 의식을 지배하는 현실을 보여준다. 인간의 행동은 의식의 결과가 아니고, 단지 무의식의 그림자임을 나타낸다. 특히 인간이 수면 상태일 때 무의식이 꿈에서 발현된다는 점에서도 긴밀하게 연결된다. 무의식은 남의 눈치를 볼 필요가 없는, 즉 자신을 억압할 필요가 없는 꿈을 통해 자신의 온전한 모습을 드러낸다.

영화에서는 인셉션을 위해 4단계까지 꿈 안의 꿈으로 들어가는 작업을 한다. 그런데 각 단계는 더 깊은 무의식으로 들어가는 과정이다. 특히 3단계에서는 작업 대상인 아버지와의 관계를 통해 무의식의 심연을 마주하고, 4단계에서는 주인공 코브가 부인과의 관계를 통해 무의식의 밑바닥에 도달한다. 이는 동일하지는 않지만 프로이트가 꿈을 정신의 퇴행으로 설명하면서 의식이 '전의식 → 무의식 → 기억조직들 → 지각조직'의 4단계를 거쳐 역행하는 과정을 제시했던 바와 유사한 면이 있다. 퇴행은 무의식이 점차 근원적 요소로, 나아가서는 감각적 재료로 해체되는 과정이다. 이에 대해서는 뒷부분에서 다시 설명하겠다.

▲ 영화 〈인셉션〉 장면 2　　　　▲ 영화 〈인셉션〉 장면 3

　　특히 자살한 부인 맬의 존재는 프로이트와 관련해서 특별하다. 코브에게 꿈은 〈인셉션〉 장면 2처럼 부인 맬과 만날 수 있는, 자신의 억압된 욕망을 실현할 수 있는 공간이기도 하다. 코브는 자신이 심어놓은 인셉션 때문에 사랑하는 아내가 자살한 데 대한 죄책감에 시달리고, 딸 둘을 보지 못하는 큰 상처를 가진 인물이다. 이 억압된 상처가 무의식 속 가장 깊은 곳에서 노이로제를 형성하고 있다. 이 무의식은 꿈속에서 타인의 무의식을 바꾸는 작업을 할 때도 자신의 무의식 안에서 끊임없이 작동한다. 냉철하고 치밀한 계획을 세워 무의식을 대상으로 작업을 하는 자의 의식조차 무의식의 지배에서 자유롭지 못한 현실을 보여준다. 또한 코브가 무의식의 밑바닥에서 부인과의 원초적 감정 문제를 해결함으로써 자신의 노이로제를 치유하는 점도 프로이트의 문제의식과 맞닿아 있다.

꿈속에서 코브의 뜻대로 움직이지 않거나 계획을 방해하는 맬의 존재는 프로이트가 지적한, 무의식과 의식 사이에 존재하는 방어기제와 관련이 있다. 프로이트에 의하면 다른 의식들이 무의식의 영역에 들어왔을 때 우리는 그것을 무의식적으로 배척하며 공격한다. 무의식은 이를 통해 스스로를 보호한다.

맬은 코브의 죄책감과 미련 그리고 집착과 과거를 상징한다. 꿈속에서 맬은 아이러니하게도 설계자가 만든 환경이 아닌 다른 방해 요인으로 작용한다. 이 방해 요인 때문에 무의식은 꿈에서조차 자신의 모습을 그대로 드러내지 못하고 상징을 통해 굴절되거나 왜곡된 방식으로 나타난다. 맬은 코브의 가장 깊은 무의식에 뿌리박혀 있어서 그의 작전을 매번 실패로 이끈다. 코브의 무의식 안에 맬에 대한 뿌리 깊은 죄책감이 자리 잡고 있어서 그의 의식을 좌지우지하기 때문에 나타나는 방해 현상이다.

영화의 마지막 장면도 의식과 무의식의 희미한 경계를 잘 보여준다. 코브가 그토록 돌아가고 싶어 하던 집으로 돌아갔지만, 그 결과가 꿈과 현실 중 어느 쪽인지 확신할 수 없는 상황으로 끝을 맺는다. 코브는 스스로 꿈인지 현실인지를 구분하는 장치를 지니고 있다. 바로 장면 3의 작은 팽이를 돌려서 확인하는 것이다. 팽이가 어느 정도 돌다가 멈추면 현실이고, 멈추지 않고 계속 돌면 꿈속이다.

코브는 그립던 아이들을 만나러 와서 현실인지를 확인하기 위해 팽이를 돌린다. 하지만 급한 일로 자리를 뜨게 되는데, 팽이가 서는지 계속 도는지 결과를 보여주지 않고 영화는 끝난다. 영화는 가족을 만나는 것조차 현실이 아닐 수 있음을 넌지시 암시하는 것이다. 꿈과 현실을 넘나들며 의식과 무의식의 경계를 무너뜨린다. '인셉션 Inception'이라는 제목도 의미심장하다. 인셉션은 처음이나 시작을 의미하는 단어다. 무의식의 세계에서 정보를 빼낸다는 의미에서 추출의 의미도 있겠지만, 다른 한편으로 시작의 의미로서 무의식이 생각, 즉 의식의 기원임을 암시하는 게 아닌가 싶다. 지금 이 순간 우리의 머릿속의 팽이는 계속 돌고 있을까, 아니면 멈춰 있을까?

당신은 무의식에 지배당하고 있다

현대의 학문, 문화, 예술에 가장 큰 영향을 준 사람을 꼽으라고 한다면 아마 몇 사람이 후보로 물망에 오를 것이다. 그 가운데 마르크스, 프로이트, 베버 등이 공통적으로 언급되는 사람들이다. 특히 프로이트는 그 이전까지의 서구식 사고방식 전체를 뒤집어엎은, 이른바 코페르니쿠스적 발상의 전환을 이루어낸 인물로 잘 알려져 있다. 오직 의식의 영역만을 학문적 탐구 대상으로 삼고 있던 서구의 전통적 사고방식을 뒤흔들고 인간의 정신이 욕망, 충동 등 무의식적 요소에 의해 상당 부분 규정받는다는 점을 규명하고자 했다. 단지 이론적 설명만이 아니라 꿈의 해석을 통해, 또한 신경증 환자에 대한 임상 실험을 통해 다방면에 걸쳐 실천적으로 증명하고자 했다.

프로이트는《정신분석강의》에서 이렇게 말했다.

정신 과정은 무의식적이며, 의식은 정신활동 중 일부분에 지나지 않는다. (…) 의식과 정신의 통일성을 인정할 수 없다. 정신분석은 정신을 감정·사고·의지와 같은 과정으로 정의하며 무의식적 사고나 의지가 있다는 입장이다.

프로이트는 인간을 의식에 기초한 정신적 존재로 보는 관점을 전면 부정한다. 그의 독창성은 인간 존재를 무의식의 세계에 초점을 맞추어 탐구하는 데 있다. 서양철학은 정신과 의식을 거의 동의어로 사용해왔다. 서구 역사에서 '의식이 곧 정신'이라는 사고방식은 단지 철학적 영역만이 아니라 정치나 사회, 문화와 예술을 이해하는 데 있어서, 더 나아가서는 질병을 이해하는 데 있어서도 결정적인 작용을 해왔다.

무의식은 쓸모없는 한순간의 감정이거나 심지어 광기로 치부되

지그문트 프로이트(Sigmund Freud, 1856~1939)

정신분석의 창시자다. 그는 히스테리 환자를 관찰하고 최면술을 행하며, 인간의 마음에는 무의식이 존재한다고 주장했다. 환자는 어린 시절의 상흔을 마음속에 간직하고 있지만 사회적, 도덕적 제약 때문에 스스로 그 상흔을 인식하지 못한다는 것, 억제된 기억을 의식의 표면으로 끌고 올라오면 카타르시스에 의해 병이 치료된다는 것을 중심으로 한 가설을 제시한다. 그는 이 같은 원리를 발전시킴으로써 정신분석학이라는 새로운 담론을 만들었다. 20세기의 사상가로 그만큼 큰 영향을 끼친 인물이 드물 정도로 심리학, 정신의학에서뿐만 아니라 사회학, 사회심리학, 문화인류학, 교육학, 범죄학, 문예비평에도 큰 영향을 끼쳤다. 주요 저서로 《히스테리 연구》, 《꿈의 해석》, 《토템과 터부》, 《쾌락 원리를 넘어서》, 《문명 속의 병》 등이 있다.

었다. 프로이트는 바로 여기에 도전장을 던진다. 정신의 중심은 의식이나 이성이 아니라 감정, 사고, 의지다. 여기에는 의식적인 부분과 무의식적인 부분이 모두 있다. 정신에서 배제되어 있던 무의식에게 이제 시민권을 주어야 한다. 그가 보기에 무의식은 욕망, 그중에서도 성적 욕망에 직결된다. 무의식적인 욕망은 소멸될 수 없다. 욕망이 없다면 이미 유기체의 파멸을 의미한다. 그런데 욕망은 상당 부분 성적 요소와 직결되는 유아기 경험으로부터 영향을 받는다. 아동은 처음부터 풍부한 성생활을 갖는다. 유아기의 성적 욕구와 이에 대한 억압 문제를 중요하게 추적해야 한다.

욕구를 억압당하는 주체는 본질적으로 결핍을 경험한다. 욕망은 잃어버린 것에 대한 갈구에서 시작된다. 문제는 억눌린 욕망이 무의식 상태에 액면 그대로의 내용과 형태를 드러내지 않는다는 점이다. 그것은 굴절되고 왜곡된 형태로 발현된다. 그렇기 때문에 기존 철학은 무의식을 인간 본질을 규정하는 핵심 영역으로 삼지 않았다. 하지만 보이지 않는다고 해서 활동하지 않거나 확인 불가능한 것은 아니다. 무의식은 현실에서 나타나는 현상으로부터 추론 과정을 거쳐 심층적인 본질로 접근하는 방식이어야 한다.

꿈은 중요한 심리적 행위다

《꿈의 해석》은 프로이트의 꿈에 대한 견해를 집대성한 책이다. 정신분석이론을 실제 꿈에 적용했다는 점에서 매우 실전적인 작업이라고 할 수 있다. 프로이트는 여기에서 꿈이 인간의 무의식적인 정신생활을 이해하는 지름길이라고 강조한다. 꿈을 정신생활의 맥락에서 중요한 심리적 형상으로 다룬다.

꿈은 중요한 심리적 행위며, 언제나 그 원동력은 성취되어야 하는 소원이다. 소원으로 인식하기 어려운 특성, 많은 기이한 것과 부조리는 꿈-형성에서 겪는 심리적 검열의 영향에서 비롯된다. 이러한 검열에서 벗어나야 하는 압박 이외에 심리적 재료를 압축해야 하는 압박, 감각적 형상으로의 묘사 가능성에 대한 고려, 그리고 꿈-형성물의 합리적 이해 가능한 외양을 위한 고려가 꿈-형성에 영향을 미친다. 이러한 모든 명제에서 심리학적 가설과 추측으로 가는 길이 이어진다. 네 가지 조건 사이의 상호관계와 소원 동기의 관계가 우리의 연구 과제다. 꿈을 정신생활의 맥락 속에 배열해야 하는 것이다.

꿈은 중요한 심리적 행위로 다루어져야 한다. 정신생활의 맥락에서 배열해야 한다. 기본적으로 꿈의 원동력은 성취되어야 하는 소원이다. 사람들이 가지고 있는 내적 바람이 꿈의 형식을 띠고 나타난다. 그런데 성취되어야 하는 소원이 그대로 꿈으로 반영된다면 꿈을 해석할 일은 없다. 그냥 꿈에 나타난 그대로 보면 된다. 문제는 꿈이 사진처럼 어떤 대상을 그대로 전달하지 않고 굴절되거나 심지어 매우 엉뚱해 보이는 방식으로 나타난다는 점이다.

▲ 오딜롱 르동 〈감은 눈〉 1890년

오딜롱 르동의 〈감은 눈〉은 잠의 세계에 깊이 빠져 있는 여인을
보여주는 듯하다. 몽롱한 분위기를 풍기는 배경이나 정체불명의 바탕
위에 머리와 어깨만 둥둥 떠 있는 모습은 단순히 잠이 든 것이 아니라
꿈속을 헤매는 느낌을 준다. 그는 "나의 작품은 무엇인가를 명확히 밝

히기 위한 것이 아니다. 내 작품은 마치 음악처럼 영감을 주고, 인과관계가 없는 애매모호한 세계로 인도하기 위한 것이다."라고 한다. 서유럽에서 일상의 재현에 몰두하는 인상주의 미술이 유행하던 시절에 신비롭고도 독특한 세계를 창조하여 상징주의 미술의 선구자로 평가받은 그의 생각이 그림에서 고스란히 드러난다. 인물과 배경이 어떤 인과관계를 갖고 연결되어 있는지 알 수가 없다. 모호하고 불명확한 상태로 다가온다. 사물의 형태와 중력의 영향에서 벗어나 있고, 전체적으로 흐릿해서 현실을 떠나 몽환적인 무의식세계를 유영하는 느낌이다.

이 여인이 잠을 깨고 꿈에서 벗어난다고 해서 꿈의 의미를 정확히 이해할 수 있는 것은 아니다. 현실로 돌아와서도 꿈에 대한 이해는 그림과 마찬가지로 뿌연 상태 그대로일 수밖에 없다. 현실에 의해 억압되어 실현 불가능했던 어떤 소원이 꿈이라는 형식으로 무의식에 나타나지만 그 소원이 무엇인지 바로 알 수 있는 것은 아니다. 만약 소원이 그대로 나타난다면 꿈을 해석할 필요는 전혀 없다.

꿈이 소원 성취만이 아니라 검열의 지배도 동시에 받기 때문에 나타나는 현상이다. 소원 성취와 검열이 서로 상이한 방향으로 꿈에 작용한다. 이를 이해하기 위해서는 정신활동의 요소와 방향을 구분해야 한다. 프로이트는 정신기관을 현미경, 사진기, 망원경에 비유한다.

> 우리는 심리학적 토대를 고수하면서, 정신활동에 봉사하는 기구를 조립된 현미경이나 사진기, 또는 이와 유사한 것으로 생각하라는 요구만을 따를 생각이다.

나를 돌아보는 시간

이 기구들은 렌즈를 통해 외부 물체의 상을 단계적으로 보여준다. 인간도 눈으로 외부 물체를 보고 신경을 통해 뇌에 전달하며, 다시 뇌가 신체를 통해 반응한다. 프로이트는 이 상식적인 과정을 정신활동 내부를 설명하는 데 사용한다. 정신활동은 감각 자극을 수용하는 지각 조직에서 출발하여, 여러 지각을 기억하는 조직을 거쳐, 의식적으로 어떤 반응을 수행하는 운동성 조직에 도달하는 과정으로 묘사된다.

꿈을 증거로 사용하기 위해서는 정신활동의 과정에서 나타나는 두 개의 단계를 구분해야 한다. 하나는 무의식이고, 다른 하나는 전의식이다. 소원 성취를 추동하는 꿈-형성의 원동력은 무의식에 있고, 이를 비판하고 검열하는 기능은 전의식이 담당한다. 정신활동의 요소는 무의식과 전의식, 의식으로 구분할 수 있다. 정신활동의 방향은 무의식에서 전의식을 거쳐 의식으로 나아간다. 무의식은 주로 소원 성취, 전의식은 검열 기능에 작용한다. 무의식은 끊임없이 의식으로 나아가는 통로를 확보하려는 경향을 갖는다. 그런데 전의식은 무의식이 의식에 이르지 못하도록 통로를 병풍처럼 가로막고 저항, 검열하는 역할을 한다. 그렇기 때문에 꿈에서는 무의식이 그대로 드러나지 않고 상징화되거나 왜곡, 굴절된 형태로 나타난다.

꿈에는 참으로 기이하거나 부조리해 보이는 상황이 빈번하게 등장한다. 우리 스스로가 심리적으로 자신을 검열하고 있기 때문에 나타나는 현상이다. 다양한 압박이 꿈의 전체 줄거리와 상징에 영향을 미친다. 그러므로 꿈은 단순한 '반영'이 아니라 '형성'되어 나타난다고 보는 게 정확하다. 그만큼 자신이 뚜렷하게 의식하지 못했으나 무의식 속에 잠재되어 있던 욕망이 여러 검열 장치에 의해 여과된 양상과 모습으로 꿈속에 등장한다. 정신이 의식만을 의미하는 게 아닐 때, 정신을 전반적으로 이해하기 위해서는 꿈을 증거로 활용해야 할 필요가 있다.

꿈은 성적인 퇴행 과정이다

꿈을 꾼다는 것은 꿈꾼 사람의 아득한 과거 상황으로 돌아가는 일종의 퇴행이고, 어린 시절과 어린 시절을 지배했던 충동, 당시 사용했던 표현 방식의 재생이다.

> 퇴행적 사고 변화에서 억압되었거나 무의식적이고 대부분 유아기에서 비롯된 기억의 영향을 간과하지 말아야 한다. (…) 그러한 기억은 자신과 결합되어 있으며 검열 때문에 표현이 제한된 사고를 묘사 형식으로 퇴행에 끌어들인다. 기억 자체는 이러한 묘사 형식 속에 심리적으로 존재한다.

퇴행이란 정신활동이 '의식 → 전의식 → 무의식 → 기억조직 → 지각조직'으로 역행하여, 사고와 표상이 감각적 원재료로 해체되는 과정이다. 프로이트에 의하면 정신은 의식과 무의식으로 구분할 수 있다. 그리고 무의식은 다시 전의식과 무의식으로 구분된다. 잠재되어 있으나 의식화할 수 있는 것이 전의식이다. 그러한 점에서 전의식은 무의식보다는 의식 쪽에 훨씬 가까이 있다. 꿈은 의식을 떠나 그 의식을 이루

▲ 오딜롱 르동 〈물의 정령〉 1878년

어왔던 이전 요소로 거슬러 돌아가는 과정이다. 전의식에서 무의식으로 가는 동안 무의식의 검열이라는 방어기제가 작동하기 때문에 왜곡된 방식으로 꿈이 만들어진다. 심지어 무의식의 원래 재료인 기억조직과 지각조직으로까지 내려간다. 기억조직은 무의식을 형성하는 여러 기억의 조각이다. 지각조직은 기억을 가능케 했던 감각적 경험을 의미한다.

르동의 〈물의 정령〉은 꿈이 갖는 퇴행의 특성을 떠올리게 한다. 하늘 위에 머리가 떠 있다. 몸이 사라진 머리라는 점에서 현실의 의식과 구분되는 무의식 상태의 정신을 떠올리게 한다. 상식적인 사고의 영역을 떠나 있는 상태 말이다. 르동은 자신의 검은 그림에 대해 "이것들은 모두 기존 예술의 바깥에 위치한 것이다. (…) 대단히 독특한 환상세계, 질병과 광란의 환상세계를 새롭게 만들어내는 것이다."라고 한다. 잘린 머리는 정신이 전의식을 거쳐 무의식으로 가는 동안 환상과 질병의 형태로 왜곡되는 퇴행 과정을 상징하는 게 아닐까? 또한 물은 무의식의 근저를 형성하는 감각 대상을 보여주는 게 아닐까? 프로이트는 퇴행의 과정 속에서 흔히 비정상적이라고 말하는 병적 증상까지 나타나는 경우가 적지 않다고 지적한다.

> 히스테리와 편집증의 환각이나 정신적으로 건강한 사람의 환영은 실제로 퇴행에 해당한다. 즉 그것은 형상으로 바뀐 사고이며, 억압되었거나 무의식적 기억과 밀접한 관련이 있는 사고만이 그러한 변화를 겪는다.

비록 의식하지 못할지라도, 유년 시절에 강한 감각 자극과 인상을 남긴 체험과 사건은 정신 내부의 기억조직에 여전히 흔적을 새겨놓고 있다. 전의식의 검열로 인해 억압된 소망과 사고는 이런 기억의 흔적과 결합해 이른바 비정상적 환각을 구성한다. 왜곡된 방식으로 퇴행이 발생하는 이유는 두 가지다. 하나는 무의식이 의식에 진입하는 것을 막으려는 전의식의 기능으로 인해, 정신활동의 정상적인 진행 방향에 역행하여 사고와 논리가 감각으로 후퇴하면서 나타난다. 다른 하나는 지각 가운데 감각 자극을 강하게 갖고 있는 것이 사고를 다시 감각으로 이끌기 때문에 나타난다.

그래서 꿈은 아득한 과거 상황으로 돌아가는 일종의 퇴행이고, 어린 시절과 어린 시절을 지배했던 충동, 당시 사용했던 표현 방식의 재생이라는 것이다. 이러한 개인적 유년기의 배후에서 계통발생학적 유년기, 즉 인류의 발전에 대한 인식 가능성이 열린다. 다시 말하면 꿈을 분석함으로써 인간 정신의 근원을 인식할 수 있는 가능성을 확대할 수 있다.

소원 성취 가운데 정신활동의 기반이 강렬하게 형성되는 유아기의 욕망이 꿈에서 지배적인 역할을 한다. 특히 유아기의 성적 체험이나 이 체험에 근거한 공상이 결정적인 영향을 미친다. 성적 체험을 협소한 성교 개념으로 이해해서는 안 된다. 성 개념은 상당히 포괄적이면서 동시에 구체적이다. 생식 기능을 넘어 자위 행위나 입맞춤처럼 출산과 관련되지 않은 성 행위를 포함한다. 성적 욕구는 유아기에 최초로 입을 거쳐 항문으로 나아간다.

유아기에 어머니의 유방을 빠는 행위는 성생활의 단초다. (…) 유아기의 성적 대상은 자신의 신체다. 음식 섭취에서 볼 수 있는 현상은 부분적으로 배설 행위에서도 반복된다. (…) 이성애자나 동성애자에게 모두 항문이 성교 과정에서 실제로 질의 역할을 담당한다.

최초의 성적 욕구는 입에서 시작된다. 이후 항문, 성기로 나아가지만 입은 오랜 기간 무의식에 영향을 미친다. 사람들은 사랑하는 대상에 대해 맛있어 보인다고 한다. 좋아하는 사람을 사탕이라고 표현하기도 한다. 꿈에 나오는 단것이나 사탕 등은 항상 포옹이나 성적 만족을 나타낸다. 무의식 속에 남아 있던 성적 체험이나 공상의 일부가 의식에서는 단절되어 있지만 전의식의 검열을 받으면서 꿈을 통해 시각적으로 묘사되는 방식으로 나타난다. 유아기에 겪은 성적 체험이나 욕망은 원래대로 부활할 수 없으므로 꿈으로 재현되는 것에 만족해야 한다. 결국 꿈은 성적인 소원 성취라고 할 수 있다.

> 우리는 꿈이나 병적인 퇴행 사례에서 일어나는 에너지 전이 과정이 정상적 정신생활의 퇴행에서와는 다르다는 점을 잊지 말아야 한다. 그러한 에너지 전이 과정을 통해 지각조직이 완전히 환각적으로 리비도에 집중될 수 있기 때문이다.

표면적으로 보기에 악몽이나 수면을 방해할 만큼 고통스러운 꿈처럼 성적인 소원의 충족과는 거리가 멀어 보이는, 일반적인 불만이나 공포에 해당하는 꿈도 있지 않느냐는 반론이 제기될 수 있다. 실제로 많은 사람이 불만이나 공포에 해당하는 악몽을 꾼다. 그런 사람들은 이게 무슨 성적인 소원 성취와 관계가 있겠느냐고 의문을 품는다. 하지만 이와 관련해서는 두 가지 점을 고려할 필요가 있다. 하나는 꿈에 소원 성취가 그대로 반영되지 않고 전의식을 통한 검열 과정을 거쳐 왜곡되거나 굴절된 형태로 나타난다고 강조했던 내용을 상기할 필요가 있다. 다른 하나는 성적 욕구가 우리가 생각하는 일반적 성 경험에만 제한되지 않는다는 점이다.

또한 성적 본능은 파괴 본능과 중첩되면서 나타난다. 인간의 욕구는 성적 욕구를 중심으로 하는데, 자기 보존과 종족 보존의 성격을 갖는 성적 욕구는 파괴 욕구를 동반한다. 이 두 가지 욕구는 같은 분량은 아니라 할지라도 언제나 공존한다. 아무리 다정한 사람이라 하더라도 그 안에는 무의식중에 공격적 욕구를 포함한다. 사디즘이나 마조히즘이 여기에 해당한다. 사디즘은 가학성으로 대상에게 고통을 가해 성적 만족을 이루고, 마조히즘은 피학성으로 고통을 받음으로써 성적 만족을 이룬다. 모든 본능적 충족은 이러한 본능이 융합되어 구성된다.

일반적으로는 성적 본능이 동반하는 이러한 파괴적 욕구가 현실에서 해결되지 못하고 억압된 상태로 존재한다. 당연히 소원 성취가 완전히 제한받거나 아니면 부분적으로만 표출되는 데서 오는 불만이 축적될 수밖에 없다. 이렇게 축적된 불만이 꿈의 검열 장치를 통해 공포의 감정과 결합된 악몽과 같은 꿈으로 나타난다. 악몽도 여전히 성적 소원 성취의 연장선에 있고, 꿈을 통해 대리 충족을 하는 것이다. 다만 검열 장치를 이해하지 못했기 때문에 단순한 악몽으로만 느껴질 뿐이다.

3

삶과 죽음
그리고 행복

어떻게 살 것인가

에리히 프롬 《소유냐 존재냐》

한국 가정의 아침과 저녁 시간을 지배하는 것은 드라마다. 집 안에서 가장 넓은 거실의 한가운데를 TV가 떡하니 차지하고 있다. 남편과 아이가 직장과 학교로 가면 아침 드라마가 조용한 집 안에서 주인 행세를 한다. 식구가 다 모이는 늦은 저녁 시간에도 요일별로 다양한 메뉴의 드라마가 사람들의 시선을 유혹한다. 가족이 다 모였지만 서로 얼굴을 마주 대하고 있을 시간은 거의 없다. 소파에 나란히 앉아 TV를 응시하다가 가끔 쳐다보는 정도가 고작이다.

　　대부분의 드라마는 한두 회 정도를 보면 이후 어떻게 전개될지 금방 감이 잡힌다. 한국의 드라마는 몇 가지 공식이 있다. 삼각이나 사각 관계로 갈 것인지, 출생의 비밀로 갈 것인지, 아니면 주인공이 불치병에 걸려서 눈물샘을 자극하는 결말로 갈 것인지 대충 알 수 있다. 그

▲ 영화 〈프리티 우먼〉의 한 장면

런데 어떤 드라마든 공통적으로 갖고 있는 이야기 구조가 하나 있다. 바로 신분상승의 사다리가 세워져 있다는 점이다. 〈파리의 연인〉, 〈풀하우스〉, 〈꽃보다 남자〉, 〈시크릿 가든〉, 〈초한지〉, 〈비밀〉 등 현대극은 물론이고 심지어 사극에서조차 거의 천편일률적으로 부잣집 아들과 평범한 여성의 조합이 등장한다. 재벌가의 암투와 치정을 다룬 드라마는 말할 것도 없고 달달한 로맨틱 코미디에서도 벼락치기로 신분상승하는 이야기가 그려진다.

신분상승 영화의 전형은 오래전에 수많은 여성의 가슴을 설레게 한 영화 〈프리티 우먼〉일 것이다. 재정이 어려운 회사를 인수한 후 분해해서 되파는 사업가 에드워드(리처드 기어)는 우연히 콜걸 비비안(줄리아 로버츠)을 만난다. 에드워드는 사업상의 사정 때문에 비비안에

어떻게 살 것인가

게 일주일 동안 고용 파트너가 돼줄 것을 부탁한다. 〈프리티 우먼〉의 한 장면은 에드워드의 제안을 기꺼이 수락한 비비안이 함께 드레스를 사기 위해 로데오 거리에 갔다가 점원으로부터 천대를 받는 장면이다. 부유함이 뚝뚝 묻어나는 에드워드, 명품 옷이 즐비한 매장, 상류층만을 상대해온 점원 사이에서 길거리 콜걸의 티를 내는 비비안은 이물질처럼 보인다.

신분의 차이에서 비롯된 소비와 문화의 차이가 걸림돌이 되자, 에드워드는 비비안에게 상류층에 맞는 숙녀 수업을 시킨다. 여러 우여곡절을 겪는 과정에서 둘은 다투기도 하지만 개인적인 삶의 이력을 토로하면서 더욱 가까워지고, 오페라 〈라 트라비아타〉를 관람하다가 감동하는 비비안을 보며 에드워드는 사랑을 느낀다. 그녀에게 사랑을 느끼면서 자신의 이익을 위해 분할하려던 회사를 새로 살리고 노동자의 대량 해고 조치도 유보하는 등 냉정한 사업가에서 선량한 애인으로 변해간다. 밑바닥 인생을 살던 한 여인이 부유한 기업가와 사랑에 빠지고 결혼에 이른다는 이 이야기는 우연한 상황으로 신분상승을 꿈꾸는 사람들에게 대리만족을 주기에 충분했다.

우리는 왜 대박의 꿈에 집착하는가

〈프리티 우먼〉으로 정점을 찍은 후 꽤 오래전부터 미국이나 유럽의 영화와 드라마는 유치한 재벌 로맨스의 막을 내리고 다양한 장르로 나아

198

갔다. 하지만 한국의 드라마는 수십 년째 신데렐라 콤플렉스라는 신분 상승의 고정된 덫에서 벗어나지 못하고 있는 실정이다. 한때 유행하던 소재라면 몰라도 한국 드라마에서 불변의 흥행 법칙처럼 확고하게 자리를 잡은 이유는 무엇일까?

문화는 그 사회의 구조와 구성원들의 사고방식을 반영하기 마련이다. 어느 사회나 신분상승에 대한 기대나 욕구는 있다. 그렇기 때문에 시대가 변해도 여전히 드라마나 영화의 소재로 종종 등장하곤 한다. 하지만 한국 드라마만큼 악착스러울 정도로 신분상승의 계단에 집착하는 경우는 거의 없을 것이다.

우연한 기회에 상류층으로 뛰어오르려는 욕구는 일종의 '대박의 꿈'이다. 오죽하면 "대박 나세요!"라는 말이 한국인의 일상적인 인사로 자리 잡았겠는가. 대박의 꿈은 일반적으로 빈부격차가 큰 사회에서 전형적으로 나타나는 현상이다. 대박의 상징을 생각해보자. 투기나 복권, 도박 등이 순식간에 부를 손에 쥐는 대표적인 방법이다.

주식 투기나 부동산 투기가 발달한 나라를 꼽아보면 미국, 일본, 한국 등이 떠오를 것이다. 복권 역시 마찬가지다. 미국은 잘 알려진 복권의 천국이고, 한국의 로또 복권은 인생 역전의 상징이 되어 있다. 도박은 어떠한가? 미국은 아예 라스베이거스라는 도박의 도시가 있는 나라다. 일본은 이른바 파친코의 천국이다. 각종 영화에서 홍콩은 도박의 고수들이 모여 한판을 벌이는 장소로 자주 등장한다. 한국도 합법이든 불법이든 도박과 관련된 사회 문제가 자주 보도된다. 연예인들이 온

▲ 대박을 꿈꾸는 사람들로 인해 로또의 인기는 식을 줄 모른다

라인 도박 때문에 프로그램에서 도중하차하는 일도 빈번하다. 한국 사람 세 명만 모이면 고스톱이나 카드 판이 벌어진다는 말이 생긴 것도 우연이 아니다.

스웨덴, 노르웨이, 핀란드를 중심으로 한 북유럽 복지국가에서는 복권이나 투기가 큰 사회 문제로 등장하지 않는다. 북유럽보다는 덜하지만 상대적으로 계층 간 빈부격차가 적은 서유럽만 해도 그리 심하지 않다. 빈부격차가 크지 않다는 것은 그만큼 열심히 노력하면 사회적으로 중간 정도의 생활을 유지하기가 쉽다는 의미이기도 하다. 반대로 빈부격차가 극심한 사회에서는 아무리 열심히 일해도 서민층이 중산층으로, 중산층이 상류층으로 올라설 방법이 없다. 정상적인 방법으로 올

삶과 죽음 그리고 행복

라서기 어려운 사회구조에서 당연히 비정상적인 인생역전의 꿈, 즉 대박의 꿈이 자라나게 된다.

한국 드라마에서 유독 신분상승이, 그것도 순차적으로 오르는 계단이 아니라 하루아침에 서민에서 거의 재벌급에 이르는 수직 이동을 보여주는 극단적인 신분상승이 주요 테마로 등장하는 이유도 빈부격차가 극심한 사회 구조와 깊은 관련이 있다. 한국이 신분상승 드라마의 천국이 된 것은 드라마 작가의 상상력 부족이나 한심한 속물근성 때문은 아니다. 정상적인 방법으로 신분상승의 사다리를 오를 수 없는 사회적 조건에서 대다수의 사회구성원이 대박의 꿈을 꾸는 현실에 드라마가 따라가는 중이라고 봐야 한다. 시청률 경쟁을 위해 다수의 시청자가 원하는 극의 전개 과정과 결과를 따라가고 있는 것이다. 즉 소유에 대한 갈망이 만들어낸 대중적인 신분상승 욕구에 부응하고 있을 뿐이다. 시청자는 그들대로 드라마를 통해 속물주의에 대한 묘한 공감대를 형성하면서, 그것이 인간으로서 가지는 자연스러운 감정이자 지극히 정상적인 삶이라고 자신을 정당화한다.

어떤 삶을 살아야 하는가

에리히 프롬은 《소유냐 존재냐》에서 속물주의에 물든 현대인의 사고방식을 실존적 삶과 관련하여 분석한다. 자본주의 소유양식에 대한 비판과 존재적 실존양식에 대한 옹호로 접근한다. 이 책을 통해 신분상승에 매달리는 우리의 사고와 삶의 방식이 어디에 뿌리를 두고 있는지를 살펴볼 수 있다. 그가 보기에 자본주의가 고도로 발달할수록 사람들은 물질적인 가치에 압도되어 자신의 고유한 본질을 망각하면서 존재보다 소유에 집착한다. 자본주의사회에서 인간은 극단적인 쾌락주의에 물들어 있다. 이 쾌락의 충족은 바로 소비이며, 그것을 위한 소유다. 더 많은 소유와 소비를 통한 쾌락의 증가만이 삶의 목표가 되어버렸다.

에리히 프롬은 인간의 실존양식을 소유적 실존양식과 존재적 실존양식으로 나누고 각각이 어떤 모습으로 드러나는지를 다룬다. 여기에서 소유와 존재는 인간의 사회적 실존양식을 근본적으로 규정하는 개념이다. 에리히 프롬은 이 두 가지 양식이 여러 다른 사회적 생활 태도나 신념 체계, 활동 방식을 결정한다고 본다. 일상적 경험, 즉 학습, 기억, 대화, 독서, 권위, 지식, 신앙, 사랑에 이르기까지 이 모든 인간의 활동양식 안에는 소유로서의 실존양식과 존재로서의 실존양식이 대립하고 있다.

소유로서의 삶의 뿌리에는 '부와 축적에 대한 추구'라는, 경제적 신분상승의 욕구가 자리 잡고 있다. 사회 체제 속에 있는 개인이 이러한 욕망으로부터 자유로울 수는 없다. 그래서 각 개인은 자신의 소유 욕망을 충족하기 위해 최대한 노력한다. 소유로서의 존재양식에 갇혀 있는 개인은 자신의 정체성을 확인하기 위해 매번 새로운 소유물이 필요하기에 끝없는 욕망을 추구한다. 그러나 결과적으로 자기 삶의 정체성은 획득되지 않는다.

소유할 것인가, 존재할 것인가

에리히 프롬은 현대 자본주의사회에서 살아가는 사람들의 삶의 방식을 크게 두 가지 개념을 통해 설명한다. 물론 구체적인 생활은 개인이 처한 상황이나 성격에 따라 현실에서 다양한 양상으로 나타난다. 하지만 현상적 차이에도 불구하고 본질적 측면에서 살펴보면 두 가지로 구분할 수 있다고 주장한다. 그는 《소유냐 존재냐》를 시작하면서 다음과 같이 존재와 소유의 개념을 통해 구분한다.

> 존재나 소유의 개념은 (…) 한 주체가 지닌 어떤 개별적 특성이 아니다. 그것은 두 가지의 근본적 실존양식이다. 자기 자신과 세계를 대하는 두 갈래 다른 방향의 지조이고 서로 다른 두 가지 방식의 성격 구조다. 이 중에서 어느 쪽이 우세한가에 의해서 한 인간의 사고·감정·행동이 결정

에리히 프롬(Erich Fromm, 1900~1980)

독일 프랑크푸르트의 유대인 가정에서 태어났으며, 대학에서 사회학과 정신분석학 등을 배웠다. 나치 통치기 동안 신변의 위협을 느껴 제네바로 갔으며 이후 미국과 멕시코에 머물렀다. 프롬은 정신분석과 마르크스주의의 휴머니즘적 요소를 적극적으로 수용하면서 독자적 사상을 펼친다. 많은 저작에 나타나는 주제나 방법상의 차이에도 불구하고 그의 핵심 사상은 바로 휴머니즘이라고 할 수 있다. 사랑은 관용과 용서, 그리고 연민을 통해 회복될 수 있는데, 이것이 인간 각자와 인류의 사명이라고 한다. 1976년에 간행된 《소유냐 존재냐》는 프롬 휴머니즘의 결정판이라고 할 수 있다. 주요 저작으로 《자유로부터의 도피》, 《사랑의 기술》, 《소유냐 존재냐》 등이 있다.

된다. (…) 존재는 삶이며 활동이요, 탄생이며 재생이고, 흘러나와서 흘러가는 것이며, 생산성이다. 이런 의미에서 존재는 소유, 아집, 이기적 자만심의 반대 개념이다.

개인의 특성을 문제 삼는 것이 아니다. 한 사람으로서의 개인은 누구도 대신할 수 없는 고유한 삶의 영역을 지니고 있다. 엄밀히 규정하자면 이 세상에 존재하는 사람의 수만큼 삶의 방식이 있다고 해도 크게 틀린 말은 아닐 것이다. 생활 조건이 비슷하다고 해서 동일한 삶의 형태를 갖지는 않는다. 같은 직장과 직급을 가지고 있고, 재산 정도가 비슷하다고 해서 사고방식과 삶의 방식이 동일하다고 볼 수는 없다. 상이한 정치적 신념을 가질 수도 있고, 전혀 다른 인생 계획을 세울 수도 있다.

그가 문제 삼는 것은 근본적 실존양식이다. 인간이 이 세상에서 존재하는 양식의 문제다. 인간의 사고와 감정, 행동을 결정하는 근본적 태도의 문제다. 인간이란 무엇이고 자신을 둘러싸고 있는 세계와 어떻게 관계를 맺어야 하는지를 사고하는, 즉 일종의 세계관에 해당하는 태도와 여기에서 비롯된 삶의 양식을 의미한다. 하나는 소유로서의 삶이고, 다른 하나는 존재로서의 삶이다.

존재로서의 삶은 자신은 물론이고 서로의 생명력을 높인다. 상대방을 배려하고 존중하며, 공동체 구성원 다수의 이해를 증진하고자 한다. 하지만 오늘날 대부분의 사람은 소유로서의 삶을 산다. 우리가 살고 있는 자본주의사회는 재산을 얻고 이익을 좇는 데 온 힘을 기울인

▲ 베르메르 〈저울을 든 여인〉 1664년

다. 대부분의 사람은 소유양식을 가장 자연스러운 생존양식으로, 심지어는 우리가 받아들일 수 있는 유일한 생활양식으로 여긴다. 마치 모든 인간에게 전혀 선택의 여지가 없는 오직 하나의 삶인 양 받아들인다.

베르메르의 〈저울을 든 여인〉은 우리에게 어떤 삶을 선택해야 하는지를 묻는다. 그는 창문으로 비치는 햇빛을 추적하며 정교한 붓질로 고요하고 신비스러운 실내 풍경을 주로 그린 네덜란드 화가다. 이 그림에서도 어김없이 왼쪽 위 창문에 커튼으로 가려진 틈 사이로 따뜻하고 부드러운 햇빛이 들어와 방 안을 비춘다. 방에서는 한눈에 임신부로 보이는 여인이 저울을 들고 무언가의 무게를 달고 있다. 정적이 감도는 듯한 분위기 속에서 저울질에 몰두하는 여인의 시선이 인상적이다. 저울은 어느 한쪽으로도 기울지 않고 평형 상태를 유지하고 있다.

그녀는 무엇을 저울질하고 있을까? 탁자 위로 열린 보석함에서 나온 진주 목걸이와 은화, 금화가 보인다. 누가 봐도 열심히 금은보화의 가치를 재는 모습이다. 저울로 금화나 귀금속의 무게를 재는 장면은 네덜란드 미술작품에 자주 등장한다. 당시는 표준통화가 없던 시절이라 동전의 무게를 저울로 달아 실제 가치를 측정했다. 보석도 무게를 달아 어느 정도의 가치가 있는지를 확인했다. 그래서 언뜻 보기에는 그림에서 풍기는 정적과 달리 여인의 시선은 재산 축적이라는 탐욕스러운 눈빛처럼 보인다.

하지만 그림을 자세히 보면 이상한 점을 발견할 수 있다. 여인이 세 개의 손가락으로 들고 있는 작은 저울에는 아무것도 올려져 있지 않다. 빈 저울이다. 뭔가 다른 메시지를 던져주려는 의도가 엿보인다. 벽에 최후의 심판을 주제로 한 성화가 걸려 있다. 액자 안의 그림을 보면 환한 빛에 자신의 모습을 드러낸 예수가 최후의 심판에 나서고 있다. 양옆으로는 예수를 보좌하는 성인들이 늘어서 있다. 지상에서는 인간들이 심판의 날을 두려움에 가득한 몸짓으로 맞이한다. 저울은 최후의 심

삶과 죽음 그리고 행복

판과 함께 죄의 무게 혹은 영혼의 무게를 다는 도구의 의미로 자주 등장한다. 여인의 행위는 인간의 죄를 저울질하는 최후의 심판과 연관된 이미지도 숨겨놓고 있다.

지금 여인에게는 두 가지 저울질의 가능성이 있다. 하나는 금화와 보석으로 상징되는 부의 축적이다. 물질적 가치를 중심으로 하는 소유로서의 삶이다. 다른 하나로 신에 의한 최후의 심판이라는 종교적 틀을 넘어 생각하면 자신의 내면에 있는 정신적 가치의 무게를 저울질하는 것이다. 그림 속의 여인만이 아니라 우리 앞에 주어져 있는 두 가지 삶의 길이기도 하다. 에리히 프롬의 문제의식과 연관하여 해석하자면, 대부분의 사람이 집착하는 소유로서의 삶인가, 아니면 인간으로서 진정한 삶의 가치를 고민하는 존재로서의 삶인가를 구분하는 두 갈래의 길이다.

소유를 통한 자아 정립은 결국 실패한다

소유를 통해 자신의 정체성을 확인하는 삶은 비인간화를 향한 길이다. 자아가 스스로의 동기에 의해 형성되지 않는다. 나를 규정하는 요소가 내가 아닌, 외부 조건이나 나를 치장하고 있는 사물로 변질된다.

> 궁극적으로 '나는 무엇을 가지고 있다'는 진술은 나의 소유물을 통해 나의 정의를 표현한다는 것이다. 주체란 나 자신이 아니고 내가 가지고 있는 것이 나이다. 나의 재산이 나 자신과 나의 정체성을 구성한다. '나는 나이다'라는 진술의 토대가 되는 생각은 '나는 X를 소유하고 있기

때문에 나이다'이다. 여기서 X는 그것을 영속적으로 나의 것으로 만들기 위한, 즉 그것을 지배하기 위한 힘에 의해서 관계를 맺고 있는 모든 자연의 사물과 인간이다.

'나는 누구인가'의 문제가 '나는 무엇을 소유하고 있는가'로 대체된다. 스스로를 확인하거나 타인에게 확인시킬 수 있는 것은 나의 내면이나 가능성이 아니다. 내가 소유하고 있는 사물이 나의 정체성을 증명한다. 또한 인간과 인간의 관계도 소유에 기초한 힘과 힘의 관계가 지배한다. 다수의 사람이 획득하고자 하는 사물에 대한 소유는 곧바로 그것을 소유할 수 있는 힘을 의미하기 때문이다.

예를 들어 자동차와 소유주의 관계와 비슷하다. 자동차는 단순히 소유주가 애착을 느끼는 구체적 대상이라기보다는 신분의 상징, 즉 지위나 힘의 상징이다. 자동차가 내 자아를 대신한다. 더 좋은 자동차를 구입함으로써 소유주는 사실상 자아의 새로운 부분을 취득한다. 새 차를 구입하는 기간이 6년에서 3년으로 짧아질 때 취득에서 오는 전율은 그만큼 배가된다. 자신에 대한 만족감과 무엇인가 지배하고 있다는 느낌이 커진다. 타인에 대한 과시의 체험이 잦을수록 전율도 커진다.

이 과정에서 자아는 비인격화된다. 정신과 실천이라는 인간적인 특성이 아닌 사물의 특성이 자아 정체성을 대신하기 때문이다. 인간의 편의를 위해 고안된 사물이 반대로 인간의 정체성을 규정하는 상황으로 전도된다. 비인격적 사물이 자신을 대체한다는 점에서 소유로서의 삶은 비인간화를 향한 길이고, 진정한 자아 정립은 실패할 수밖에 없다.

소유로서의 삶은 단순히 사물과의 관계로만 제한되지 않는다. 일상이 소유로서의 삶에 지배당한다. 소유와 존재의 개념은 인간의 경험에 근거를 두고 있다. 두 가지 다 우리의 일상생활에 구체적으로 반영되어 있다. 예를 들어 초등학생에서 대학생에 이르기까지 15년 이상 겪어야 하는 학습도 대부분의 사람에게 소유양식에 의해 경험된다.

소유양식에 젖은 학생들은 단 한 가지 목표밖에 가지고 있지 않다. 즉, 배운 것을 단단히 외우거나 또는 노트를 소중히 간직함으로써 '배운 것'을 지키는 일이다. 그들은 어떤 새로운 것을 생산하거나 창조할 필요가 없다.

소유양식에 젖어 있는 학생들은 강의를 듣고, 그 말을 가능한 한 모두 노트에 적는다. 적은 것을 다른 사람보다 더 빨리 더 많이 암기하면 시험에 합격할 수 있다. 강의 내용을 전체 이론의 고정된 몇 가지 집합으로 변경하여 저장할 뿐이다. 사물에 대한 소유와 마찬가지로 학습을 자기 머릿속에 소유하는 행위로 이해한다. 지식의 소유자가 강의를 하는 사람에게서 학생으로 바뀌었을 뿐이다. 스스로 사고의 지평을 넓히는 작업은 불가능하다. 기억도 마찬가지다. 소유양식으로 사는 사람은 종이에 메모하듯이 기억하고 싶은 것을 적어놓음으로써 그 정보의 소유를 확신한다. 저장된 기억이 노트의 형태로 나의 구체화된 일부가 된다. 마치 사진을 통해 어떤 인물이나 풍경을 저장해놓듯이 고정된 정보로서 기억의 저장소에 담겨진다.

존재양식으로서의 학습은 전혀 다른 성격을 지닌다. 전달되는 정보를 소유하는 데 목적을 두기보다는 주체적인 문제의식을 중시한다. 강의에 앞서 어떤 질문과 문제를 마음속에 간직한다. 말과 개념의 수동적 저장소가 아니라 내용을 능동적·생산적 방법으로 받아들이고 반응한다. 그리하여 정보는 소유되는 것이 아니라 자신의 사고 과정을 자극하는 것이다. 새로운 질문, 새로운 개념, 새로운 전망이 마음속에 일어난다. 그러한 의미에서 존재양식을 가진 학생의 학습은 살아 있는 과정이다. 존재양식에 있어서 기억은 능동적으로 말, 개념, 광경, 회화, 음악 등을 상기하는 것이다. 즉 기억해야 할 단일한 데이터와 관계되는 다른 많은 데이터를 능동적·창의적으로 연결하는 태도다.

두통이라는 단어와 고통 혹은 아스피린이라는 단어를 연관시킨다면 나는 논리적이고 극히 평범한 연상을 하는 것이다. 그러나 두통을 스트레스 혹은 분노라는 단어와 연관시킨다면 나는 주어진 데이터로 가능성이 있는 결과, 즉 현상을 연구하는 동안에 얻은 통찰과 연결하는 것이다.

기억은 컴퓨터 저장장치와는 전혀 다른 개념과 기능이다. 다양한 정보의 기계적인 나열이 아니고 살아 있는 결합이다. 하나의 개념은 올바른 단어를 추구할 때 동원되는 생산적인 사고 행위에 의해서 다른 개념과 관계를 맺는다. 특히 두통과 아스피린처럼 하나의 정보에서 즉자적으로 떠오르는 단순한 연상이 아니라, 두통과 스트레스를 연결시키는, 즉 자유 연상을 통해 사고의 지평을 창의적으로 확장하는 살아 있는 과정을 갖는다. 그러할 때 기억은 저장 기능을 넘어 창조적·생산적 역할을 담당할 수 있다.

심지어 대화조차도 소유양식이 지배하는 경우가 많다. 대화의 진정한 의미는 의사소통을 통해 공감대를 넓히고, 더 나은 논의로 발전하는 데 있다. 하지만 현실에서 대부분의 대화는 양쪽 모두 자신의 견해가 변하거나 또 상대방의 견해가 변할 것을 기대하지 않는다. 견해를 자기 소유물의 하나로 여기기 때문에 대화를 지거나 이기는, 혹은 얻거나 상실하는 경쟁으로 생각한다. 대화를 통한 내용의 상호 침투를 두려워한다. 그만큼 대화를 자신의 지위나 능력을 보여주기 위한, 즉 치장을 위한 수단으로 여긴다.

그들은 자기가 '가지고' 있는 것, 즉 자기의 성공, 매력적이거나 위협적인 개성, 사회적 지위와 교제 범위, 외모와 의상 등에 관해 생각함으로써 자신을 단단히 무장한다. 한마디로 말해서 마음속에서 자신의 가치를 저울질하며, 이러한 평가를 바탕으로 대화에서 자신을 상품으로 내놓는 것이다.

모네의 〈풀밭에서의 점심〉은 산업혁명을 거쳐 자본주의가 사회 내에 확고히 자리를 잡아가던 19세기 중반, 유럽 시민계급이 선호하는 일상의 사교 모임을 담았다. 파리의 한적한 숲 속에서 열 명 남짓의 남녀가 점심식사 후에 대화를 나누는 장면이다.

최신 유행 차림의 복장은 기본이다. 풀밭 위에서의 편한 식사 모

▲ 모네 〈풀밭에서의 점심〉 1866년

임임에도 불구하고 남녀 모두 제대로 격식을 갖춘 복장을 하고 있다. 남
성들은 최고급 양모로 만든 신사복으로 지위를 과시한다. 여성들은 하
나같이 화려한 레이스로 장식된 드레스를 자랑한다. 시선으로 봐서는
왼편의 네다섯 명은 서 있는 두 명의 여성을 중심으로 대화를 나누는 중
이다. 오른편에서는 나무에 기댄 남성이 하는 말을 주위의 몇 명이 듣

삶과 죽음 그리고 행복

고 있다. 당시 사교 모임에서는 대화를 나눌 때 격식을 갖춘 복장과 우아한 몸짓, 타인을 매료하는 화술이 교양 있는 시민계급의 기본 요건이었다. 이 모든 장치는 대화를 통해 자신의 지위와 능력을 보여주는, 에리히 프롬이 지적하듯이 우수한 상품으로서 자신을 내보이기 위한 필수적인 요소였다.

현대사회를 살아가는 우리도 별반 다를 바 없다. 대화를 상호소통을 위한 장이 아니라 자기 능력을 드러내 보이기 위한 장으로 여긴다. 지위나 신분에 맞는 사람들을 중심으로 모임이 만들어진다. 한국사회에서 골프는 단순한 여가나 운동이 아니다. 유명 클럽의 골프 회원권은 일정한 지위를 가진 계층의 대화를 상징한다. 유행에 맞지 않는 촌스러운 의상은 금물이다. 상대를 자신이 소유한 견해로 설득하기 위한 화술이 중시된다. 대화가 서로의 생각을 창조적으로 자극하는 역할을 하기는커녕 처세술의 일환으로 변질된다. 하다못해 목소리라도 크게 해서 대화에서 상대방을 제압하고자 한다.

존재하라, 보다 적극적으로

소유로서의 삶을 사는 사람은 남들과 비교하여 자신이 우월하다는 데서 자아 정체성을 찾는다. 상대방보다 우위에 있고 힘을 지니고 있다는 의식을 확인함으로써 만족감을 얻는다. 이들에게 더 많은 힘은 공동의 이익을 증진하는 데 필요한 능력이 아니다. 경쟁에서 이길 수 있는 능력일 뿐이다. 만약 불가피한 상황이 벌어진다면 정복하고 약탈하고 죽일 수 있는 자신의 능력에서 행복을 발견한다. 하지만 존재로서의 삶을 사는 사람은 전혀 다른 특징을 보인다.

> 존재적 실존양식에서 행복은 사랑하고 나누며 베푸는 것에 놓여 있다. (…) 소외되지 않은 활동의 경우, 자신을 행동의 주체로 체험한다. 소외되지 않은 활동은 탄생과 생산의 과정이며, 이때 나와 나의 생산품과의 관계는 그대로 유지된다. (…) 나는 이처럼 소외되지 않은 활동을 생산적 활동이라고 부른다. (…) 존재는 변조되고 환상적인 모습과는 반대되는 실재에 관계한다. 이러한 의미에서 존재 영역을 넓히려는 모든 노력은 자신과 타인, 그리고 주변 세계의 실재에 대한 통찰을 높여준다.

싸워서 이기는 것이 아니라 사랑하고 나누는 데서 행복을 찾는다. 상식적으로 어떻게 나누고 베푸는 데서 행복을 느낄 수 있는가 싶을 수 있다. 인간은 이기적이기 때문에 자신이 무언가를 더 많이 소유할 때 기쁨을 느끼는 게 상식이기에 대부분의 사람은 더 넓은 아파트, 더 좋은 차를 갖고 싶어하는 것 아니냐고 말이다.

하지만 모든 사람들이 그렇다고 생각하면 오산이다. 사회의 다른 편으로 눈길을 돌려보면 의외로 베풀고 나누고 희생하는 데서 삶의 기쁨을 발견하는 사람들이 있다. 사회적 약자와 함께하는 나눔에서 삶의 의미를 찾는 경우다. 연예인 중에도 이기적인 생활만을 일삼다가 우연한 기회에 나눔을 실천하면서 새로운 인생의 기쁨을 찾았다고 고백

214

하는 경우를 간혹 접할 수 있다. 지극히 극소수에 해당하는 사람의 특별한 감정만은 아니다. 스스로 자신의 마음속에 덮어두었던 구석을 잘 살피면 작은 나눔에서 기쁨을 느끼고 싶은 소망을 발견할 수 있을 것이다.

인류가 대부분의 기간 동안 살아온 경험을 봐도 나누고 베푸는 삶이 그다지 놀라운 일이 아니다. 인간 특유의 실존적인 조건을 고려할 때 상호 연대가 일반적이었다. 인류가 세상에 등장한 이래 사냥과 채집, 목축과 농경 생활을 통해 생존하기 위해서는 서로 협동을 해야 했다. 이기적 행위가 통상적인 삶의 원칙이 되고 상호 간의 연대 행위가 예외가 되는 상황은 오히려 매우 예외적인, 그것도 인류 역사에서 지극히 최근의 일에 해당한다.

어떤 면에서는 이기적인 삶이 어떻게 이토록 빨리 인류의 마음을 지배하게 되었는지를 생각하면 놀라운 일이다. 근본적으로 달라진 사회경제적 구조 안에서 급속한 변화가 찾아왔다. 오직 경쟁만을 유일한 삶의 방식으로 강요하는 자본주의 체제 아래서 이기적인 사고방식, 소유로서의 삶의 방식이 급속하게 보편화되었다. 자본주의가 만들어낸 소유로서의 실존양식 아래서 인간관계는 경쟁심, 적대감, 두려움을 특징으로 하게 되었다.

인간 상호 간의 적대감은 소유라는 특성 자체에 근거한다. '나의 소유는 곧 나의 존재'이기 때문에 소유가 나의 주체의식의 근거가 되는 경우, 소유하고자 하는 욕망은 필연적으로 더 많이 소유하려는 욕구를 불러올 수밖에 없다. 탐욕은 소유 지향의 당연한 결과다. 그리하여 더 많은 소유를 위해 한편으로는 경쟁에서 오는 타인과의 적대감, 다른 한 편으로는 경쟁에서 질 수 있다는 두려움을 갖는다.

소유로서의 삶은 시간 개념에서도 큰 변화를 일으킨다.

존재적 실존양식에서는 시간을 존중하되 시간에 굴복하지 않는다. 소유적 실존양식이 지배할 때는 시간에 대한 존중이 굴복으로 변한다. 비단 사물이 사물일 뿐만 아니라, 모든 살아 있는 것이 물화된다. 시간이 우리의 지배자가 된다. 반면 존재적 실존양식에서는 시간이 옥좌를 떠난다. 시간은 우리 삶을 지배하는 폭군이 될 수 없다.

시간에 대한 존중이 굴복으로 변한다는 말이 무슨 뜻일까? 자본주의는 더 많은 소유를 위해 대량생산, 대량소비 체제를 만들어낸다. 시간에 대한 굴복을 대량생산 체제를 갖춘 공장에서 많이 볼 수 있다. 컨베이어 벨트가 정확한 시간 간격을 두고 일정한 패턴으로 돌아가면서 노동자들을 기계의 속도에 묶어놓는다. 이때 시간은 노동자들이 통제할 수 있는 대상이 아니다. 그저 기계가 마련한 시간에 따라가는 것뿐이다. 이러한 생산 체제하에서 인간은 기계의 한 부품임과 동시에 시간의 노예인 것이다.

이제는 소유에서 벗어나 존재로서의 삶으로 나아가야 한다. 소유로서의 삶이 만들어내는 병폐가 너무 크기 때문이다. 피에르 쌍소는 《느리게 산다는 것의 의미》에서 소유에 찌든 삶이 어떻게 우리를 타락시키는지 고발한다.

나는 끊임없이 더 많이 소유하고, 더 많은 능력을 지니고, 더 나은 가치를 지니고 싶었다. 이 같은 욕망은 인간이 존재하기 위한 가장 기본적 요소라고 할 수 있는 애정이 결핍되었을 때 나타나는 결과다. 우리를 이 같은 광기와 상스러운 무지로부터 벗어나게 해줄 수 있는 것은 오직 하나, 곧 절제라는 태도다.

그는 더 많은 소유에 집착하는 삶과 사고방식을 광기와 무지라고 말한다. 마음속에 애정이 사라졌을 때 나타나는 병적인 상태다. 더 많은 소유와 능력을 갖추고자 하는 집착은 평안을 깨뜨리고 괴롭힌다. 극단적인 소유 태도 때문에 사람들 사이에 갈등이 생긴다. 재물이 우리가 할 일을 대신하게 될 때, 스스로 존재할 수 없게 된다. 더군다나 더 많은 소유를 위해 다른 사람을 착취한다는 점에서 서로를 비인간화한다. 느림과 절제를 통해 새로운 삶의 방식을 회복해야 한다는 주장이다.

존재로서의 삶을 사는 법

에리히 프롬은 존재로서의 삶을 실현하기 위해서는 사회구조적 변혁과 개인의 심리적 혁신 등 모든 측면에서 변화를 위한 노력이 필요하다고 말한다. 인류 역사에 모습을 나타낸 지 고작 수백 년밖에 되지 않은 자본주의 체제가 300만 년 이상 유지되어왔던 삶의 방식을 뒤바꿔버렸기 때문에 사회구조적 변혁이 동반되어야 한다.

병적 과소비로 산업을 추진시키는 악순환에서 빠져나오려면, 경제 체제의 근본적 변혁이 있어야 한다. 병든 인간을 제물로 하여 자기 건강을 유지하는 오늘날의 경제적 상황에 종지부를 찍어야 한다. 우리의 과제는 건전한 인간을 위한 건전한 사회를 만드는 일이다.

새로운 인간의 출현을 위한 사회적 조건을 만들어야 한다. 생산이 이윤 극대화에 유일한 가치를 부여하는 경제 체제의 요구에 종속되어서는 안 된다. 인간의 참된 욕구에 부응하는 새로운 생산 체계로 전환되어야 한다. 이를 통해 사람과 사람은 물론이고 사람과 자연 사이에 착취가 아닌 협력에 기초한 새로운 관계가 세워져야 한다. 전체 사회구성원의 합의를 통해 도달해야 할 협정의 최고 목표는 복지를 통해 다수의 고통을 저지하는 일이다. 우리가 노력해야 할 방향은 소비의 극대화가 아니라, 인간의 복지를 증진하는 합리적 소비다. 합리적 소비는 전적으로 기업의 이익과 성장의 관점에서 생산을 결정하는 기업 경영인과 주주의 권리를 과감하게 제한해야만 비로소 가능해진다.

정치적·사회적 차원의 변화도 필수적이다. 존재지향적인 사회를 건설하기 위해서는 모든 사회구성원이 자신의 경제적·정치적 기능을 적극적으로 인식하지 않으면 안 된다. 다시 말해 산업 및 정치 영역 모두에서 참여민주주의가 완전히 실현되는 한에서만, 우리는 소유적 실존양식으로부터 벗어날 수 있다. 정치적 삶에서 능동적인 공동 결정은 정치와 경제 영역에서 최대한의 분권화를 요구한다.

축적과 타인을 착취하는 데서 오는 기쁨이 아니라, 베풀고 나누는 데서 우러나는 기쁨을 실현하기 위해서는 사회구성원 각자의 사고와 행위, 태도에서도 변화가 필요하다. 무엇보다도 경쟁에 의한 상호 적대감을 연대감으로 전환하기 위해 노력해야 한다. 개인은 사회생활에 수동적인 방관이나 순응에 머물지 말고, 능동적인 동기로 참여해야 한다. 존재적 실존양식을 지닌 새로운 인간의 성격 구조를 실현해야 한다. 사랑하는 능력과 아울러 비판적·비감상적 사고능력을 계발하는 것이 중요하다. 진정한 의미의 존재하는 삶을 위해 가능한 한 탐욕과 증오 그리고 그릇된 환상을 줄이고, 모든 형태의 소유를 기꺼이 포기할 마음가짐을 가져야 한다.

죽음은 두려움의 대상일 뿐인가

하이데거 《존재와 시간》

죽음은 많은 화가의 상상력을 자극하는 소재였다. 서양 미술에서 예수의 죽음은 회화나 조각의 단골 소재였고, 전쟁이나 신화를 다룬 작품에서도 죽음은 친숙한 소재였다. 이러한 작품들은 인간에게 죽음의 의미를 성찰하도록 안내하는 의도를 담곤 했다. 하지만 죽음을 소재로 한 대부분의 작품은 인간과 죽음의 관계를 일반적인 차원에서 다루었다. 막연하게 인간이 아니라 자신의 죽음을 직접 응시한 경우는 드물다.

아르놀트 뵈클린의 〈죽음과 함께 있는 자화상〉은 자기 옆에 바짝 다가서 있는 죽음을 그렸다. 그는 죽음을 그린 화가로 유명하다. 죽음 앞에 맞닥뜨린 인간의 모습을 다수의 연작으로 내놓았다. 죽음과 함께 화가의 길을 걸었던 그조차도 대부분 자신보다 인간과 죽음의 관계를 담았다. 적막감이 감도는 '죽음의 섬'이라는 상징을 통해 죽음의 의미를 곱씹도록 하든가, 유럽을 휩쓴 페스트를 소재로 하여 인간에게 닥친 무차별적인 죽음의 위협을 드러내곤 했다.

그가 자연의 위력 앞에서 결국 무력하게 무릎을 꿇어야 하는 인간의 불안한 운명에 집착한 데는 개인의 아픈 경험이 상당히 작용했다. 화가로서 출세작이 없어 극도의 가난에 허덕이는 과정에서 페스트, 콜레라, 장티푸스 등 각종 질병에 의해 부인과 여섯 명의 자녀와 사별했던 경험이 죽음에 대한 공포를 만드는 데 크게 작용했을 것이다.

당신은 죽음을 얼마나 생각하는가

〈죽음과 함께 있는 자화상〉은 특이하게도 자신에게 다가오는 죽음을 정면으로 응시한다. 화가는 붓과 팔레트를 들고 있다. 복장은 마치 신부복처럼 엄숙하다. 등 뒤로 해골 모습을 한 죽음이 바짝 다가서서 바이올린을 켜고 있다. 화가의 귀에 입을 대고 무언가 소곤거리는 듯하다. 화가는 불현듯 엄습해온 죽음의 속삭임에 놀라는 눈치는 아니다. 담담한 표정으로 죽음이 전하는 말에 귀를 기울이는 모습이다.

우리는 인간이 죽는다는 사실을 너무나 당연하게 여긴다. 누구나 다 결국 죽음에 이른다는 점을 잘 알고 있다. 하지만 이 경우에 죽음의 인정은 '인간'이라는 일반적인 존재이지 나 자신이 아니다. 적어도 죽음이라는 점에서는 인간과 나 사이에 높은 벽이 가로막혀 있다. 그래서 모든 인간이 죽는다는 점을 인정하면서도 자신의 죽음에 대해서는 전혀 진지하게 생각하지 않는다. 비슷한 나이의 친구나 동료가 교통사고

▲ 아르놀트 뵈클린 〈죽음과 함께 있는 자화상〉 1872년

나 급작스러운 병으로 죽음을 맞이하고, 직접 장례식장을 찾아갔다 하더라도 나의 문제로 다가오지는 않는다. 잠시 이상한 감정이 들었다가도 하루 이틀이 지나면 다시 일상의 사고로 돌아간다.

삶과 죽음 그리고 행복

영국의 극작가 버나드 쇼의 묘비명은 "우물쭈물하다 내 이럴 줄 알았다."이다. 그 역시 평소에 자신의 죽음에 대해 그다지 생각이 없었던 것 같다. 매일의 일상과 작가로서의 집필로 바쁜 나날을 보내다 어느 날 문득 죽음이라는 그림자가 자신의 곁에 가까이 다가와 있음을 느끼는 순간 무언가 늦었다는 생각을 했으리라. 그 후회를 다른 사람들이 기억하도록 묘비명으로 삼지 않았나 싶다.

자신의 죽음에 대한 적극적인 질문, 버킷리스트

죽음이라는 주제와 관련하여 많은 사람에게 인상 깊은 기억을 남긴 드라마가 있다. 김선아가 주인공으로 나온 〈여인의 향기〉는 죽음을 자신의 문제로 생각하도록 강한 자극을 주었다. 버킷리스트 bucket list 라는 생소한 말을 유행시키기도 했다.

삼십대 초반의 여행사 말단 직원으로 근무하던 주인공은 평범한 일상을 보내던 중이었다. 그저 회사에서 잘리는 것을 두려워하며 주어진 일에 매달려 살던 그녀는 어느 날 교통사고를 당하고, 치료를 받던 중 담낭암 말기로 6개월 시한부 생명이라는 판정을 받는다. 생각지도 못했던 죽음이 임박했다는 사실에 처음에는 충격에 빠지지만 곧 마음을 추스르고, 남아 있는 6개월 동안 하고 싶은 일을 제대로 즐기며 살겠다는 마음으로 자신만의 버킷리스트를 작성한다.

버킷리스트는 죽기 전에 반드시 하고 싶은 일을 적어 만든 목록을 뜻한다. 그녀는 20개의 목록을 만들었는데, 주요 내용을 보면 다음

▲ 드라마 〈여인의 향기〉의 한 장면

과 같다. 하루에 한 번씩 엄마를 웃게 하기, 나를 괴롭혔던 놈들에게 복수하기, 탱고 배우기, 갖고 싶고 먹고 싶고 입고 싶은 것 참지 않기, 웨딩드레스 입어보기, 이 모든 것을 사랑하는 사람과 함께하기, 마지막으로 사랑하는 사람 품에서 눈 감기 등이다.

　　〈여인의 향기〉의 한 장면은 버킷리스트를 확인하며 상념에 잠겨 있는 모습이다. 여인에게 삶의 날이 얼마 남지 않았음을 상기시키듯 그녀 옆의 갈대도, 바닥의 풀도 가을을 맞아 갈색을 띠고 있다. 하지만 야속하게도 세월은 옆의 강물처럼 잠시도 쉬지 않고 흐르고 또 흐른다. 이 여인은 6개월 앞으로 닥친 죽음을 통보받기 전까지는 진정 소중한 것이 무엇인지, 자기가 무엇을 하고 싶은지, 더 나아가서는 현재 자신의 삶이 행복한지조차 전혀 생각하지 않은 채 하루하루를 보내고 있었다. 직접 죽음과 맞닥뜨리고 나서야 진지하게 인생과 행복의 의미를 찾고 당장의 실천으로 여기기 시작했다.

주인공 역할을 한 김선아도 드라마를 통해 자신의 내면을 정면으로 들여다볼 수 있는 기회를 갖기 시작한 듯하다. 드라마가 끝난 후 어느 매체와의 인터뷰에서 기자가 극중의 주인공 말고 진정한 자신의 버킷리스트는 무엇이냐고 묻자, "미친 듯이 사랑해보기가 첫 번째일 것 같다."라고 대답했다. 배우로서의 성공이나 미래의 자신의 위치가 아니라, 오늘의 행복을 고민한 것이다.

〈여인의 향기〉는 죽음과 버킷리스트를 소재로 한 미국 영화 〈버킷리스트〉에서 많은 힌트를 얻은 듯하다. 여러 영화를 통해 우리에게 친숙한 배우인 잭 니콜슨과 모건 프리먼이 주연을 맡았다. 자동차 수리공 카터(모건 프리먼)와 억만장자이자 병원계의 큰손 에드워드(잭 니콜슨)는 폐암을 선고받고 병실에서 첫 대면을 한다. 현격한 사회적 지위의 차이로 인해 처음에는 같은 방 쓰기를 꺼리지만 둘은 점차 친구가 된다.

카터는 버킷리스트를 작성했지만, 삶이 일 년조차 남지 않았다는 통보를 받은 뒤 버린다. 에드워드는 카터가 버린 버킷리스트를 발견하고 모든 항목을 실현해보자고 설득한 후 더 많은 항목들을 추가한다. 둘은 얼마 남지 않은 시간 동안 버킷리스트를 실행하기 위해 병원을 뛰쳐나가 여행길에 오른다. 목록을 지워나가거나 더하기도 하면서 두 사

▲ 영화 〈버킷리스트〉의 한 장면

람은 생의 기쁨, 삶의 의미, 웃음, 통찰, 감동, 우정 등 많은 것을 나눈다. 목록에 적힌 일을 하나하나 실행하면서 "우리가 인생에서 가장 많이 후회하는 것은 살면서 한 일이 아니라, 하지 않은 일"이라는 영화의 메시지를 전한다.

　　두 사람의 버킷리스트에는 세계여행, 스카이다이빙, 북극 위에서 비행, 유명한 프랑스 레스토랑에서 저녁식사, 인도 타지마할 방문, 만리장성에서 오토바이 운전, 아프리카 사파리에서 모험, 눈물이 날 때까지 웃기, 가장 아름다운 소녀에게 키스하기 등이 있었다. 영화 〈버킷리스트〉의 한 장면은 리스트 중 하나였던 '이집트 피라미드 오르기'를 실행한 장면이다. 기자의 피라미드 위에 앉아 맞은편의 카프레와 멘카우레의 피라미드를 바라보며 둘은 의미심장한 대화를 나눈다. 카터가 에드워드에게 묻는다.

"고대 이집트인들은 죽음에 관한 멋진 믿음이 있었다는 거 아나? 영혼이 하늘에 가면 말이야, 신이 두 가지 질문을 했다고 하네. 그 대답에 따라 천국에 갈지 말지가 정해졌다고 하지."

"알았어, 미끼를 물어보지. 뭐였는데?"

"첫 번째 질문은 '살아가면서 참다운 인생의 기쁨을 느낀 적이 있느냐?'라네."

"음… 그래? 두 번째는 무언가?"

"'자네 인생이 다른 이들에게 그런 참다운 인생의 기쁨을 안겨준 적이 있느냐?'라고 묻는다네. 자네는 어떤가? 대답해보게."

"어려운데… 어려운 질문이야… 잘 모르겠어. 사람들이 어떻게 생각할지."

신의 두 가지 질문이 인상적이다. '살아가면서 참다운 인생의 기쁨을 느낀 적이 있느냐?'라는 질문은 드라마 〈여인의 향기〉를 비롯해서 일반적으로 버킷리스트가 전달하고자 하는 메시지를 반영한다. 우리는 자신을 기쁘게 하는 게 무엇인지를 잊고 살아간다. 당신이 직장인이라면 회사에서 요구받은 업무 처리만으로도 허덕거린다. 어느새 인생의 기쁨은 사치스러운 말처럼 느껴지고, 정년퇴직까지 현재의 직장에서 잘리지 않고 조금씩 승진하는 것만으로도 다행이라고 여긴다. 전업주부 생활이라고 해서 다를 바가 없다. 매일 반복되는 육아와 가사, 빡빡한 생활비 안에서 살림을 하느라 고유한 인생의 기쁨을 위해 투자할 엄두를 못 내기 십상이다. 인생이니 삶의 의미니 하는 단어조차 낯선 우리에게 신의 첫 번째 질문은 외부의 의무나 일정에서 벗어나 잊혔던 자기 내면의 목소리에 주의를 기울이라고 말한다는 점에서 버킷리스트의 의미와 맞아떨어진다.

'자네 인생이 다른 이들에게 그런 참다운 인생의 기쁨을 안겨준 적이 있느냐?'라는 두 번째 질문은 죽음과 관련하여 한 단계 더 진전된 문제의식을 보여준다. 우리는 그나마 인생의 기쁨을 생각하더라도 개인의 욕구와 관련된 것만 떠올린다. 하지만 진정한 인생의 기쁨은 두 개의 날개가 있어야 한다. 새가 두 개의 날개가 있어야 날 수 있듯이, 인생의 기쁨도 자신의 기쁨이라는 날개와 타인의 기쁨이라는 날개가 동시에 필요하다. 인간은 타인의 기쁨과 자신의 기쁨을 하나로 엮어낼 수 있는 특성을 가진 존재다. 나로 인해 타인이 기뻐할 때 자신의 기쁨은 배가되고 완성된다.

죽음에 대한 생각이 철학의 입구다

청소년이든 성인이든 대부분은 죽음이라는 주제를 생뚱맞게 여긴다. 지금 푸릇푸릇한 청소년이라면 죽음은 둘째 치고 30대나 40대의 나이가 될 수 있다는 것조차 상상을 못 하는데, 하물며 죽음이야 두말할 나위도 없다. 죽음이라는 단어는 지금은 물론이고 영원히 나와는 전혀 상관없는 것처럼 여긴다. 단지 영화 혹은 TV 드라마에 나오는 남의 이야기일 뿐이다. 영화에서는 어린 나이에도 전쟁이나 범죄로 인해 죽는 장면이 심심치 않게 등장한다. 혹은 TV 다큐멘터리에서 불치병에 걸려 죽음의 문턱에서 고통을 당하는 장면을 자주 접할 수도 있다. 하지만 그 모든 이야기는 나와 무관한 딴 세상에서 벌어지는 사건일 뿐이다.

죽음에 대해 아무런 관심이 없기는 성인도 마찬가지다. 대부분의 사람들에게 가장 낯선 표현을 찾으라고 한다면 손가락으로 꼽을 단어가 아마 죽음일 것이다. 오늘이 내일로, 그리고 내일이 그다음 날로 끊임없이 이어지리라 생각하며 하루하루를 살아간다. 어느 정도 연령이 되면 나이가 들어가는 것을 서글퍼하기는 한다. 하지만 그렇다고 해서 죽음을 자신의 현실적인 문제로 가깝게 생각하지는 않는다. 아니 보다 정확히 말하자면 자신에게도 죽는 날이 올 수 있다는 것을 애써 부정하려 한다.

그런데 사실 곰곰이 생각해보면 죽음을 회피할 수 있는 사람은 이 세상에 아무도 없다. 누구다 다 알고 있듯이 중국이라는 거대한 나라의 권력을 한 손에 쥔 채 수단과 방법을 가리지 않고 불로초를 구하려고 그 난리를 쳤던 진시황조차 죽음의 운명에서 한 뼘도 벗어나지 못했다. 그런데도 아무도 죽음을 생각하려 하지 않는다는 사실은 기이한 현상이기는 하다.

싫으니까 굳이 생각할 필요 없는 것 아니냐고 반문할 수도 있다. 예를 들어 똥도 매일의 우리 일상에 가까이 있지만 더러우니까 애써 생각하지 않으려고 하는 것과 마찬가지라는 반문이다. 그러면 왜 문학이나 미술 활동을 하는 예술가나 철학자는 그토록 피하고픈 죽음의 문제를 자꾸 끄집어내어 우리에게 보여주고자 할까? 하이데거는 자신의 죽음에 대한 생각이 철학으로 들어가는 가장 중요한 입구라고 말한다.

우리는 삶의 유한성을 어떻게 받아들이며 살아야 하는가? 유한성이란 말 그대로 끝이 있다는 뜻이다. 그러면 삶의 유한성이란 곧 삶의 끝, 즉 죽음을 의미한다. 그런데 어떻게 죽음을 통해 자신을 반성하고 내면을 성찰할 수 있다는 것일까? 또한 죽음에 대한 생각이 어떻게 진정한 삶의 의미를 깨닫게 하고 현재의 순간을 소중히 여길 수 있게 만들어준다는 것일까?

하이데거가 《존재와 시간》에서 강조한 다음의 내용 속에서 실마리를 찾을 수 있다. 대부분 철학자의 글처럼 그의 글도 꽤 어려운 문장으로 가려져 있어서 제대로 이해하려면 하나하나 꼼꼼한 이해가 필요하다. 겁먹지 말고 천천히 따라가보자.

마르틴 하이데거(Martin Heidegger, 1889~1976)
하이데거는 실존주의 철학의 대표자로 유명하다. 평생 현실의 인간 존재에 대한 탐구에 열중했다. 그는 실존은 종교적으로 예정된 운명이나 인간 모두에게 적용되는 보편적 본질에 의해 결정되는 것이 아니라고 한다. 개별적이고 구체적인 현존재의 실존에 의해서만 설명할 수 있다. 대부분의 사람은 본래의 자기를 잃고 사회적으로 정상이라거나 바람직하다고 여기는 틀에 자신을 맞춘다. 그 결과 진정한 자신의 모습보다는 눈앞에 펼쳐진 돈과 권력의 세계나 일상의 생활에 마음을 빼앗기며 산다. 과거와 현재를 망각하고 오직 더 나은 미래를 꿈꾸며 산다. 결국 자신을 잃고 살아간다. 하이데거는 죽음에 대한 성찰을 통해 본래의 자기를 깨달을 수 있다고 보았다. 주요 저작으로 《존재와 시간》, 《동일성과 차이》, 《사유의 사태로》 등이 있다.

'사람은 결국 한 번은 죽는다. 그러나 우선은 이것이 나 자신에게는 해당되지 않는다.'라고 말하려 한다. '사람은 죽는다'에 대한 분석은 일상적인 죽음을 향한 존재의 존재양식을 의심의 여지없이 드러낸다. 그 말 속에서 죽음은 규정되지 않은 어떤 것, 즉 이제 비로소 어디에서인가 찾아들 것임에는 틀림없지만 당장 우선 나 자신에게는 아직 눈앞에 있지 않기 때문에 위협적이지는 않은 어떤 것으로 이해되고 있다. '사람은 죽는다'는 말은 죽음이 내가 아니라 '그들'을 적중시킨다는 의견을 퍼뜨린다.

흔히 삼단논법에 대해 얘기할 때 "사람은 죽는다. 소크라테스는 사람이다. 소크라테스는 죽는다."라는 식으로 논증한다. 사람이 죽는다는 것은 너무나 명백한 전제 역할을 한다. 그러면 누구나 다 죽음을 현실적으로 인정한다는 말이 된다. 그런데 왜 나 자신에게는 해당되지 않는다고 느낄까? 명백한 전제로 여길 정도로 관심을 갖는데 말이다.

하이데거가 보기에 '사람은 죽는다'라는 말은 역설적으로 죽음은 실질적이지 않은 어떤 것이라는 의미를 지닌다. 무슨 이야기냐 하면, 여기에서 말하는 '사람'은 내가 아니라 불특정한 인간을 가리키는 것이다. 즉 '나는 죽는다'가 아니다. 소크라테스가 옛날에 죽은 것은 분명하지만 그게 나의 문제는 아니듯이 말이다. 또한 지금 이 순간에도 전 세계에서 수많은 사람이 전쟁이나 기아, 사고나 범죄 등으로 죽어가지만 나의 문제와는 아무런 상관이 없듯이 말이다. 죽음은 내가 아니라 '그들'의 문제에 불과하다. 죽음은 다른 사람에게 나타나는 현상이겠지만 나에게는 아직 눈앞에 있지 않기 때문에 위협적이지 않은 어떤 것으로 이해된다.

'그들'이란 아무도 아니기 때문이다. 결국 인간 모두에게는 해당되지만 고유하게는 아무에게도 속하지 않는 그런 사건으로 평준화되어버린다.

　　우리는 대부분 죽음을 애써 자신의 문제로 생각하려고 하지 않는다. "죽음을 은폐하며 회피하는 태도가 워낙 질기게 일상성을 지배한다." 주변에 심각하게 아픈 가족이나 친구가 있어도 우리는 죽음을 그다지 심각하게 여기지 않는다. 아픈 사람에게 습관적으로 이제 곧 괜찮아질 테니까 걱정하지 말라고 위로한다. 금방 원래의 안정된 삶으로 되돌아가게 될 테니 안심하라고 말한다. 이런 식으로 죽음을 회피하는 마음의 안정감을 마련해준다. 그런데 이 안정감은 병들어 죽어가는 사람에게만 해당하는 게 아니다. 자신에 대한 위로이기도 하다. 병에 걸려도 의지만 있으면 나을 수 있다는 위안을 스스로에게 하는 것이다. 이를 통해 죽음에 대한 회피와 무관심 상태로 다시 돌아간다.

죽음을 생각하지 않는 관성의 삶은 순종을 부른다

문제는 죽음이 자신과 무관하다고 생각하는 관성적 태도가 현실의 삶에서 순종을 부른다는 점이다.

> '그들'의 소리 없는 명령에 순종하는 것은, '사람은 죽는다'라는 '사실'에 대해서 무관심한 평온을 가질 때다. (…) 일상적인 죽음을 향한 존재의 산출은 존재에 대한 더 철저한 해석을 통해 존재에 대한 완전한 실존론적 개념을 확보하기 위한 지침을 제공한다.

　　　　　　　　　　　　　　　　삶과 죽음 그리고 행복

죽음을 생각하지 않는다는 것은 그만큼 오늘의 내 생활이 그대로 계속되리라고 생각하는 것과 같다. 말 그대로 일상의 반복 안에 자신을 맡기는 생활이다. 죽음이 없다고 생각할 때 끊임없는 미래만을 생각한다. 오늘이 무한하게 반복될 수 있으니 반대로 오늘의 소중함은 뒷전으로 밀려난다. 오늘 현실에서의 자기 실존이 갖는 소중함을 망각할 때 순종이 스며든다. 그저 합리성이 지배하는 사회에서의 경쟁 규칙만 충실히 따르는 삶만 남는다. '그들'의 소리 없는 명령에 순종하는 삶이다.

학창 시절부터 현재에 이르기까지 겪어온 일상을 생각해보면 금방 이해가 갈 것이다. 중학생 시절부터 매일 학교와 학원에서의 공부, 그리고 집에서의 숙제, 두세 달 만에 한 번씩 찾아오는 시험들로 그렇게 부담스러운 나날들을 보낸다. 무엇을 위해? 당연히 더 좋은 고등학교를 가기 위해 오늘을 희생한다. 원하는 고등학교에 입학하면 행복할까? 고등학교에 가면 더 고된 일정이 기다리고 있다. 경쟁이 더 심한 대학입시 때문에 다시 학교와 학원에서의 고된 나날이 반복된다.

목표로 했던 대학에 입학하면 그다음부터 정말 행복이 시작될까? 전혀 아니다. 이번에는 취업 경쟁이 기다린다. 1학년 초반 잠시의 즐거움을 뒤로하고 다시 취업 준비에 몰두해야 한다. 남성이라면 중간에 부담스러운 군 입대도 해야 한다. 취업 경쟁은 대입 경쟁보다 더 치열하다. 웬만한 4년제 대학을 졸업한 사람들이 경쟁자이고, 또한 원하는 직장을 가기 위해서는 훨씬 높은 경쟁률을 넘어서야 하기 때문이다. 취업을 위해 잠을 줄여가며 이른바 스펙을 만드는 일에 다시 몰두한다.

원하는 직장에 들어간 것으로 그간의 희생에 대한 보상이 이루어지고 행복한 나날이 이어질까? 취업 경쟁보다 사람을 더 괴롭히는 것은 승진 경쟁이다. '난 욕심이 없으니 그냥 승진하지 않고 직장생활을 하면 되지'라고 생각한다면 세상물정 모르는 순진한 사람일 뿐이다. 조금이라도 늦게 입사한 직원이 자신을 제치고 승진하는 순간 사표를 내고 나가야 하는 게 우리 사회의 암묵적 규칙이다. 만약 버티면 정리해고 대상에 일순위로 올라간다. 신입사원일 때는 물론이고 중견사원, 간부사원이 되어서도 끊임없이 서로를 밟고 올라가는 외나무다리 경쟁에 시달려야 한다. 행복을 안락한 퇴직 이후의 생활로 미루고 당장의 경쟁에서 살아남기 위해 몸부림쳐야 한다. 하지만 60세 이후 퇴직을 하고 나면 대체로 몸이 말을 듣지 않아서 원래 자신이 꿈꾸던 행복한 생활과는 다시 거리가 생기기 십상이다.

내일, 좀 더 후에, 사정이 좋아지면 정말 자기가 하고 싶은 것을 하고 행복한 시간을 가질 수 있으리라 기대하며 오늘을 희생한 채 산다. 문제는 시간이 우리를 기다려주지 않는다는 점이다. 삶의 유한성에서 벗어날 수 있는 인간은 하나도 없다. 그렇게 세월을 보내다 어느덧 돌이킬 수 없는 나이가 되어버리는 게 우리의 삶이다. 자신이 영원히 살 것이라 생각하며 오늘의 가치를 내팽개쳐버린 생활은 가난한 자든 부유한 자든 가리지 않고 나타난다. 부자라고 해서 시간이 피해가지는 않는다.

얀 프로보스트의 〈구두쇠와 죽음〉은 천년만년 살 것처럼 여기며

▲ 얀 프로보스트 〈구두쇠와 죽음〉 16세기 초반

물욕에 집착하는 부자 이야기를 통해 사람들에게 경종을 울린다. 이 그림은 《성경》의 〈누가복음〉에 나오는 부자 농부 이야기를 모티브로 삼고 있다.

한 부자가 그 밭에 소출이 풍성하므로, '내가 곡식 쌓아둘 곳이 없으니 어찌할까' 하고 생각했다. 그리하여 곳간을 헐어 더 크게 짓고 모든 곡식과 물건을 거기 쌓아두겠다고 작정했다. 자신의 영혼에게 '영혼아, 여러 해 쓸 물건을 많이 쌓아두었으니 평안히 쉬고 먹고 마시고 즐거워하자'라고 일렀다. 하나님이 '어리석은 자여, 오늘 밤에 네 영혼을 도로 찾으리니 그러면 네 준비한 것이 누구의 것이 되겠느냐'라고 하셨다.

그림은 《성경》 이야기를 그대로 전하고 있지는 않다. 신이 등장하지도 않고, 농부 대신 고리대금업을 하는 부자로 바꿔놓았다. 어두운 방 뒤편 선반에는 몇 권의 치부책이 있고, 벽에는 차용증서로 보이는 종이 뭉치가 고리에 걸려 있다. 털 달린 붉은색 외투를 입고 피부에 윤기가 좔좔 흐르는 부자가 건너편에 있는 사람에게 쪽지를 건넨다. 오른손 검지로 치부책을 짚고 있는 것으로 봐서 채권 금액을 맞춰보는 중인 듯하다. 책상 위의 치부책 옆에 있는 자루에 돈이 수북하다. 건너편에는 채무자로 보이는 사람이 잔뜩 긴장한 표정으로 서 있다. 상황으로 봐서는 지불 기한을 연장해달라고 사정하고 있으리라. 그런데 냉정하고 단호하게 채무자를 닦달하는 고리대금업자 앞에 죽음을 상징하는 해골이 서 있다. 그가 내민 차용증서에 해골의 손이 맞닿아 있다.

《성경》 이야기처럼 눈앞에 죽음이 바짝 다가와 있는지도 모르고 재물에만 집착하는 부자의 어리석음을 보여준다. 모르긴 몰라도 젊은 시절부터 지금까지 그림에서처럼 매일 치부책을 옆에 끼고 채무자에게 호통치며 살아왔을 것이다. 있는 대로 돈을 모아 나중에 행복한 삶을 누릴 것이라 기대하며 말이다. 그러나 부는 축적했을지 모르지만 당장 그날 밤에 죽을 운명일 수 있다. 만약 자신이 하루 이틀 사이에 죽을 것을 알고 있었다면 이렇게 돈을 세고 차용증서에 매달리고 있을까?

이제 다시 하이데거의 문제의식으로 돌아가보자. 모든 행복을 미래로 미루고 오늘은 학생이나 직장인으로서 주어진 일에만 매진할 때 왜 순종이 뒤따를까? 학창 시절에 모든 걸 대학 이후로 미루고 공부에만 몰두하는 동안 놀이나 친구 관계는 물론이고 사회에 대해 무언가 고민할 수 있는 여지가 더욱 줄어든다. 그저 공부하는 기계로 살아야 한다. 직장생활도 마찬가지다. 더 나은 자리를 차지하고 나면 괜찮아지리라 생각하며 매일 반복되는 업무에서 벗어나지 못할 때 정치나 사회에 대한 무관심이 우리를 지배하고 비판적 사고는 메말라간다. 그저 사회에서 요구하는 경쟁 규칙에만 충실히 따르는 착한 학생과 성실한 직장인의 삶만 남는다.

사회의 부조리나 모순에 눈을 감은 채 살아간다는 의미에서 이는 '그들'의 소리 없는 명령에 순종하는 삶이다. 이 과정에서 혹시라도 일탈을 꿈꾸는 사람이 있으면 사회나 가족은 '비정상, 아웃사이더' 등의 딱지를 붙여버린다. 왜 '소리 없는' 명령일까? 과거 전통사회처럼 신분제 논리나 가혹한 형벌에 의해 유지되는 명령이 아니라 마치 자발적으로 경쟁의 늪에서 허우적대는 것처럼 여겨지도록 유도되기 때문이다.

죽음을 생각할 때 비로소 삶이 열린다

하이데거는 "일상적인 죽음을 향한 존재의 산출"이 "완전한 실존론적 개념을 확보하기 위한 지침을 제공한다"고 주장한다.

> 죽음을 향한 존재로서의 가능성을 향한 존재는, 죽음이 이 존재 안에서 그리고 이 존재에 대해 가능성으로서 드러나도록 그렇게 죽음에 대해 관계해야 한다. 그러한 가능성을 향한 존재를 우리는 용어상 가능성으로

미리 달려가봄이라고 파악한다. (…) 미리 달려가봄은 현존재를 그 자신이 될 수 있는 가능성 앞으로 데려온다. 이때의 자기 자신이란 '그들'의 환상에서부터 해방된 정열적이고 현실적인, 자기 자신을 확신하고 불안해하는 죽음을 향한 자유 속에 있는 자신이다.

"일상적인 죽음을 향한 존재의 산출"이란 평소에 죽음을 생각하는 사람이 됨을 의미한다. "완전한 실존론적 개념을 확보"한다는 말은 진정한 자신을 깨닫는다는 의미다. 죽음을 자신의 실제 현실 가능성으로 가져온다는 점에서, 죽음을 향해 미리 달려가보는 일이다. 죽음을 향해 달려가봄으로써 우리는 진정한 자신을 찾을 수 있는 가능성을 만난다. 종합하면, 죽음을 나의 현실 문제로 생각할 때 환상에서 벗어나 진정한 자유를 추구하는 자신을 찾게 된다. 인간은 죽음이라는 종말을 '향해' 실존한다.

왜 그럴까? 드라마 〈여인의 향기〉나 영화 〈버킷리스트〉에서 살펴보았듯이 우리는 죽음을 현실적인 문제로 생각하고 나서야 자신이 진정 원하는 것이 무엇인지를 생각하기 때문이다. 소중하지만 일상의 일들에 쫓겨서 전혀 신경 쓰지 못했던 것들을 비로소 떠올리고 실행하기 시작한다. 하이데거는 죽음의 문제를 실존을 위한 필수 영역으로 적극적으로 끌어들인 것이다. 진정한 실존은 죽음을 향한 존재에서 드러난다. 개인의 실존을 위해 가장 적극적인 역할을 할 수 있는 영역이 바로 죽음이다.

▲ 클림트 〈죽음과 삶〉 1908년

이제 클림트의 〈죽음과 삶〉에서 보이듯이, 죽음이 자기 옆에 바짝 다가와 있는지 모르거나 애써 회피하며 사는 관성적 삶에서 벗어나야 한다. 그림에서 죽음과 삶은 어두운 공간을 경계로 분리되어 있다. 사람들이 의식적으로 그어놓은 벽이다. 삶의 영역에서 사람들은 편안한 듯한 모습이다. 맨 위로 아이가 엄마의 품에 안겨 평화롭게 잔다. 아래로 고개를 숙인 남녀는 생활에 쫓기며 사는 피곤한 일상을 보여주는 듯하다. 주변으로 성적 욕망에 들뜬 표정, 무언가 골똘히 생각하는 표정 등 다양한 삶의 단면들을 보여주는 얼굴들이 나온다. 이 얼굴들은 대부분 자신의 삶이 이 상태로 영원히 지속되리라 착각하고 있다. 죽음을 상징하는 해골이 언제나 옆에 바짝 다가와 있음을 전혀 생각하지 못한 채 일상의 반복에 적응하며 산다.

하이데거는 죽음을 향해 미리 달려가봄으로써 실존에 다가서고, 새로운 삶을 열 수 있다고 주장한다. "일상적인 죽음을 향한 존재의 산출은 존재에 대한 철저한 해석을 통해 존재에 대한 완전한 실존론적 개념을 확보하기 위한 지침을 제공한다." 죽음은 그렇게 앞을 향한 질주밖에 모르는 생활을 잠시 멈추고 삶의 의미와 가치에 대해 되돌아보게 하는 적극적인 역할을 한다. 하루하루를 살면서 내가 오늘 잘 살고 있는지에 대해 별로 생각하지 않고, 일상생활만이 지배하는 상태에서 진지하게 삶의 의미를 되돌아볼 기회가 없는 우리에게 자신이 어디에 서 있고 어디로 향해야 하는지를 성찰할 기회를 준다.

여러분은 만약 남은 삶이 1년 정도라고 하면 무엇을 하고 싶은가? 과연 다람쥐 쳇바퀴 돌듯 출근과 퇴근을 되풀이하는 생활을 유지할까? 주부들은 생을 마감하는 마지막 날까지 육아와 가사에 충실하려 할까? 대부분은 현재의 일상을 지배하는 일이 아니라 그동안 정말 하고 싶었지만 일상에 쫓겨 포기했던 소중한 무언가를 떠올릴 것이다.

삶과 죽음 그리고 행복

결국 우리는 평소에 진정 소중한 것이 무엇인지 잊은 채 살아가고 있다는 말이 된다. 실제로 하루하루를 살면서 과연 내가 오늘 잘 살고 있는지에 대해 별로 생각하지 않는다. 그냥 주어진 일상에 쫓겨서 하루하루를 이어간다. 일상만이 지배하는 상태에서 진지하게 삶의 의미를 되돌아볼 기회가 없다. 사정이 그러하니 사회 문제나 철학적 고민은 더욱 끼어들 자리조차 없다. 죽음은 그런 우리에게 쉼표를 안겨주고, 잊었던 생을 자기 앞으로 가져오게 한다.

그런데 정말로 병으로 시한부 판정을 받아야만 자기 삶의 진정한 의미를 살펴본다면 억울하지 않겠는가! 건강하게 살아가는 지금 스스로 죽음을 나의 현실 문제로 생각하고 삶을 되돌아본다면 비극에서 벗어날 수 있지 않을까? 그래야 문제의식 없이 반복적인 삶을 사는 일상의 늪에서 깨어나 삶과 사고의 새로운 전환점을 맞이할 수 있다.

특히 현대는 일상의 반복이 인간을 지배하는 사회다. 사람들은 제각기 전문화된 특정 분야에서 똑같은 일을 반복하며 살아야 한다. 또한 인류 역사상 경쟁 논리가 가장 강하게 지배하는 사회다. 그래서 좌우를 살펴볼 여유 없이 그저 앞만 보고 전력질주를 해야 하는 상황이다. 마치 빙상 경기 중 쇼트트랙 선수들처럼 현기증이 날 정도로 빠른 속도로 짧은 트랙을 계속 돌아야 하는 일상의 삶이 지배한다.

그렇기 때문에 현대사회에서는 나의 죽음을 현실의 문제로 생각함으로써 일상의 반복에 제동을 걸고 진정한 삶의 의미를 성찰하려는 시도가 그 어느 시대보다 절실하다. 자신의 죽음을 현실로 정면에서 마주하는 사고 체험을 통해 진정한 소망을 찾음으로써 오히려 삶의 목표를 더 분명히 정할 수 있다. 자신에게 가장 솔직해지고 삶에 대한 애착을 가장 크게 느낄 때는 바로 죽음을 마주하는 순간이니까 말이다.

물론 우리 모두가 어두운 동굴에서 해골에 담긴 물을 마신 후 깨달음에 이른 원효대사처럼 깊은 경지에 오르기는 쉽지 않다. 평범한 삶을 사는 대부분의 사람이 성인의 수준에 이를 정도의 깨달음에 도달하기는 어렵겠지만, 적어도 죽음을 현실로 마주함으로써 후회 없는 삶을 고민하는 정도는 노력을 통해 도달할 수 있지 않을까 싶다. 흔히 시련을 겪고 나서야 그 사람의 진정한 모습을 볼 수 있다고 한다. 인간에게 가장 큰 시련이라면 죽음이다. 죽음을 직접 경험할 수는 없는 노릇이고 적어도 죽음에 대한 자신의 태도를 고민할 때 한결 성숙해진 자신을 발견할 수 있을 것이다.

감정과 성격이란 무엇인가

아들러 《심리학이란 무엇인가》

인간은 여러 종류의 감정을 가지고 있다. 매 순간 희로애락을 비롯해 특정한 감정 상태를 지닌 채 살아간다. 오직 하나의 감정만을 가지고 살아가는 사람은 아무도 없다. 하루에도 몇 번씩 여러 상황을 겪으면서 이러한 감정에서 저러한 감정으로 수시로 바뀌곤 한다. 심지어 짧은 시간에 감정 교차를 경험하는 때도 있다. 축구나 야구 등 자신이 좋아하는 스포츠 경기를 보면서 짧은 시간 동안 일희일비하거나 분노를 터뜨리기도 한다. 영화나 드라마를 보면서 조금 전까지 웃다가 이내 슬픈 감정에 휩싸인다.

하지만 구체적인 개인으로 좁혀서 보면 다양한 감정 중에서 사람마다 특정 감정이 상대적으로 더 많이 작용한다. 다른 감정에 비해 특정 감정이 깊이 스며들어서 더 오랜 지속력을 가지고 한 사람의 생활을 지배한다. 사람마다 서로 다른 성격을 갖게 되는 이유도 이 때문이다. 개인의 성격은 그 사람의 주된 감정 상태와 긴밀한 연관성을 지닌다. 어떤 사람은 매사에 낙관적이고 능동적이지만, 또 어떤 사람은 정반대로 비관적이고 수동적인 성격이 지배하기도 한다. 사람들은 왜 이렇게 서로 다른 성격을 지니게 되는 걸까?

우울이라는 감정과 성격

대부분의 사람들이 선호하는 성격, 즉 낙천적이고 적극적이며 밝고 친절한 성격이라면 별로 문제 될 것이 없다. 주위의 많은 사람들에게 즐거움과 활력을 주는 성격이니 칭찬을 받거나 부러움을 살 것이다. 스스로 자신이 지닌 성격을 자랑스러워할 가능성도 크다. 그냥 현재의 성격을 잘 보존하면 될 일이다. 심각하게 원인 규명을 하거나 대책을 강구할 필요가 없다.

문제는 사람들이 경계하거나 되도록 피하려 하는 부정적 성격이다. 부정적인 감정이나 성격 중에서도 현대사회 심리학에서 가장 큰 관심의 대상은 우울함이다. 우울은 사전적 정의를 보자면 근심스럽거나 답답하여 활기가 없는 상태, 반성과 공상이 따르는 가벼운 슬픔을 뜻한다. 보통은 시도 때도 없이 사는 게 다 재미없거나 의미가 없다고 느껴진다. 무언가를 적극적으로 수행하려는 마음이 사라지고 자꾸 혼자만의 고립된 상태로 스스로를 몰아넣는 경향이다. 그래서 우울함은 의욕을 저하시키고 감정, 생각, 행동, 신체 상태에 변화를 일으킨다.

▲ 샤르팡티에 〈우울〉 1801년

샤르팡티에의 〈우울〉은 우울한 감정에 빠진 여인의 모습을 담았다. 신고전주의 양식에 매료되었던 화가답게, 오른쪽 팔을 왼쪽 무릎에 기댄 채 앉아 있는 모습이 언뜻 보면 마치 우아한 포즈를 취한 그리스 조각상 같다. 하지만 자세히 들여다보면 왜 '우울'이라는 제목을 붙였는지 이해가 간다. 여인이 초점을 잃은 시선으로 멍하니 고개를 떨어뜨리고 있다. 구부정하게 굽은 허리나 치켜들 힘조차 없는 듯 늘어뜨린 왼쪽 팔은 여인의 침잠될 대로 침잠된 내면 상태를 보여준다. 주위의 늘어진 나뭇가지나 짙은 어둠도 늪처럼 밑으로 빠져드는 우울한 감정을 상징하는 듯하다.

현대사회는 우울 감정이 확대 재생산되는 사회다. 우울한 감정이 반복되고 깊어질 때 우울증에 빠져든다. 한국사회도 더하면 더했지 결코 우울증의 안전지대가 아니다. 국민건강보험공단에서 건강보험진료비 지급자료를 분석해 발표한 내용에 의하면 우울증 환자의 수가 이미 50만 명을 훌쩍 넘어섰고, 매년 큰 폭으로 증가하고 있다.

　　우울증이 깊어지면 자살 충동까지 경험한다. 스트레스가 우울증으로 발전하고 우울증이 자살로까지 치닫는 경우가 많다. 자살 원인의 80~90퍼센트는 우울증이라고 한다. 우울증 환자의 60~70퍼센트는 자살을 상상하고, 실제로 15~20퍼센트는 자살을 기도하며, 3퍼센트가 자살에 성공한다는 통계도 있다. 통계청에서 발표한 자료에 따르면 10~30대의 사망 원인 1위는 자살이다. 교통사고 사망률이 세계 최고를 달리는 우리나라에서 교통사고보다 높은 사망 요인은 자살이다. 연간 자살로 사망한 사람이 교통사고 사망자의 약 1.5배에 달한다. 인구 10만 명당 자살자 수가 OECD 회원국 중 1위다.

　　특히 20대의 경우 자살로 인한 사망이 전체 사망의 거의 절반이나 된다. 문제는 매년 자살률이 높아진다는 점이다. 한 온라인 취업사이트의 조사에 따르면 10명 중 7명이 취업으로 인한 우울증을 겪었고 30퍼센트가 치료를 위해 전문가 또는 주변 사람의 도움을 받았다. 실업 장기화로 인해 자신감 저하, 불면증, 대인기피증 등을 겪으며 심각한 경우 자살 충동으로 이어질 수 있다는 것이다.

▲ 10대에서 30대의 사망 원인 1위는 자살이며 가장 큰 자살 원인은 우울증이다.

우울증이 빠르게 증가하는 원인은 무엇일까? 우울증의 원인에 대해서는 다양한 견해가 있지만, 크게 나누어서 개인적 측면과 사회적 측면에 주목하는 관점으로 구분하여 살펴볼 수 있다.

먼저 개인적 측면에 주목하는 견해는 개인의 유전적 요인이나 심리적 요인에 주목하는 경우가 대부분이다. 유전적 요인은 우울증 발생이 환경적·후천적 조건보다는 유전적·선천적 요건에 더 영향을 받는다는 점을 강조한다. 한마디로 주로 집안 내력이라는 것이다. 한 가족 안에서 우울증을 앓는 사람을 찾아볼 수 있는 예는 드물지 않다. 일란성 쌍둥이와 이란성 쌍둥이를 대상으로 한 조사에서도 비슷한 결과가 나타난다. 두 사람 모두 우울증으로 진단되는 비율은 일란성이 이란성보다 훨씬 높다. 일란성의 경우 이 비율은 약 60퍼센트이고, 이란성의 경우 이보다 매우 낮다. 서로 다른 환경에서 자란 일란성 쌍둥이의 경우를 조사해도 관찰된 결과는 유사하다.

심리적 요인은 우울증이 사랑하거나 집착하는 대상에 대한 상실 감에서 비롯된다는 점을 강조한다. 구체적 대상이 있든 없든 상실감이 나타날 수 있다. 먼저 자신에게 이상화된 대상을 상실했을 경우다. 사랑하는 사람이 멀어지거나 떠나버린 상황에서 생긴다. 상실한 것이 무엇인지 분명히 알 수 없는 경우도 있다. 무언가를 잃어버렸다고 느끼지만 뚜렷하게 인지하지 못하는 경우다. 그렇기 때문에 심리적 요인으로 볼 때 우울증은 무의식적인 차원에서 대상을 상실하는 것과 어떤 식으로든 연관이 있다.

사회적 측면에 주목하는 견해는 상대적 요인과 사회구조적 요인으로 다시 구분할 수 있다. 상대적 요인으로 볼 때 우울증은 비교 대상과의 사회적인 수준 차이에 따른 불만족에서 생기는 증상이다. 소득을 다른 사람과 비교하는 기준이나 남들이 나를 평가하는 가치라고 생각할 때 소득 격차는 우울증으로 나타날 수 있다. 오히려 부유한 나라에서 상대적인 차이에 의한 우울증이 더 문제가 된다. 심리학자 올리버 제임스는《어플루엔자》에서 부유한 사회일수록 병리적 감정 상태가 더 많이 생긴다고 말한다. 어플루엔자affluenza는 일종의 부자병인데, 풍요로워질수록 더 많은 것을 욕망하는 현대인의 탐욕이 만들어낸 질병을 의미한다. 그는 부유한 사회일수록 돈을 벌고 쓰는 일을 중요하게 생각하고, 타인의 눈에 좋게 보이거나 유명해지는 데 큰 가치를 둔다고 말한다.

삶과 죽음 그리고 행복

▲ 성과 중심 사회에서 청년실업자들이 겪는 우울증은 심각하다.

이러한 가치를 중시하다 보면 우울과 불안, 인격 장애 위험에 더욱 취약해질 수밖에 없다는 것이다.

　사회구조적 요인으로 볼 때 우울증은 성과중심 사회가 만들어내는 압박감에서 기인하는 증상이다. 21세기 사회는 구성원에게 끊임없이 성과를 요구한다. 열심히만 하면 무엇이든 할 수 있다는 사고방식이 주입된다. 성과를 향한 압박이 강화되는 사회에서 성과주체가 더 이상 할 수 없다고 느낄 때 우울증이 발생한다. 특히 취업이나 승진이 중요하게 작용한다. 국민건강보험공단에서 발표한 자료에 의하면 '심한 스트레스 반응 및 적응장애'로 병원을 찾은 환자들 중 미취업 상태의 20대 남성이 가장 큰 폭으로 증가한 것으로 나타났다. 전체 환자 중 미취업자가 77.7퍼센트를 차지했다.

심리학 분야의 대표적 사상가 중 한 사람인 아들러의 이론은 우울증에 대한 여러 견해 중 개인의 심리적인 차원에 대한 분석을 잘 보여준다. 아들러가 보기에 우울증을 비롯하여 사회적으로 부정적인 평가를 받는 대부분의 감정이나 성격은 개인의 무의식 작용에 의해 형성된다. 하지만 정신분석학에 기초한 심리학 사상가라고 해서 모두 동일한 견해를 지닌 것은 아니다. 무의식의 형성 요인을 어디에 두느냐에 따라 서로 다른 방향으로 나타난다.

아들러는 성性 본능 중심으로 무의식을 설명하는 프로이트의 이론에 반대한다. 그는 인간의 감정과 성격, 나아가서 행동을 결정하는 것은 인간이 보편적으로 지닌 열등감, 무력감과 이를 보상 또는 극복하려는 권력에의 의지라고 생각했다. 여기에서 권력에의 의지는 직접 정치권력을 장악하는 좁은 의미가 아니다. 열등감에 대한 보상 욕구, 우월하고자 하는 욕구다. '우월'도 타인과의 관계에서만이 아니라 자신의 가능성을 더 많이 실현한다는 의미까지 포함한다. 즉 우월은 낮은 데서 높은 데로, 마이너스에서 플러스로 가려는 노력이다.

그는 '열등감 콤플렉스'라는 용어를 사용했는데, 뛰어난 업적, 반사회적 행동, 그 밖에 지속적으로 나타나는 성격의 여러 측면을 열등감에 대한 과다 보상으로 설명할 수 있다고 주장했다. 예를 들어 나폴레옹은 키가 작았기 때문에 위대해졌고, 색약은 간혹 탁월한 화가를 만들어낸다. 아들러가 보기에 개인의 성격 형성은 힘이나 개인적 강화 욕구, 사회적 감정과의 일치 욕구라는 두 가지 요소의 상호작용 결과다. 그러므로 인간 개개인은 두 가지 요소를 각기 다른 방식으로 받아들이기도 하고 거부하기도 하는 과정에서 각각의 독특한 성격을 형성한다.

성장 과정에서 형성된 열등감이 감정과 성격을 만든다

아들러는 기본적으로 프로이트에 의해 본격화된 무의식 이론을 중시한다. 기억이나 판단은 객관적인 이성적 의식에 근거하지 않는다. 경험을 통해 획득된 기억조차도 무의식에 의해 형성된 감정과 성격의 영향을 받는다.

> 만약 그가 우울하다면 기억도 모두 우울하다. 기분이 좋고 용기로 꽉 차 있을 때는 전혀 다른 기억을 선택한다. 즉 생각해내는 내용은 즐거우며 그의 낙천주의를 확인해준다. (…) 기억이 정확한지 아닌지는 별로 중요하지 않다. 무엇보다 중요한 것은 기억이 개인의 판단을 보여준다는 점이다. 예를 들면 '아 이때부터 나는 이러한 인간이었다'라든가, '아 이때부터 나는 인생을 이런 것이라고 생각했다'라는, 자신에 대한 판단을 알아낼 수 있는 것이다.

동일한 경험이라 하더라도 우울한 성격을 지닌 사람에게는 우울한 내용으로 기억된다. 어린 시절부터 함께 성장한 친구를 생각해보면 쉽게 이해할 수 있다. 대부분 죽마고우라고 부르는, 초등학교 시절부터 가까이 지낸 친구 한두 명은 있다. 우연하게 과거에 공통적으로 경험한 일에 대해 이야기를 나누다가 서로의 기억이 상당히 다른 경우를 겪어 보았을 것이다. 혹은 오랜만에 초등학교 동창회에 참석해 배꼽 친구들을 만났을 때, 내가 생각하는 어린 시절의 나와 타인이 생각하는 나 사이에 상당한 괴리가 있음을 발견할 수 있다. 그만큼 기억은 서로의 상이한 성격에 의해 상당 부분 좌우된다. 결국 기억이란 자신의 성격에 근거한 일종의 판단이다. 감정과 성격은 매우 오래전에 형성된 것이다. 그래서 우리는 스스로에 대해 '아이 때부터 나는 인생을 이런 것이라고 생각했다'라는, 자신에 대한 판단을 갖고 있다.

아들러는 감정과 성격을 형성하는 근본적인 뿌리로서의 무의식에 대한 프로이트의 기본 문제의식은 받아들인다. 하지만 몇 가지 점에서는 프로이트와 전혀 다른 관점을 제시하면서 새로운 정신분석이론을 전개한다. 프로이트의 경우에는 성적 욕구, 특히 유아기를 비롯하여 어린 시절에 형성된 성적 억압을 감정과 성격 형성, 사고와 행동 이해의 핵심 고리로 삼았다. 하지만 아들러가 보기에 본능적인 충동은 여러 차원으로 나타나고 작용한다.

불안은 억제된 성욕이나 두려운 출산 경험의 결과라고 생각되지 않는다. (…) 우리는 감정이 목표 달성을 위한 방향으로 향하거나 또는 그에 대응해서 발달한다는 사실을 보게 된다.

아들러도 성이나 출산으로 인한 억압이 무의식에 미치는 영향 자체를 부정하지는 않는다. 하지만 그에게 있어 성적 본능은 절대적인 요인이 아니라 개인적 갈등 속에서 생겨난 부분적인 소재에 불과하다. 성적 요인보다는 감정으로서의 사랑, 특히 유아기에 겪는 가족의 사랑을 중시한다. 무엇보다 성장 과정에서 무의식 속에 자리 잡은 열등감이 중요한 작용을 한다고 믿는다. 사람들에게 나타나는 노이로제 증상은 열등감을 감추고 보상하려는 상징적인 방식이라는 것이다.

신경증 환자와 정신병자, 범죄자, 알코올 중독자, 문제아, 자살자, 성도착자, 매춘부 등 모든 실패자는 동료의식과 사회적 관심이 결여되어 있기 때문에 실패한 것이다. 그들은 직업이나 우정 또는 성생활이라는 과제에 있어서 연대적인 공통 노력으로 이를 해결할 수 있다는 확신이 거의 없다. 그들이 인생에 부여하는 의미는 개인적인 의미다. 즉 그들이 자기 목표를 달성하더라도 자신 이외에는 아무도 이익을 받지

알프레트 아들러(Alfred Adler, 1870~1937)

오스트리아의 정신의학자다. '개인심리학'을 수립했다. 빈 대학에서 의학을 공부한 후 의사가 되었다. 1902년 프로이트를 중심으로 한 수요모임인 '빈 정신분석학회'를 결성하고 초대 회장을 맡는 등 프로이트의 영향을 많이 받았다. 하지만 이후 인간의 창의성과 자율성 인정, 사회적 상황의 중요성 등에서 프로이트 이론과의 차이로 인해 탈퇴하여 '개인심리학회'를 결성했다. 제1차 세계대전이 끝난 후 빈을 중심으로 아동 정신병원 22곳을 열었으나 유대인이라는 이유로 강제 폐쇄되자, 미국으로 건너가 콜롬비아 대학과 롱아일랜드 의과대학에서 활동했다. 주요 저서로는 《신경쇠약의 특색에 관하여》, 《개인심리학의 이론과 실제》, 《삶의 과학》, 《의미 있는 삶》, 《인간 본성의 이해》 등이 있다.

못한다. 그들의 관심은 단지 자신에게만 한정되어 있다.

그에 의하면 범죄도 성장 과정에서 경험한 부모와 가정의 조건에서 비롯된다. 대부분의 범죄자는 훈련되지 않고 미숙한 노동자다. 그들의 경력을 더듬어 올라가보면 학창 시절이나 그 훨씬 이전에 이미 직업에 대한 흥미를 잃어버리게 한 요인이 있음을 알 수 있다. 그들은 협동한다는 것을 배운 적이 없다.

유아기를 포함한 어린 시절에 사랑을 충분히 받지 못하면 연대적인 공통 노력에 대한 확신을 가질 수 없다. 이들은 결국 이 세상에 우정과 사랑이 있다는 것을 모르고, 한 번도 그것을 경험한 적이 없는 사람들이다. 그러므로 이들은 다른 사람에 대해 적대적인 태도를 취한다. 이들의 눈은 적의에 차 있고 모든 사람을 적으로 보며, 감사의 마음이란 전혀 발견할 수가 없다.

사랑을 경험하지 못하고 무시를 받으며 자란 아이는 고립되어 지내면서 타인과 관계를 맺는 방법을 습득하지 못한다. 타인과 협력해서 살아가는 일에 완전히 무지하게 된다. 당연히 이러한 아이들은 협동을 통해 움직이는 공동체 속에서 열등감을 느낀다. 직업이나 우정 또는 성생활에서 공통 노력에 의한 해결에 확신이 거의 없다. 자신에게만 관심이 한정된다. 공동체와 긴밀한 관계를 맺는 인간으로서의 개인은 자멸해버린다. 고아나 사생아를 비롯하여 무시당하면서 자란 아이들 속에서 빈번하게 인생의 실패자를 발견할 수 있다. 그러한 의미에서 우울증이나 노이로제를 불러일으키는 동인은 성적 억압이 아니라 열등감이다.

▲ 영화 〈아마데우스〉의 한 장면

열등감은 성격 장애를 불러온다 – 〈아마데우스〉

모차르트를 소재로 한 영화 〈아마데우스〉는 열등감이 어떻게 인간에게
우울증과 노이로제 증상을 만드는지, 심한 경우 어떻게 극단적인 범죄
행위나 자살로까지 이어질 수 있는지를 잘 보여준다. 1823년 눈보라 치
는 겨울 밤, 한 노인이 자살을 시도하다 실패하여 수용소에 수감된 후,
찾아온 신부에게 자신의 죄를 고백한다. 그는 궁정 음악장인 살리에르
다. 그는 음악에 대한 강렬한 열정을 갖고 있지만, 부모의 반대로 충분
한 기회를 누릴 수 없었다. 그는 아버지의 죽음 후에 피나는 노력 끝에
궁정 음악장의 지위에 올랐다. 하지만 늘 그의 열등감을 자극하는 존재
가 있었으니, 바로 음악 신동으로 불린 모차르트다.

살리에르는 모차르트를 보자마자 자신이 넘볼 수 없는 천재성을 느낀다. 모차르트가 타고난 천재성을 갖고 어릴 때부터 영재교육을 받을 수 있는 좋은 조건에 있었다면, 반면에 살리에르는 아버지의 반대로 재능을 계발할 수 없었고 타고난 재능도 미약한 상태였기에 열등감이 자라나게 된다. 모처럼 황제에게 칭찬받은 행진곡을 듣고 부족하다며 그 자리에서 더 낫게 편곡해버리는 모차르트를 보며 열등감은 조금씩 증오로 나아간다.

심지어 자신이 짝사랑하는 가수마저 몰래 유혹하고, 오만하고 방탕한 생활을 거듭하는 모차르트를 보면서 살리에르는 모차르트에게 천재성을 부여한 신을 저주한다.

> "난 그때부터 신을 믿지 않았소. 당신의 도구로 그런 오만방자한 녀석을 선택하시고선 나에겐 그것을 인정할 수밖에 없는 능력밖에 안 줬기 때문입니다. 그건 부당하며 매정해. 맹세코 당신을 매장시키겠소."

돼먹지 않은 모차르트에게 모든 것을 주고, 자신은 그의 천재성을 인정하고 바라볼 수밖에 없는 처지에 놓여버린 현실 때문에 살리에르는 극심한 열등감에 사로잡힌다. 그는 신의 뜻을 거역하기로 한다. 그가 보기에 모차르트에게 최대의 좌절과 비극을 안겨주는 일이야말로 부당한 신의 행위를 좌절시킬 수 있는 가장 좋은 방법이었다.

모차르트는 천재적인 능력이 있지만 사회성은 현저하게 떨어졌다. 거듭되는 오만한 행동으로 인해 황제와 궁정 귀족의 눈 밖에 나게

▲ 살리에르와 모차르트

되고 방탕한 생활로 재정 상태도 점차 어려워진다. 엎친 데 덮친 격으로 모차르트를 책망하던 아버지가 사망하자 정서적으로도 불안해진다. 열등감에서 시작된 증오에 사로잡힌 살리에르는 위험한 계획을 세운다. 모차르트에게 진혼곡을 쓰게 한 후 자신이 쓴 것처럼 속이고 모차르트의 장례식에서 그 곡을 연주하는 무서운 계획이다. 자신이 존경하던 아버지의 죽음에 커다란 충격을 받고 자책감에 시달리던 모차르트가 아버지의 환상에 시달리도록 유도함으로써 심리적 압박에 의한 신경 쇠약과 건강 악화로 결국 죽음에 이르게 만든다.

　　나중에 살리에르가 시도한 자살은 모차르트를 죽음에 이르게 한 자신의 행위에 대한 죄책감, 우울증과 노이로제의 결과였다. 아들러가 강조하듯이 열등의식은 이를 넘어서려는 보상심리를 자극한다. 열등감을 감추고 보상하려는 상징적인 방식이 곧 노이로제다. 보통은 이러한 노이로제가 자기주장 욕구나 지배 욕구로 나타난다. 살리에르에게는 모차르트를 죽여서라도 자신의 열등의식을 넘어 우월함에 도달하려는 극단적인 방식으로 나타났던 것이다. 또한 이에 동반되는 우울증이 자살충동으로 연결되었다.

부모의 취약한 협동이 아이의 열등감을 만든다

열등감이 우울증이나 노이로제의 주요 요인이라면 이번에는 열등감이 생기는 원인을 찾아야 한다. 아들러가 보기에 열등감의 원인은 하나일 수 없다. 열등감은 다양한 통로를 통해 만들어지지만 몇 가지 중요한 원인을 찾아볼 수는 있다. 분명한 것은 어린 시절의 경험이 핵심적으로 작용한다는 점이다. 아들러는 특히 유아기에 가족 관계에서 형성된 감정이 미치는 영향을 중시한다. 현재의 행위는 그렇게 하도록 무의식 속에 저장되어 있는 것이다.

> 살인범이 가진 주된 성격의 특징은 5~6세 때 이미 결정되어 있었다. 그때 이미 그는 자기 자신과 세상에 대한 평가에 있어서 그의 범죄 경력에 나타나 있었던 바와 동일한 잘못을 범하고 있었던 것이다.

스스로 우월함의 가능성을 열고 타인과의 관계에서도 우위에 서려는 지배 욕구는 기본적으로 모든 인간이 지니고 있다. 어떤 사람이든 다른 이들을 제치고 우수한 자가 되려는 목표를 추구한다. 인류가 이러한 목표를 갖게 된 것은 바로 유아기의 초기 훈련 결과이며, 자신을 가족 전체 속에서 평등한 구성원의 한 사람으로 느낄 수 없었던 아이들의 경쟁심에 따른 결과라고 한다.

실제로 우리의 성장 과정을 되돌아봐도 아들러의 주장이 어느 정도는 이해가 간다. 우리는 대체로 이미 유아기 때부터 경쟁을 경험한다. 맏이나 막내, 혹은 그 둘 사이에 끼어 있는 경우 모두 나름의 경쟁심을 갖는다. 부모의 사랑을 차지하기 위한 경쟁 말이다. 맏이는 맏이대로 막내에게 쏟는 부모의 사랑에 불안해한다. 막내는 막내대로 맏이를 향한 부모의 기대에 찬 눈길 때문에 초조하다. 만약 맏이와 막내 사이에 끼어 있다면 경쟁은 더 치열하다. 위와 아래로 분산된 부모의 시선을 자신에게 향하도록 해야 한다. 이 과정에서 자신도 모르게 무의식 속에 열등감이 생기고 이를 넘어서려는 보상심리를 갖게 된다.

하지만 그렇다고 해서 모든 사람이 범죄를 비롯해 타인에게 직접 해가 되는 행위를 통해서라도 지배 욕구를 추구하는 것은 아니다. 열등감과 지배 욕구가 비정상적인 노이로제 단계로까지 나아가는 경우는 그만큼 비정상적인 유아기 경험 때문이다. 특히 유아기에 협동 경험이 부재하는 것이 크게 작용한다. 유아기에 누구나 갖는 기본적인 경쟁심이 장애로까지 심화되지 않도록 아이를 보호하는 일은 그들을 타인과 협력하도록 훈련하는 노력에 의해서만 가능하다. 협동 경험이 부재할 때 병적인 우울증과 노이로제가 유발된다.

아이가 사람들 사이에서 경험하는 최초의 협동은 부모의 협농이다. 그러므로 만일 부모의 협동이 결여되어 있다면 아이 스스로 협동을 터득할 수 없다. 더욱이 아이들이 결혼에 관해서나 양성 간의 협동에 관해 생각하게 될 때는 항상 부모의 결혼이 바탕이 된다.

경쟁에서 발생하는 열등과 보상의 굴레를 일정하게 완화하기 위해서는 협동을 체화하는 처방이 필요하다. 아이로서는 당연히 최초의 관계이자 가장 긴밀한 관계인 부모의 협동이 결정적인 역할을 한다. 부모의 협동 결여는 현상적으로 부모의 친밀하지 못한 관계를 의미한다. 어머니와 아버지 사이의 불화가 깊을 때 아이는 불안감이 증가하기 때문에 스스로의 경쟁력 강화에 더 큰 자극을 받게 된다. 하지만 아들러에 의하면 보다 중요한 부모의 협동은 성 역할 문제다.

인류의 존속은 남성과 여성의 성적 역할에 의존하고 있다. 아들러는 특히 인류의 생명에 공헌하는 여성이, 어머니라는 역할로 인해 인간의 분업에 있어서 다른 어떠한 사람에게도 뒤지지 않는 높은 지위를 차지하고 있다는 점을 강조한다. 어머니는 전통적인 여성의 역할인 육아와 가사에 충실하고, 아버지는 밖의 일을 담당하면서도 큰 울타리로서 자상함과 든든함의 역할을 하는 성 역할 분담이 중요하다. 그러한 의미에서의 협동이 원활할 때 아이는 서로에 대한 친밀한 헌신, 상대방에 진실한 관심을 요구하는 관계를 맺을 수 있게 된다. 반대로 부모의 협동이 결여되어 스스로 협동을 터득할 수 없을 때 아이는 파괴적인 경향을 지니게 된다. 살인범을 비롯한 범죄자의 성향도 상당 부분 성장 과정에서의 협동 결여와 연관되어 있다. 아들러는 부모 중에서도 어머니로서의 여성 역할에 더 주목한다.

여성의 역할에 대한 혐오감이 더욱 깊어지면 동성애나 성도착 및 매춘 현상이 나타나기도 한다. 모든 매춘부는 아주 어렸을 때부터 아무도 자기를 좋아하지 않았다는 확신을 갖고 있다.

어머니가 여성으로서의 성 역할에 충실하지 못할 때, 이로 인해 남편에게 존중받지 못하고 일상적인 갈등 아래 있을 때 아이에게는 무의식 속에 여성에 대한 비하 감정이 형성된다. 여성은 다른 사람보다 낮은 역할을 짊어지기 위하여 태어났으며 어떠한 남성으로부터도 진정한 사랑이나 관심을 얻을 수 없다고 믿게 된다. 유아기를 비롯한 성장기에 여성에 대한 이러한 편견이 자리 잡으면 여자아이는 자기를 내팽개쳐 버리며 자신의 성적 역할을 비하하고 돈벌이의 수단으로밖에 보지 않게 된다. 아들러가 남성과 여성의 관계에 있어서 전통적 사고방식, 뿌리 깊은 남성 중심적 사고방식을 가지고 있음을 알 수 있는 대목이다.

오이디푸스 콤플렉스가 전부가 아니다

어머니가 육아와 가사에 충실하더라도 아이를 대하는 과정에서 중심을 잡지 못하면 문제가 생긴다. 무엇보다도 아이를 응석받이로 키울 때 협동 경험은 상실되고 열등과 우월이라는 심리 구조 안에 송속되는 결과로 나타난다.

또 하나의 유형은 응석받이로 자란 아이다. 우리는 범죄자가 불평을 늘어놓으면서, '내가 범행을 거듭해온 이유는 어머니가 나를 너무 제멋대로 하게 내버려두었기 때문이다'라고 주장하는 것을 들을 수 있다.

응석받이로 자란 아이는 어머니를 독점하려고 하고 어머니의 의식을 지배하려는 경향을 갖는다. 그러한 아이에게는 오직 어머니와 자신의 관계만 남기 때문에 형제나 자매 사이의 협동은 애초에 기대할 수 없는 상태가 된다. 어머니 이외의 모든 사람은 경쟁 대상일 뿐이다. 열등감과 우월감의 교차만이 지배한다.

메리 캐사트의 〈어머니와 아이〉는 어머니 품에서 떠나지 않으려는 아이의 모습을 담았다. 그녀는 미국 중산층 가정에서 흔히 볼 수 있는 어머니와 아이의 아기자기한 일상을 마치 사진으로 찍어내듯이 그려낸 사실주의 화가다. 수많은 작품에서 아이와 함께하는 행복한 가정의 모습을 잔잔하게 묘사했다. 아이가 있는 가정이라면 아마 그녀의 그림을 보면서 자신의 일상생활을 보는 듯한 착각이 들 정도로 생생하다. 전체적으로 파스텔 톤의 밝은 색감이 우리의 눈을 즐겁게 한다.

그림에서 아이는 두 손으로 어머니의 목을 끌어안고 있다. 머리와 몸을 최대한 밀착하여 마치 단 한 순간도 떨어지지 않겠다는 의사를

삶과 죽음 그리고 행복

▲ 메리 캐사트 〈어머니와 아이〉 1900년

표시하는 듯하다. 아이의 눈을 보면 뭔가 어머니에게서 자신을 떼어낼 어떠한 가능성도 용납하지 않겠다는 듯 경계의 눈초리다. 만약 이 아이 앞에 오빠나 언니, 혹은 동생이 있다고 생각해보자. 당연히 어머니를 독점하려는 이 아이로 인해 경쟁심이 자극될 것이고, 만약 기대치에 미치지 못한다면 열등감이 깊어질 것이다. 그럴수록 아이는 더욱 어머니에게 매달리게 되고 이를 통해 우월함을 확인하려 들 것이다. 지금 어머니 품에 안겨 있는 아이가 그러한 상태일 수도 있다.

프로이트는 아이가 어머니를 독점하려는 경향을 주로 성적인 측면에서 나타나는 오이디푸스 콤플렉스로 설명했다. 프로이트 이론에 따르면 아이들은 어머니를 사랑하는 경향이 있고 어머니와 결혼하고 싶어 하며, 그래서 아버지를 미워하고 나아가서는 죽이고 싶다는 생각을 갖게 된다. 하지만 아들러가 보기에 아이들에게 어느 정도 오이디푸스 콤플렉스 현상이 나타나지만 이를 신경 증상의 유일한 원인으로 보거나 혹은 성적인 측면에서의 욕구로 한정하는 것은 잘못된 것이다. 아이의 발달 과정을 잘 살펴보면 오이디푸스 콤플렉스는 다양한 신경증 환자의 한 부분이자 특별한 예에 불과하다.

> 오이디푸스 콤플렉스의 희생자는 대개 어머니에 의해 응석받이로 자란 아이인데, 자기 소원이 반드시 성취될 권리를 갖고 있다고 믿도록 훈련되어 왔다. 또 가정 밖에서는 스스로 노력해야 남들의 호의나 애정을 얻을 수 있음을 이해해본 경험도 없다.

오이디푸스 콤플렉스는 어머니의 모든 의식을 독점하고 다른 모든 사람을 배제하고자 하는 아이에게만 나타난다. 어머니에게 응석을 부리고, 세상의 다른 사람에게는 결코 동료의식을 갖지 않는 아이의 경우에만 생긴다. 어머니를 마치 하녀와 같은 존재로 느끼는 것이다. 그들은 자기의 소원이 반드시 성취될 권리를 갖고 있다고 믿도록 훈련되어 왔다. 또 가정의 범위 밖에서는 스스로 노력을 해야 남들의 호의나 애정을 얻을 수 있다는 것을 이해해본 경험도 없다.

또한 어머니에 대한 독점 욕구는 성적인 원인에서 비롯된 것도 아니다. 주로 성장 과정에서 어머니와 아버지로부터 겪은 경험이 작용한다. 어머니가 아이를 감싸기만 하고, 여기에 아버지가 비교적 무관심하거나 냉담하다면, 혹은 완고하거나 자주 화를 낸다면 응석받이 경향은 자연스럽게 더욱 커진다. 어머니를 독점하려는 욕구와 아버지에 대한 반항이 동시에 일어난다.

예를 들어 아이가 가족과 함께 식당에 갔을 때 아버지로부터 혼났던 기억을 생각해보자. 아이는 그릇에 담긴 음식을 손으로 만지고, 이쪽 테이블에서 저쪽 테이블로 옮겨 다니기도 한다. 아버지는 화가 나서 다른 손님들 앞에서 아이를 크게 나무란다. 아이는 반사적으로 울면서 어머니에게 안기고 어머니는 아이를 끌어안고 감싸기에 급급하다. 이러한 경험이 반복될 때 아이의 무의식 속에 어머니에 대한 집착과 동시에 아버지는 적이며 투쟁 대상이라는 생각이 자라난다.

결국 어머니에 대한 아이의 독점 욕구는 성적인 것이 아니다. 어머니는 그의 응석을 받아주었다. 그러나 아버지는 그를 동정적으로 대하지 않았다. 부모의 잘못된 성 역할 분담과 과도한 대처가 만들어 낸 문제다. 아들러에 의하면 어린 시절, 특히 유아기에 아이가 가정에서 느끼는 부모의 협동 경험이 얼마나 중요한지를 보여주는 징표다.

광기를 어떻게 볼 것인가

미셸 푸코 《광기의 역사》

고흐의 〈귀에 붕대를 감은 자화상〉은 인간의 광기를 극적으로 보여준다. 고흐는 꽤 여러 점의 자화상을 그렸는데, 그중에서도 이 그림은 우리에게 가장 잘 알려져 있는 작품이다. 극도의 가난과 정신분열증에 시달리던 그가 고갱과의 갈등 격화를 계기로 자신의 귀를 자른 후에 그린 그림이다. 그림 속 고흐의 모습은 우리에게 비극적인 화가의 삶을 보여주는 상징처럼 뇌리에 박혀 있다. 고흐는 귀를 자르기 몇 달 전에 광인으로 취급받고 있는 화가의 처지를 토로한다. 동생 테오에게 보낸 편지에 다음과 같이 자신의 상태를 적고 있다.

설령 우리들이 살고 있는 시대를 위대하고 진실된 예술 부흥기라고 생각
해도, 고답적이고 관료적인 전통은 아직도 무능과 무기력한 상태로 지

삶과 죽음 그리고 행복

속되고 있으며, 새로운 화가들은 빈곤하며 광인처럼 취급받고 있다. 그리고 그런 취급에 의해 적어도 사회생활에 관한 한 실제로 광인이 되고 있다. (…) 내가 광인 취급을 받으면 받을수록 그만큼 나는 하나의 예술가가 되어간다. 창조적인 예술가가!

1888년 말부터 고흐는 고갱과 함께 살았다. 하지만 고갱과의 동거는 순탄하지 않았다. 상이한 성격만큼이나 미술에 대한 취향도 달랐다. 고흐는 눈에 비친 자연과 세계에 대한 묘사에 상대적으로 충실한 편이었다. 하지만 고갱은 자신의 강인한 자아를 적극적으로 캔버스에 담아내기를 원했다. 매서운 겨울 날씨 때문에 고흐는 실내에서 해바라기를 그리는 경우가 많았는데, 고갱은 고흐를 그렸다.

광기가 예술이 된 사람, 고흐

그림에 담긴 자신의 모습이 미친 사람처럼 보인다며 화를 낸 날, 화해를 위해 술집에 갔지만 다시 말다툼이 일어났고, 고흐는 고갱에게 술잔을 던졌다. 고갱은 곧 떠나겠다는 통보를 했고, 얼마 후 고흐에 의해 다시 한 번 위협을 느껴야 했다. 고갱에 의하면 "발자국 소리가 들려 뒤를 돌아보니 칼을 든 고흐가 나에게 덤벼들려고 했다. 내가 째려보자 그는 멈추고 집으로 달아났다."

그러던 어느 날 늦은 밤에 평소 알고 지내던 매춘부는 붕대를 머리에 두른 채 급작스럽게 찾아온 고흐에게서 어떤 물건을 전달받는다.

▲ 고흐 〈귀에 붕대를 감은 자화상〉 1889년

받아 든 신문지를 펼치자 잘린 귀가 나왔고, 그녀는 바로 실신했다. 신고를 받은 경찰에 의해 고흐는 곧 병원에 수용되었다.

　　이후 고흐는 독살될 것이라는 환상에 사로잡혀 며칠이나 식음을 전폐하기도 했다. 독살 환상에 시달린다는 소문이 퍼지자 주민들은 '식인종'이라 부르며 경멸했고, 다시 병원에 수용해야 한다는 탄원서를 보냈다. 여러 차례 정신병원을 드나들다 1890년 7월, 해 질 무렵에 밀밭을 산책하던 중 자신의 가슴에 총을 쏘아 37년의 짧은 생을 마감했다.

삶과 죽음 그리고 행복

동생 테오가 형의 저고리 주머니에서 접힌 종이를 찾아냈다. 종이에는 "그래 나의 그림, 그것을 위해 나는 목숨을 걸었고 이성까지도 반쯤 파묻었다."라고 쓰여 있었다.

고흐는 정신병원을 오가며 끝없는 나락으로 떨어졌던 최후의 몇 달 동안 초인적 창작열을 발휘해 70여 점의 그림을 그렸다. 이즈음 "내 자신이 철저하게 작업에 몰입할 때는 문제가 없다. 그러나 항상 절반은 미친 상태로 남아 있다."라며 자신의 상태를 진단했다. 정신분열, 고갱과의 이별 등으로 심한 고통과 좌절을 겪었던 시기에 예술가로서 가장 풍성한 작품 활동을 하면서 생애 최고의 걸작을 만들어낸 것이다.

그런데 과연 광기는 극소수 특별한 사람들만의 비정상적인 현상일까? 파스칼은 "인간은 본질적으로 광기에 걸려 있다. 따라서 미치지 않았다는 것은 아마도 미쳤다는 것의 또 다른 형태일 것이다."라고 한다. 그의 말대로 혹시 우리가 광기라고 규정짓는 상태와 정상적인 상태는 동전의 양면, 혹은 간발의 차이인 것은 아닐까?

광기의 역사는 권력과 맞닿아 있다

미셸 푸코는 《광기의 역사》에서 광기를 '타자성'으로 규정한다. 광기는 자연스러운 구분이 아니라 사회가 인위적 · 외부적으로 만든 기준을 통해 강제했기 때문이다. 그에 의하면 광기와 정상이 구분되면서 광기는 지배적인 이성의 작용 속에서 자신의 이웃을 배제하고 감금하는 장치로 이용되어왔다. 사회의 지배세력이 타인을 규제하기 위한 일종의 억압 장치 기능을 해왔다는 것이다. 또한 각 시대를 관통하는 사고방식에 따라서 광기에 대한 규정과 그에 대한 사회적 대응은 적지 않은 변화를 겪어왔다. 그렇기 때문에 광기와 연관된 현실 문제를 규명하기 위해서는 광기의 역사를 규명해야 한다.

역사를 통해 광기에 주목한 출발 지점으로 가면 광기는 무차별적으로 미분화된 경험이었다. 르네상스 시절만 해도 광기는 멸시당하고 기피되었지만 다른 한편으로는 초자연적인 힘의 근원으로 간주되었다. 하지만 데카르트를 필두로 한 근대철학 이후 이성 중심의 합리주의가 지배하면서 광기는 보다 엄격한 통제 아래 있게 된다. 이성이 인간과 세상의 주인으로 자리 잡으면서 비이성과 동일시되었던 광기는 가장 큰 적으로 간주된다. 특히 당시 프로테스탄트 윤리에 의해 게으름이 인간

미셸 푸코(Michel Foucault, 1926~1984)
프랑스에서 태어난 후 파리고등사범학교에서 철학과 심리학을 공부했다. 근대적 이성과 합리성 자체에 대해 회의한 그는 현대 사상의 거장이자 실천적 지식인으로서 확고한 위치를 차지하고 있다. 항상 현실 사회와 권력 문제에 관심을 가졌으며, 행동가로서 실천의 장에서 떠나지 않았다. 감옥에 갇힌 수형자의 인권을 옹호하기 위한 활동, 이주노동자들에 대한 인종차별 반대운동, 베트남전 반대운동, 폴란드 자유노조에 대한 지지운동 등 여러 나라의 국제적·정치적 문제에 깊숙이 발을 담갔다. 그는 권력의 실체, 본성, 원천에 대해 깊이 탐구했다. 오늘날의 권력 체계가 그토록 강력하게 자신을 유지할 수 있는 근원이 무엇인지를 규명하고자 했다. 주요 저작으로 《광기의 역사》, 《말과 사물》, 《감시와 처벌》, 《성의 역사》 등이 있다.

의 가장 큰 죄라는 사회 분위기가 조성되면서, 노동을 통한 생산성이 결여되어 있는 광인을 감금하거나 추방하는 조치가 생겨난다. 가장 큰 문제는 이성과 비이성의 거리를 확립하는 단절의 지점에서 발생한다. 이성이 비이성 영역이 지닐 수 있는 진리의 근거를 박탈함으로써 비이성을 명백하게 정복할 수 있게 한 지점이다.

푸코가 강조하고자 하는 것은 광기에 대한 엄격한 규정, 사회적 배제와 감금이 권력의 본질과 맞닿아 있다는 점이다. 광인을 반사회적 계층으로 구분하고 권력에 의해 감금함으로써, 권력이 노리는 효과는 더 넓은 영역으로 확대된다. 비이성적인 광인이 사회의 무질서를 초래하는 야수적 · 동물적 본성을 가진 대상으로 지목되면서, 이성에서 벗어난 일체의 비이성적 · 비합리적 사고와 행위는 피하거나 거부해야 할 영역으로 치부된다. 감금과 지배의 효과는 광인으로 분류된 사람만이 아니라 사회 전체적인 영향으로 나타나는 것이다.

전통사회에서 광인은 직접 대면하는 현실의 일부였다

인류 역사에서 광기는 상당 기간 동안 병리현상으로 치부되어왔다. 하지만 광기를 이해하고 광인을 대하는 사회적 태도에 있어서는 시대별로 적지 않은 차이가 있다. 푸코에 의하면 중세의 광인은 사람들이 마을에서 직접 접하는 현실의 일부였다. 게다가 광인들 속에서 새로운 즐거움도 발견할 수 있었다.

광기가 소설 또는 연극과 같은 허구 속에서 자주 등장하는 것에 내해 놀랄 필요는 없다. 광인이 실제로 길거리를 배회하는 것을 발견한다 해도 놀랄 필요가 없다. 수천 번 길거리에서 광인들을 만났다. (…) 광기는 사회적 지평 위에 그 낯익은 윤곽을 드러낸다. 오래된 광인들의 결사체, 광인들의 축제, 광인들의 집회, 광인들의 언어 속에서 생기 있는 새로운 즐거움을 발견할 수 있다.

한국사회의 경우만 놓고 봐도 그러하다. 지금의 중장년층의 어린 시절만 떠올려도 동네에는 '미친 사람'이라고 불리는 사람이 한두 명씩은 있었다. 그들은 동네를 배회하기도 하고, 불쑥 나타나서 동네 아이들이나 부녀자들을 놀라게 하기도 했다.

요즘도 가끔 주변의 친구가 황당한 말이나 행동을 하면 "머리에 꽃만 꽂으면 되겠네."라며 농담을 하는 경우가 있다. 요즘 20~30대는 어떤 상황에서 생긴 말인지 구체적으로 접하지는 못했어도 대충 '미친 사람'을 뜻한다는 정도는 이해할 것이다. 동네에 이른바 '미친 여자'로 불리는 사람이 시도 때도 없이 머리에 꽃을 꽂고 춤을 추거나 노래를 부르던 모습에서 나온 말이다. 이러한 말이 일반적으로 통용될 정도로 과거에는 주변에서 어렵지 않게 광기를 접할 수 있었다. 그만큼 광인은 드물지 않게 대면할 수 있는 현실이었다.

하지만 현재는 어떠한가? 일생 동안 심각한 수준의 광인을 단 한 번이라도 직접 만나보기 어렵다. 흔히 '동네 모자란 형'이라고 부르는 사람이야 드물게라도 접할 수 있지만 광인이라고 지칭될 만한 사람을 아예 만날 수 없다. 현대사회에 와서 문명과 의학이 발달하면서 광인이 사라졌기 때문일까? 광기가 바이러스에 의한 병이 아닌 이상 의학이 발달했다고 광인이 사라질 리 만무하다. 그러면 왜 우리 눈앞에 안 보일까? 대부분 정신병원과 같은 시설에 격리되어 있기 때문이다.

물론 전통사회에서 광인을 관대하게만 대했던 것은 아니다. 집단적 놀림이나 잔혹한 치료의 대상이기도 했다. 길에 광인이 나타나면 아이들이 따라다니며 놀리는 경우가 흔했다. 또한 당시에 광기의 원인을 이해한 수준 내에서, 매우 황당하고 잔인한 방식의 치료 행위가 이어지곤 했다. 그래서 우리에게 친숙한 역사가 호이징가는 《중세의 가을》에서 다음처럼 서술한다.

> 잔혹함과 동정심의 대조는 중세 관습 어디서나 지배적이다. 가난한 자들과 병자들과 광인들은 가장 깊은 연민과 우애의 대상이다. 그러나 한편으로 그들은 믿기지 않을 만큼 잔인한 학대와 조롱의 대상이기도 하다.

보쉬의 〈광기의 돌 제거〉는 중세 후반기 광인의 치료 모습을 보여준다. 의자에 광기 치료를 받는 광인이 앉아 있다. 그 뒤에서 한 사람이 칼로 머리를 절개하고 무언가를 꺼낸다. 오른편으로는 신부가 무언가를 열심히 설명한다. 그 옆으로 수녀가 탁자에 기대 이 광경을 지켜본다. 미친 사람의 머리에서 광기의 돌을 꺼내는 장면이다. 당시 뇌에 광기를 일으키는 돌이 있다고 여겨 제거 수술을 했다. 실제로 돌이 들어 있을 리는 없고 뇌를 싸고 있는 뼛조각 일부를 떼어냈던 것 같다.

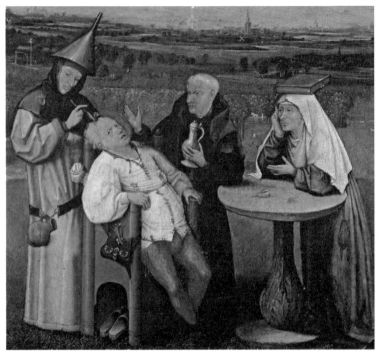

▲ 보쉬 〈광기의 돌 제거〉 15세기 후반

　　당시 많은 의사가 흑사병으로 죽었기 때문에 이발사들이 이 일을 대신하는 경우가 많았다고 한다. 이발사가 면도기라는 칼을 사용할 줄 안다는 이유 때문이었다. 일부 이발사들은 이발소 앞 팻말에 '면도, 헤어컷, 기분전환'이라는 팻말을 걸어놓기도 했다. 기분전환이란 간단한 뇌수술을 의미한다. 모든 광인을 대상으로 한 강제 조치는 아니었다. 그림의 위아래로 환자가 의사에게 "선생님, 돌을 제거해주세요. 제 이름은 루베르토 다스랍니다."라고 전하는 말이 적혀 있다. 본인이나 가족의 요청에 의해 이루어진 행위였다.

평소에 다양한 상징을 이용하는 화가답게 이 그림에서도 상징물이 등장한다. 단순히 현실의 일부를 그린 풍속화는 아니다. 환자가 애처로운 눈빛으로 쳐다보지만 주위의 사람은 아랑곳하지 않는 표정이다. 신부는 성수를 손에 들고 신의 은총을 설교하고, 수녀는 머리에 책을 이고 자신이 세상의 지혜를 다 가지고 있는 듯 여긴다. 그런데 정작 둥근 테이블 위에 있는 것은 튤립 구근이다. 당시 네덜란드에서는 튤립 구근이 어리석음과 광기의 상징이었다. 보쉬는 이 그림을 통해 의자에 있는 광인만큼이나 당시 의사나 성직자도 어리석고 미친 사람에 불과하다는 비판적 풍자를 담으려 하지 않았나 싶다. 광기나 이를 제거하려는 지혜 모두 종이 한 장 차이 정도라는 메시지가 아닐까?

당시의 광인들의 결사체나 축제 등에서 생기 있는 새로운 즐거움을 발견할 수 있었다는 푸코의 언급은 어떤 의미일까? 실제로 중세에는 '광인 축제'가 대중적으로 열렸다. 12월 25일 성탄절이나 정월 초하루, 아니면 주현절에 치러졌다. 아이들과 교회 내 약자들을 위한 축제였다. 아이들이 광인 역할을 했는데, 광인은 순진함과 천진난만함 자체를 표현했다. 14세기에 이르면서 점점 풍자적인 요소와 판타지가 강화되고, 고위 성직자에 대한 비난도 신랄해졌다. 대부분 당사자의 모형물이긴 했지만 악덕 상인, 부패한 정치인, 타락한 성직자들은 두들겨 맞았고 오물이 던져졌다.

중세의 '광인 축제'는 로마의 '사투르누스 축제'와 유사했다. 로마

인에게 매우 인기 있던 이 축제 기간 동안 모든 관공서가 문을 닫고 사형 집행이 중단되었으며 전쟁을 멈추었다. 축제의 하이라이트는 하인은 주인이 되고 주인은 하인이 됨으로써 불평등한 위계질서를 뒤집는 의식이었다. 이 단 하루 동안, 사회의 기존 가치들이 뒤집히고 종교는 웃음거리가 되었다. 마찬가지로 중세의 〈광인 축제〉도 아이들과 교회 내의 약자들을 위한 축제였고, 익살과 조롱, 정상과 비정상의 뒤집힘과 욕설이 난무하는 축제였다.

광인들의 결사체나 집회도 실제로 적지 않은 인기를 누렸다. '미친 어머니'라는 뜻을 지닌 '메르 폴Mere Folle'이라는 단체는 연극 등을 통한 거침없는 풍자로 유명했다. 그들이 들고 있는 지팡이 끝에는 모형으로 만든 광인의 머리가 달려 있는데, 머리에는 지혜의 상징인 물망초가 꽂혀 있었다. 또한 광인과 학자의 머리를 조합한 인장을 사용했다. 이들에게 광기와 지혜는 다른 이름이 아니었다.

푸코의 지적처럼 광인의 축제와 결사체, 집회는 지루한 반복 속에 살아가는 사람들에게 새로운 생동감을 제공하는 역할을 했다. 광기가 어리석음의 일부이기는 했지만, 다른 한편으로 세상의 질서를 뒤집어 보는 남다른 신비한 능력을 의미하기도 했다. 그만큼 광인은 공동체 구성원의 일상 경험 속에 있었다. 비록 광인을 보며 혀를 차거나 놀림의 대상으로 삼기는 했지만 감금해야 하는 대상은 아니었다.

하지만 근대로 접어들면서 정신병원을 비롯한 각종 수용시설을 만들어 광인을 강제로 격리한다. 고흐가 정신분열증에 시달릴 때 주민들이 그를 정신병원에 수용해야 한다는 탄원서를 지속적으로 보낸 것도 그 연장선에 있다. 우리라면 어떨까? 광인이 동네 거리를 배회하면 아이들에 대한 보호니 뭐니 하며 신속한 격리 조치를 요구하지 않을까? 본인 의사와는 무관하게 대부분 가족이나 동네 사람의 요구로 정신병원에 사실상 감금당할 수밖에 없다. 오늘날 우리 주변에서 광인을 만날 수 없는 것은 바로 이 때문이다.

이성이 비이성으로서의 광기를 정복하는 사회

근대에 접어들어 정상적인 인간은 데카르트의 명제인 '나는 생각한다'라는 이성의 틀 내에서만 비로소 이해되는 존재였다. 이후 현대에 이르기까지 강력한 이성의 영향 아래, 인간은 한쪽 발을 딛고 있던 비이성과 단절된다. 푸코는 "오늘날 우리는 더 이상 비이성을 이해하지 않는다. (…) 현대인에게 비이성은 광기의 한 형태이기 때문이다."라고 주장한다. 이성을 벗어난 영역, 혹은 미성숙한 사유는 정상적인 인간의 범주에서 제외되고 광기로 규정된다.

> 광기는 이성에 대해 자율성을 갖지 못한 존재로 보였다. 광기는 미성숙을 의미한다. (…) 예전에 비이성은 판단의 대상이 아니었다. 단지 자의적으로 이성에 맡겨졌다. 그러나 이제 수용소에 들어갈 때 비이성은 판단의 대상이다. 비이성에 대한 판결은 비이성을 인식하고 분류하며, 나아가 영원히 결백하게 해주기 위해서이다. 즉, 비이성은 언제나 판결의

대상이 되는 것이다. 언제나 비이성을 대상으로 하는 이 판결을 통해 이성은 비이성에게 제재를 가하고 비이성의 과오를 증명해 보이고, 고귀한 교정을 시도하며, 마침내는 사회적 질서를 위협할 정도로 위험한 과오를 범한 사람들을 사회에서 배제시킨다.

이성과 비이성을 단절하고 비이성을 광기, 질병, 범죄와 연결함으로써 이성은 비이성을 명백하게 정복했다. 단순히 사고방식이라는 점에서만 정복이 이루어진 것은 아니다. 현실적으로 광기에 해당하는 사고와 행위를 범죄와 동일한 범주로 취급하고 감금하기 시작했다. 그러한 의미에서 수용소로 보낼 것인가, 말 것인가의 여부를 판단하는 대상이 되었다. 비이성으로서의 광기는 위험한 과오, 제재의 대상으로 정착되었다.

광인을 사회적 질서를 위협하는 위험한 존재로 인식하면서 강제수용시설인 정신병원이 빠르게 증가했다. 유럽에서 가장 오래된 정신병원은 영국 런던의 베들렘Bethlem이다. 원래 베들렘은 작은 성모 수도원이라는 이름으로 세워진 곳인데, 15세기부터 정신질환자를 수용하기 시작하면서 '미치광이의 집'으로 유명해졌다. 18~19세기를 거치면서 유럽 전역에서 광인의 감금시설 성격을 지닌 정신병원이 빠르게 확대되었다. 광인을 제도적으로 격리하는 사회 분위기의 영향을 받아, 정신병원이 없는 작은 마을에서도 자체적으로 광인을 감금하는 경우가 늘어났다. 의학사학자 에드워드 쇼터는《정신의학의 역사》에서 다음과 같이 참상을 전한다. "1817년 아일랜드의 한 농촌 마을의 장면을 보자. 마을

▲ 베들렘 정신병원. 끔찍한 치료와 가혹한 감금으로 악명이 높았다.

에서는 남녀를 불문하고 미쳤다고 간주되면 오두막 바닥에 1.5미터 정도의 구멍을 파서 이들을 밀어 넣고 기어 나오지 못하도록 덮개를 덮었다. 사람들이 생명을 유지할 정도의 음식을 넣어줬지만, 대개는 그 안에서 죽음을 맞이했다."

　　호가스의 〈베들렘에 갇힌 레이크〉는 당시 정신병원의 광경을 잘 보여준다. 레이크라는 인물이 방탕한 생활로 유산을 탕진하고 결국 미치광이가 되어 베들렘 정신병원에 감금되는 이야기를 8점의 연작으로 그린 〈레이크의 편력〉의 마지막 작품이다. 전면에 거의 벌거숭이 상태인 레이크가 쇠사슬에 묶여 있다. 정신병원에서는 광인으로 지목된 사람을 쇠사슬로 묶어두는 일이 비일비재했다. 광인들은 머릿니 예방을 위해 삭발을 당해야 했다. 레이크 바로 옆에는 침통해하는 가족이 있고

▶ 호가스 〈베들렘에 갇힌 레이크〉 1735년

그 주변으로 다양한 증상을 보이는 다른 광인들이 보인다. 왼편으로 왕 행세를 하는 환자와 종이를 말아 하늘을 보는 환자가 있고, 오른편으로 는 두 손을 모아 무언가를 애원하는 환자도 있다.

베들렘 정신병원은 끔찍한 치료와 가혹한 감금으로 악명이 높 았다. 17세기부터 치료라는 이름 아래 자행된 감금과 고문에 가까운 행위들은 사회가 정신질환자를 인간이 아닌 동물로 취급하였음을 보 여준다. 당시의 치료 기록에 의하면 환자를 의자에 묶어 몇 개의 사슬에 매단 후 빠른 속도로 돌리기도 했다. 회전 속도 증가, 빠른 반전, 그리고 급작스러운 정지 등이 반복되면서 환자들은 배설물을 계속 쏟아내곤 했다.

그림 왼편에 이해할 수 없는 장면도 나온다. 화려한 옷차림의 귀족들이 광인들을 보며 즐거워하는 표정을 짓고 있다. 심지어 악사와 광대까지 동반하여 마치 즐거운 오락 장소에 온 듯한 모습이다. 아무리 풍자라지만 지나친 과장처럼 보인다. 하지만 당시 기록을 보면 실제의 현실을 반영한 모습이다. 베들렘을 비롯해 상당수 정신병원은 귀족들에게 입장료를 받고 환자들의 행동을 구경시켰다. 광인 수용소 구경은 상류층의 오락거리 중 하나였다. 관람객들이 손가락질하며 환자를 자극해서 놀리고, 작은 창을 던져 묶여 있는 환자의 발가락 사이를 맞히며 손재주를 뽐내는 등 볼만한 대중오락으로 삼았다.

광기가 비이성과 연결되면서, 점차 사회에서 비이성적이라 규정되는 다른 행위도 감금 대상으로 확대된다. 정신질환과는 무관한 부랑자도 수용소에 감금하는 조치가 내려진다. 푸코는 이를 다음과 같이 분석한다.

감금 관행과 노동에 대한 강조 사이의 관계는 경제적 조건에 의해 규정되지는 않는다. 그와는 반대다. 도덕적 감각이 양자의 관계를 성립시키고 유지시켰다. 빈민이 사회적으로 기여할 수 있도록 해주자고 제안하는 무역성의 보고서에서 빈곤의 원인으로 지적된 것은 재화의 부족이나 비고용 상태가 아니라 기강 해이, 도덕성 약화였다.

역사적으로 볼 때 끊임없는 노동의 강제는 도덕적 강요의 형태로 나타난다. 노동에 대한 강요는 수행, 도덕적 보장이라는 이중의 의미를 지녔다. 산업화 시기에 유럽에서 맹위를 떨쳤던 부랑자 처벌은 도덕률을 통해 조치를 정당화했다. 당시 정부 보고서를 보면 빈곤의 원인으로 지적된 것은 재화 부족이나 비고용 상태가 아니라 도덕적 기강의 약화였다. 근면한 노동은 인류의 위대한 윤리적 협약에 대한 동의로 간주되었다. 반대로 언제나 열심히 일해야 한다는 근로의 도덕을 회피하고 게으른 생활을 하거나, 여가와 놀이를 중시할 때 도덕적 비난과 처벌의 위협 앞에 서야 했다. 푸코는 끊임없는 노동을 인간의 운명으로 강제하는 도덕률의 부당함을 고발하고 있는 것이다.

광기는 인간의 내면을 비추는 거울이다 – <소돔의 120일>

광기에 대한 감금의 상징 가운데 빼놓을 수 없는 인물이 바로 사디즘 sadism의 어원이기도 한 사드Sade 후작이다. 사디즘은 타인에게 물리적이거나 정신적인 고통을 주고 성적 만족을 느끼는 병적 심리 상태를 일컫는 정신의학 용어다. 푸코는 사드에 대한 재해석을 통해 광기와 비정상을 등치시키고 감금을 통해 격리하는 사회적 억압을 비판한다.

> 사드의 영웅이 감금되어 있는 성에서, 그리고 그 영웅의 희생자들의 고통이 전개되는 수도원·숲·지하실에서 자연은 완전히 자유롭게 전개되는 것으로 보인다. 거기서 인간은 그토록 명백했음에도 불구하고 망각

했던 진리를 되찾는다. 어떤 욕망이 자연과 대립될 수 있겠는가? 왜냐하면 인간에게 욕망을 일으킨 것은 자연 자신이기 때문이다. (…) 욕망이 보여주는 광기, 미친 살인자, 가장 비이성적인 열정은 지혜와 이성이다. 왜냐하면 그것들 역시 자연의 질서에 속하기 때문이다.

　　왜 가학성 성애의 표상인 사드를 자연의 태도와 연결하고 있을까? 왜 사드의 광기를 비정상적인 일탈이 아닌, 자연적인 존재로서의 인간에게서 나타나는 욕망으로 이해할까? 직접 사드의 문제의식을 만나보는 게 가장 빨리 이해하는 길이다. 사드는 대표작 중의 하나인 《줄리엣, 악덕의 번영》에서 주인공의 입을 빌려 다음과 같이 주장한다. "우리의 행위는 모두 그 자체로서는 무차별적이고 선도 악도 아니야. 때때로 인간이 선이라든가 악이라든가 하는 구별을 두었다고 해도 그것은 오로지 인간이 채용한 법률에 따른 것이거나 또는 인간이 속한 국가의 의향에 따른 것일 뿐 자연이란 면에서만 관찰한다면 우리의 행위는 모두 완전히 같은 것에 지나지 않아."

　　그가 말하는 '우리의 행위'란 가학적 성 행위를 의미한다. 사드의 말에 의하면 상대방을 묶거나 때리는 등 가학적인 과정을 동반하는 성 행위에 대해 선하다거나 악하다는 판단을 해서는 안 된다. 하물며 가학성 성 행위를 범죄로 규정하고 감금하는 조치는 더욱 부당하다. 사드는 가학적 성 행위와 그 내용을 담은 소설로 인하여 일생의 3분의 1 이상을 감옥에서 보냈고, 최후에는 정신병원에 감금되어 죽을 때까지 있어야 했다.

그가 보기에 선과 악은 자연이 만들어낸 것이 아니다. 인간이 인위적으로, 그것도 사회에서 지배적 지위에 있는 특정 집단이 자신의 이해를 위해 법이라는 형태로 만들고 강제하는 조치일 뿐이다. 어떠한 형태의 성적 쾌락이든 자기 욕망을 추구하는 경향은 인간의 자연스러운 본능인데 이를 도덕이나 법으로 규제해서는 안 된다는 것이다. 법이나 제도야말로 자연에서 벗어난 이물질이다. 혹시 자신의 마음속에서 욕망을 자제해야 한다는 목소리를 듣는다면, 그것은 자연의 목소리가 아니라 오랜 기간에 걸쳐 교육에 의해 주입된 생각이나 무의식에 불과하다.

사드가 바스티유 감옥에서 집필한 소설 《소돔의 120일》에 감독의 상상력을 더해 제작한 영화 〈소돔의 120일〉을 통해 그의 문제의식에 더 가까이 접근해보자. 귀족, 성직자, 관리, 총독을 대표하는 권력자 4명이 젊은 남녀 16명을 외부와 단절된 성에 가두고 향락을 즐기는 내용이다. 성에는 4명의 중년 여성이 있는데, 자신이 겪은 변태적 성 행위 이야기를 통해 성적 환상을 북돋운다. 점차 잔인해지는 가학적 성 행위를 일삼다가 고문과 살인으로까지 이어진다. 청소년과의 적나라한 성 행위 묘사나 시체와의 관계, 근친상간 등 엽기적 행위가 포함되어 있어 논란의 대상이 되어왔다. 개봉 당시 감독의 모국인 이탈리아를 비롯해서 수많은 국가에서 상영이 금지됐으며, 감독은 이 영화를 찍은 직후 살해당했다.

〈소돔의 120일〉의 장면 1은 젊은 여성에게 자신의 대변을 받아먹도록 하는 모습을, 장면 2는 육체적 고통을 가하는 모습을 담고 있다.

삶과 죽음 그리고 행복

▲ 영화 〈소돔의 120일〉 장면 1

▲ 영화 〈소돔의 120일〉 장면 2

채찍이나 촛농 등 도구를 이용하여 상대방이 신체적 고통을 느끼게 하거나, 소변이나 대변으로 굴욕감을 느끼게 한 후 성 행위로 이어지는 것은 옛날이나 지금이나 사디즘 행위를 하는 사람들이 이용하는 다양한 방법 중 하나다.

사드는 이러한 행위에 악이라는 딱지를 붙이거나 감금을 통해 처벌하는 조치를 비판한다. 사디즘과 상대로부터 육체적 또는 정신적으로 학대를 받고 고통을 받음으로써 성적 만족을 느끼는 마조히즘은 인간이 자연에게서 부여받은 충동이기 때문이라는 이유다. 사디즘은 지배하고자 하는 욕구인데, 이는 인간의 내부에 깊숙이 존재하는 잠재의식 속의 욕망으로서 어느 누구도 여기에서 자유롭다고 단정하기 힘들다. 다만 현실에서 법과 도덕이라는 테두리 안에 갇혀 있기 때문에 내면이나 무의식 깊숙한 곳에 잠복하고 있을 뿐이다.

그래서 그는 "만일 우리가 다른 풍토에서 태어났더라면 그 목소리는 크게 달라져 있을 것은 의심할 여지가 없어."라고 말한다. 예를 들어 남성과 여성이 옷을 하나도 걸치지 않고 길거리를 활보한다면 한국 사회에서는 당장 격리와 처벌의 대상이 된다. 하지만 TV 다큐멘터리로 인기를 끈 〈아마존의 눈물〉에서 보았듯이 아마존 유역이나 아프리카 원주민들에게는 지극히 정상적이고 자연스러운 행위에 해당한다. 성 행위 방식에 대한 이해도 사회적 규범에 의해 인위적으로 강제된 것이기 때문에 어느 한 형태가 선하고 나머지는 악하다고 정의할 수 없다는 주장이다.

결국 기쁨이나 행복을 판단하는 주체는 자신이기 때문에 이를 법이나 국가의 이름으로 강요할 수 없다고 한다. "어떤 사람은 정욕을 세차게 비난하고 법률로 속박하려 하죠. 그렇지만 이 둘을 비교해보시오. 그리고 정욕과 법률 가운데 어느 것이 인간을 더 행복하게 했는지 생각해봐요." 그가 보기에 인간은 정열을 잃거나, 정열적이기를 멈추는 순간 쓸모없는 존재가 되고 만다. 자연 상태의 인간만큼 순수한 건 없기 때문에 자연의 욕망에 충실하도록 행동할 필요가 있다.

푸코가 사드의 문제의식 모두에 동의하는 것은 아니다. 기본적으로 모든 인간의 주체적이고 자유로운 결정을 전제로 하기 때문에 상대방의 동의가 없는 가혹 행위나 성 행위는 푸코와 거리가 멀다. 반대로 서로의 자발적인 동의에 기초한다면 사디즘과 마조히즘을 포함하여 어떠한 형태의 성 행위도 규제와 처벌의 대상일 수 없다는 입장이기도 하다. 인간의 욕망이 자연에 의해 만들어진 이상 서로의 자발성에 기초한 광기는 자연의 것이다. 광기란 인간의 생 자체이며 인간의 내면을 비추는 거울이다. 자신의 광기를 의식하는 것은 자신의 강함과 약함, 위대함과 추악함, 합리성과 비합리성 전체에 대한 이해이기도 하다. 그러한 의미에서 광기는 이성에 의해, 또는 법과 도덕의 이름으로 굴절되거나 억압된 자연을 복구하는 의미를 갖는다.

광기를 인정하면 자유가 온다

푸코는 이성에 기초한 합리주의적 인간관을 넘어설 때 인간에 대한 진정한 이해가 가능하다고 강조한다. 이성적 사유 안에서 인간은 제한되지 않는다. 인간의 사유는 객관적이기보다는 인간 스스로에 의해 언제나 휩쓸릴 수 있고, 이성을 넘어서는 것으로부터 자신을 상기하기도 한다는 점에서 몰이해의 장소다. 즉 사유는 신화나 무의식, 혹은 광기처럼 흔히 비사유라고 말하는 형태로 존재할 수도 있다.

스위프트의 광기, 루소의 정신착란은 각자의 작품 속에 포함되어 있다. 마치 작품 자체가 작가에게 포함되어 있는 것처럼. 그들의 작품과 삶에서는 똑같은 폭력이 말하고 있고 똑같은 통렬함이 포함되어 있다. 확실히 양자 간에는 전망의 교환이 일어난다. (…) 니체와 고흐의 광기는 똑같이 근원적으로, 그러나 각기 다른 방식으로 각 작품에 속해 있다.

인류 역사에 중요한 족적을 남긴 사상가나 예술가의 작업 중에 이성적 사유만으로는 불가능한 성과가 상당 부분 포함되어 있다. 과연 고흐의 광기를 배제하고 그의 작품을 논할 수 있을까? 보다 근본적으로 광기 없이 그의 작품이 가능하기는 했을까? 우리가 그의 작품에서 느끼는 전율 안에는 이미 광기가 떼려야 뗄 수 없도록 연결되어 있는 게 아닐까? 푸코가 보기에 광기가 예술작품에 도전하여 작품이 가진 상상의 지평을 환각이라는 병리학적 세계로 만들어버리는 영역이 존재한다. 이를 통해 통념적인 사고와 평균적인 표현 형식에서 벗어나 새로운 전망을 열 수 있다. 그렇기 때문에 광기와 작품은 한편으로는 통합되어 있으면서 다른 한편으로는 단절되어 있다. 광기로 인해 새로운 경지에 접근할 수 있었지만, 또한 광기로 인해 그간의 작품에서 나타날 수 있는 자신의 한계도 넘어설 수 있기 때문이다.

그렇다고 해서 광기가 이성과 무관하다고 할 수도 없다. "가역적 관계로 인해 모든 광기에 이성이 있고 모든 이성에 광기가 있다." 루소나 니체와 같은 사상가는 전통적 사고방식 혹은 근대적 이성 중심주의에서 벗어났을 뿐만 아니라 광기라고 할 만큼 상식에서 벗어난 사고방식과 행위를 보여주기도 했다. 특히 니체는 신의 죽음에 이어 이성의 죽음까지 선언했었다. 하지만 니체나 루소가 이성에서 벗어난 것은 아니다. 니체가 이성을 상징하는 아폴론적 사유와 욕망을 상징하는 디오니소스적 사유가 함께 가야 한다고 강조했듯이 이성과 광기가 능동적인 관계를 맺어야 한다.

이성적 사유가 이성을 통해 사유될 수 없는 것, 혹은 그동안 이성에서 배제되어왔던 것과 관계를 맺어야 한다. 그동안 사회에 의해 주어진 삶의 규범과 비교해 이상하다고 느껴지던 사고, 도덕률에 의해 배제되어야 할 악으로 치부되어왔던 행위로까지 접근해야 한다. 이성적 사유의 열린 틈에서 깜빡거릴 뿐 이성에 의해 결정적으로 제시되지 않는 존재로서 인간을 이해해야 한다. 그렇게 깜빡거리기만 하는 대표적 영역이 바로 감정과 욕망, 광기와 신비 등이다. 이 모든 영역을 자신 안에 포함할 때 진정한 의미의 인간에 접근할 수 있다. 그만큼 인간은 불확실하고 흔들리는 주체다.

푸코에 의하면 도덕률에 근거한 통제와 치료로 강제되는 질서에서 벗어나야 한다. 광기라는 이름으로 격리되어왔던 욕망과 쾌락 자체가 정상과 비정상의 이분법적 구분을 넘어서 시민권을 인정받아야 한다. 그러한 의미에서 욕망의 해방을 향한 근거를 마련한다. 이를 위해서는 세상을 비롯한 타인의 광기와 자기 안에 숨겨져왔던 광기를 발견하고 인정하는 것으로부터 시작해야 한다. 그러할 때 우리는 진정한 의미에서 자유로운 사고, 더욱 현명한 삶을 실현할 수 있다.

4

관계 안의
인간

사랑과 결혼 그리고 성

톨스토이 《크로이체르 소나타》

영국 화가 존 앳킨슨 그림쇼의 〈연인〉은 사랑에 빠진 연인의 설레는 감정을 차분하게 전달해준다. 왜 '달빛 화가'로 불리는지를 증명하듯 달빛이 은은하게 비치는 거리의 연인을 담았다. 그는 달빛이 비치는 거리나 항구, 노을빛에 물든 적막한 도시, 비가 오는 부둣가의 밤 풍경 등을 즐겨 다루었다. 주로 산업혁명을 거친 대도시임에도 불구하고 번화한 느낌과는 거리가 멀다. 달빛이나 안개로 인해 희미해진 시야, 축축한 대기가 뿜어내는 쓸쓸함과 정적이 흐르는 도시 분위기다.

그림을 보면 언뜻 한 사람으로 보일 정도로 연인은 서로의 몸을 감싸 안은 채 걷는다. 아니, 걷던 길을 멈추고 포옹하며 서로의 온기와 마음을 나누고 있는지도 모르겠다. 이미 상당히 늦은 시간이어서 주변에 어둠이 찾아왔고 두 사람 이외에 인적은 없다. 뒤로는 꽤 우거진 숲

▲ 존 앳킨슨 그림쇼 〈연인〉 1874년

이 이어지고 고풍스러운 집 옆으로 난 길 위로 달빛이 쏟아진다. 길 위의 두 연인과 어우러지면서 상당히 낭만적인 느낌을 풍긴다.

　인류가 세상에 등장한 이래 현재에 이르기까지 가장 가슴을 설레게 하는 단어는 단연 사랑일 것이다. 누구나 마음 한구석에 앞으로 찾아올, 낭만적이거나 열정적인 사랑을 꿈꾸며 살아간다. 아스라한 첫사랑의 기억을 잊지 못하고 과거를 향해 사는 사람도 있다. 혹은 현재 자신에게 찾아온 사랑에 가슴 벅찬 하루를 보내는 사람도 있을 것이다. 어떤 경우든 사랑을 떠올리는 순간만큼은 자신이 이 세상의 주인공이다.

　동서양을 통틀어서 시나 노래의 일 순위 소재를 꼽으라고 해도 누구나 망설이지 않고 사랑을 선택할 것이다. 우리나라의 경우만 하더라도 하루에 몇 곡씩 새로운 노래가 쏟아져 나온다. 정확한 통계야 모르겠지만 상식적으로 생각해봐도 열에 여덟아홉은 사랑이 주제다. 물론 내용은 대부분 뻔하다. 대중가요의 노랫말이 사랑 타령 일색인 것은 어제 오늘 일이 아니다. 발라드, 록, 힙합, 댄스 등 장르를 가리지 않고 내용은 천편일률적이다. 첫 구절만 들으면 마지막 구절까지 예상될 정도로 거의 공식화된 통속적 가사다. 사랑을 기대하는 안타까움이든, 사랑에 빠져 세상을 다 가진 행복한 심정이든, 이별이 주는 가슴 찢어지는 고통이든 흔히 예상할 수 있는 사랑 이야기다.

사랑과 결혼을 논하다

사랑 이외의 주제나 가치에 대해 완전 무시하는 것이나 다름없는 상태에 빠져 있는 현실은 분명 문제다. 사랑이라는 주제의 과잉은 당연히 또다른 소중한 가치를 약화하거나 배제하기 때문이다. 특히 이러한 상태가 자연스러운 과정이 아니라 상업성을 생명으로 하는 대중매체나 연예산업, 심지어 정치적 측면에서 의도된 것일 때는 더욱 문제다. 하지만 여기서는 논외로 하고 사랑 자체에만 관심을 좁혀보겠다.

　　사랑이 유치하거나 통속적이어서 문제라고 시비를 걸자는 것이 아니다. 한편으로는 사랑이란 원래 그렇게 통속적인 것이 아닌가 싶다. 남녀 간의 사랑이 통속적이지 않다면 사랑이라고 할 수 있을까? 통속적이지 않은 점잖은 사랑은 과연 어떤 사랑일까? 굳이 플라토닉한 사랑의

▲ 연극 〈크로이체르 소나타〉의 한 장면

존재를, 혹은 그런 사랑을 품은 사람이 그 과정에서 비할 데 없는 기쁨을 맛볼 수도 있음을 부정할 마음은 없다. 하지만 그렇게 '우아한' 사랑은 일반적이라기보다 특수한 경우라 볼 수 있다.

　　사랑에 대한 태도와 방식을 몇 가지로 정의할 수는 없다. 하지만 많은 사람의 공통된 고민이자, 오랜 세월 동안 사랑을 둘러싸고 형성된 쟁점은 있다. 예를 들어 "어떻게 사랑이 변하니?"와 "변하니까 사랑이다!" 사이에서 사랑의 자리는 어디쯤에 있는가, 사랑의 저울추는 순수한 영혼과 충동적인 욕망 중에 어디로 기우는가, 결혼은 사랑의 자연스러운 귀결인가, 아니면 해도 후회하고 안 해도 후회하니까 일단 해보는 시도인가, 그것도 아니면 제도가 만들어낸 규제이자 억압인가 등이 그러하다. 톨스토이의 《크로이체르 소나타》는 중편소설이긴 하지만 사랑과 결혼을 둘러싼 대표적인 의문이나 쟁점을 상당 부분 포괄하고 있다는 점에서 우리에게 훌륭한 텍스트 역할을 한다.

이 소설은 아내를 살해한 한 남자의 이야기를 통해 톨스토이 나름의 사랑과 욕망, 결혼의 성격 등에 대한 성찰을 담고 있다. 사랑이 어떠해야 하는가보다는 현실의 사랑과 결혼이 어떠한가에 초점이 맞춰져 있다. 사랑과 결혼을 둘러싼 위선을 워낙 신랄하게 파헤쳐서 당시 한편에서는 공감과 찬탄, 다른 한편에서는 경악과 비난, 심지어 저주의 목소리까지 터져 나왔다. 그만큼 에둘러가지 않는 선명한 내용이었으며, 사회에 미친 영향도 상당히 컸다.

소설은 기차에서의 대화가 중심이다. 화자인 '나'가 기차 여행 중 포즈드느이셰프라는 이름의 중년 신사를 만나, 아내의 살해 과정을 듣는 형식이다. 앞부분에서는 몇몇 승객과의 논쟁이 나온다. 신사는 영혼의 영원한 결합을 꿈꾸는 낭만적인 사랑을 비난하고, 사랑은 육체적인 쾌락일 뿐이라고 강조한다. 모든 수단을 동원하여 남자를 유혹하는 일반 여성과 창녀는 다를 게 없으며, 남자들은 그저 여자를 사고 쾌락을 추구할 뿐이라고. 그에 따르면 흔히 사랑의 완성이라고 생각하는 결혼도 신성함과는 거리가 먼 동물적 결합일 뿐이다.

자리를 옮겨 화자와의 대화에서는 결혼에서 아내를 살해하기까지의 과정을 설명한다. 포즈드느이셰프는 청소년 시절부터 대부분의 귀족이 그러하듯이 방탕한 연애와 성 경험을 거듭해왔다. 하지만 아내를 고르는 기준은 순결하고 순수하며 예의 바른, 정숙하고 순종적인 여성이다. 아내에게 기대하는 것은 오로지 성적 쾌락뿐이지만, 결혼 후에 다른 여성과의 성관계 기피를 원칙으로 삼는 스스로에 대해 도덕적으로 만족스러워한다.

정신적 교감의 결핍 상태에서 성관계만으로 결혼생활이 지속되는 가운데 어느덧 아내는 다섯 명의 아이를 낳는다. 그녀는 더 이상 아이를 낳지 않겠다며 의사의 도움으로 피임을 한다. 임신과 출산, 육아에서 벗어나 피아노를 배우는 등 문화적 충족을 인생의 새로운 기쁨으로 여기자 남편은 소외감과 배신감을 느낀다. 특히 음악 선생인 바이올리니스트와 아내가 가까워지면서 더욱 불안이 커진다. 어느 날 아내와 음악 선생이 베토벤의 〈크로이체르 소나타〉를 열정적으로 연주하는 모습을 보며 극심한 질투와 의심에 휩싸인다. 그는 지방에 장기 출장을 갔다

레프 **톨스토이**(Lev Nikolayevich Tolstoy, 1828~1910)

도스토예프스키와 함께 19세기 러시아 리얼리즘문학을 대표하는 작가다. 대학을 중퇴하고 영지로 돌아가 농민생활 개선에 힘썼으나 실패하고 잠시 방탕한 생활을 하기도 했다. 그의 활동은 문학에 머무르지 않고 철학, 종교에 이르기까지 다양한 분야를 포괄한다. 《전쟁과 평화》는 작가로서의 명성을 얻게 해주었다. 1870년대 후반부터 작가로서 성공만을 추구했던 태도를 비판하고 세속적 생활에서 벗어나 인생의 의미를 새롭게 찾으며 철학적 성찰의 시간을 보냈다. 원시 기독교 사상에서 새로운 희망을 발견하고 근로, 채식, 금주, 금연 등의 소박한 생활과 악에 대한 무저항 불복종주의를 추구했다. 주요 저서로 《전쟁과 평화》, 《안나 카레니나》, 《부활》 등이 있다.

가 불안한 마음에 일정을 중단하고 밤길을 서둘러 집으로 돌아온다. 자정을 넘긴 늦은 시간에 두 사람이 함께 있는 모습을 목격한 후 그는 아내를 살해한다. 아내를 칼로 찌른 후 그것이 부질없는 짓이었음을, 또한 자신이 돌이킬 수 없는 끔찍한 짓을 저질렀음을 깨닫는다.

사랑은 영원할 수 있는가

먼저 기차 안에서 포즈드느이셰프라는 중년 신사와 부인이 나누는 대화를 잘 살펴볼 필요가 있다. 부인은 사람들이 사랑을 한다면서도 정작 중요한 걸 이해하지 못하고 있다며 진정한 사랑의 중요성을 강조한다. 특히 애정 없는 결혼이 문제다. 오직 진정한 사랑만이 결혼을 성스럽게 할 수 있다. 신사가 반박하면서 대화가 이어진다.

> "알겠습니다. 그런데 진정한 사랑이라는 말을 어떻게 이해해야 좋을까요?" (…)
> "사랑이란 남자건 여자건 한 사람을 다른 사람들보다 특별히 선호함을 뜻합니다."
> "얼마 동안이나 선호하는 겁니까? 한 달? 두 시간? 아니면 30분요?" (…)
> "오랫동안이죠. 때로는 평생 동안이구요." 부인은 움츠리며 대답했다.
> "그건 정말 소설에나 있지 인생에는 없습니다. 살아가다 보면 한 남자를 다른 사람보다 선호한다는 게 1년 정도 가는 경우가 지극히 드물고 흔히 몇 달이면 끝나죠. 때로는 몇 주일 또는 며칠, 몇 시간이면 끝나고 맙

니다. (…) 평생 한 여자 또는 한 남자만을 사랑한다는 것은 이를테면 하나의 양초가 평생 탄다는 것과 다를 바 없지요."

두 사람의 상반된 관점이 첨예하게 대립한다. 부인은 평생 서로의 마음속에 간직하는 특별한 감정을 강조한다. 나중에는 이상의 일치나 정신적 동질성에 바탕을 둔 사랑으로까지 논의가 나아간다. 부인은 결혼이 진정한 사랑에 기초함으로써 윤리나 의무의 성질을 가진다고 말한다. 하지만 신사의 반박은 매우 노골적이다. 그런 결혼은 소설에나 있지 실제 인생에는 없는 공상에 불과하다는 것이다. 대부분 시간이 지나면 시들해지고 결국 관계는 소원해지거나 파국으로 치닫는다.

부인이 인간에게는 몇 달이나 몇 해가 아니라 평생 지속되는 사랑이 있지 않느냐고 하자, 신사는 "아니요, 없습니다. 설사 한 남자가 어떤 잘난 여자를 평생 선호하더라도 그 여자는 아마도 틀림없이 다른 남자를 선호하게 될 겁니다. 세상에 그런 일은 항상 있었고 또 지금도 있습니다."라고 답한다. 진정한 마음으로 평생 사랑하는 경우는 완두콩 깍지 속에 훌륭한 완두콩 두 알이 나란히 들어 있기 어려운 것과 마찬가지로 거의 찾아볼 수 없다. 반드시 심한 갈등이나 첨예한 다툼이 생기고, 다행히 일정 기간을 함께 보낸다 하더라도 권태가 찾아오기 때문에 평생 한 여자 또는 한 남자만을 사랑하는 것은 부질없는 기대다.

우리의 경우만 보더라도 신사의 주장이 황당하다고만 볼 수는 없다. 처음에는 서로에게 하늘의 별이라도 따다 주고, 모든 허물을 포용할 수 있으리라 생각한다. 서로가 원하는 바를 채워주기 위해 노력하고 자기와 상당히 다른 부분이 있다 하더라도 맞춰주려 한다. 주변 사람들이 보기에 평소와는 다른 사람, 전혀 딴사람처럼 행동한다. 흔히 눈에 콩깍지가 씌었다고 말하는 단계다.

하지만 대체로 관계가 깊어지고 일정 시일이 지나면 다툼이 생기고 시들해진다. 서로에게 호감을 얻기 위해 잠시 가리거나 묻어두었던 본래의 성격과 행동방식을 드러내기 시작한다. 자기 만족만을 구하는 오만과 일방적 요구, 서로의 진정성에 대한 의심 등이 자란다. 점차 아주 사소한 문제로도 다툼이 생기고, 갈등이 반복되면서 위기를 맞는다. 설사 결혼을 했다고 해도 크게 다를 바는 없다. 돌이켜보면 싸움의 계기가 그리 대단한 것도 아니다. 신사는 자신의 경험을 생생하게 들려준다.

> "그러던 어느 날 내가 무심코 어떤 집 개가 전시회에서 메달을 받았다고 하자 아내는 메달이 아니라 찬사만 받았다고 되받더군요. 그렇게 해서 말다툼이 시작되었습니다. 주제는 걷잡을 수 없이 바뀌었고 비난이 이어졌습니다. 이를테면 '또 시작이시네', '당신은 항상 그래요, ~라고 했잖아요', '천만에 그런 말 한 적 없어', '그럼 내가 거짓말하고 있겠군요!' 뭐 이런 식이었습니다."

신사의 말마따나 아주 사소한 계기로 다툼이 생겨난다. 30년 가까이를 서로 다른 사고방식과 생활방식으로 살아왔던 사람들이 한 집에서 함께 사는 일은 그만큼 어렵기 때문이다. 당연히 어처구니없는 일로 싸움이 시작된다. 심지어 치약을 중간부터 짜는 습관, 세면실의 머리카락 치우는 것, 변기 뚜껑을 올린 후 내리는 것, 양말이나 팬티를 아무 데나 벗어놓는 것 등에 이르기까지 어쩌면 치사하다 싶을 정도로 작은 일이 다툼의 불씨가 된다.

처음에는 그러려니 하지만 사소한 다툼이 반복되면서 점차 자존심의 문제로 확대된다. 부딪히는 게 싫어서 넘어가면 속에서 부아가 치밀어 오르곤 한다. 이제는 어떤 말이나 행동을 하면 서로 '당신은 항상 그래!'라는 말이 튀어나온다. 이를 매개로 언쟁을 불러온 당장의 사유는 뒷전이 되고 곧바로 그간 싸웠던 이야기들이 감자를 캐듯 줄줄이 이어져 나온다. 혀가 칼이 되어 서로 아픈 곳을 찔러대며 상처를 준다.

남성의 경우 어긋난 감정을 육체관계로 무마하려는 경우도 많다. 신사도 마찬가지였다. "아! 지금도 생각하면 추하기만 합니다. 심한 말을 서로에게 퍼붓고 나서 갑자기 말없이 물끄러미 쳐다보다가 미소를 짓고 키스를 하고 껴안았거든요." 몇 번이야 이른바 '밤일'을 통해 넘어가지만 흐트러진 감정이 봉합되는 것은 아니다. 결국 다시 상황은 악화되고, 대화는 형식적으로 변해간다. 고작 아이의 몸 상태나 학교 성적, 집이나 생활비 이야기 등 최소한의 대화로 줄어든다.

수많은 연인이 이 과정에서 이별로 끝을 맺는다. 아슬아슬한 줄타기를 통과해 결혼에 이른 사람도 안심할 수 없다. 권태기야 이제 당연한 과정이 되었다. 가파르게 상승하는 이혼율도 그렇지만, 설사 한평생을 함께 산다 해도 과연 사랑으로 산다고 할 수 있는 사람들이 얼마나 될까? 오죽하면 사랑이 아니라 정으로 산다는 말이 상식처럼 되었을까. 그렇기 때문에 사랑처럼 엄청난 기대로 시작했다가 실패로 끝나는 일도 찾아보기 어려울 것이다.

로댕과 클로델의 사랑과 이별

화가 중에 불같이 뜨거운 사랑에서 시작하여 갈등과 이별, 그리고 증오로 이어지는 과정을 전형적으로 보여주는 경우가 오귀스트 로댕과 카미유 클로델의 관계일 것이다. 로댕의 〈키스〉는 불꽃이 튈 듯한 남녀의 격정적인 사랑을 보여준다. 미켈란젤로의 뒤를 이은 조각의 대가로 여겨지는 로댕의 수많은 작품 중에 사랑에 빠진 남녀를 묘사한 작품들이 꽤 많다. 〈키스〉를 비롯하여 〈영원한 봄〉, 〈영원한 우상〉 등이 그러하다.

　〈키스〉에서 남자는 여성의 몸 전체를 감싸듯 안고 있다. 여성의 허리 아래 놓인 손이 자연스럽다. 여성에 비해 약간은 긴장한 듯한 모습도 느껴진다. 조금은 '공식적인' 포즈라는 느낌도 든다. 이에 비해 여성은 매우 적극적으로 자신의 감정을 표현하고 있다. 왼쪽 팔로 남성의 목을 끌어안고, 남성에게서 떨어지지 않으려는 듯 비튼 몸을 밀착한다. 다소 긴장된 모습의 남성과는 다르게 보다 유연하며 능동적인 자세다. 사랑에 빠진 사람만이 표현할 수 있는 작품일 텐데, 실제로도 그러했다. 남녀의 사랑을 묘사한 로댕의 작품 대부분은 조수이자 연인이었던 클로델과 열렬한 사랑에 빠져 있던 7~8년 동안 제작되었다.

▲ 로댕 〈키스〉 1889년

▲ 클로델 〈사쿤탈라〉 1888년

남녀의 애절한 사랑을 표현한 클로델의 대표작 〈사쿤탈라〉 역시 마찬가지다. 로댕의 〈키스〉와 상당히 비슷한 분위기다. 이로 인해 로댕이 그녀의 〈사쿤탈라〉를 표절한 게 아니냐는 논란이 일기도 했다. 그런데 재미있는 사실은 자세히 들여다보면 두 작품이 서로 다른 구도를 가지고 있다는 점이다. 〈사쿤탈라〉에서 더 적극적으로 구애를 펼치고 있는 쪽은 남성이다. 놓치지 않겠다는 듯 무릎을 꿇은 자세로 여성의 허리를 꼭 끌어안고 있다. 고개를 치켜든 모습이 사랑을 갈구하는 느낌을 준다. 여성은 수줍은 듯 손으로 가슴을 살짝 가리고 있다. 나머지 한 손도 남성의 목을 끌어안는 대신에 등 쪽으로 어색하게 내려뜨리고 있어서 능동적인 분위기는 아니다. 남성의 키스 공세 앞에서 고개를 옆으로 돌리고 살짝 빼는 듯한 모습으로도 보인다.

▲ 클로델의 이야기는 그녀의 이름을 딴 영화로도 제작되었다. 최근 버전에는 줄리엣 비노쉬가 열연했다.

클로델은 조각가보다는 로댕의 연인으로 더 유명하다. 그 누구보다도 한 사람의 작가로 알려지질 원했지만, 평생 로댕이라는 걸출한 예술가의 그늘에서 벗어나기 어려웠다. 당시는 여성이 조각을 하는 것이 특이한 일로 치부되던 시기였다. 하지만 그녀는 가족의 반대에도 불구하고 17세에 조각가 수업을 받기 시작했다. 로댕은 자신의 작업실에서 모델과 조수로 활동을 시작한 그녀의 재능을 인정하여 조각에서 섬세한 부분의 표현을 맡기기도 했다. 이즈음 발표한 〈사쿤탈라〉로 찬사를 받으면서 클로델은 명실상부한 조각가로서 자리를 잡았다. 이 작품은 로댕의 〈키스〉와 마찬가지로 두 사람이 사랑하던 시기에 제작되었다. 마치 두 작품을 통해 서로에 대한 애정을 과시하듯이 말이다.

하지만 클로델은 뛰어난 재능에도 불구하고 서양 미술사에서 손에 꼽을 정도로 걸출한 조각가인 로댕의 그늘에 가려져 있어야 했다. 그녀로서는 여간 불만스러운 게 아니었다. 로댕은 누가 보기에도 자기만의 독창적인 작품 세계를 구축한 화가였다. 이에 비해 그녀는 로댕의 작품과 여러 가지로 유사한 특징을 보여주고 있다는 점에서 로댕의 아류로 평가받곤 했다. 하지만 그녀의 작가적 재능을 부정하는 사람은 찾아볼 수 없을 정도로 예술가로서의 능력을 지니고 있었음은 분명하므로 그에 걸맞은 평가도 필요할 것이다.

로댕은 43세가 되던 해에 친구의 소개로 18세의 소녀 클로델을 만났다. 남다른 재능을 지녔던 그녀는 곧 로댕의 조수가 되었다. 그리고 로댕을 존경하고 열정적으로 따랐다. 그 역시 아름다운 그녀에게 매료되면서 은밀하고 열정적인 사랑에 빠졌다. 당시 둘 사이에 오간 편지에는 타오르는 사랑이 숨김없이 담겨 있다. 그는 그녀가 옆에 없으면 불안했다. "너의 손에 나의 키스를 보낸다. 나의 연인. 내게 깊이를 헤아릴 수 없는 뜨거운 환희를 안겨주는 그대. 너의 곁에 있으면 내 영혼은 힘을 얻고, 너의 존경이야말로 그 사랑의 격정 속에서 언제나 내가 바라는 것이었다. 그대 나의 카미유, 너의 인성을 향해 내가 품고 있는 존경이 있어 나의 거친 열정이 존재한다."

그녀는 로댕에게 예술적 작업이나 정신적 차원에서의 사랑을 넘어서는 관계를 원했다. "당신이 조금만 자상하다면 우린 이곳에서 낙원을 찾을 수 있을 거예요. 어느 방이든 당신 작업실로 쓸 수 있을 테고. (…) 밤엔 당신과 함께 있다고 상상하면서 알몸으로 자지만 눈을 뜨면 언제나 실망뿐이에요." 그래서 결혼에 대한 의사를 표현하기도 했다. 하지만 로댕은 첫사랑인 로즈라는 여인과 만나고 있었고, 로즈와 헤어지고 클로델과 살겠다는 약속을 지키지 않았다. 로즈는 로댕이 "나를 향해 동물적 충성심을 지닌 여자"라고 말할 정도로 그에 대해 헌신적인 태도를 보이는 여인이었다. 클로델도 질투와 불안 속에서 다른 남자와 교제를 했고, 이번에는 로댕의 질투로 이어졌다. 또한 클로델의 작품 전시를 방해하는 압력 행사로 둘 사이는 더욱 벌어지게 되었다.

결국 로댕이 로즈를 선택함으로써 둘은 결별했다. 이후 클로델은 '로댕은 나의 재능을 두려워해 나를 죽이려 한다'는 강박증에 사로잡혔다. 낮에는 작업실에 틀어박혔고, 간혹 밤에만 외출했다. 옷차림은 남루하고, 몸을 씻지 않았으며, 사람들과 단절했다. 술을 마시고 욕을 하며 로댕의 집에 돌을 던지기도 했다. 전시회 실패와 경제적 고통 등이 겹치면서 강박증과 자폐 증상이 더 심해졌다. 절대적 후원자인 아버지가 사망하자 어머니와 형제들의 동의하에 정신병원에 강제 수용되어 30년 가까이 정신병원에서 사실상 감금된 생활을 하다 비극적인 삶을 마감했다.

사랑의 본질은 정신인가, 육체적 욕망인가

부인과 중년 신사의 논쟁은 사랑에 있어서 정신과 육체의 관계 문제로까지 확대된다. 다음은 부인이 정신적 사랑을 강조하자 중년 신사가 반박하는 내용이다.

"육체적 사랑에 관해서만 말씀하시는군요. 이상의 일치나 정신적 동질성에 바탕을 둔 사랑은 생각할 수 없나요?"

"정신적 동질성! 이상의 일치라! 그런 경우에는, 거칠게 표현해서 죄송합니다만, 함께 잘 이유가 없지요. (…) 오늘날 결혼은 사기극에 지나지 않습니다! (…) 사람들은 결혼에 성교 이상의 의미를 두지 않은 채 결혼합니다. 따라서 혼외정사나 강간이 생겨납니다. 혼외정사라면 훨씬 견디기 쉽습니다. 부부는 자기들이 일부일처제를 지키고 있다고 사람들을 속이면 되거든요. 그러나 실제로는 일부다처 또는 일처다부지요. 이건 추잡한 일이지만 실제로 있습니다. 그러나 보다 흔한 경우가 있습니다. 부부가 평생 함께 살겠다는 외적인 의무를 받아들인 지 두 달도 안 되어서 서로 미워하고 이혼을 원하면서도 그럭저럭 살아가는 겁니다. 바로 여기에서 알코올 중독이나 권총 자살 또는 독살 같은 살인을 유발하는 끔찍한 지옥이 생겨나게 됩니다."

육체적 사랑을 경계하거나 터부시하는 대표적인 경우로 종교적 관점이 있다. 《성경》은 "누구든지 여자를 보고 음란한 생각을 품는 사람은 벌써 마음으로 그 여자를 범한 것이다."〈마태오〉라고 한다. 제자들이 이 말을 듣고 예수에게 "남편과 아내의 관계가 그런 것이라면 차라리 결혼하지 않는 것이 낫겠습니다."라고 하자 예수는 다음과 같이 대답한다. "그것은 아무나 할 수 있는 것이 아니다. 다만 하느님께서 허락하신 사람만이 할 수 있다. 처음부터 결혼하지 못할 몸으로 태어난 사람도 있고 사람의 손으로 그렇게 된 사람도 있고 또 하늘나라를 위하여 스스로 결혼하지 않는 사람도 있다. 이 말을 받아들일 만한 사람을 받아들여라."

하지만 신사가 보기에 선이나 정신적인 사랑을 인류의 목표로 제시하는 견해에는 결정적 오류가 있다. 그 목표에의 도달을 가로막는 장애물, 즉 욕정을 놓치고 있기 때문이다. 욕정 중에서 가장 강하고 가장 악하며 가장 끈질긴 게 성욕이고 육체적인 사랑이다. 신이 인간을 창조할 때 특정 목표에 도달하도록 할 생각이었다면 성욕이 배제된 생명을 주었을 것이다. 만약 목표에 도달하도록 할 생각이 있다면 신은 새로운 인간을 창조해야 한다. 그것이 불가능하다면 그냥 현재 있는 그대로의 인간을 인정하는 것이 제일 좋다.

남성만 육체적 욕망에 지배당하는 것은 아니다. 신사의 말에 따르면 여성도 사랑이 고상함이나 도덕적 가치가 아니라 육체적 매력, 머리나 옷매무새 등에 의해 좌우된다는 점을 잘 알고 있다. 여자는 남자들이 고상한 감정에 대해 이야기하는 것은 항상 거짓말이며 원하는 것은 오직 육체뿐임을 잘 알고 있다. "고상한 테마에 관해 이야기하는 건 단순히 대화를 나누기 위해서일 뿐이지 남자들이 정말 원하는 건 육체 그리고 이 육체를 지극히 매력적으로 보이게 하는 것뿐이라는 걸 알지요. 사실이 또 그렇고 말입니다."

여성의 육체적인 욕망을 정면으로 다루는 한국 영화감독으로 〈바람난 가족〉, 〈하녀〉 등을 만든 임상수 감독을 꼽을 수 있다. 특히 〈처녀들의 저녁식사〉는 한국사회에서 여성의 성욕을 수면 위로 끌어 올리는 역할을 했다. 호정, 연, 순이라는 세 명의 미혼 여성이 등장하는 이

▲ 영화 〈처녀들의 저녁식사〉의 한 장면

영화에서 섹스와 남자에 대한 성 담론이 정면으로 펼쳐진다. 그동안 노골적인 성을 소재로 한 영화야 많았지만 대부분 철저히 남성의 시각이었거나, 여성을 중심으로 설정했다 하더라도 몸으로 드러낼 뿐 적극적으로 정당화하지는 않았다. 이 영화에서 여성들은 스스로 성을 즐길 뿐만 아니라 성을 능동적으로 대화 주제로 꺼낸다. 성적 환상과 욕망을 솔직하고 거침없이 드러낸다.

　　절친한 친구 사이인 세 여인은 각각 인테리어 디자이너, 호텔 종업원, 대학원생이다. 대화는 그녀들의 자위 경험에서 시작된다. 호정은 사람이 밥만 먹고 살 수 없듯이 섹스뿐만 아니라 스스로를 만족시키는 자위도 중요하다고 강조한다. "클리토리스로 자극을 받다 보면 '아 난 지금 넣고 싶다' 할 때가 있어. 넣어! 넣는 거야. 그리고 움직여. 그러면

이 밑에서부터 뜨거운 게 치밀어 오르는데, 그게 내 머리까지 도달을 하면 터져버리는 거지." 연은 가야금을 남자라고 상상하는 자위 경험을 이야기한다. "내 앞에 가만히 앉혀놓고 옷을 하나씩 벗는 거야. 그리고 가야금 연주를 시작하는 거야. 문지르고 키스하고 애무를 해. 흥분을 하잖아, 그럼 가야금에 올라타."

포즈드느이셰프의 지적처럼 호정은 여성에 대한 남성의 관심이 육체에 쏠려 있다는 점도 잘 알고 있다. "남자들이 너하고 자고 싶다고 그러지? 그건 너한테 관심이 있어서가 아니라 네 몸, 네 아랫도리에 관심이 있어서야. 그럴 땐 일단 자줘. 그러고 나면 그제야 너 자신에 대해서 관심을 갖게 되는 거야." 육체적 욕망이 남성이 여성에게 접근하는 기본 동기다. 여성도 자기 몸의 느낌에 솔직해질 때 자신에 대해 진정한 관심을 가질 수 있다. 또한 더 이상 남성의 요구에 수동적으로 따르는 존재도 아니다. 연은 "지하철 맞은편에 앉아 있는 생판 모르는 남자한테도 불쑥 성욕이 치밀어 올라."라고 토로한다.

섹스에 대해 자유롭던 이들에게 예기치 않은 변화가 다가온다. 호정은 유부남과 잠자리를 가진 대가로 간통죄에 걸리고 연은 낯선 남자와 하룻밤을 보낸 후 실직당한다. 순은 연의 남자 친구와 첫 경험을 하고 잉태한 아이를 유산한다. 하지만 그간의 영화처럼 성적 욕망의 덧없음으로 마무리하지 않는다. 서로를 이해하고 위로하며, 오히려 당당하다. 호정의 간통 사건 이후 저녁식사에서의 대화만 봐도 그렇다.

"오로지 한 남자만을 알고 한 가지 형태의 섹스에 익숙해져 있고, 그 남자에게만 전적으로 매달려 사는 것, 앞으로도 난 절대로 그렇게는 안 살 거야. 도대체 언제부터 형사와 검사가 내 아랫도리를 관리해온 거니? 국가보안법이면 몰라. 간통이 뭐야, 간통이!"

"우리가 책에서 읽었던 따뜻하고 열정적인, 완전히 몰입하는 그런 섹스는 도대체 어디 있는 거니? 있기는 한 거야?"

〈처녀들의 저녁식사〉의 한 장면은 식사와 한바탕 수다 후에 아파트 거실 창문에 다리를 올리고 라밤바 리듬에 맞춰 노래하며 춤추는 모습이다. 영화 포스터에 등장하기도 했던 이 장면은 영화의 문제의식을 상징적으로 보여준다. 엉덩이와 다리를 창밖으로 드러내고 흔들어대는 행위는 세상 사람을 향한 조롱이다. 특히 다리를 높이 들어서 남성중심적으로 흘러왔던 사회적 통념으로서의 성 담론에 도전하고 있다.

통속적이지 않은 사랑이 사랑일 수 있을까

우리는 대부분 뜨거운 성적 충동 경험을 갖고 있다. 특히 10~20대 시기에 주체할 수 없는 욕정에 시달린 기억을 갖고 있다. 포즈드느이셰프는 자신의 성장기에 느낀 뜨거운 감정을 다음과 같이 설명한다.

"여자는 막연한 여자가 아니라 달콤한 존재였고 여자의 나신은 내게 고통을 안겨주었습니다. 나의 고독은 순정한 것이 아니었습니다. 또래 사내 아이의 99%가 그랬듯이 나 또한 괴로워하고 있었습니다. 나는 겁을 내고 있었고 고통을 견뎌내고 있었으며 기도하다가 쓰러지기도 했습니다."

정도는 다르지만 이 시기가 지난 후에도 성적 충동이 인간을 이루는 기본 요소 중의 하나임을 부정하기 어렵다. 대문호라고 불리는 톨스토이나 조각에 영혼을 불어넣은 로댕이라 하더라도 여기에서 자유롭지 못하다. "나는 창조하지 않습니다. 단지 볼 뿐입니다. 만들 수 있다는 것은 보기 때문입니다."라고 했던 로댕의 말에 비추어볼 때 〈키스〉 역시 '창조'한 그 무엇이 아니라 현실에서 생생하게 마주 '보는' 사랑의 결과로 볼 수 있다. 실제 클로델과의 관계가 어떠했는지는 잘 모르겠지만 작품을 통해 드러나는 것은 사랑이다. 예술과 통속적인 사랑을 연결하는 데 불쾌해하는 사람들이 있을지 모르겠다. 하지만 그들에게 다시 묻고 싶다. 사랑은 원래 통속적인 것이 아니겠는가? 통속적이지 않은 사랑이 사랑일 수 있는가? 그러한 의미에서 사랑을 가장 잘 표현한 예술 작품일수록 가장 통속적이지 않겠는가?

조선시대를 대표하는 풍속화가로 알려진 신윤복과 김홍도의 풍속화는 어떠한가. 신윤복의 〈월야밀회〉를 보면 보름달이 비치는 야밤에 인적이 끊긴 골목길 후미진 담 그늘 아래에서 남녀가 어우러져 깊은 정을 나눈다. 밤에 담벼락을 등지고 만나는 모습이나 제목을 볼 때 몰래하는 사랑임이 분명하다. 나이가 찬 성인임을 고려할 때 이미 남의 사람이 되어버린 정인을 못 잊어 밤길을 나선 듯하다. 옆으로 난 담에는 안

▲ 신윤복 〈월아밀회〉 18세기 후반

타까움인지, 부러움인지, 질투인지 알 수 없는 표정으로 이들을 보는 또 다른 여인이 있다. 애틋한 밀회를 성사시킨 사람인지, 아니면 삼각관계의 또 다른 당사자인지 모를 일이다.

　　신윤복과 김홍도의 그림에 깊은 관심을 가진 사람이라면 더 노골적으로 성을 다룬 작품을 본 적이 있을 것이다. 〈단오풍정〉처럼 목욕하는 여성들을 몰래 숨어서 지켜보는 익숙한 그림을 말하는 것이 아니

▲ 인도의 카주라호 사원 외벽. 남녀의 성교 모습이 적나라하게 묘사되어 있다.

다. 지금으로 치면 포르노라 표현해도 될 만큼 노골적인 성 행위 묘사로 가득한 그림에 신윤복과 김홍도는 떳떳하게 자신의 서명과 함께 낙관을 찍어놓았다. 서명을 하고 낙관을 찍는 행위는 그러한 묘사에 대해 자연스럽게 접근했다는 이야기다. 또한 예술과 성적인 표현을 분리하지 않았다는 의미이기도 하다.

그뿐만이 아니다. 인도의 사원은 성애를 표현한 조각들로 가득하다. 수많은 사원의 외벽이 성 유희를 다룬 조각으로 차 있다. 재미있는 점은 그간 사진으로 본 대부분의 조각이 서서 성교하는 모습이다. 그리고 그 모습도 참으로 다양하다. 보통 사람들이 상식적으로 생각하는 일대일 성교뿐 아니라 세 사람 이상이 한데 엉켜서 성의 환희에 빠져 있는 조각도 있고, 여러 쌍이 동시에 성교하는 모습도 보인다. 수도승의 성 행위가 노골적으로 묘사되어 있고, 사원 안에 남근의 상징이 모셔져 있기도 하다. 인도의 성애 조각처럼 통속적인 조각을 찾아보기 힘들 정도다. 그런데 어느 누구도 이 조각들을 비예술적이라거나 반예술적이라고 비난하지 않는다.

사랑을 통속적인 것과 분리하려는 시도는 결국 인간을 정신과 육체로 나누는 것이요, 정신은 고귀하고 육체는 저열한 존재로 규정하는 사고의 반영이다. 사랑이 통속적인데 그 사랑을 표현한 예술이 통속적일 수 없다면, 그 예술은 이미 거짓이고 나아가 사람을 속이는 죽은 예술일 것이다.

부모와 자식 그리고 교육

루소 《에밀》

대부분의 사람들은 교육을 부모와 자식 관계에서 가장 중요한 영역으로 여긴다. 사회생활에 적합한 가치·규범·지식의 내면화 과정인 사회화를 흔히 1차 사회화와 2차 사회화로 구분한다. 부모와 자식 사이의 결속에 의해 이루어지는 사회화 과정이 1차 사회화다. 개인이 학교나 직장 등 특정한 집단에 소속되면서 그 집단의 가치와 태도를 학습해 사회화되는 과정을 2차 사회화라고 한다.

하지만 부모와 자식의 관계를 중심으로 살펴보면 사회화의 두 과정은 엄밀하게 구분되기 어렵다. 사회화는 보통 교육을 통해 이루어지는데, 부모가 자식에게 미치는 교육에서의 영향은 초등학교에 들어가기 전까지로 한정되지 않기 때문이다. 초등학교는 물론이고 중학교에서 고등학교에 이르기까지 자식의 진로를 좌우할 정도다.

관계 안의 인간

그만큼 교육은 부모와 자식 사이의 갈등이 집약적으로 드러나는 장이기도 하다. 특히 교육이 진로 개척의 핵심 영역이기 때문에 기성세대의 사고방식에서 자유롭지 못한 부모와 새로운 가치관을 열어나가고자 하는 자식 사이에 항상 갈등이 잠복한다. 그러므로 교육만큼 부모와 자식 관계의 본질이 잘 드러나는 영역도 없다. 교육이나 진로 문제가 아니어도 이른바 질풍노도의 시기를 통과하는 청소년 시절에 충돌은 불가피하다. 가뜩이나 팽팽한 긴장감이 감도는 시기, 그것도 10여 년을 학교라는 갇힌 공간에서 지내느라 온갖 스트레스로 가득한 시기에 성적이나 진로에 대한 부모의 시시콜콜한 간섭은 바짝 마른 풀에 불을 던지는 격이다.

우리에게는 진정한 스승이 있는가 – <죽은 시인의 사회>

영화 <죽은 시인의 사회>는 교육을 매개로 기성세대와 신세대, 부모와 자식 사이의 갈등을 잘 보여준다. 1989년에 상영된 이래 지금까지 이 분야의 고전으로 자리 잡은 영화다. 주인공 키팅 선생이 보수적인 남자 사립학교인 웰튼 아카데미에서 시와 문학을 가르치면서 틀에 박힌 생활을 강요받는 학생들에게 새로운 영감을 준다는 이야기다.

미국에는 하버드, 예일, 프린스턴 대학 등을 포함하는 8개의 유명 사립대학이 있다. 이들 8개 대학을 '아이비리그'라고 부른다. 아이비리그는 미국의 대표적 명문 대학으로, 많은 학생이 아이비리그 진학을 꿈꾼다. 웰튼은 미국 전체에서 아이비리그 진학률이 제일 높은 학교다.

▲ 영화 〈죽은 시인의 사회〉 장면 1

해마다 졸업생의 70퍼센트 이상이 아이비리그로 진학한다. 학생들은 모두 기숙사 생활을 하면서 철저하고 엄격한 교육을 받는다. 아이비리그 진학은 학교와 학부모는 물론이고 학생 자신에게도 유일한 목표다.

영화 〈죽은 시인의 사회〉 장면 1은 키팅이 첫 수업에서 학생들을 1800년대부터 지금까지 웰튼 아카데미를 거쳐 간 졸업생들의 사진이 걸려 있는 방으로 데려간 장면이다. '장미꽃 봉오리를 따려면 지금 / 시간은 언제나 말없이 흐르고 / 오늘 이렇게 활짝 핀 꽃송이도 / 내일이면 시들어버릴 것이다'라는 내용의 시를 읽게 한 후 '오늘을 즐겨라'라는 의미를 가진 라틴어 '카르페디엠 carpe diem'을 강조한다. "이 사람들 가운데 소년 시절의 꿈을 마음껏 펼쳐본 사람은 과연 몇이나 될까? 대부분 지난 세월을 아쉬워하며 세상을 떠나 무덤 속으로 사라져갔을 것이다. 능력이나 시간이 없어서 그랬을까? 천만에! 그들은 성공이라는 전

관계 안의 인간

지전능한 신을 뒤쫓는 데 급급해서, 소년 시절의 꿈을 헛되이 써버리고 말았던 것이다." 수업이 끝나고 한 학생이 걱정스러운 표정으로 친구에게 묻는다. "그런데 아까 그거 시험에 나올까?"

다음 수업시간에서는 '시의 이해'라는 주제와 관련하여 시의 완성도를 판가름하기 위한 것과 시의 중요도를 판단하기 위한 것을 설명하다가 갑자기 쓰레기 같은 이론이라면서 교과서의 해당 부분을 찢어버리라고 한다. "운율이나 음률을 외워 시험이나 잘 치르고, 그 덕에 좋은 점수를 따서 명문 대학에 진학하는 게 의미 있는 시대라고 생각하겠지? 가슴으로 시를 읽고 마음으로 시를 느끼는 따위의 문학이란 중요한 게 아니라고 생각하고 있겠지?" 그는 학생들에게 아이비리그 진학 이상의 것을 가르쳐주고 싶어 한다. 자율적인 생각과 판단, 자신 있는 말과 행동이 얼마나 아름답고 소중한지를 깨닫게 해주고자 한다.

어느 날 수업 도중에 책상 위로 올라간 키팅은 자신이 왜 여기 올라와 있다고 생각하느냐고 묻는다. 그리고 학생들이 차례대로 책상 위에 올라가게 한다. "나는 여러분이 다른 각도에서 끊임없이 사물을 바라봐야 한다는 점을 증명해 보이려는 것이다. (…) 여러분이 무언가에 대해 어떤 강한 확신이 들었다 하더라도 또 다른 방향에서 그 문제를 생각해보는 지혜와 여유를 가질 수 있도록 해야 한다."

전통·명예·규율·최고라는 학교의 4대 원칙을 자신의 신조로 삼고 있던 학생들에게도 점차 변화가 찾아온다. 한 학생이 오래전 키팅이 학창 시절 활동했던 '죽은 시인의 사회'라는 고전문학 클럽에 대해 우

연히 알게 된다. 자기들도 학교 근처 동굴에서 같은 클럽을 만들어 활동
하면서 나름대로 진정한 삶에 눈뜨게 된다. 그러다 키팅을 따르는 학생
인 닐이 의사가 되어야 한다는 엄격한 아버지에 눌려 있다가 셰익스피
어의 연극 〈한여름 밤의 꿈〉의 주연을 맡으면서 자신의 자질과 능력을
발휘한다. 하지만 아버지에게 들키면서 갈등이 폭발한다.

> "넌 도대체 어떻게 된 녀석이냐! (…) 너한테 커다란 기대를 갖고 있는 이
> 애비를 실망시키다니! 그 우스꽝스러운 연극은 당장 집어치워! (…) 어
> 쨌든 더 이상 네 인생을 망치도록 그냥 놔둘 수 없다. 이제 더 이상 웰튼
> 을 다닐 수 없어! 내일 당장 군사학교로 보내겠다. 넌 그곳에서 하버드로
> 진학해 의사가 되는 거야! 알겠지?"
> "아버지, 의사가 되라는 말씀은 저도 알아요. 아직도 10년이나 남은 일
> 이에요. 게다가 그건 제가 평생 해야 할 일이구요. 그런데…"
> "그런데? 넌 지금 내가 평생 꿈조차 꿔보지 못한 기회를 잡고 있어. 나
> 는 그 기회를 놓쳐버리는 네 꼴을 더 이상 지켜볼 수가 없어. 그런 연
> 극 따위로 말이야! 네 인생을 짓밟는 행위란 걸 정말 모르겠니? 내 말
> 알아들었지?"

그날 밤 닐은 아버지의 총으로 자살한다. 닐 부모의 요청으로 학
교는 키팅을 희생양으로 삼아 수습한다. 키팅이 학교에서 떠나는 날, 교
장이 구태의연한 방식대로 '시의 이해' 수업을 시작한다. 하지만 그 페이
지는 이전 수업 때 찢어버려 없어진 상태다. 영화 〈죽은 시인의 사회〉

관계 안의 인간

▲ 영화 〈죽은 시인의 사회〉 장면 2

장면 2는 영화를 접한 많은 사람들을 감동시킨 유명한 순간이다. 학생들은 자기들로 인해 쫓겨 가는 선생의 마지막 모습을 보며 하나둘씩 책상 위로 올라간다. 교장이 소리치며 막지만 이미 많은 학생들이 책상 위에 서서 떠나는 키팅에게 경의를 표하고 있다.

이 세상의 부모들을 고발하다

단순히 영화에서의 닐의 부모에게만 해당되는 이야기가 아니다. 아이비리그 진학에 목을 매달고 학생을 닦달하는 미국 부모만의 문제도 아니다. 한국사회에 비하면 미국 부모들의 만행은 새 발의 피다. 왜 그런지는 구차한 설명이 필요 없을 정도로 명문 대학 경영대나 의대를 향한 한국 부모의 집념은 이미 세계적으로 유명하다.

교육에 관한 한 부모의 일방적인 강요는 동서양을 막론하고 어제 오늘의 일이 아니었던 듯하다. 일찍이 장 자크 루소는 《에밀》을 통해 교육에 대한 부모들의 무지와 폭력적인 태도를 신랄하게 비판하면서 대안을 모색했다.

《에밀》은 소설 형식을 취한 교육론이다. 루소 스스로 가장 탁월하고 중요하다고 평가한 책이다. 이 책은 새로운 시대와 관련한 인간 형성의 이상과 방법에 관한 저술이라는 평가를 받는다. 당시 계몽주의자들은 절대주의 체제에서의 국가적인 학교 체제를 통한 귀족 자녀 중심의 교육을 비판하고 서민 중심의 근대적 교육제도를 강조했다. 루소는 더 나아가 다른 계몽주의자들이 아동의 가치 실현에 적극 개입하고, 감각적인 면을 무시하고 모든 교육을 이성에 의해 해결하려 하며, 체벌을 인정하고, 아동을 축소된 성인으로 보는 시각에 반대했다.

장 자크 루소(Jean-Jacques Rousseau, 1712~1778)
그의 일관된 관심은 자연 상태에서 자유롭고 행복하던 인간이 '어떻게 인간 회복을 할 것인가'였다. 또한 인간의 이성을 맹신하는 계몽주의 경향을 비판하면서 자연친화적 태도와 감성을 강조하기도 했다. 《사회계약론》은 《에밀》 등과 함께 그의 대표작이다. 자연 상태, 계약론, 주권론 및 정부론 등 네 가지 주제로 구성되어 있는데 사회구성의 원리를 제시한 책으로 유명하다. 1762년 처음 출판된 이후 프랑스혁명이 일어난 해까지 20여 판을 거듭했고, 혁명 전야의 이데올로기에 폭넓게 배어 있었다. 두 책이 출판된 다음 파리 고등법원이 루소에 대해 유죄를 선포하고 체포령을 내려 스위스, 영국 등으로 도피했다. 그가 죽은 지 11년 후에 프랑스대혁명이 일어났는데, 그의 인민주권론은 혁명지도자들에게 사상적 지주가 되었다.

관계 안의 인간

루소의 교육사상은 자연주의, 낭만주의, 아동 중심주의, 생활 중심교육 등을 가장 큰 특징으로 한다. 특히 자연주의 교육론은 루소 교육사상의 기둥 역할을 한다. 그는 아동을 교육 대상이 아닌 주체로 설정하고, 이성 교육보다 감성 교육을 우위에 두며, 노동을 교육의 한 방편으로 여기는 등 새로운 교육 원리를 제시한다.

《에밀》은 에밀이라는 이름의 어린이가 태어나서부터 결혼에 이르기까지 이상적인 가정교사의 세밀한 지도를 받으며 성장해가는 과정을 그리고 있다. 루소는 인간의 성장이 자연스러운 과정임을 살피고 연령을 고려하여 특징에 따라 여러 단계로 구분한다. 5세까지의 어린이 발달, 5세에서 12세까지의 교육, 12세에서 15세까지의 소년기 교육, 15세로부터 20세까지 사회생활 시기의 교육 등 각 시기에 적합한 교육을 해야 한다고 주장한다. 마지막으로 정치 교육을 통해 이상적인 시민을 완성하는 과정으로 마무리한다.

근대 교육의 추악한 현실

교육에 대한 루소의 비판은 두 방향을 향한다. 하나는 당시 절대주의 체제 아래에서의 귀족 중심 교육이다. 다른 하나는 서민 중심의 근대적 교육제도를 강조하던 계몽주의자들의 오류다. 먼저 당시 유럽의 교육 현실을 살펴볼 필요가 있다.

18세기 유럽에서는 사실상 귀족이나 부유한 시민계급의 자녀만 체계적인 교육을 받을 수 있었다. 이들의 자녀는 개별 가정에서 저택에

상주하는 가정교사를 통해, 혹은 공공학교 형식의 기숙사 학교에서 전문 교사에 의해 집중적으로 교육받았다. 하지만 노동자 자녀들은 교육은커녕 최소한의 양육과 보호조차 방치되었을 뿐 아니라 어릴 때부터 혹독한 노동에 시달려야 했다. 루소도 이를 심각하게 우려한다.

> 제멋대로 방치되어 자신이 필요로 하는 것이 무엇인가를 알기도 전에 비참하게 죽게 될 것이다. 사람은 어린애라는 상태를 한탄하지만, 만약에 인간이 어린애 상태로부터 시작하지 않았다면 인류는 벌써 멸망했을 것이다.

가난한 어린이들에게는 잔혹할 정도의 아동 노동이 강요되었다. 성인 남성의 노동만으로 한 가족의 생계가 불가능해지자 육아에 대한 대책 없이 여성도 일터로 향해야 했다. 하지만 상황이 더 악화되자 아동 노동이 일반화되기 시작했다. 산업혁명의 중심지였던 영국에서 심지어 5~6세 정도밖에 안 되는 어린아이조차 공장이나 탄광에서 힘에 겨운 일을 해야 했다. 하루 12~13시간씩 일했고 보수는 형편없었다. 작은 몸뚱이를 가지고 있다는 이유로 숨이 막히는 굴뚝을 헤집고 들어가 청소하는 일을 강요당하기도 했다.

아동 노동의 참혹함은 높은 아동 사망률에서 확인할 수 있다. 18세기 초 영국에서 출생한 어린이 4명 중 3명이 15세 이전에 죽었다. 워낙 어린 나이부터 가혹할 정도로 높은 노동 강도와 장시간의 노동에 시달리면서 정상적인 발육이 어려웠을 뿐만 아니라, 부실한 영양 상태로 인해 작은 질병에도 목숨을 잃는 경우가 허다했다.

당연히 노동자나 빈민 자녀에게는 교육이라 할 만한 기회 자체
가 없었다. 교육비를 제대로 충당할 수 없는 가난한 처지였기에 서민 자
녀의 대다수는 정규 학교 교육을 받지 못했다. 아예 이들을 위한 대중적
교육기관을 찾아보기 어려운 실정이었다. 또한 노동자나 빈민의 부모부
터가 자기 자녀는 학교에서 시간을 허비해서는 안 되고, 가급적 빨리 공
장에서 돈을 벌어 가족 생계에 보탬을 줘야 한다는 의식을 갖고 있었다.

귀족이나 부유한 시민계급은 아니지만 그나마 약간의 여유가 있
던 계층에서는 몇몇 교육기관을 이용할 수 있었다. 대도시에서는 몇몇
자선학교와 사설 기부금 학교가 그러한 역할을 수행했다. 중소도시를
비롯한 시골에서는 데임즈 스쿨 Dames' School 이 교육 시설로서의 명맥을
유지하고 있었다. 주로 독신 여성이 생계 유지를 겸해 자택을 개방하여
아이들을 가르치는 사설 간이학교였다. 그녀 자신이 전문적인 교육을
받은 바가 거의 없기 때문에 아이들에 대한 체계적인 교육 내용을 기대
할 수 없는 노릇이었다. 어린이들은 《신약성서》를 교재로 삼아 알파벳
과 읽기를 배우고 자질구레한 집안일을 거들었다.

영국 화가 웹스터의 〈데임즈 스쿨〉은 이 시설에서 이루어지는
교육이 어떠했는지를 단편적이나마 접할 수 있게 해준다. 왼편으로 교
사 역할을 하는 여성이 책상에 앉아 책을 손가락으로 짚어가며 보고 있
다. 오른손에는 회초리를 들었다. 학생에게 책 읽기를 시키는 중인 듯

▲ 웹스터 〈데임즈 스쿨〉 1845년

하다. 오른편 남학생이 서서 소리 내어 책을 읽는 중이다. 뒤에서는 다른 아이가 몰래 장난을 건다. 한눈에 보기에도 다양한 연령대의 아이들이 섞여 있다. 이제 막 두세 살 정도 되어 보이는 아이부터 예닐곱 살에 이르기까지 뒤죽박죽이다. 심지어 책이 없는 아이도 여럿이다. 선생님에게 혼이 났는지 울고 있는 아이도 있고, 구석에 앉아 장난을 치거나 딴청을 피우는 아이도 보인다. 전체적으로 워낙 다양한 구성인 데다 분위기가 어수선해서 학교라고 이름을 붙이기에도 민망한 수준이다. 잘해야 부모를 대신해서 정해진 시간 동안 아이를 맡아두는 장소 정도로 느껴진다.

관계 안의 인간

루소는 "인간은 모든 것을 뒤집어엎고 일그러뜨리고, 기형과 괴물을 좋아한다. 자연이 만든 것은 아무것도 그대로 원하지 않는다."라고 지적한다. 자연적으로 주어진 것을 보존하기보다는 인위적으로 자기 취향에 맞게 왜곡한다. 교육도 마찬가지여서 마치 정원수를 기형으로 만들어놓듯이 아이도 태어나자마자 자연성을 훼손시킨다. 정원의 나무는 대부분 인간이 좋아하는 모양대로 구부러뜨리고 자른다. 나무가 본래 자라는 방향이나 모양대로 놓아두지 않는다. 강제로 가지치기를 해서 이상한 모양으로 변형한다. 이와 비슷하게 타고난 아기의 본성을 억누른다.

> 우리의 교육은 유모와 함께 시작된다. 인생의 최초 스승은 아기에게 젖을 먹이는 유모. (…) 어린애가 어머니 배속에서 나오자마자, 즉 처음으로 사지를 움직이고 뻗는 자유를 누리게 되자마자 사람들은 새로운 속박을 가한다. 아기를 배내옷으로 졸라매고 머리가 움직이지 않도록 눌러놓고 다리는 뻗게 해두며 양팔을 몸에 나란히 붙여서 눕힌다. (…) 보살핌을 게을리하는 대신에 보살핌이 지나친 경우도 문제다. 자식을 너무 사랑하는 나머지 우상으로 만드는 경우다. 어린애가 자신의 약함을 느끼지 못하게 하기 위해서 오히려 어린애의 약함을 키우고 더해준다. 또 자연의 법칙으로부터 벗어나게 해주고자 당연히 일어나게 되는 여러 가지 고통을 어린애로부터 멀리한다.

아기는 태어나면서부터 속박을 경험한다. 우리의 경우도 신생아의 팔다리와 몸을 움직이지 않게 하는 것이 좋다고 생각해서 꽉꽉 묶어놓는다. 아기는 갖가지 종류의 끈과 헝겊으로 몸이 감싸이므로 몸의 자세를 바꿀 수 없다. 인간의 신체는 자면서도 운동을 한다. 하물며 이제 막 태어난 아기는 왕성한 운동을 통해 신체를 정상의 상태로 만들려는 본능을 지니고 있다. 하지만 온몸을 묶어놓았기 때문에 신체의 충동에 따라 필요한 운동을 하려고 할 때마다 극복할 수 없는 방해물을 만나게 되는 것이다. 그러한 의미에서 아기가 부모에게서 받는 최초의 선물은 쇠사슬이다.

루소에 의하면 아기를 배내옷으로 졸라매는 습관은 부모의 게으름 때문이다. 부모가 아기를 보살피는 수고를 덜고, 하는 일에만 정신을 쏟으려 하기 때문에 나타난 현상이다. 아기를 자유로이 놔두면 잠시도 눈을 뗄 수가 없다. 하지만 아기를 확 잡아 매어두면 울음소리에 귀찮아할 것도 없이 방구석에 내버려둘 수가 있다. 부모가 아기를 묶어두고 방치한 채 자기 일을 하는 동안 가엾은 아기는 마치 십자가에 못 박혀 있는 것과도 같다.

심지어 한국사회에서는 어릴 때 부모가 강제로 포경수술을 시킨다. 유대인의 종교적 의식으로 시작된 할례를 당연하다는 듯이 강요한다. 신생아나 어린이에게 미치는 정신적, 신체적 피해는 아랑곳하지 않고 마치 의무처럼 요구한다. 포경이 오래 지속되면 성기가 불결해지고 성병이나 염증에 걸리기 쉽다고 핑계를 대지만 이미 의학적 근거가 없

관계 안의 인간

음이 밝혀졌다. 포경수술로 성적 기능이 저하된다는 보고를 내놓은 의학자가 적지 않다. 세계 남성 대다수가 포경수술을 하지 않는다는 사실조차 모르거나 무시한다.

유대인에게 할례는 반드시 지켜야 할 종교 율법이다. 유대교에서 분파한 이슬람교도 마찬가지로 아이가 여덟 살이 되었을 때 할례를 한다. 유대인의 영향력이 막강한 미국에서 보편화된 포경수술이 미군정과 교회 영향력 아래 우리나라에서도 일반화되었다. 유대인과 미국에서는 자위 행위 근절을 위해 포경수술을 도입했다는 분석이 많다. 아이들의 자위 행위를 멈추게 할 수 있을 뿐만 아니라, 유대인의 매독 감염 비율이 일반인보다 극단적으로 낮다는 근거 없는 주장이 나오면서 미국에서 포경수술 붐이 이어졌다. 결국 아이들이 자연으로부터 본능적으로 부여받은 성욕을 극단적으로 억제하기 위해 야만적인 수술 행위를 하는 것이다.

다른 한편으로 보살핌이 지나친 경우도 문제다. 과잉 보호가 아이의 자연성을 해치고 허약함을 키운다. 부모들은 보호라는 명목 아래 아이가 조금이라도 불편하거나 어려운 환경에 처하지 않도록 모든 조치를 취한다. 어린이의 신체와 정신이 계절·기후·환경의 불순한 변화, 배고픔·갈증·피로 등에 익숙하도록 만들어줘야 하는데 아예 유동적인 환경을 경험할 기회 자체를 박탈한다. 그 결과 어른이 되어서까지도 유년시절의 육체적·정신적 연약함을 그대로 연장하게 된다.

한국의 부모들은 더 심하다. 아이의 행위를 필요 이상으로 도와

주고, 요구하는 대로 물품을 주며, 가까이에서 떠나지 못하게 한다. 바깥이 위험하다는 이유로 주로 실내에 머물게 한다. 유아원이나 유치원에서 유행성 감기라도 생기면 휴가를 내서라도 아이를 집에 고이 모셔둔다. 무엇을 사달라고 하든 아이의 요구를 거절하지 못하고, 잘못한 행위인데도 꾸중 없이 덮어둔다. 아이가 할 수 있는 심부름이나 집안일도 시키지 않는다. 한국의 마마보이 현상이 우연이 아니다. 과잉 보호는 아이를 겁쟁이로 만든다. 그렇게 키워진 아이는 욕구불만을 이겨내는 힘이 약해지고, 자립심이 부족해지며, 의타심만 커진다. 집 밖에 나가면 자신이 없어지고 우유부단해진다.

카프만 부인의 《광야의 샘》 중 누에고치 이야기는 부모의 과도한 보살핌이 왜 큰 문제인지를 잘 보여준다.

> 어느 날 누에고치의 작은 구멍으로 누에나방이 나오는 것을 목격했다. 작은 구멍으로 도저히 나올 것 같지 않은데도 긴 시간 갖은 몸부림을 치며 용케도 나오는 것이었다. 나는 가여운 나방을 도와주기 위하여 가위로 오려 큰 구멍을 내어주었다. (⋯) 나방은 쉽게 나오고 아무런 상처도 없이 날개를 펄럭였다. 참으로 잘한 일이라고 생각했다. 그런데 그 나방은 날개를 푸드득거리다가 비실비실 책상 위를 돌더니 얼마 후 지쳐서 잠잠해졌다. 그러나 다른 나방들은 작은 구멍으로 나오며 애쓰는 동안 힘이 길러지고 물기가 알맞게 말라 더 잘 날 수 있게 되는 것이었다. 순간적인 편함이 진정한 도움이 아니라 힘들고 어려워도 해야 할 일은 스스로 해야 힘이 길러진다는 사실을 깨닫게 되었다.

다른 한편으로 루소는 귀족 중심의 교육을 지양하는 동시에 서민을 포함하여 모든 아이가 교육의 기회를 제공받아야 한다는 계몽주의자들의 오류도 비판한다. 모든 아이가 교육의 기회를 누려야 한다는 점은 적극적으로 옹호한다. 하지만 계몽주의의 특징, 이성의 힘으로 대상을 문명과 도덕으로 인도한다는 사고방식을 교육에 적용하는 것에 대해 단호하게 비판하는 것이다. 루소에 의하면 5세에서 12세까지는 사물에 의존하는 교육을 실시해야 한다. 사회적 환경 혹은 전통적 문화의 영향력이 배제된 상태에서의 교육, 소극적인 교육의 필요성을 제기한다.

> 어린이를 단지 사물에 대한 종속관계에만 한정하도록 하라. 그러면 어린이의 교육이 진전함에 따라서 자연의 질서를 따른 셈이 된다. 어린이가 무모한 의지를 내세울 때도 결코 물리적 장해 외에는 제공하지 말 것이며, 또는 자기 행위에서 저절로 비롯되는 벌 이외의 것을 가해서는 안 된다. 그래서 다시 똑같은 상황에 처하게 될 때 그것을 스스로 생각해내게 할 일이다. (…) 초기의 교육은 완전히 소극적이어야 한다. 그것은 미덕이나 진리를 가르치는 것이 아니라 마음을 악덕으로부터 또 정신을 과오로부터 지켜주는 일이다.

먼저 사물에의 종속관계에만 한정한다는 말이 무슨 의미인지 이해할 필요가 있다. 사물의 세계란 아이가 자연으로부터 물려받은 육체와 감성, 그리고 아이를 둘러싸고 있는 자연의 세계다. 사물에의 종속이란 인위적으로 이성에 의해 만들어진 전통적 문화와 사회로부터 격리되는 것을 말한다. 사물을 통해 자연의 법칙성을 배우고 그에 따른 삶을 살면 악덕을 행하지 않고 자유롭게 살 수 있다는 것이다. 교육이란 이를 돕는 과정이어야 한다. 설사 아이의 행동에 문제가 있다 하더라도 아이 스스로 자신의 문제를 깨닫게 해야 한다. 자신의 신체와 생명을 명백하게 심각한 위험에 빠뜨릴 수 있는 행위에 대해서는 물리적 제재가 필요하지만 일상적인 판단과 행위에 대해서 이러저러해야 한다고 강요하는 방식은 안 된다. 어른이 자신의 관점에서 개입하고 제어할 때 어른의 부자연스러운 욕망을 어린이에게 전가하는 꼴이 된다.

프랑스 화가 부게로의 〈전원의 휴양〉은 자연의 품 안에서 자라나는 아이들을 그렸다. 아이들이 나무 그늘 아래 풀밭에서 마음껏 뛰어놀고 있다. 뒤로는 들판에서 양을 지키는 목동, 산과 푸른 하늘이 펼쳐져 있다. 일곱이나 여덟 살쯤 되어 보이는 아이는 피리 소리에 맞춰 탬버린을 치면서 신나게 춤을 춘다. 서너 살의 막내도 엄마의 도움을 받아가며 어설픈 동작으로 춤을 따라 한다. 온 가족이 맨발로 자연과 살을 닿은 상태고, 막내는 아예 아무것도 걸치지 않은 모습이다. 모두가 하나같이 밝은 표정이다. 그림 어디에서도 사회적 관습이나 도덕, 혹은 지식의 강요에 대한 흔적을 찾아볼 수 없다. 루소가 보기에는 12세 이전까지의 아이는 이 그림처럼 자연에서 자유롭게 행동하고 자신의 욕구를 분출할 수 있도록 부모가 도와주어야 한다.

▲ 부게로 〈전원의 휴양〉 1868년

　　당시 대부분의 근대 사상가들은 이성을 통한 적극적인 교육을 추구했다. 독일 관념철학의 창시자 칸트는 "모든 감정은 그것이 격렬해 있는 순간에 그리고 가라앉기 전에 영향을 미쳐야지, 그렇지 않으면 아무런 영향도 미치지 못한다." 《실천이성비판》 면서 루소의 교육관과 상반된 태도를 지녔다. 그가 보기에 감성과 이성은 일정한 나이에 이르러 서로의 역할을 자연스럽게 교체하는 방식으로 전개되지 않는다. 이성의 힘에 의해 감성의 굴레를 넘어설 때 얻어진다. 그래서 아직 일체의 사변적 사고에 미숙한 어린아이조차도 도덕 교육을 통해 이내 매우 명민해지고, 자신의 판단력이 진보함을 느끼는 것에 적지 않은 흥미를 갖게 된다. 아이들에게 던져진 실천적인 문제들에 대해 감성에 맡기기보다는 치밀한 사고 경험까지 즐겁게 하는 이성의 힘을 일찍 사용하도록 해야 한다. 도덕 교과서를 통해 가르친 도덕적 의무의 실증을 현실에서 목격하도록 가르쳐야 한다는 것이다.

　　루소는 어린아이에 대한 도덕 교육을 반대했다. 그에 의하면 어린이는 이성이 충분히 발달하지 않았으므로 어른과 똑같은 교육을 받는 것을 피해야 한다. 도덕은 이성을 이해할 수 있는 나이에 이르렀을 때 비로소 가능하기 때문에, 아직 감성의 지배 아래 있는 아이에게 도덕 교육을 실시하면 오히려 아이를 정신적 불구로 만들 뿐이다. 부게로의 〈전원의 휴양〉에서 보이듯이 어린아이들은 자연과 접하면서 직접 느끼는 자연적 감성에 맡겨져야 한다. 아이들은 이성을 이해할 수 있는 나이가 아니기 때문에, 그림 속 아이들처럼 온전하게 자연에 맡겨서 일상적으로 자연을 체험하고 스스로 느끼는 과정에 일임해야 한다.

> 이성을 갖추는 시기에 도달할 때까지는 도덕적 존재라든가 사회적 관계에 대한 관념을 가질 수 없다. 그러므로 되도록 그런 관념을 나타내는 말은 아이 앞에서 사용하지 말아야 한다. 아이가 그런 말에 대해 잘못된 관념을 갖게 되면, 성인이 되어서도 바로잡기 힘들다. (…) 아이가 감각적 사물에 의해서만 자극을 받는 동안에는 모든 관념이 감각에 머무르도록 하는 것이 좋다. 주위 어디를 보아도 감각적 세계만을 볼 수 있게 해주는 것이 좋다. 그렇게 하지 않으면 아이는 당신 말에 전혀 귀를 기울

이지 않게 되든지, 또는 당신이 말하는 도덕적인 세계에 대해 평생 지울
수 없는 환상적 관념에 사로잡히고 말 것이다.

당시 '아이와 함께 토론하라'는 말이 유행했다고 한다. 말 그대로
조기 '이성' 교육을 실시하는 것이다. 현재 한국의 경우도 비슷하다. 아
이가 초등학교만 들어가면 학원을 통해 독서와 토론 수업을 받게 하는
것이 당연한 일처럼 여겨진다. 하지만 루소는 어른과 토론을 해온 아이
처럼 어리석은 존재는 없을 것이라 생각한다. 아주 어릴 때부터 아이에
게 조금도 알아듣지 못하는 말을 함으로써 그들에게 말만으로 만족하
는 습관을 들이고, 또 아이들이 다른 사람이 말하는 것을 일일이 따져서
자신이 마치 선생과 똑같이 지혜로운 인간인 양 착각하게 하여 논쟁을
좋아하는 반항아가 되도록 가르치고 있다. 루소는 아이에 대한 토론식
도덕 교육이 초래하는 결과를 다음과 같이 예로 든다.

선생: 그런 짓을 해서는 안 된다.
아이: 왜 안 되죠?
선생: 그것은 나쁜 짓이기 때문이다.
아이: 나쁜 짓? 어떤 것이 나쁜 거죠?
선생: 금지되어 있는 일을 말한다.
아이: 금지되어 있는 일을 하면 어째서 나쁜가요?
선생: 너는 말을 듣지 않았기 때문에 벌을 받게 된다.
아이: 그럼, 남들이 모르게 하면 되지요.

부모와 자식 그리고 교육

선생: 누군가가 네가 하는 일을 지켜보고 있을 것이다.

아이: 숨어서 하겠어요.

선생: 네게 무엇을 했느냐고 물을 것이다.

아이: 거짓말을 하면 되죠.

선생: 거짓말을 해서는 안 된다.

아이: 왜 거짓말을 하면 안 되나요?

선생: 그것은 나쁜 짓이기 때문이다.

아이를 상대로 한 토론 교육이 피하기 어려운 순환이다. 여기서 더 벗어나면, 아이는 선생이 하는 말을 알아듣지 못한다. 선과 악을 아는 것이나 인간이 왜 여러 가지 의무를 지켜야 하는지 등의 문제는 아이들이 이해할 영역이 아니다. 자연은 아이가 어른이 될 때까지 아이로 있기를 원한다. 어린이는 단순히 몸이 작은 성인이 아니다. 성인과는 다른, 고유한 특징을 지닌 어린이 자신일 뿐이다. 성인과 다른 심신 발달 과정이 발견되고 연구되어야 한다. 단지 성인으로 나아가는 전 단계이자 과도기로서의 준비 과정이 아니라, 어린이로서 독립적이고 자유로운 행복한 삶 자체를 살도록 지도해야 한다. 그렇기 때문에 루소는 교육학에 있어서 아동의 발견자로 불린다. 교육의 주체는 어린이 자신이며, 교육 진행도 자발성과 생활교육 원리에 따른다.

이성을 통해 인간의 의무에 관한 지식을 부여하는 교육을 배제하고 감성을 훈련한다는 점에서 소극적인 교육이 필요하다. 어떤 지식이나 관념을 '가르치는' 것이 아니라 마음과 감성을 '지켜주는' 교육 말이다. 이성이 눈뜨기 전에는 인간의 잠재된 능력의 발달이 방해받지 않도록 자유롭게 방임해야 한다. 어린이의 자연스러운 발육 과정을 존중하면서 세상의 관습과 시간에 얽매이지 않도록 하고, 선악을 억지로 가리게 하거나 지식을 주입하려는 것을 경계해야 한다. 또 하나는 타락한 사회적 관습과 편견으로부터 침해받지 않게 해야 한다. 이성 교육은 감성 교육에 뒤따르는 것이다. 교육의 내용은 감각의 교육에서 관념의 교육으로, 감성의 교육에서 이성의 교육으로, 개인적 덕성에서 사회적 덕성으로 확대, 발전되어야 한다.

남성과 여성 그리고 차별

보부아르 《제2의 성》

헨리크 입센의 《인형의 집》은 1879년에 발표된 이후 책은 물론이고 연극으로도 숱한 논란을 불러왔다. 당시 연극의 마지막 순간에 노라가 집을 나가면서 문을 '쾅!' 하고 닫는 소리가 유럽사회에 폭탄 떨어지는 소리로 작용했다는 말이 전해질 정도다. 무엇보다도 남성과 여성의 관계에 대한 전통적인 사고방식에 큰 충격파를 안겨주었다.

대략의 줄거리는 다음과 같다. 주인공 노라는 헬마의 아내이자 세 아이의 어머니다. 그녀는 어렸을 적에는 아버지의 인형으로, 결혼 후에는 남편의 인형으로 살아간다.

남편에게 그녀는 늘 철없고 별로 생각도 없는 여자로, 다람쥐나 종달새라고 불린다. 노라 스스로도 자신을 귀여운 다람쥐나 종달새로 여긴다.

관계 안의 인간

"당신의 귀여운 다람쥐가 진심으로 부탁하고 싶은 일이 있다면 들어주시겠죠? (⋯) 당신이 부탁을 들어주면 이 작은 다람쥐는 사방을 팔딱거리며 뛰어다니고 귀여운 재롱도 보여드리겠어요. (⋯) 당신의 종달새는 집 안 여기저기 다니면서 노래를 부를 거예요. 장단을 맞춰서 말예요."

하지만 남편이 은행장으로 취임하고 예상치 못한 난관을 만나면서 위기가 찾아온다. 예전에 노라가 세상을 떠난 아버지의 이름으로 위서하여 고리대금업자에게 돈을 빌려 아픈 남편을 살린 적이 있다. 그 악질 고리대금업자가 위서 사건을 빌미로 협박하고, 남편은 사랑하는 아내에게 배신당했다며 욕을 퍼붓는다. 아이들 교육을 시킬 자격도 없으며 남편을 파탄 냈다는 말까지 쏟아낸다. 사건을 겪은 후 노라는 변한다.

"나는 당신에게 여러 재주를 부려 보이면서 살아왔죠. 당신도, 아버지도 제게 굉장한 죄를 지은 거예요. 제가 아무것도 못하는 것은 당신들 때문이에요. (⋯) 우리 가정은 다만 놀이하는 방에 지나지 않았어요. 나는 당신의 장난감 인형 같은 아내였어요. 마치 친정에서 아버지의 인형이었듯이. 그리고 이번에는 아이들이 제 인형이었어요."

위서를 둘러싼 사건이 해결되고 남편은 화해를 원한다. 하지만 노라는 자신이 지금까지 인형으로 취급받아왔을 뿐이라며, 책임 있는 한 인간으로서 새로운 삶을 살기 위해 허위와 위선으로 가득한 집을 나가겠다고 선언한다. 남편은 노라의 결정을 일시적인 충동이자 분별없는 생각이라고 지적한다. 또한 세상 사람들의 지탄과 노라의 신성한 의무, 즉 남편에 대한 의무와 아이들에 대한 의무를 거론하며 집에 머무를 것을 요구한다. 하지만 노라는 단호하게 자신의 입장을 밝힌다.

> "제게는 똑같이 신성한 의무가 있어요. 저 자신에 대한 의무예요. (…) 무엇보다 저도 당신과 마찬가지로 인간이라고 믿어요. (…) 세상 사람은 당신이 옳다고 말하겠지요. 책에도 그렇게 씌어 있다는 걸 저도 잘 알아요. 하지만 세상 사람이 어떻게 말하건, 책에 무엇이 씌어 있건 그런 건 이미 제게는 아무런 기준도 되지 않아요. 저 혼자서 잘 생각하고 일을 분명하게 할 필요가 있어요."

지독한 가부장적 사고와 행태에 찌들어 있던 당시로서 노라의 행동은 파격이자 도발이었다. 출판하자마자 3개월 만에 3판이 나올 정도의 판매부수를 기록했고 연극 초연 이후 엄청난 사회적 파장과 물의를 일으켰다. 그렇게 '쾅!' 소리를 내며 집을 나간 노라는 신여성의 대명사가 되었고, 여성해방운동에 큰 영향을 끼쳤다. 노라는 자유와 평등을 위해 싸우는 전 세계 여성의 상징이 되었다. 최초의 원고에는 '현대의 비극에 관한 주석'이라는 제목이 붙어 있었다고 한다. 단순히 한 가정의 문제가 아니라 사회 전체의 문제라는 점을 작가 스스로 잘 알고 있었던 듯하다. 《인형의 집》은 전 세계 언어로 번역 출판되고, 지금도 전 세계 무대에서 상연되는 최고 인기 작품 중 하나다.

탕! 남성과 여성의 새로운 관계 신호탄이 울렸다 – <인형의 집>

소설과 달리 연극은 특성상 연출가에 의해 새롭게 재조명되고 재해석
되는 경우가 많다. 연극 <인형의 집>의 한 장면은 주인공의 복장과 무
대장치, 분위기가 《인형의 집》이 세상에 나온 당시의 시대적 상황과 내
용에 충실한 편이다. 노라의 레이스 달린 긴 드레스와 헬마의 양복 모
두 19세기 말에 유행하던 시민계급의 복장이다. 일정한 재해석이야 있
겠지만 기본적으로 대사나 행동 모두 원래 내용에 충실한 편인 듯하다.

하지만 21세기 접어들어 연극 무대에서 다시 한 번 파격이 등장
한다. 과거의 노라가 문을 닫고 집을 뛰쳐나가는 것으로 연극이 끝났다
면, 21세기의 노라는 가출하지 않는다. 한국에서도 공연한 바 있는 베
를린 샤우뷔네 Schaubühne의 연출가 오스터마

이어는 <인형의 집–노라>에서 무대나 상
황 설정도 현대사회 상류층으로 변화시켰
다. 무엇보다도 마지막 장면에서 새로운
상상력으로 관객에게 충격을 주었다. 현대
의 노라는 '쾅!' 대신 '탕!' 소리를 낸다. 그
녀는 자신을 향했던 권총을 남편에게 들이
댄다. 한 발도 아니고 여러 발의 총소리가
이어진다. 남편의 몸과 주변은 피로 얼룩
진다. 큰 수족관 안으로 남편의 팔이 처박
히고 붉은 핏물이 퍼진다.

▲ 연극 <인형의 집>의 한 장면

이 세상의 절반은 여성이다. 그만큼 남성과 여성은 인류를 구성하는 두 주체다. 만약 남성과 여성이 동등하게 서로를 존중하며 산다면 얼마나 좋겠는가! 하지만 불행하게도 역사적으로 여성은 남성의 지배 아래 오랜 기간 극심한 차별을 받으며 살아야 했다.

기본적인 정치 권리인 참정권만 해도 그렇다. 우리는 프랑스대혁명 이후 모두에게 선거권이 주어졌다고 생각하지만 사실은 매우 제한적이었다. 다른 나라에 비해 참정권의 확대가 빨랐던 영국만 하더라도 19세기 초까지 귀족과 부자에게만 참정권이 인정되었다. 그러다 1867년에 도시 소시민과 노동자로, 1884년에는 농부와 광부로 확대되었다. 하지만 이때까지도 오직 남성에게만 주어진 권리였다. 1918년이 되어서야 30세 이상의 부인에게 제한적으로 인정되었고, 1928년에 와서 모든 성인 남녀로 확대되어 보통 선거권 원칙이 확립되었다.

경제적 측면에서도 마찬가지다. 경제적 능력을 지니려면 취업이 허용되어야 하는데, 19세기까지 여성은 가정부나 세탁부 등 허드렛일을 하거나 공장에서 저임금을 받으며 일했다. 20세기 중반 이후 사무직에 여성 진출이 조금씩 허용되었지만 상당히 제한적인 분야에서 낮은 직급과 임금을 강요받아야 했다. 이 경우에도 외모가 중요한 채용 기준으로 작용했다.

현실에서의 차별과 억압만이 아니라 인류의 의식 속에 여성에

▲ 1960년대 말에서 1970년대 초에 미국에서 일어난 여성해방운동

대한 수많은 편견이 만들어져왔다. 남성과 여성을 우월과 열등 관계로
대립시키는 여러 종류의 편향적 사고가 지배했다. 남성은 합리적 이성
을 대표하고 여성은 충동적 감정에 지배당한다고 여겨왔다. 남성은 용
감하지만 여성은 겁이 많다고 규정됐다. 우리 사회만 하더라도 여성에
대한 편견이 가득하다. 공적인 일은 남성이, 육아와 가사 등 가족 내의
사적인 일은 여성이 적합하다는 생각이 아직도 많은 사람의 의식에 큰
영향을 미치고 있다.

여성차별 문제는 한국사회에서 더 심각하다. 아직도 유교적인
사고방식이 우리 의식을 지배하고, 그 가운데 남존여비에 기초한 남아
선호사상이 뿌리 깊게 남아 있다. 심지어 한국은 전 세계적으로 남녀 성

남성과 여성 그리고 차별

비 격차가 큰 나라로 유명하다. 과학이라는 이름 아래 자행된 태아 성감별과 중절수술 때문에 상당수의 여자아이가 태어나지도 못하고 산부인과 수술대 위에서 죽음을 맞이하기 때문이다.

상당수의 한국 여성은 남성과 마찬가지로 오랜 기간 교육을 받았음에도 불구하고 결혼과 함께 공적인 사회 활동을 포기하고 가정 내에서 육아와 가사노동에 매달려야 하는 경우가 많다. 결혼이 여성에게 자아실현을 가로막는 장애물로 작용한다. 학창 시절의 소중한 꿈을 결혼과 함께 접어야 했던 여성은 남편이나 자식의 성공을 통해 대리만족을 해야 하는 처지로 전락했다. 여성은 남편에 의해 사회에 간접적으로 연결되고, 자식을 통해 미래와 간접적으로 연결되는 수동적·보조적 존재로 남아 있다.

최근 세계경제포럼WEF의 세계 남녀평등지수GDI 발표에 따르면 한국은 136개 조사 대상국 가운데 111위를 기록해 바닥권을 형성하고 있어서 남녀차별 문제가 여전히 심각한 상태임을 보여준다. 한국은 100점 만점에 63.5점을 얻었다. 한국이 얻은 점수는 남미의 수리남(110위)이나 중동의 바레인(112위)과 비슷하다. 이 조사는 교육과 보건, 정치권력, 경제활동 등 크게 네 분야로 나눠 남녀 간의 격차를 중심으로 평가되었다. 한국은 교육과 보건 분야에서는 양호했지만, 경제활동 분야에서 118위에 머물렀다. 여성의 비경제 활동 비율이 높고 기업 고위간부 중에서 여성을 찾아보기 힘들기 때문이다. 1위부터 4위까지는 대표적 복지국가인 아이슬란드, 핀란드, 노르웨이, 스웨덴이 휩쓸었다. 아시아

권으로 좁혀 보더라도 필리핀 5위, 몽골 33위, 스리랑카 55위, 싱가포르 58위, 태국 65위, 중국 69위, 베트남 73위, 방글라데시 75위, 인도네시아 95위보다도 낮다. 심지어 아직도 신분차별인 카스트의 흔적이 남아 있는 인도(101위)보다도 열악한 수치다.

보부아르, 여자를 말하다

보부아르는 여성이 남성의 종속물인 '제2의 성'에서 벗어나 대등하고 자유로운 인간이 되어야 한다고 주장했다. 남성의 세계에서 여성을 해방해서 여성에게 동등한 지위를 부여하자는 주장은 아직 양성평등에 대한 생각이 희박했던 당시로서는 대단히 혁명적인 입장이었다. 바티칸 교황청이 《제2의 성》을 금서 목록에 올릴 정도였다. 하지만 상당한 시일이 지난 지금까지도 그녀의 주장은 여전히 주목할 만하다. 그만큼 아

시몬 드 보부아르(Simone de Beauvoir, 1908~1986)
양성평등을 위한 여성해방의 선구자라 할 수 있다. 프랑스에서 태어난 그녀는 문학과 철학을 전공한 후 작가의 길을 걸었다. 양심적 지식인으로 유명한 사르트르와 서로 같은 집에 살지 않으며, 결혼도 하지 않으며, 아이를 낳지 않으며, 동시에 상대에게 자유를 보장하는 동지적 관계를 표방한 계약결혼을 했다. 2차대전 후 철학자, 문학가들과 함께 실존주의 문학운동에 참여하여 정치·사회 문제에 적극적으로 참여했다. 이후 여성으로서의 자기 존재에 대한 질문에 봉착하면서 여성 문제 전반을 고찰한 《제2의 성》을 집필하고 실천 활동을 벌이면서 여성운동에 지대한 공헌을 했다.

직도 사회 곳곳에 여성에 대한 차별이 무시 못 할 정도로 깊숙이 남아 있기 때문이다.

1949년에 출판된 후 "여자는 여자로 태어나는 것이 아니라 여자로 키워지는 것이다."라는 내용이나 "성경의 이념도 남성의 여성 장악에 적지 않게 기여했다."는 등의 내용은 남성 중심으로 움직이는 사회와 가톨릭교회의 극심한 비난을 불러일으켰다. 하지만 1960년대 미국 여성운동가들에게 강력한 영향을 미치면서 현재까지 페미니즘의 경전, 현대 여성해방운동의 교과서로 평가된다.

보부아르는 여성은 어디까지나 여성일 뿐이라는 고정관념을 구체적으로 분석 비판하고, 여성 문제를 살아 있는 현실 속에서 검토했다. 또한 지금까지 여성에 대하여 쓰인 모든 방면의 자료나 기록, 또는 증언을 집대성했다. 무엇보다도 저자의 여성으로서의 체험과 많은 여성들의 고백이나 증언으로 자신의 주장을 뒷받침했다. 그와 동시에 종래의 남성주의적 관점에 대한 전면적인 비판에 머물지 않고, 새로운 관점인 정신분석학 및 마르크스주의의 여성관에 대해서도 실존주의적 관점에서 비판했다.

주체로서의 남성과 대상으로서의 여성

보부아르는 여성은 어디까지나 여성일 뿐이라는 고정관념을 비판하고자 했다. 단순히 이론적인 주장에 머물지 않고 여성의 생생한 현실에서 출발하려 노력했다. 특히 여성이 차별받는 현상에 대한 단순 나열이 아니라 여성 억압의 근원이 어디에 있는지, 그 해결 방향이 무엇인지에 대한 진지한 고찰을 담고 있다는 점에서 주목할 만하다.

> 여성의 기능으로 여자는 이러저러하다고 정의하는 것이 충분치 않다면, 그리고 '영원한 여성'으로 여자를 설명하고 싶지 않다면, 지상에 여자들이 존재하는 한, 설사 그것이 잠정적 현상이라고 하더라도 '여자란 무엇인가?'라는 문제를 제기해야 한다. (…) 여자는 남자와의 관계에서 의미가 정해지고 그 차이가 구별되지 여성 자신으로서 생각되지 않는다. 여자는 본질적으로 존재에 대한 비본질적 존재다. 남자는 주체며 절대다. 그러나 여자는 타자他者다. (…) 어떤 주체도 자발적으로 비본질적 객체가 되려고 하지는 않는다. 자기를 타자로 보는 타자가 주체를 정하는 것이 아니다. 자기를 주체로서 정립하는 주체에 의해 타자는 타자로 규정된다. 그런데 타자의 신분에서 주체로 발전할 수 없다는 것은, 그 타자가 그와 같은 상대의 관점에 순순히 복종하고 있음을 뜻한다. 여자의 이와 같은 복종은 대체 어디서 비롯되었는가?

보부아르는 '여자란 무엇인가?'라는 질문을 던진다. 이 질문에서 시작할 때 여성 문제에 대한 진정한 접근이 가능하다. 여성을 기능으로 설명할 수는 없다. 여성의 기능이라면 통념적으로 출산과 육아, 혹은 가사 등을 떠올린다. 임신과 출산이라면 유전적 기능에 해당할 것이다. 육아와 가사는 가정에서 전통적으로 이루어져왔던 기능이다. 혹은 직

▲ 토릴리아 〈인생의 실〉 19세기 후반

장을 비롯한 사회생활을 하더라도 비서, 승무원, 간호사처럼 남성을 보
조하는 기능을 생각하기 십상이다.

이탈리아 화가 토릴리아의 〈인생의 실〉은 전통적인 여성의 기능
을 담았다. 가족의 즐거운 한때를 화폭에 즐겨 담았던 그의 여러 작품을
고려할 때, 온 가족이 모여 있는 집 안 풍경을 따뜻한 시선으로 담아내
고자 했을 것이다. 부유하지는 않지만 잘 정돈된 가구와 바닥 등에서 부
인의 깔끔한 성품을 느낄 수 있다. 열린 문을 통해 들어오는 따스한 햇

관계 안의 인간

살만큼이나 화목한 가정의 분위기다.

그림을 조금 다른 시선으로 보자. 여성들이 오랜 세월 동안 어떤 삶을 강요받아왔는지가 살짝 드러난다. 거실 중앙에서 엄마가 딸과 함께 실을 정리하는 중이다. 아이의 두 팔에 감긴 실을 풀어 사용하기 간편하도록 엄마가 동그랗게 말고 있다. 아이는 뛰어놀고 싶은 마음을 참는 중인지 그리 밝은 표정은 아니다. 왼편으로는 큰딸로 보이는 여자아이가 뜨개질에 몰두하고 있다. 이 모든 실은 오른편에 있는 할머니가 손을 대고 있는 물레를 돌려 만들어냈을 것이다. 물레질은 할머니에게서 엄마에게로, 다시 곧 앞에 있는 딸들에게로 이어질 것이다. 그렇게 수백 수천 년 이상 여성은 아이를 낳아 기르고, 살림을 하고, 물레질을 하며 가정에서든 밖에서든 보조적인 기능을 담당해왔을 것이다. '인생의 실'이라는 그림의 제목처럼 다음 세대로 이어지며 끝없이 그 기능 안에 있었을 것이다.

하지만 여성의 기능은 그동안 여성이 어떻게 살아왔고 어떤 역할을 했는지를 설명할 수는 있어도 여성이라는 존재의 본질에 접근할 수는 없다. 오랜 기간 고정되어왔던 기능적 틀 안에 가둘 뿐, 여성의 진정한 의미와 전망을 찾아낼 수 없다. 그렇기 때문에 보부아르는 '여자란 무엇인가?'라는 질문에서 다시 출발해야 한다고 말한다.

다음으로 보부아르는 '타자'라는 다소 낯선 단어로 여성에 대한 이야기를 시작한다. 문장에서 타자와 주체라는 단어가 서로 대조적인 쌍을 이룬다. 여기에서 타자는 주체에 대비되는 객체, 즉 '대상'의 의미로 이해하면 좀 더 쉽다. 남성 중심의 부권제 문화에서 남성은 주체로, 여성은 대상으로 규정되는 것을 말한다.

당연히 대상은 그녀의 말대로 비본질적 객체에 해당된다. 비본질이란 여성이 부차적인 지위로 여겨지는 것을 의미한다. 반대로 남성은 본질에 해당한다. 본질은 꼭 필요한 필수적인 것을 말한다. 이 세상과 가정에서 남성이 꼭 필요한 존재이며 주인이라면, 여성은 부차적이어서 남성을 보조하고 뒷받침하는 역할을 한다는 내용이다.

실제로 우리만 보더라도 가정에서 남편을 가리켜 습관적으로 '가장'이라고 부른다. 집의 주인이라는 뜻이다. 그러면 여성은? 주인에 대비되는 노예란 말이 되어버린다. 적어도 노예까지는 아니라 하더라도 어쨌든 남성을 주인으로 부르는 순간 여성은 그에 종속된 대상으로 전락하는 것은 분명하다. 마치 성경에서 이브를 아담의 갈비뼈로 만들었다고 설명하듯이 중심과 주변, 주요한 것과 부차적인 것으로 분리하는 사고방식이다.

그런데 "자기를 주체로서 정립하는 주체에 의해 타자는 타자로 규정되는 것"이라는 말은 어떤 의미일까? 말이 어려워서 그렇지 곰곰이 생각해보면 쉬운 내용이다. 비유하자면 노예가 스스로를 노예로 규정하지는 않는다. 어느 바보가 스스로 주인이 아닌 노예가 되려 하겠는가! 노예를 지배하는 주인에 의해 노예의 지위를 강제당하는 게 상식이다. 마찬가지로 자기를 주체로 정립하려는 남성에 의해 여성은 타자, 즉 부차적인 대상으로 일방적으로 강제당한다는 뜻이다.

역사적으로 보더라도 여성이 스스로에게 차별의 족쇄를 채웠을 리가 없다. 이슬람 여성이 처음부터 스스로 원해서 머리끝부터 발끝까지 온통 시커먼 천으로 가리는 차도르를 썼겠는가? 마찬가지로 옛날에 중국 여성이 발을 가죽이나 헝겊으로 꽁꽁 싸매 기형으로 만들어 제대로 걷지도 못하는 전족을 처음부터 자발적으로 했겠는가? 남성이, 혹은 남성을 중심으로 한 가부장제 사회가 여성을 집 밖으로 나가지 못하도록 강요한 일이다.

보부아르는 주체인 남성에 의해 여성이 타자로 규정되었으므로 여성은 자신이 현실에서 주체가 아님을 자각하는 데서 출발해야 한다고 주장한다. 여성이 주체가 되기 위해서, 남성이 여성에게 타자의 지위를 취하라고 강요하는 세계 속에서 살고 있음을 여성 스스로가 깨달아야 한다는 것이다.

여성은 여성으로 만들어진다

그러면 왜 여성은 현실에서 주체가 아닌 대상의 자리를 강요받아야 했는가? 더 나아가서는 왜 여성 스스로 자신을 수동적인 지위로, 다람쥐나 종달새로, 인형으로 생각하게 되었을까?

여성은 여성으로 태어나는 것이 아니라 만들어지는 것이다. 남성이 사회에서 차지하는 형태는 생리적·심리적·경제적 숙명이 결정하는 것이 아니다. 문명 전체가 수컷과 거세체와의 중간 산물을 만들고, 여성이라는 명칭을 붙인 것이다. 타인이 끼어들어야 비로소 '타자'로서의 개체가 성립될 수 있다. (…) 남자아이가 아무 감각도 없는 자기의 작은 성기에 대해 자랑스러움을 느끼는 것은, 자발적이 아니라 주위의 태도를 통해서다. 어머니나 유모들은 남근과 남성의 개념을 동일시하는 전통을 이어받고 있다. (…) '여성다운' 여성의 본질적 특성이라 불리는 수동성도 유년시절부터 줄곧 키워진 것이다. 그녀가 교육자나 사회에서 강요받는 숙명이다.

여성이 여성으로 태어나지 않았다는 말은 생물학적인 차이가 여성 억압의 근거가 될 수 없다는 말이다. 태어난다는 것은 이 세상에 나올 때 타고났다는 것을 뜻한다. 흔히 남성들은 여성을 암컷과 동일시하면서 자기보다 하찮은 존재로 간주한다. 여성이 남성에 종속적이어야 하는 이유를 이미 태어날 때부터 남성에 비해 열등한 능력을 지니고 태어났다는 점에서 찾는다. 남성과 여성의 차이를 생물학적인 차이에서 발견하려는 시각이다.

무엇보다 남성과 여성의 구분이 생식기와 생식 기능에 따른 것임을 내세운다. 남성의 생식기는 돌출되어 있어서 능동적인 존재고, 생식기가 내장되어 있는 여성은 남성을 받아들여야 하는 수동적인 존재라고 생각한다. 남성의 정자가 활발하게 난자에 이르면 기다리고 있던 난자는 선택의 여지 없이 수태하고 남성의 아이를 출산하게 된다는 식이다. 결국 생식에 있어서 남성이 일차적·결정적 요소고, 여성은 남성에 의해 선택되어 생식을 보조하는 존재로 전락한다.

혹은 남녀의 신체로 구분하기도 한다. 남성의 신체는 근육질이며 힘도 세고 세상일에 주도적이라면 여성은 남성보다 약하고 남성에 의해 보호받아야 할 연약한 존재일 뿐이라는 논리다. 그렇기 때문에 남성이 여성보다 월등하며 지배적 역할을 하는 능동적인 존재라는 주장의 근거로 삼는다. 반대로 여성은 종속적 위치에서 남성의 지배를 순순히 받아야 하는 존재에 만족해야 한다는 논리를 만들어낸다.

물론 남성과 여성의 신체 구조의 차이 자체를 부정할 수는 없다. 문제는 신체 구조의 차이를 현실의 우월과 열등으로 연결하여 구분하는 논리에 있다. 남성이 여성에 비해 신체적인 힘이 강하기 때문에 우월하다는 논리에 집착한다면 국가나 기업의 일을 근육의 힘이 제일 센 사람에게 맡겨야 한다는 말도 안 되는 결론에 이르게 된다. 인간은 단순히 육체에 의해 일방적으로 규정당하는 존재가 아닌 정신적·사회적 존재다. 특히 과학기술 및 기계의 발달로 더 이상 근육의 힘 차이가 일을 하는 데 그다지 결정적이지 않게 된 현대사회에서 생물학적인 논리는 더욱 구차한 발상이다.

이제 한발 더 나아가서 여성으로 만들어진다는 말은 어떤 의미인지 생각해보자. 언뜻 생각하면 여성으로 태어나지 않고 만들어진다는 것이 도대체 말이 안 된다. 어쨌든 어떤 여성이든 이미 엄마의 자궁에서 여성으로 결정되어 태어나는 게 아니냐는 의문이 생긴다. 이를 이해하기 위해서는 여성이라는 말의 두 의미를 정확히 구분할 줄 알아야 한다. 보부아르의 문제의식은 성 sex과 젠더 gender의 차이를 논의할 수 있

▲ 보부아르는 성을 생물학적 개념과 사회적 개념으로 나누어 보았다.

는 출발점이 되었다. 성이 생물학적 개념이라면 젠더는 사회적 개념이다. 생물학적으로 여자 female 라는 것과 특정한 문화에 따라 여성 women 이된다는 것은 별개의 문제다.

여자로 존재하느냐 존재하지 않느냐는 분명 출산과 직접 연관된 생물학적 문제다. 하지만 사회적으로 여성은 성장 과정에서 주위의 시선, 특히 남성의 시선에 의해 상당 부분 결정된다. 흔히 어린 여자아이가 예쁜 인형을 갖고 놀면 부모는 '역시 여자는 여자야'라는 반응을 보인다. 마치 태어날 때부터 여자아이는 예쁜 인형을 찾게 되어 있는 것처럼 말이다. 하지만 엄밀히 말하자면 이조차도 부모에 의해 훈련된 선택이라고 봐야 한다. 부모나 주위 어른이 아직 장난감이 뭔지도 모를 나이 때부터 남자아이에게는 청색 옷을 입히고 칼과 총을 쥐어준다.

> 남자아이에게는 교태를 금한다. 야양을 떨거나 감상적 태도를 취하면 귀찮게 여긴다. '사내 녀석이 안아달라고 하다니!'라거나 '남자는 거울 같은 걸 보는 게 아니야!'라고 한다. 혹은 '남자는 눈물을 흘려서는 안 돼!'라고 면박을 준다. 그가 '꼬마 어른'이기를 바란다.

이와 반대로 여자아이에게는 치마와 분홍색 리본을 달아주고, 인형과 소꿉놀이 물품을 선물한다. 또한 아이는 태어나서 아직 말도 못 하는 갓난아기 때부터 아빠와 엄마의 말투나 행동을 보면서 사회적으로 여성다움 혹은 남성다움이라고 규정된 습성을 배운다.

> 여자아이는 응석을 부리고 어머니 치마폭에 싸인 생활이 허용되며, 아버 지는 아이를 무릎 위에 안아 올리고 머리칼을 부드럽게 쓰다듬어준다. 또 부드러운 옷을 입히고, 눈물이나 변덕을 너그럽게 이해하며 머리 매 무새에 신경 쓰고 교태도 받아준다.

《인형의 집》의 노라는 태어난 것이 아니라, 그렇게 만들어진 것이다. 아이들은 이미 태어나서 눈을 뜨는 그 순간부터 사회적 학습이 시작된다. 아무 말도 못 하고 누워 있는 시기부터 눈으로 배운다. 자기와 가장 가까이에 있는 아버지와 어머니의 관계와 말투, 행동을 통해 남성과 여성의 차이를 습득한다. 부모에게서 적극적인 남성과 수동적인 여성이라는 이분법을 배운다. 예쁘고 부드러운 옷을 입고 화장을 하는 모습을 일상적으로 보면서 여성의 행위를 자연스럽게 받아들인다. 부모에게서 다람쥐와 종달새, 인형으로 자라왔고, 그런 것들이 자기도 모르는 사이에 자신의 정체성으로 스며들어왔던 것이다.

또한 어린 시절 남자아이는 몸이나 성기를 드러내놓는 행위에 거의 제한을 받지 않는다. 주위 어른들은 오히려 장군감이라는 칭찬을 던져줘서 아이가 우월감을 갖게 해준다. 반대로 여자아이가 벗으면 부끄러운 짓으로 꾸중을 듣기 일쑤다. 심지어 부모와 어른들은 여자아이가 '난 왜 고추가 없어?'라고 물으면 '말 안 들어서 떼어버렸다'는 등의 말로 어려서부터 여자아이가 스스로를 무언가 잃어버린 부족한 존재로 느끼게 한다. 이러한 사회적·문화적 풍토가 성장 과정 내내 아이에게 적용되면서 남성은 능동적·도전적 성향, 여성은 수동적·수세적 성향을 갖게 된다는 주장이다.

결국 여성다움이나 남성다움은 타고난 고정된 성향이 아니라 사회화 과정에서 조작되고 강요된 관념이다. 문제는 여성이 사회화를 통해 자기 것으로 받아들인 여성다움이 여성의 주체성을 포기하게 하고, 그로 인해 스스로의 눈으로 자신을 보는 게 아니라 항상 남성의 눈에 의해 자신의 사고와 행위를 정하게 된다는 점이다.

여성과 남성이 모두 주체로, 평등한 관계로 나아가야 한다. 보부아르는 여성이 주체로 서기 위해서는 자신이 타자로, 비본질적인 대상으로 규정받고 있는 현실을 직시하고 자기를 해방하기 위해 노력하는 것 이외에는 다른 출구가 없다고 강조한다.

> 여성에게는 자기를 해방시키기 위해 노력하는 것밖에 달리 출구가 없다. 이 해방은 반드시 집단적으로 해야 한다. 무엇보다도 먼저 여성 입장에서 경제적 진화가 선행되어야 한다. (…) 각자 자기만의 세계에 갇혀 있는 개인과 개인의 싸움이 아니다. 권리 회복을 요구하는 계급에 대적하고 특권계급은 이를 저지한다. (…) 인류의 절반인 노예 상태와 그것이 내포하고 있는 모든 위선적 사회구조가 폐지될 때 비로소 인류를 둘로 나눈 '분할'의 참된 의미가 밝혀져 한 쌍의 남녀가 진정한 모습을 발견하게 될 것이다.

여성이 개인으로서 남성과 치열하게 싸우면 될 일인가? 입센의 노라처럼 집을 나가거나 혹은 오스터마이어의 노라처럼 남편에게 총을 쏘면 해결될 것인가? 여성해방은 개인과 개인의 싸움이 아니다. 개인으로서의 여성이 우선 자각하고 타자나 대상의 위치에서 떨쳐 일어나야 하는 것은 분명하다. 하지만 여성차별이 사회적으로 형성된 만큼 극복도 개인적 노력을 넘어 집단적·사회적 차원으로 나아갈 때 가능하다.

사회적으로 모든 여성이 주체로 살아갈 가능성을 열려면 무엇보다 여성 스스로 왜곡된 성차별의 역사에서 벗어나기 위한 적극적인 행동에 나서야 한다. 스스로의 힘으로 제2의 성이 아닌, 남성과 동등한 제1의 성으로 올라서야 한다. 이를 위해서는 여성 입장에서의 경제적 진화, 즉 경제적 독립 능력을 갖추어 사회의 공적 활동에 참여해야 한다.

하지만 여성이 경제적 독립 능력을 갖춘다고 해서 여성차별이 근본적으로 극복되는 것은 아니다. 당연히 남성은 오랜 기간 자신이 누려온 기득권을 쉽게 내놓으려 하지 않는다. 언제까지나 우월한 자, 본질적인 존재로 머무르고 싶어 한다. 이를 위해 경제적인 영역뿐 아니라 정치·사회·문화 등 다양한 측면에서 남성 우위 체제를 유지하려 든다. 그래서 보부아르는 정치·경제·사회·문화 등 전 영역에 걸친 총체적 변화 없이는, 이를 위한 여성 스스로의 자각과 집단적 대응 없이는 여성에게 덧씌워진 차별의 굴레에서 벗어날 수 없다고 결론을 내린다. 정치와 사회 제도 속에 남아 있는 차별적 요소를 개선하고, 나아가서는 사회의 뿌리 깊은 문화적 편견에도 끊임없이 도전하는 노력이 필요하다.

남성도 양성평등 문제에서 제3자나 방관자의 자세를 벗어나야 한다. 오랜 기간 가부장제사회에서 기득권을 누려왔다면 이제 과감하게 그로 인해 얻은 이익이나 지위를 내려놓으려는 자기성찰이 필요하다. 억압받는 자만이 아니라 억압하는 자도 진정한 의미에서의 자유를 누릴 수는 없다. 부당한 지위를 누리기 위해 포기해야 하는 인간성은 남성의 행복을 가로막는 장애물이기도 하다. 이제 가부장제가 제공하는 편리함에 안주하지 말고 세상의 절반인 여성이 진정한 동반자로 설 수 있도록 양성평등에 동참해야 한다.

보부아르와 사르트르는 개인적 측면만이 아니라 사회적 측면에서도 동반자 관계를 실천하고자 했다. 사르트르는 보부아르에게 2년간의 계약결혼을 제안했다. 그때의 일을 보부아르는 《계약결혼》에서 다음과 같이 설명한다.

> 사르트르가 제안해왔다. "2년 동안 나는 파리에서 살 수 있도록 손을 쓰면 되고, 우리는 가능한 한 친밀한 생활을 하자. (…) 둘 중에 어느 쪽이든 상대를 찾을 때 반드시 응하고, 두 사람의 결합 이상 가는 것은 아무것도 없을 것이다. 그러나 속박과 습관이 되지 않도록 온 힘을 다하여 그런 부패에서 우리를 지키지 않으면 안 된다."
>
> 나는 동의했다. 사르트르가 예정하고 있는 이별을 두려워하지 않은 것은 아니었다. (…) 2년의 계약기간 동안 우리는 서로가 이론적으로 인정하는 자유를 사용할 생각이 전혀 없었다. 새로운 관계에 주저 없이 모든 것을 쏟을 작정이었다. 또 하나의 약속을 했는데, 둘 다 거짓말을 하지 않고 서로 숨기는 일이 없도록 한다는 약속이었다.

사르트르와 보부아르가 맺은 계약결혼은 당시 사람들에게 큰 충격이었다. 통념적 시각으로는 계약 내용이 파격 그 자체였다. 2년이 지나면 서로의 동의하에 계약을 연장할 수 있는데, 계약의 주요한 내용

▶ 보부아르와 사르트르

은 다음의 세 가지였다. 첫째, 사랑하는 관계지만 서로 다른 사람과 사랑에 빠지는 것에 동의한다. 둘째, 상대방에게 거짓말을 하지 않으며 어떠한 것도 숨기지 않는다. 셋째, 경제적으로 서로 독립한다. 특히 각자 다른 사람과 우연히 만나 사랑을 할 권리를 인정한 내용은 형식적으로나마 부부 사이의 정절을 부정할 수 없었던 당시 사람들에게 이해할 수 없는 내용이었다. 사회적으로 두 사람에 대한 신랄한 비난이 끊이지 않았고, 두 사람도 이 조건 때문에 계약결혼 생활 가운데 수많은 위기를 겪었다.

보부아르는 사르트르가 깊은 관계를 맺고 만나는 주변 여자들 때문에 많은 고통을 겪었다. 상대방에게 거짓말을 하지 않으며 어떠한 것도 숨기지 않는다는 두 번째 계약 내용대로 대부분의 경우 사르트르

관계 안의 인간

는 이 여성들과의 관계를 보부아르에게 모두 말했다. 머리로 상대방의 자유를 인정하는 것과 다양한 여성과의 관계를 직접 듣는 것 사이에는 적지 않은 격차가 있기에 그녀는 상당한 고통을 감수해야 했다.

그렇다고 보부아르가 다른 남자와 성관계를 갖지 않은 것은 아니다. 사르트르의 제자나 미국 작가 등과 관계를 맺었다. 사르트르와 사귀었던 러시아 출신 여성 올가와는 특이한 관계가 만들어지기도 했다. 보부아르는 올가가 발산하는 젊음을 좋아했고, 동성애 관계를 유지할 정도로 가까워졌다. 서로를 버릴 수 없었던 사르트르와 보부아르는 올가를 자신들의 관계 속으로 끌어들여 삼각관계까지 만들었다.

두 사람의 계약결혼이 수많은 우여곡절과 심각한 위기를 겪으면서도 유지될 수 있었던 것은 무엇보다도 먼저 서로에 대한 인간적인 믿음이 뒷받침되었기 때문이다. 보부아르의 다음 말은 그에 대한 신뢰가 얼마나 두터웠는지를 잘 보여준다. "만일 그가 '22개월 후 아테네의 아크로폴리스 위에서 오후 5시에 만나자'고 했다면, 나는 정확히 22개월 후 오후 5시에 아크로폴리스 위에서 그를 재회할 것이라는 확신이 있었다. 더 구체적으로 말해서 나는 사르트르가 나보다 먼저 죽지 않는 한 내게 불행을 안겨줄 리 없다는 것을 믿고 있었다." 사르트르도 보부아르의 적지 않은 남자관계에 대해 모두 알고 있었지만 두 사람의 신뢰를 깨지 않았다.

다음으로 서로를 주체로 인정하는 남녀의 동등한 관계에 대한 확고한 신념이 그들을 지켜주었기 때문이다. 두 사람은 성격이나 행동

방식에서 적지 않은 차이가 있었다. 집필 작업에 있어서도 자주 상이한 모습을 보였다. 하지만 다양한 의견 차이에도 불구하고 인간과 사회에 대한 진단과 대안에 있어서 언제나 비슷한 결론에 도달했다. 특히 보부아르만이 아니라 사르트르도 사상가이자 실천적 지식인으로서 여성해방에 대한 신념과 실천에서 흔들리지 않는 모습을 보여주었다.

주위의 비난과 여러 번 반복된 위기에도 불구하고 두 사람은 죽을 때까지 50년이 넘도록 계약결혼을 지켰다. 한 명이 죽기 전에는 절대 헤어지지 않는다는 약속을 끝까지 지킨 것이다. 그리고 현재 프랑스에서는 보부아르와 사르트르가 실천한 계약결혼에 의한 가족이 전체 가정의 약 10퍼센트 정도를 차지할 정도로 확대되었다.

우리와 이방인 그리고 연대

레비스트로스 《슬픈 열대》

다큐멘터리 〈아마존의 눈물〉은 한국인들에게 신선한 충격을 주었다. '아마존'이라는 말을 들으면 세계 최초의 인터넷서점으로 유명한 미국의 인터넷 종합 쇼핑몰을 먼저 떠올리는 요즘 시대에 이 프로그램은 우리와 전혀 다른 삶을 사는 이방인에 대한 관심을 이끌어내주었다. 아마존은 학창시절에 교과서에서 브라질 아마존 강 유역의 밀림, 지구의 허파 정도로 배운 것 말고는 특별히 알고 있는 바도 없을 정도로 관심 밖의 세계였다.

〈아마존의 눈물〉 방영 이후 미개인이나 야만인 정도로 생각했던 원주민의 사고방식과 생활이 많은 사람에게 새로운 시각으로 다가왔다. 〈아마존의 눈물〉 장면 1은 아마존 밀림과 원주민의 일상을 겹쳐놓은 포스터 사진이다. 원래 이런 종류의 사진을 접하면 어린 시절의 타

▲ 다큐멘터리 〈아마존의 눈물〉 장면 1

잔 영화, 아니면 기아에 허덕이는 불쌍한 원주민, 혹은 식인 풍습을 지
닌 사납고 무시무시한 종족을 떠올리는 것이 일반적이었다. 하지만 이
다큐멘터리가 장안의 화제가 될 정도로 인기를 끈 다음부터 아주 조금
이나마 진지하게 이방인에 대해 생각할 기회가 생겼다.

행복한 원시의 땅이 파괴되다 – 〈아마존의 눈물〉

아마존은 인류 최후의 자연과 생태계의 보고로 불린다. 지구 삼림의 30
퍼센트를 차지하고, 지구 산소의 25퍼센트를 공급하며, 25퍼센트의 이
산화탄소를 흡수한다. 아마존 숲은 지구 육상 생태종의 25퍼센트를 보
유하고 있고, 인간이 발견하지 못한 동식물만 해도 약 8만 종 정도 될
것으로 추정된다. 하지만 20세기에 접어들면서 그 짧은 기간 동안 자연

관계 안의 인간

환경이든 원주민의 삶이든 급속하게 파괴되고 있다. 유엔환경계획UNEP 조사에 따르면 이미 아마존 숲 가운데 프랑스 국토 크기에 해당하는 17 퍼센트 이상의 면적이 산업화를 명목으로 한 개간으로 훼손되었다. 또한 미국 기업의 30년간의 석유 채굴과 벌목, 댐 건설로 고통 받고 있다.

이 가운데 석유 채굴 문제 하나만 봐도 파괴로 인한 피해가 얼마나 큰지 절감할 수 있다. 아마존 세꼬야부족 대표 파야구아제가 한국을 방문하여 석유 개발로 인한 환경 파괴의 심각성을 생생하게 고발했다.

> 석유 개발 때문에 우리는 생계 유지를 위해 더 깊은 숲 속으로 숨어야 했다. (…) 상류의 석유 유출 사고로 강이 오염됐고, 우리는 곤충을 쫓기 위해 석유를 집 벽면에 칠하기도 했다. 도로는 석유로 범벅이었고, 오염물질이 대기 중에 떠돌아 검은 비가 내리기도 했다. 오염된 물을 마시며 살다가 심각한 피해를 받았다. (…) 우리 부족은 자연보전을 위해 텍사코와 싸운다. 후손들이 현재 우리가 보는 동물과 식물을 만지고 느낄 수 있기를 원한다.

에콰도르 아마존에서 석유기업 텍사코의 원유 탐사와 생산이 30년 동안 이어지면서 68억 리터의 오염된 물과 유해물질을 자연으로 흘려보내 생태계를 파괴하고 삶도 파괴했다. 현재 22개 생산공정 지역과 350개 유전 개발이 이뤄졌다. 넓이만 약 48만 헥타르 수준이다. 가장 큰 문제는 석유 유출 사고와 함께 고의적인 오염물질 방류다. 아마존 주민들은 그 지하수와 냇물을 마시고 살아가는데, 오염물질은 지하수를 황폐하게 만들었다.

또한 아마존은 인류의 원형을 고스란히 간직한 살아 있는 역사이기도 하다. 태곳적 삶을 유지하는 원주민 부족들이 뿜어내는 원초적 생명력과 역동적 에너지가 살아 있는 곳이다. 미나미 겐코의 《오브리가다 아마존》에는 아마존 원주민의 가치관과 삶을 웅변적으로 잘 보여주는 다음과 같은 대목이 나온다.

> 아마존 인디오에게는 '자연'이라는 말도, '행복'이라는 말도 없다. 필요하지 않기 때문이다. 아마존 자연 이외의 환경도, 불행이라는 감각도 모른다. 아마존 인디오의 삶은 어디까지나 단순함 자체다. 또한 아마존 인디오의 언어 가운데는 현재형만 있고 과거나 미래형이 없는 곳도 있다. 4천 년 전도, 1년 후도 전부 '현재'다. 나이도 세지 않기 때문에 언제나 젊다. 신화나 전설은 옛날이야기가 아니라 부락에서 살아 숨 쉰다.

〈아마존의 눈물〉에서 확인할 수 있듯이 산업문명이 스며들면서 전통적인 삶의 방식이 해체 위기에 직면해 있다. 토착부족은 생계를 위해 수백 수천 년 이상을 살아오던 거주 지역을 떠나 집을 잃고 난민이 되었다. 개발을 피해 무작정 이주하는 과정에서 뿔뿔이 흩어지고 심지어 없어진 부족도 상당수 있다. 아마존의 자연환경은 원주민의 삶과 떼려야 뗄 수 없는 한 몸뚱이다. 아마존 파괴는 원주민의 생활양식과 문화 모두를 파괴했다.

심지어 직접적인 학살극이 벌어지는 경우도 있다. 〈아마존의 눈물〉에 등장한 주요 부족 중 하나였던 야노마미부족 중 수십 명이 다큐가 방영된 몇 년 후에 금광업자의 습격으로 처참하게 살해됐다는 보도가 나와 또 다른 충격을 주었다. 영국 BBC방송에 따르면 금광업자들이 떠난 야노마미부족 밀림에는 불에 그슬린 시체가 넘쳐났으며, 공동가옥은 불타 잔해만 남아 있었다. 부족 지도자인 아히웨이는 "공격받은 마을에는 80명 정도가 살았는데 3명만 살아남았다. 생존자들은 사냥을 나가 있어 화를 면했다. (…) 생존자들이 총소리, 폭발음과 헬기 소리를 들었다. 그들은 광산업자들로부터 부족 여성들을 구출하려다 공격받았다."고 증언했다. 엘도라도의 꿈을 꾸는 금광개발업자나 사금채취업자에 의한 원주민 살해는 그 전에도 종종 발생했다.

이방인에 대한 새로운 시각

레비스트로스의 《슬픈 열대》는 '야만'의 시각으로 써 내려간 현대문명 비판서다. 내용은 그가 독일에 점령된 프랑스를 떠나 뉴욕으로 밀항하는 과정에서 시작한다. 그는 자신의 여행을 서구문명에 대한 비판적 시각으로 조명한다. 남아메리카 원주민에 대한 조사를 통해 그가 어떤 메시지를 던지고자 하는지 그 문제의식을 잘 알 수 있다. "아메리카·멜라네시아의 천진한 숲은 처녀성을 짓밟히기도 전에 상업·군사용 비행기로 인해 하늘로부터 오염당하는 오늘날, 여행이란 것도 우리의 역사상 가장 불행한 모습과 대면하는 것 아닌가? 이 거대한 서구문명은 분명히 부작용을 일으키고 말았다."

그는 브라질 생활에서 전통적인 부락이 파괴되고 새로운 도시가 인위적으로 형성되는 과정과 그로 인해 나타난 특징을 그린다. 도시들이 왜 동쪽에서 서쪽으로 발전해가는지, 부와 빈곤이라는 양극화 현상이 왜 생기는지도 분석한다. 물론 거기에는 문명사회와 문명사회의 부에 대한 그의 분노가 서려 있다.

본격적인 원시부족 조사로 들어가서는 산속으로 스며드는 벌레며, 동굴 속의 박쥐, 숲 속의 상쾌한 과일 냄새 등 오지의 세계로 우리를 인도한다. 원주민들은 나무껍질이나 깃털 하나로 기막힌 귀고리를 만들어내고, 그것을 진심으로 즐긴다. 문명사회가 집에 구속당해 산다면, 이들에게 집은 삶을 위한 작은 수단일 뿐이다. 일부다처를 비롯한 다양한 가족 형태와 친족관계도 연구한다. 이 책은 단순히 원주민의 생활상에 대한 보고서 성격에 머물지 않는다. 원주민의 상징적 행위를 통해 종교의 진정한 본질이 무엇인가를 성찰하고, 피부를 장식하는 행위에 담

클로드 레비스트로스(Claude Levi-Strauss, 1908~1991)
프랑스의 사회인류학자이자 구조주의의 선구자다. 무질서해 보이는 사회·문화현상 속에서 일정한 질서를 찾아내는 구조주의이론의 선구자임과 동시에, 문화 사이의 우열을 인정하지 않는 문화상대주의의 선구자로 유명하다. 브라질 상파울루 대학교에서 사회학 교수로 재직 중 브라질 원주민을 현지 조사했다. 레비스트로스의 구조주의는 문화 체계에 관련된 엄청난 양의 정보를 몇 가지 핵심적인 형식적 관계들로 환원해서 이해하려는 노력이다. 그는 문화를 커뮤니케이션 체계로 보았으며 그 체계들을 해석하기 위해서 구조언어학·정보이론·인공두뇌학에 기초를 둔 모델을 설정했다. 주요 저서로 《친족의 기본구조》, 《슬픈 열대》, 《야생의 사고》, 《신화학》 등이 있다.

관계 안의 인간

긴 의미도 분석한다. 이를 통해 인류의 삶과 문화의 원형을 발견하고 문명의 기원을 설명하고자 한다.

원주민의 생활에 나타난 자연과 인간의 관계

레비스트로스는 자연과 인간의 관계에서 인간의 특별한 지위를 인정하지 않는다. 서양의 주류철학은 인간과 자연을 분리하고 인간이 자연을 지배하는 것을 정당화하는 쪽으로 전개되어왔다. 대표적으로 데카르트의 "나는 생각한다. 고로 존재한다."라는 명제는 시각, 청각, 촉각, 미각 등 일체의 감각을 회의하고 오직 이성적 방법에 의한 정신만을 신뢰한다는 의미다. 그만큼 인간조차 육체와 감각을 비롯한 자연적 요소와 분리된 존재로 이해한다.

데카르트가 수행한 정신과 자연의 극단적인 구분은 뉴턴의 물리학과 밀접한 관련을 맺는다. 뉴턴에 의하면 물질세계는 철저하게 인간과 분리된 분석 대상일 뿐이다. 고전물리학에서 물질세계는 정신적 요소라고는 눈곱만큼도 찾아볼 수 없는 완전히 분리된 세계다. 마치 수많은 독립된 부품의 조합으로 만들어진 기계처럼 우주는 각각 독립된 물질의 조합이 기계적인 규칙에 의해 움직이는 곳이었다.

인간만이 정신을 가진 존재고 자연은 이와 분리된 존재라는 사고는 당연히 인간을 주체로, 자연을 대상으로 바라보는 관점을 만든다. 주체인 인간이 대상인 자연을 일방적으로 이용하고 개조하는 권한을 갖게 된다. 실제로 근대 이후 서양의 산업화는 이러한 관점을 극명하게 보여준다. 자연을 관찰 대상, 이용과 개조의 대상으로 바라보면서 눈부신 과학기술 발전과 산업화 확대가 가능해졌다.

하지만 레비스트로스가 보기에 인간의 지위는 독립적이거나 특별하지 않다. 이는 자연과 인간의 동등한 상호관계라는 문제의식으로 이어진다. 그 전형적인 모습을 《슬픈 열대》에 나오는 아마존 원시부족의 사고와 삶에서 발견할 수 있다.

> 가축들이 식사에도 참가하며, 사람과 똑같은 관심과 애정을 누린다. (…) 가축이나 달걀을 먹지 않는다. 암탉도 알을 숲 속에 낳는다. (…) 이동할 때는 걸을 수 있는 짐승을 제외하고는 가축 전부를 다른 짐 보따리와 함께 싣고 간다. 원숭이들은 여자들 머리에 매달려 가면서 여자의 목둘레를 꼬리로 감아, 우아한 모자를 쓴 것처럼 보이기도 한다. 앵무새와 닭은 등채롱 꼭대기에 걸터앉으며, 그 밖의 다른 동물들은 양팔에 안겨서 간다. 동물들은 푸짐하게 얻어먹지는 못하지만, 식량이 모자라는 시기일지라도 그들 몫은 반드시 주어진다. 그 대가로 동물들은 이 집단을 위해 심심풀이와 기분전환의 계기가 되어준다.

전 세계 박스오피스 1위를 기록한 영화 〈아바타〉는 자연과 하나가 되어 살아가는 아마존 원주민의 삶을 상징적으로 보여준다. 영화의 주요 배경인 판도라 행성은 지구에서 4.4광년 떨어진 가상 공간이지만 다분히 아마존 열대림을 떠올리게 한다. 〈아바타〉 장면 1에 나오

▲ 영화 〈아바타〉 장면 1

는 행성의 모습은 원시림을 간직한 아마존의 판박이다. 폭포를 머금은 채 끝없이 펼쳐진 밀림은 문명의 접근을 허용하지 않았던 순결한 자연의 모습 그대로다. 알몸으로 지내는 나비부족의 모습도 아마존 원주민을 보는 듯하다.

　　영화에 나오는 신기한 동물과 식물은 아직 인류가 발견하지 못한 동식물로 가득한 미지의 세계 아마존의 아바타로 보인다. 제임스 카메론 감독도 인터뷰에서 지구의 다양한 생물에서 영감을 받아 판도라 환경을 가능한 한 실제처럼 만들었다고 밝혔다. "우리는 동물생태학, 해부학, 거북이에서 독화살개구리까지의 사진집 등 자료가 가득 있습니다. 코뿔새의 피부와 부리 사이의 움직임도 조사했습니다. 우리는 자연의 거대한 자원과 상상력을 동원해서 영화를 만드는 데 활용했고, 그래서 영화 안의 생물들이 더욱 실제처럼 느껴지는 겁니다."

자연만이 아니라 사고와 삶의 방식도 아마존 원주민처럼 자연과 일체화되어 있다. 나비부족은 자연과 소통하며 이해하려 한다. 자연에 온전히 몸을 맡기고 죽음과 생성을 통해 끊임없이 되풀이되는 순환 안에서 살아간다. 나비부족은 영혼이 깃든 나무와 마음을 열고 주파수를 맞춤으로써 교감할 수 있다. 나무를 통해 선조들을 느낀다. 죽으면 없어지는 것이 아니라 자연 속에 존재하기 때문이다.

레비스트로스가 조사한 바에 따르면 아마존 원주민의 신화에도 인간과 자연의 상호관계가 잘 드러난다. 특히 꿀의 기원신화를 보면 자연을 인간에게 유용하도록 이용하되 공존을 전제로 한다. "꿀을 너무 쉽게 얻을 수 있게 된다면 모두 소진할 때까지 남용하게 된다. 그래서 꿀은 신화를 통해 인간에게 '네가 나를 우선적으로 애써 찾지 않았다면, 너는 나를 찾지 못할 것'이라고 말한다."《신화학》 아마존 신화 가운데는 꿀을 소재로 한 내용이 적지 않다. 신화는 대부분 어떤 교훈을 전달하려는 목적을 갖는다. 신화에서 꿀은 인간에게 쉽사리 자신을 드러내거나 전달하지 않는다. 여러 우여곡절을 겪어야 힘겹게 얻을 수 있다. 이 신화는 자연의 소중함과 공존의 필요성을 전해준다.

하지만 레비스트로스가 찾은 아마존 열대림은 이미 서구문명에 의해 심각한 훼손 상태에 놓여 있었다. 자연을 정복 대상으로, 대규모 파괴를 효율적 이용으로 보는 서구적 자연관이 초래한 재앙의 그림자가 짙게 드리워 있었다.

문명이 곧 우월함은 아니다

레비스트로스는 서구적인 사고방식과 윤리관을 다른 사회에 절대적인 기준으로 적용할 수 없다고 보았다. 원주민들은 서구와 상이하거나 심한 경우 상반된 문화와 윤리를 갖고 있으나 나름의 설득력과 합리성을 지닌다는 것이다.

> 우리는 인간 사회에 열려 있는 여러 가능성 가운데서 각 사회는 어떤 선택을 할 수 있으되, 그와 같은 선택은 상호 간에 비교될 수 있는 성질이 아니라는 사실을 인정해야 한다. 그들은 서로 동등한 가치를 가졌기 때문이다. (…) 조사 영역이 확대되어나감에 따라 이 차이점은 점점 감소된다. 그리하여 마침내는 어떤 인간 사회도 철저하게 선하지는 않다는 점이 명백해질 것이다. 어떤 인간 사회나 근본적으로 악한 것도 아니다.

그는 도덕 감정의 상대성을 강조한다. 서구사회의 기준을 가지고 어떤 사회를 볼 때 특징적으로 빈곤이나 잔인성, 또는 부정으로 여겨질 수 있는 현상이 나타나더라도 우월과 열등을 통한 비교는 곤란하다. 레비스트로스가 보기에 완전한 사회란 없다. 어떤 사회든 스스로 주장하는 규범과 양립할 수 없는 불순물, 즉 잔인함을 비롯한 부정성을 갖고 있다. 그렇기 때문에 다른 집단을 접할 때 자기 집단의 규범에 집착하거나, 반대로 대상 집단에 전적으로 몰두하는 것 모두 경계해야 한다. 특히 학문적 영역에서는 그러한 편견과 거부가 객관적인 태도를 잃어버리게 한다.

예를 들어 아마존 원주민은 수치감에 대해 우리와 서로 다른 이해를 보인다. 육체적·성적 의미의 수치감은 더욱 그러하다. "완전히 벌거벗고 사는 사람들은 우리들이 수치라고 부르는 감정을 모른다. (…) 수치는 육체의 노출 정도가 아니라, 마음의 평정과 흥분 상태에 따른 것이다." 원주민에게 수치스러운 감정은 서구처럼 육체와 정신 사이에 있는 것이 아니다. 원주민은 그 경계를 다른 곳으로 옮겨놓는다. 타인에 대한 친절이나 마음의 평정을 잃고 흥분하는 것을 수치로 여긴다.

또한 성적인 사랑에 대해서도 다르게 이해한다. 원주민들의 생각은 '사랑하는 것은 즐겁다'라는 간결한 표현으로 요약된다. 그들에게 성은 최고의 흥미와 호기심을 불러일으키는 즐거운 일이며, 대화 내용 중의 상당 부분이 성을 암시하는 등 원주민들의 일상생활은 에로틱한 분위기에 젖어 있다.

남성과 여성의 관계나 성 행위에 대한 인식에서도 상당한 차이를 보인다. "부인들은 공공연하게 남자들과 알고 지냈는데, 흔히 연인이기도 했다. 그러나 남편들은 결코 질투하지 않았으며, 만약 질투를 나타내는 남편이 있다면 체면을 잃는다." 부족에 따라 일부다처제나 일부일처제 등이 나타나지만, 일부일처제인 경우에도 남성의 여성에 대한 배타적 소유를 볼 수 없는 경우가 상당히 많다. 남녀의 구별도 엄격하지 않아서 여인들은 사냥 등 무사들의 모험에 따라가기를 좋아하며, 때에 따라 일을 거들거나 혹은 여주인 역할을 한다.

▶ 다큐멘터리 〈아마존의 눈물〉 장면 2

　〈아마존의 눈물〉에서 가장 인상 깊게 본 부분은 1987년에야 세
상에 알려진 조에부족에 관한 이야기다. 〈아마존의 눈물〉 장면 2는 개
인적으로 감동적인 부분이었다. 사진에서 볼 수 있듯이 조에부족은 남
성이든 여성이든 입술 아래를 뚫어 뽀뚜루라는 막대기로 치장한 것을
제외하고는 실오라기 하나 걸치지 않은 모습으로 지낸다. 어느 가정의
한 남자가 사냥 후 분배와 관련하여 약간 심통을 내는 일이 생겼다. 남
자들은 다 함께 사냥을 나가고, 사냥에서 잡아온 짐승은 그것을 잡은 사
람의 주도하에 골고루 분배한다. 거의 2시간이 걸릴 정도로 신중을 기
하고, 사냥을 나가지 않는 사람들까지도 배려한다. 가끔 분배가 마음에
안 들면 삐치는 사람이 생긴다. 그가 하루 종일 우울한 표정으로 지내자
마을 여자들이 화를 풀어주기 위해 나섰다. 여러 명의 동네 여인이 삐쳐
있는 남성을 둘러싸고 웃을 때까지 동시에 간지럼을 태웠다. 그리고 모

두 함께 웃으면서 문제가 해결되었다.

　　마을 사람들이 간지럼을 태워 함께 웃음으로써 화를 푸는 과정도 감동이었지만, 남성과 여성의 관계라는 측면에서도 인상적인 장면이었다. 동네 여성들이 스스럼없이 다른 집 남자의 알몸을 만지며 간지럼을 태워도 남자의 부인이 질투를 내기는커녕 함께 즐거워한다. 또한 이 여성들의 남편도 화를 내는 모습을 조금도 발견할 수 없다. 남성과 여성을 엄격하게 구분하고, 특히 신체 접촉에 대해 민감하게 반응하는 우리와는 상당히 다른 상식과 문화를 지니고 있음을 알 수 있다.

　　흔히 미신이라고 부르는 행위에 대해서도 레비스트로스는 다른 문제의식을 제기한다. 우리는 미신을 정신의 미개 상태에서 나타나는 비합리적인 사고로 치부한다. 문명에 의해 배격되고 없어져야 할 그릇된 행위로 여긴다. 하지만 그는 미신에서 지혜를, 현대의 합리적인 정신에서 광기를 발견한다.

> 마치 현미경 밑에서처럼 확대의 힘을 빌려 우리 조상 전래의, 그리고 아직도 엄연히 존재하는 미신이라는 미생물이 우글거리며 떠올라오게 만든다. 그런데 이것이 정말 미신이라고 불러야 할 것인가? 나는 오히려 미개부족이 무의식중에 행했던 어떤 지혜의 흔적을 보며, 거기에 역행하려는 현대의 반항에는 정말 광기조차 서려 있음을 본다. 우리가 숱한 좌절과 안타까움을 대가로 쟁취하는 정신적 조화를 미개부족은 쉽게 얻을 줄 안다.

근대에서 현대에 이르기까지 합리적인 이성에 기초한 서양철학의 전통에서, 정신은 주술이나 신화에서 벗어나는 데서 시작한다. 일체의 신비적 사고를 거부하고 기술과 예측으로 대신하는 데서 정신은 비로소 자신의 안식처를 구한다. 하지만 레비스트로스가 보기에 정신은 주술과 신화를 공통의 자궁으로, 감성과 함께 성장했다. 주술은 논리정연한 체계 안에서 작동한다. 보통 주술의 순서와 각 단계에서의 행위는 엄격한 절차에 의해 정해져 있다. 주술사는 만약 주술 과정에서 정해진 절차를 어기면 주술 효과가 사라진다고 생각한다. 그러한 점에서 엄격한 사고 단계와 실험 절차를 전제로 하는 과학과 유사성을 지닌다.

신화에 나타나는 원주민의 사고도 불확실하고 우연적인 미신으로만 치부할 수 없다. 예를 들어 근대와 현대의 철학은 복잡한 이론 과정을 거쳐 정신과 육체의 분리라는 결론에 도달했고, 그 결과 나타난 대규모 환경파괴라는 숱한 좌절과 안타까움을 대가로 치르고 나서야 인간과 자연의 통일이라는 전망에 도달했다. 하지만 원주민들은 신화를 통해 쉽게 정신적 조화를 얻는다. 그러한 의미에서 오히려 현대인의 광기와 대비되는 지혜의 흔적을 발견할 수 있다. 그들은 현대인과 매우 다른 생활 조건 아래 있으면서도 유사한 내적 성찰에 도달해 있다.

원시사회의 합리성

레비스트로스는 비서구의 정치의식과 제도를 서구의 합리성과 대비되는 야만성으로 규정해온 전통을 비판한다. 그에 의하면 원시부족의 정치질서는 나름의 합리성, 더 나아가서 현실의 서구적 정치질서가 결여하고 있는 적극적인 측면조차 지닌다.

> 새로운 족장의 선정이 그 집단의 요구나 기호에 의해 전적으로 명령되는 것은 아니다. 새로운 족장으로 지명된 사람은 기꺼이 그 직책을 떠맡을 것 같지만, 완강하게 거부하는 일도 종종 있다. '천만에 나는 족장이 되기 싫소!' 이 같은 경우에는 두 번째 선정을 해야만 한다. 사실 권력에 대한 열렬한 경쟁이 없었고, 내가 알고 있던 족장들은 족장의 높은 위치를 과시하여 이야기하기보다는 그들이 지고 있는 무거운 부담과 여러 가지 책임에 대해 불평을 털어놓았다.

아마존 남비콰라부족의 언어에서 족장을 나타내는 말은 '통일하는 사람' 또는 '결속시키는 사람'이라는 뜻을 가지고 있다. 족장이란 우리 사회처럼 특권적 권위에 대한 필요성에서 생겨난 것이 아니다. 공동체를 형성하려는 구성원들의 욕구로부터 자연스럽게 나왔다. "동의가 권력의 근원을 이루며, 족장 지위에 정당성을 부여한다. (…) 족장의 권력이 지닌 무기 가운데 가장 주요한 수단은 관대함이다." 족장의 지위는 배타적 의지나 구성원의 일방적인 요구가 아닌, 자발적인 동의를 통해 형성된다. 새로운 족장으로 지명된 사람은 직책을 반길 것 같지만, 완강하게 거부하는 일도 있다. 족장이 지는 무거운 부담과 책임 때문이다.

대부분의 원시부족에서 '관대함'이 권력의 본질적인 속성이다. 레비스트로스는 연구를 위해 족장의 도움을 받아야 할 일이 많았기에 부족을 방문했을 때, 가지고 간 물건을 족장에게 선물로 건네는 경우가 많았다. 하지만 선물은 하루나 이틀 이상 그들의 손에 있지 않았다. 단 몇 주를 지내고 나면 주민들은 그가 주었던 도끼, 칼, 진주 따위를 소유하고 있곤 했다. 오히려 족장이 물질적인 면에서 빈곤한 상태에 있는 경우도 많았다. 부는 족장의 손을 통했지만, 결코 족장 자신의 소유로 요구할 수 없었다. 족장은 집단활동을 조직해야 하며 또한 자기를 따르는 구성원에게 항상 너그럽게 행동해야 했다.

족장 지위의 원천인 동의는 일시적이거나 단절적이지 않다. 처음 선정할 때 한 번 동의가 이루어지면 자동적으로 지속되는 성질이 아니다. 일상적으로 권한과 의무가 균형을 이루어야 유지된다. 족장의 자리는 편익과 의무의 균형 아래 있다. 몇몇 부족에서 족장은 일부다처제의 특권을 누린다. "그는 책무를 지니고 있지만 또한 여러 명의 아내를 가질 수 있다. 족장과 집단 사이에는 급부와 특권, 편익과 의무가 끊임없이 갱신되면서 균형을 이룬다." 하지만 집단 구성원에게 음식물을 부여하는 역할을 비롯하여 적지 않은 의무가 성실히 이행되어야 한다. 그러한 의미에서 권력의 또 다른 기본 속성은 '호혜성', 즉 주고받기의 관념이다. 편익과 의무가 일상생활에서 끝없이 갱신됨으로써 평형이 이루어진다. 그렇기 때문에 족장의 지위는 서구적 의미에서의 권력보다는 권위에 가깝다.

레비스트로스가 방문한 당시부터 아마존은 이미 상당 부분 파괴되고 있었다. 그가 브라질에 도착했을 때는 이제 막 개발되고 있는 중이었다. 숲을 가로질러 철도가 들어서고 철도 주변으로 도시가 들어서는 방식이었다. 그렇게 개발된 새 도시들은 완전히 서구식이었다. 유럽에서 건너오는 이민자들을 위한 도시였기 때문이다.

> 주로 영국계 회사의 영향에 의해서였다. 그 회사는 도로와 철도부설을 조건으로 150만 헥타르에 대한 조차권을 정부로부터 얻어냈다. (…) 15 킬로미터 정도마다 역 하나씩을 세웠으며, 그 주위 1평방킬로미터를 개간하여 도시가 들어서게 했다. (…) 유럽인으로서 신세계 중심부를 탐험하는 일이란, 무엇보다도 우선 이 세계가 우리의 것이 아니었던 만큼, 그것을 파괴한 죄과는 우리가 덮어써야 한다는 것을 의미한다. 또 한편으로는 그와 같은 신세계가 앞으로 또 다시 우리 앞에 나타날 기회가 아주 없으리라는 것도 가르쳐준다.

〈아바타〉장면 2는 판도라 행성의 원시림이 기계 문명을 앞세운 인간에 의해 파괴되는 과정을 보여준다. 이곳은 인류에게 꼭 필요한, 언옵타늄이라는 대체자원의 최대 매장지다. 이 자원의 자기장 힘으로 인해 화면에서 보이듯이 공중에 산이 떠다니고, 밤이 되면 식물과 동물에게서 발광물질이 뿜어져 나온다. 인간들은 에너지 고갈 문제를 해결하

▶ 영화 〈아바타〉 장면 2

기 위해 판도라에서 대체자원을 채굴하기 시작한다. 판도라를 지키기 위한 나비부족의 저항이 시작되면서 대규모 전투가 발생한다. 끝없는 탐욕과 폭력성을 지닌 인간들은 자원 채굴에 방해가 되는 나비부족을 무차별적으로 공격한다. 위 장면에 나오는 최신 전투기와 대규모 전투 로봇을 이용하여 잔혹한 살육과 밀림 파괴가 자행된다.

카메론 감독도 인터뷰에서 〈아바타〉와 관련하여 현실에서 벌어지는 환경파괴의 심각성을 직설적으로 경고했다. "우리는 환경 문제를 알고 있지만 부인하고 있습니다. 부인하는 것은 변화를 두려워하거나 치러야 할 희생이 두렵기 때문입니다." 힘이 세고 무기와 지식도 갖고 있는 우리 인간이 지구 만물을 지배할 자격이 있다는 생각을 비판하며 "그런 생각을 버려야 합니다. 지혜롭게 지구의 순리에 따르는 생활을 하지 않으면 결국 대가를 지불할 것입니다."라고 강조했다.

서유럽 산업국가들이 자원 개발과 근대화를 명분으로 아마존을 파괴한 역사적 경험과 유사하다. 세계 산소의 4분의 1을 공급하는 아마존 열대림이 향후 수십 년 사이에 의미 있는 산소 생산 기능을 상실할 위기에 처해 있을 정도다. 현재도 한두 달 사이에 상파울루 시와 맞먹는 면적의 아마존 삼림이 파괴되고 있다. 근대화 과정에서의 개발과 목재 활용을 위한 벌목, 곡물가격 급등과 연관된 화전과 플랜테이션 확대가 삼림파괴의 주요 원인이다. 문제는 한번 파괴된 열대우림이 쉽게 복구될 수 없다는 점이다.

아마존 강의 민물 생태계도 급속하게 파괴되는 중이다. 무분별한 댐 건설로 인해 강 유역의 자연적 수리 체계가 대규모로 변경되고 있다. 현재 154개의 수력용 댐이 있으며, 21개가 추가로 건설 중이다. 또한 277개의 댐 건설이 추가로 예정되어 있다. 그 외에도 수천 개의 소규모 댐이 지류에서 사용 중이다. 댐으로 인한 어류 이동의 붕괴 등으로 생태계가 교란되면서 다양한 어종이 사라지고 있다. 이는 어류 생산량 감소와 원주민의 식량 위기로 이어질 수 있다.

레비스트로스의 '슬픈' 열대는 단순한 감상적 슬픔과 안쓰러움에 머물지 않는다. 서구문명에 대한 반성적 성찰과 극복에의 지향으로 나아간다. "이 세계가 우리의 것이 아니었던 만큼, 그것을 파괴한 죄과는 우리가 덮어써야 한다." 무엇보다도 서구적 삶과 사회 운영원리를 우월한 것으로 생각하고, 일체의 비서구적 요소, 특히 아마존의 원주민처럼 자연과 하나 되어 살아가는 삶을 열등과 야만으로 단정 짓는 사고방식에서 벗어나야 한다. 어떤 면에서는 서구야말로 야만의 첨단을 달린다. "대량 학살과 전쟁 그리고 사회가 휘두르는 폭력과 힘없는 다수 개인의 공포, 광적인 파시즘 등 서구의 모습은 부끄러운 야만 그 자체였다." 우리는 이성적 의식작용을 근거로 자연에 대한 인간의 우월한 지위, 나아가서는 비서구에 대한 서구의 우월한 지위를 정당화하려는 합리주의적 사고방식을 탈피해야 한다.

이제 서구에서 비롯된 보잘것없는 물질주의 때문에 비서구 지역의 문화가 변질되고 자연이 파괴되는 현실을 넘어서야 한다. 우리에게 필요한 것은 가장 미개한 사회로 치부되었던 원시부족에게서 우리 자신의 모습을 재확인하고, 그들의 경험을 교훈으로 승화시키는 일이다.

5

돈과 일
그리고 여가

돈이란 무엇인가

짐멜 《돈의 철학》

현대인이 가장 큰 삶의 목표로 삼는 것이 바로 돈이다. 물론 현대만이 아니라 토지를 비롯한 주요 생산수단이 사적 소유의 대상으로 자리 잡은 이후 시대를 막론하고 돈은 사람들이 집착하는 주요 대상 중의 하나였다. 하지만 현대사회에서 나타나는 집착과는 비교가 되지 않는다. 무엇보다도 돈에 대한 가치 판단에서 큰 변화가 찾아왔다.

전통사회에서도 돈을 중시했지만 인생의 주요 가치라고 공공연하게 밝히기는 쉽지 않았다. 노골적으로 돈을 밝히면 못 말리는 속물로 주위의 손가락질을 받기 일쑤였다. 개인의 욕망 속에서는 돈에 대한 생각이 가득 차 있을지라도, 최소한 겉으로 드러내기는 쉽지 않았다. 사회 전체가 돈보다 다른 가치를 향하고 있었기 때문이다. 종교적 가치든 또 다른 보편적 가치든 적어도 표면적으로는 인생의 목표를 다른 방향

돈과 일 그리고 여가

으로 삼는 척이라도 해야 했다.

하지만 현대사회, 특히 최근 몇십 년 사이에 돈은 다른 모든 가치를 제치고 왕좌를 차지했다. 이제 공공연하게 자기 삶의 목표로 선언하고, 심지어 타인에게 적극적으로 권하는 세상이 되었다. 설날 공식 덕담이 "복 많이 받으세요."에서 "부자 되세요."로 바뀐 지는 이미 한참이 되었다. 요즘에는 아예 "대박 나세요."라는 인사를 심심치 않게 듣는다.

어쩌다 돈이 인생의 목표가 되었나

과거에 놀부는 탐욕과 비인간적인 사고방식의 대명사였다. 가난하지만 마음씨 착한 흥부는 마땅히 지향해야 할 인간성의 표본이었다. 하지만 이제 흥부는 능력이나 대책도 없으면서 아이만 많이 낳은, 무책임의 상징처럼 여겨진다. 돈이 된다면 제비 다리 하나쯤 부러뜨리는 일이 무슨 어려운 일이냐고 생각할 사람, 아예 눈 하나 깜짝하지 않고 실제로 부러뜨릴 사람이 대부분이다. 놀부를 상표로 내건 사업체는 해가 갈수록 번창하지만 이제 흥부를 상표로 만들 사람은 거의 없을 것이다. 단 수십 년 사이에 놀부와 흥부의 자리가 역전되는 현상이 벌어졌다.

직장인 사이에서는 10억 모으기가 하나의 트렌드로 자리 잡았을 정도다. 이들은 10억 원의 금융자산 보유를 부자의 기준으로 삼는다. 평범한 직장인 10억 모으기, 맞벌이 부부 10억 모으기, 10년에 10억을 모으는 재무설계와 자산관리 비법, 10억 모으기에 성공하는 재테크 방법, 1억으로 10억 만들기 등 다양한 방법으로 10억 만들기에 성공하려는 계획을 세운다. 직장인의 10억 만들기 목표에 편승한 금융기관이나 자산관리 회사의 상술도 오래전부터 기승을 부리고 있다.

현실적인 가능성이 커서 생기는 현상이 아니다. 종종 언론에 보도되는 여론조사 전문기관의 부자 관련 조사에 의하면, 평범한 사회인이 10억 원 이상의 금융자산을 손에 쥘 수 있는 가능성은 거의 없다고 나온다. 아무리 성실하게 회사를 다니고 돈을 모아도 10년은커녕 정년퇴직 때까지 도달할 수 있으리라 기대되지 않는다. 거의 유일한 방법은, 800만분의 1 확률이어서 벼락 맞을 확률보다 20배나 가능성이 희박한 로또 복권에 당첨되는 일이다.

그럼에도 불구하고 왜 많은 사람이 부자의 꿈, 대박의 환상을 가질까? 현실성 여부와는 무관하게 시대의 가치관을 반영하기 때문이다. 돈이 건강, 사랑, 명예 등 전통적으로 중시되는 것들보다 더 희구하는 가치가 됐기 때문이다. 보다 정확히 말하자면 과거에 중요하다고 여겨졌던 가치조차 돈이 많으면 얼마든지 이룰 수 있다고 여기기 때문이다. 많은 사람이 누리길 원하는 다양한 가치 사이의 서열 관계가 돈을 중심으로 피라미드형으로 고착화되었다.

돈으로 무엇이든 이룰 수 있다는 신념 – <위대한 개츠비>

돈으로 이루지 못할 일이 없다는 사고방식을 가장 잘 보여주는 영화가 〈위대한 개츠비〉다. 스콧 피츠제럴드의 소설《위대한 개츠비》를 영상

▲ 영화 〈위대한 개츠비〉 장면 1

으로 담았는데, 레오나르도 디카프리오가 개츠비 역할을 맡았다. 제1차 세계대전의 혼돈과 충격을 겪은 후 1929년 경제 대공황 전까지, 1920년대의 경제 성장으로 유례없는 번영을 누리던 미국사회를 배경으로 한다. 사회 전체적으로 황금만능주의, 부자에 대한 장밋빛 환상이 최고조에 달했던 시기다.

소설과 영화에서 이야기를 이끌어나가는 화자인 닉도 부자의 꿈을 품고 주식 채권 기술을 배우기 위해 고향을 떠나 뉴욕으로 온 인물이다. 그는 대저택에서 매주 호화로운 파티를 벌이는 엄청난 부자 개츠비와 친구가 된다.

매주 토요일, 수백 명의 사람이 요란한 파티를 즐기기 위해 개츠비의 집으로 몰려온다. 〈위대한 개츠비〉 장면 1은 흥청망청한 파티의

▲ 영화 〈위대한 개츠비〉 장면 2

모습을 보여준다. 유명한 연예인과 스포츠 스타도 참석하여 파티를 즐긴다. 많은 사람이 이 파티에 참석하기를 갈망하는데, 독특하게도 개츠비는 자신을 모르는 사람도 호화 저택에 찾아와 연회에 참여하도록 허용한다. 사람들은 막대한 재산가지만 출신과 신변이 잘 알려져 있지 않은 그에게 호기심과 부러움을 갖는 한편, 뒤에서는 루머와 험담을 퍼트리기도 한다.

이 모든 것은 아름다운 여인 데이지를 향한 개츠비의 계획이었다. 닉은 데이지와 육촌 관계고, 그녀의 남편인 톰과는 대학 친구다. 개츠비는 닉에게 데이지가 과거 자신의 연인이었고, 그녀와 다시 만나기 위해 맞은편 성으로 이사했다는 사실을 말한다. 언젠가 우연하게라도 데이지가 찾아오기를 바라며 성대한 파티를 개최해왔음을 밝힌다.

돈과 일 그리고 여가

원래 개츠비는 농가 출신인데, 세계대전에 참전하고 장교가 되어 우연히 상류층 가문의 여인 데이지를 만났다. 데이지의 부와 미모에 매혹되었고 마침내 데이지의 사랑을 받았다. 하지만 그녀는 개츠비가 유럽 전선으로 떠난 후 귀족 출신의 백만장자 톰을 만나 결혼했다. 그가 미국에 돌아왔을 때는 이미 신혼여행을 떠난 뒤였다. 그녀의 변심이 가난 때문이라고 생각한 개츠비는 그녀를 되찾기 위해 성공과 부에 집착했다. 폭력조직과 손을 잡고, 금주법이 시행된 미국사회에서 밀주 판매로 막대한 재산을 모았다. 증권 불법 판매 및 도박 등 수단과 방법을 가리지 않고 부를 얻자 데이지가 사는 곳 맞은편에 대저택을 산 것이다.

닉은 데이지와 만나게 해달라는 개츠비의 부탁을 거절하지 못하고 둘의 재회를 도와준다. 남편 톰과 함께 파티에 참석한 데이지는 자신만을 위해 꾸며진 화려한 성에서 해방감을 누린다. 당시 톰은 자동차정비소 주인 윌슨의 아내와 부정한 관계를 맺고 있었다. 〈위대한 개츠비〉의 장면 2는 파티에서 만난 두 사람이 춤을 추며 애틋한 시선을 교환하는 순간을 담고 있다. 다시 만난 두 사람은 지나간 옛사랑을 재현하며 밀회를 즐긴다. 데이지가 파티에 참석한 이날 개츠비는 닉에게 시계를 5년 전의 과거로 다시 돌려놓을 것이라고 말한다. 닉은 과거로 돌아가지 말 것을 충고한다.

"나 같으면 그녀에게 너무 많은 것을 요구하지는 않을 겁니다. 과거는 반복할 수 없지 않습니까?" 내가 불쑥 말했다.

"아뇨, 반복할 수 있고 말고요." 그는 믿어지지 않는다는 듯이 큰 소리로 말했다. 마치 과거가 그의 손에 닿지 않는 곳에, 집 앞 그늘진 구석에 숨어 있기라도 하듯 주위를 두리번거렸다. 그가 단호하게 고개를 끄덕이며 말했다.

"전 모든 것을 옛날과 똑같이 돌려놓을 생각입니다. 그녀도 알게 될 겁니다."

개츠비의 생각은 '아메리칸 드림'을 상징한다. 아메리칸 드림은 듣기 좋은 말로 포장되곤 했다. 미국 역사가 애덤스는《미국의 서사시》라는 책에서 아메리칸 드림을 다음과 같이 정의했다. "모든 사람이 부유하고 풍족한 삶을 살고 개인의 능력과 성과에 대한 합당한 보상이 존재하는 꿈의 땅을 말한다. (…) 이 꿈은 단지 좋은 차를 타거나, 고소득을 의미하는 것은 아니다. 남녀노소 불구하고 타고난 능력에 합당한 사회적 위치에 오르고 또한 신분, 위치, 운과 상관없이 오직 자신의 능력으로만 평가받는 것이다."

아메리칸 드림은 미국인 대부분이 가지고 있는 공통된 소망으로서 미국적 이상사회를 의미한다. 단순히 경제적 번영과 개인적 부의 획득에 머물지 않고, 개인 사이의 평등한 권리와 능력에 따른 성취, 자유로운 정치 체제의 실현 등을 말한다. 하지만 듣기 좋은 말의 성찬을 걸어내고 현실을 보면 그것은 일확천금의 꿈이었다. 역사적으로 볼 때 신대륙에서 마음껏 토지를 소유할 수 있으리라는 희망, 유럽에서는 막혀버린 신분상승의 꿈을 신대륙에서 이룰 수 있으리라는 욕망의 다른 이름이었다. 현실에서는 수단과 방법을 가리지 않고 부를 획득하기 위한 욕구, 돈으로 신분이나 명예를 비롯하여 무엇이든 성취할 수 있다는 기대로 나타났다.

주류 밀매, 증권 불법 판매, 도박 등 모든 수단을 동원해 돈을 모은 개츠비의 행위는 아메리칸 드림의 현실적인 모습이다. 막대한 재산으로 사랑을 되찾을 수 있다고 여기는 사고방식도 그 연장선에 있다. 개츠비에 비해 정도는 덜하겠지만 가난한 중서부 지역을 떠나 성공의 땅인 동부로 향한 닉의 선택도 미국에서는 누구나 물질적으로 성공할 수 있다는 믿음이 신앙처럼 널리 퍼져 있던 당시 미국인의 사고방식을 반영한다.

돈의 사회적·심리적·철학적 의미를 탐구하다

짐멜은 돈을 학문의 영역으로 끌어들인다. 그 이전까지 대부분의 사상가는 돈을 경제적 측면의 분석 대상으로만 삼았다. 혹은 낭만주의적 경향 아래서 자본주의와 돈의 추악한 일면을 비판하는 데 주목했다. 하지만 그가 보기에 자본주의는 문화의 파괴나 타락의 원인이 아니라 물질문화라는 점에서 하나의 문화다. 그렇기 때문에 돈과 연관된 역사적 경험에 기초하면서 사회와 문화, 심리적 차원의 분석으로까지 나아가야 한다고 보았다.

그는 돈과 자본주의의 본질을 정확히 이해하기 위해서는 물질문화가 정신문화의 중요한 토대 역할을 한다는 점, 즉 돈과 영혼의 결합

가능성과 상호작용에 주목해야 한다고 주장한다. "돈은 어떻게든 무차별화되고 외화 ㅆ化되는 모든 것에 대한 상징이자 원인이다. 그러나 돈은 또한 오로지 개인의 가장 고유한 영역 내에서만 성취될 수 있는 가장 내면적인 것을 지키는 수문장이 되기도 한다." 돈은 개인을 영혼에서 멀어지게도 하지만, 개인을 영혼으로 돌아가게도 한다.

그렇기 때문에 《돈의 철학》은 단순한 자본주의 비판을 넘어 돈을 토대로 하는 문화의 가능성에 대한 모색으로 평가받는다. 한편으로 돈이 중심이 된 자본주의사회에서 나타나는 인간 소외 현상을 날카롭게 포착하고 비판한다. 돈은 개인의 정신적인 특성을 무시하고 인간을 수량적인 관계로 변질시킴으로써 인간을 본질에서 멀어지게 만든다는 점에서 소외를 불러온다. 하지만 그는 다른 한편으로 자본주의 화폐경제의 토대 위에서 어떻게 문화가 가능한가를 모색한다. 돈이 어떻게 사

게오르그 짐멜(Georg Simmel, 1858~1918)

독일 출신의 사회학자이자 철학자다. 베를린에서 부유한 유대인 상인의 아들로 태어났다. 베를린 대학에서 역사, 철학, 민족심리학을 공부했다. 전문화된 개별 학문을 넘어 철학, 문학, 미학, 심리학 등 서로 다른 분야의 입장과 다양한 관점에서 인간, 사회, 문화, 예술 분야의 여러 현상과 과정에 접근했다. 이로 인해 학계에서 주변인 취급을 받았지만 그의 강연은 수많은 청중을 모았을 정도로 인기 있었다. 집필 활동도 왕성했는데, 신문과 잡지에 200여 편의 글을 발표하면서 지적 세계를 펼쳤다. 주요 저서로 《사회적 분화》, 《윤리학 개론》, 《역사철학의 문제》, 《돈의 철학》 등이 있다.

고, 감정, 의지, 사회와 법 등을 변화시켰는지를 연구한다. 나아가 물질문화가 정신문화에 대해 우위를 점하는 비극적인 상황에서 전자가 후자에 이바지할 수 있는 가능성을 찾는다.

한때 돈은 여러 수단 중 하나에 불과했다

짐멜에 의하면 돈은 시대에 따라 다른 성격을 지닌다. 돈이 이 세상에 모습을 드러낸 이후 사람들의 애정을 받아왔지만 사회적·경제적 조건에 따라 그 정도와 양상은 상당히 다르다. 부유함은 거의 예외 없이 무조건적 총애를, 가난은 단 한 순간도 고민할 필요 없이 기피와 배척의 대상이었을 것 같지만 역사적 현실은 다르게 나타났다.

화폐경제가 시작되기 전에는 가난이라는 감정 자체가 희박했다. 특히 공동생산, 공동분배에 기초한 원시적 공동체에서는 부유와 가난이라는 감정을 찾아보기 어려웠다. 다큐멘터리 〈아마존의 눈물〉에서도 살펴봤듯이 협동에 기초한 수렵과 채취 중심의 사회에서 누군가가 더 많은 생산물을 독점하는 것은 불가능에 가깝다. 가난은 일정한 화폐경제 단계에서만 지극히 순수하고 특수한 형태로 나타난다. 인간 사회인 이상 일정한 편차는 있겠지만 절대적 빈부격차를 느낄 수는 없었다.

농업과 목축이 시작되고, 고대국가 형성과 함께 화폐가 도입되면서 부유함과 가난함은 현실적인 문제로 등장했다. 하지만 자본주의 이전까지 돈은 여러 수단 중 하나였고, 다른 가치가 돈보다 더 중시되는 경우도 적지 않았다. 특히 종교적인 요인이 큰 영향을 미칠 경우, 돈에 대한 개인의 내적 동기와 별개로 사회적인 측면에서는 돈과 거리를 둘 것을 요구받았다.

> 가난이 도덕적 이상으로 나타나게 되면 그에 상응하여 화폐의 취득은 가장 위험한 유혹, 진정한 악으로서 혐오의 대상이 된다. 영혼의 구원이 최종 목표로 간주될 때 많은 교리에서는 가난이 긍정적이며 필수적인 수단으로 해석되고 왕왕 수단으로서의 지위를 넘어 그 자체가 중요하고 타당한 가치로서의 권위를 가지게 된다. 가난을 절대적인 가치로까지 고양시켰던 그러한 내적인 마음자세는 초기 프란시스코파 수도사들에게서 가장 열렬하고 명확하게 나타난다.

기독교나 회교, 불교 등 동서양의 주요 종교는 대부분 부에 대한 집착을 경계해야 할 일차적 탐욕으로 여겼다. 특히 중세 가톨릭에서 가장 큰 대중적 영향력을 가지고 있던 프란시스코파 수도회는 가난을 적극적으로 추구해야 할 가치로 여겼다. 프란시스코파 수도사들은 가난 가운데서 안전과 사랑, 자유를 발견했다. 그래서 이들은 "아무것도 갖고 있지 않으나 모든 것을 소유한 사람"이라고 불렸다. 자발적으로 추구하는 가난이야말로 도덕적 이상이었다. 지상의 재물은 무의미하고 영혼의 구원이 중요하다는 생각이 사회적으로 권장되었다. 심지어 돈에 대한 집착은 영혼의 구원을 가로막을 수도 있는 경멸의 대상이었다.

물론 이 시기에도 개인은 부를 인생의 목표로 삼는 경우가 많았다. 영주나 귀족은 물론이고 심지어 중세 유럽에서 가장 큰 권력을 지닌 성직자조차도 돈에 대한 탐욕을 멈출 줄 몰랐다. 가난이 주는 행복을 입에 침이 마르도록 설교하던 성직자, 그 중에서도 상당수의 교황이나 추기경의 사치는 더하면 더했지 조금도 덜하지 않았다. 하지만 적어도 공공연하게 돈의 가치를 주장할 수 없는 사회적·문화적 조건이었다. 일반 평민 사이에서는 돈에 대한 경멸을 표하는 것이 당연시되는 경우가 많았다. 그렇기 때문에 많은 사람이 돈에 관한 한 개인적 욕구와 사회의 도덕적 제약 사이에서 모순된 태도를 가져야 했다.

드넓은 바다에서 펼쳐지는 고래와 인간의 숨 막히는 싸움을 생생하게 그려낸 허먼 멜빌의《모비 딕》에서 화자로 나오는 선원의 독백 가운데는 이러한 모순된 태도를 전형적으로 보여주는 내용이 있다.

> 선원 일은 나의 노고에 대해 대가를 지불해준다. (…) 돈을 지불하는 것과 돈을 받는 것은 얼마나 큰 차이인가? 돈을 받는다는 것, 이를 무엇에 비할 수 있겠는가? 돈은 지상의 온갖 악의 근원이므로 돈을 가진 사람은 절대로 천국에 들어가지 못한다는 우리의 뿌리 깊은 믿음을 생각하면 사람이 돈을 받기 위해 행하는 갸륵한 수고야말로 참으로 놀라운 일이 아니겠는가? 아아, 얼마나 즐겁게 우리는 그 파멸에 몸을 맡기고 있단 말인가?

선원은 돈이 지상의 온갖 악의 근원이라고 생각한다. 부자가 천국에 가는 것은 낙타가 바늘구멍에 들어가는 것보다 어렵다는《성경》의 가르침을 생각할 때 돈은 악이다. 하지만 현실에서 그는 생활을 위해 돈을 받으며 선원 일을 해야 한다. 돛대 앞이나 갑판 아래, 또는 제일 높은 돛대의 꼭대기에서 궂은일을 도맡아 한다. 명령이 떨어지면 무슨 일이든지 해야 하는 신세이기 때문에 메뚜기처럼 바쁘게 여기저기를 뛰어다녀야만 한다. 시골뜨기 늙은 선장이 갑판을 청소하라는 명령을 내릴 때 굴욕감이 들더라도 어쩔 수 없다. 이 세상에 노예 아닌 사람이 어디 있겠느냐며 스스로를 위로한다. 다른 사람들도 나름대로 육체적 또는 정신적인 의미에서 노예라고 자위한다. 돈은 위험한 유혹이며 악이라는 도덕적 믿음과 돈을 벌기 위해 파멸에 몸을 맡기는 상황, 돈에 대한 회의와 돈을 향한 지향이 교차하는 갈등 상황을 보여준다. 그는 도덕적 신념과 냉정한 현실 사이의 딜레마에 갇혀 있다.

렘브란트의 삶과 〈어리석은 부자의 비유〉 사이의 간극은 돈을 둘러싼 자신의 내면과 객관적 도덕의 분리 상태를 잘 보여준다. 그는 타인에게 드러나는 작품에서는 돈에 대해 경계하고 내면의 성숙을 고취하는 모습을, 실제의 생활에서는 더 많은 돈을 추구하는 경향을 보였다. 그림을 보면 금빛 장식의 화려한 옷을 입은 부자가 촛불로 방 안을 밝히고 무언가에 열중하고 있다. 방 안에는 재산 목록을 적은 서류가 가득하다. 밤늦은 시간에 남이 볼세라 은밀하게 재산 목록을 검토하는 중이다. 촛불을 비춰가며 손에 든 금화가 진짜인지 확인하고 있다. 하지만 촛불은 얼마 남지 않은 부자의 목숨을 보여주는 듯하다. 책상에는 신의 심판을 상징하는 작은 저울이 놓여 있다. 신이 자기 목숨을 언제든지 거두어갈 수 있음을 생각하지 못하고 그저 돈에 눈이 멀어 있다.

▲ 렘브란트 〈어리석은 부자의 비유〉 1627년

　　렘브란트는 넘쳐나는 부로 흥청망청하는 네덜란드 부자들을 비판하고자 했다. 그림의 메시지는 적어도 당시의 도덕률이 전하고자 했던 바와 일치한다. 하지만 실제 렘브란트의 삶은 정반대였다. 렘브란트는 사치와 방탕으로 유명했다. 제분업자의 아들로 태어난 렘브란트는 젊은 나이에 화가로 성공하여 명성과 부를 얻었다. 귀족 딸인 부인이 가져온 막대한 지참금과 사회적 신분상승은 그의 화려한 생활을 뒷받침해주었다. 그래서 프랑스 미술평론가 데샹은 "그는 자유와 그림과 돈만을 사랑했다."고 혹평할 정도였다.

하지만 자본주의가 발달하면서 사회적 도덕률과 실제 행위 사이의 괴리는 점차 사라진다. 돈은 더 이상 인간을 타락으로 이끄는 악의 근원이 아니라 많으면 많을수록 좋은 것으로 여겨진다. 짐멜에 의하면 이제 돈은 옳고 그름이라는 가치 판단에서 독립한 중립적 수단으로 자리 잡는다.

> 돈은 구체적이고 무한한 다양한 목적을 달성하기 위한 중립적 수단에 지나지 않기 때문에, 그 양이 유일한 그리고 우리에게 합리적으로 중요한 결정 요인이 된다. 그리하여 우리는 돈에 대해서 '무엇을'이나 '어떻게'를 묻지 않고 '얼마나 많이'를 물을 뿐이다. (…) 또한 획득된 돈은 궁극적인 가치로 전환되는데, 이 전환과 더불어 비로소 돈의 양이 전적으로 돈의 의미, 즉 수단으로서의 돈의 힘을 결정하게 된다.

돈에 대한 집착은 숨겨야 할 부끄러운 부도덕이 아니게 되었다. 더 많은 돈을 얻고자 하는 마음은 인간이 지닌 자연스러운 감정의 하나로 변한다. 돈이 선과 악, 덕과 부덕과 같은 가치 판단에서 독립하여 순수한 수단으로 여겨지는 이상 더 많이 획득하려는 마음을 숨겨야 할 이유가 없어진다. 그러므로 돈에 대해 '무엇을'이나 '어떻게'와 같은 질문은 의미가 없어지고 오직 '얼마나' 많이 소유하는가를 관심의 대상으로 삼는다.

돈의 양이 곧 그 질이다. 소유한 돈의 양적 차이가 그 소유자에게 매우 현저한 질적 차이를 의미한다. 더 많은 돈이 더 많은 가치를 보증하는 수단으로 정착한다. 어떤 사람에게 돈이 많다는 것은 그만큼 더 많은 목적이나 가치를 실현할 수단이 많다는 의미가 된다. 그러므로 돈은 더 이상 부끄러움이 아니라 불특정 다수에게 공공연하게 드러냄으로써 오히려 부러움을 살 수 있는 수단이다.

〈위대한 개츠비〉에서 개츠비가 일주일이 멀다 하고 성대하고 화려한 파티에 수많은 사람을 초대하는 일이 부끄러움과 거리가 멀듯이 말이다. 파티에 참석한 많은 사람들이 뒤에서야 험담을 하더라도 개츠비의 많은 돈에 대한 이야기는 아니다. 이전에 어떤 신분이었는가는 문제 삼아도 거대한 부는 오직 부러움의 대상일 뿐이다.

그런 점에서는 데이지도 큰 차이가 없다. 이미 돈을 좇아 톰에게로 변심했던 행위도 그러하지만 5년이 지난 후 현재의 사고방식과 행위도 마찬가지다. 시내의 최고급 호텔로 놀러 가자며 데이지가 외출 준비를 하자, 닉이 개츠비에게 조심스럽게 한마디 건넨다.

"데이지는 목소리에 조심성이 없어요. 목소리에 뭔가 가득……" 나는 머뭇거렸다.
"그녀의 목소리는 돈으로 가득 찼어요." 갑자기 그가 말했다. 바로 그것이었다. 전에는 미처 깨닫지 못했던 것이었다. 데이지의 목소리는 돈으로 가득 차 있었다. 그 안에서 높아졌다 낮아졌다 하는 그 끝없는 매력, 그 달랑거리는 소리, 하얀 궁전 저 높은 곳에 임금님의 따님이, 그 황금의 아가씨가……

데이지의 목소리가 돈으로 가득 찼다는 말은 그녀의 말과 행동으로 드러나는 감정 안에 더 많은 돈을 향한 욕구가 묻어난다는 의미다. 데이지를 다시 자신의 여자로 만들려는 개츠비도 이를 모르는 바가 아니다. 아니 오히려 더 정확히 알고 있다. 하지만 자신의 감정과 돈이 자연스럽게 일치되어 있는 데이지의 모습이 경멸의 대상은 아니다. 어떤 면에서는 그녀가 지닌 매력의 일부다.

짐멜이 보기에 더 많은 돈을 추구할 뿐만 아니라 스스로 이를 자랑스러워하는 현대인의 마음은 심리적 측면에서 수단이 목적으로 고양된 현실을 보여준다.

> 돈은 다른 가치들을 획득하기 위한 수단이기 때문에 가치를 갖는다. (…) 이처럼 순전히 외적인 관계에 근거해 가치 전이가 일어나는 것은 질의 심리적 확장이라고 부를 수 있는 정신적 운동의 일반적 형식에 속한다. (…) 한 인간의 다양한 기질 가운데 하나에 대한 공감에서 유발되는 애정은 결국 그 사람의 전 인격을 포괄하게 되며, 또한 그럼으로써 그 사람의 다른 특성과 언동도 똑같은 열정으로, 다시 말하자면 그와 같은 애정과 결부되지 않는다면 결코 생각할 수 없는 큰 열정으로 포용하기에 이른다.

처음에 분명 돈은 수단에 불과했다. 먼저 교환을 위한 매개 수단으로서의 기능으로 출발했다. 인류 역사에서 최초의 교환은 물물교환 형식으로 나타났다. 하지만 교환을 위해 이동해야 하는 거리와 교환의 양이 증가하면서 물물교환은 곧 한계에 도달했다. 많은 양의 물건을 지니고 먼 거리를 매번 이동할 수는 없는 노릇이기 때문이다. 그래서 돈은 교환을 원활하게 도와주는 수단으로서의 유통 기능을 지녔다. 또한 서로 다른 물건 사이의 교환을 위해서는 가치를 재는 수단이 필요했다. 예를 들어 쌀 한 가마니에는 고등어 몇 마리가 같은 가치를 갖는가의 문제다. 돈은 이렇게 상품의 가치를 나타내는 가치 척도 수단이었다.

자본주의와 함께 화폐경제가 비약적으로 발달하면서 돈은 수단을 넘어 스스로 가치의 지위를 차지한다. 목적으로 여기는 어떤 가치를 돈이라는 수단을 통해서만 획득할 수 있을 때, 그 수단은 심리적으로 가치와 동일한 지위를 갖게 되기 때문이다. 수단이 목적으로 전환되는 가치 전이가 일어난다. 일단 돈이 가치로, 다른 최종 목적을 얻을 수 있는 중요한 가치로 자리를 잡으면 돈은 최종 목적 그 자체인 양 취급된다. '수단'으로서의 돈의 가치가 증가함에 따라서 수단으로서의 돈의 '가치'가 증가한다. 돈이 철저하게 심리적 절대 가치, 즉 최종 목적으로 고양되면서 돈에 대한 애정은 인간의 감정과 인격 전체를 지배한다.

전적으로 소비의 가치가 강조되는 경우, 돈은 경제의 최종 목적과 직면하게 되기 때문에 그 중립적이고 공허한 성격을 특히 명백하게 드러내게 된다. 반면 생산 수단으로서의 돈은 최종 목적으로부터 멀어지게 되고 다른 수단들에 둘러싸이게 되는데, 이 경우 돈은 그런 수단들에 비해 전혀 다른 상대적 중요성을 갖게 된다.

특히 자본주의사회에서 돈이 최종 목적으로 고양되는 것은 돈이 단순한 소비를 위한 수단의 의미를 넘어서기 때문이다. 돈이 소비 수단에만 머물 때 돈은 가치로 고양되더라도 여러 가치 중의 하나에 머문다. 가치를 재는 척도와 지불 수단으로서의 가치에서 벗어나기 어렵다. 하지만 자본주의사회에서 돈은 소비를 넘어 생산 수단으로서의 의미를 갖게 된다. 일정 규모로 축적된 돈은 생산을 위한 자본으로서의 역할을 한다. 공장을 만들고, 기계와 재료를 구입하고, 노동자를 고용하는 자본으로 전환된다.

모든 사람이 얻고자 하는 재화를 만들어내는 생산 수단이 됨으로써 돈은 절대적 가치를 지니게 된다. 또한 이제 돈은 고정되지 않고 이윤 극대화를 향한 자본의 운동을 통해 더 많은 돈을 만들어내는 운동성을 지님으로써 다른 다양한 대상이나 가치를 초월하게 된다. 서로 이질적으로 보이는 가치와 가치를 연결하는 중심이 된다. 개별적인 경제적 가치로서 갖는 의미를 넘어 추상적이고 보다 고차원적인 의미를 획득한다. 그리하여 신이 그러하듯이 개별적인 것을 초월하며 자신의 전능을 마치 최고 원리의 전능인 양 신뢰하도록 만든다.

그래서 레스터 C. 서로우는 《부의 지배》에서 사람들은 이제 부유해질수록 그만큼 행복해진다는 점을 잘 알고 있다고 주장한다.

부유한 사람은 다른 사람을 고용하거나 해고하고, 승진시키거나 좌천시킬 수 있으며, 사업을 시작하거나 그만둘 수도 있고, 사업체를 이곳에서 저곳으로 옮길 수도 있다. 주위의 물적·인적 환경을 통제할 수 있다. 반면에 부유하지 못한 사람은 주위 환경에 순응해야 한다. 부유한 사람은 정치적 영향력 역시 아무도 모르게 돈으로 살 수 있다. 선거 기부금을 통해 한 표 이상의 영향력을 행사할 수 있다. 직접 정치권력을 손에 넣을 수도 있다.

그에 의하면 돈을 악의 근원으로 보거나 부가 가져오는 불행을 강조하는 견해는 부유하지 못한 사람들이 스스로를 위로하기 위해 꾸며낸 이야기일 뿐이다. 자신의 딸을 황금으로 변하게 했고, 모든 것이 손대는 족족 황금으로 바뀌는 바람에 음식조차 먹지 못하게 된, 그리스 신화의 미다스 왕의 이야기도 그 일환이다. 이제 사람들은 부자가 불행하지 않다는 사실을 본능적으로 안다. 단순히 부가 더 많은 소비재를 구매할 능력을 주기 때문만이 아니다. 돈은 과거에 신이 그러했듯이 인간 사회에서 모든 사람이 얻기를 원하는 다양한 가치를 획득할 수 있게 해준다. 사람들이 인생에서 원하는 바를 얻을 수 있는 능력을 제공해준다.

돈은 경제적·사회적 만족을 넘어 정치적 지위도 보장해준다. 돈은 정치권력을 손에 넣는 가장 중요한 통로다. 미국 상원의원의 반수 이상이 인구의 상위 1퍼센트 이내의 부유층이며, 저명한 상원의원과 주지사 다수가 엄청난 부의 소유자들이다. 심지어 돈은 정치라는 영역에서 도덕적인 역할도 한다. 현대사회에서 정치는 충분한 선거자금 준비에 의해 좌우된다. 만약 부를 소유하지 못한 후보자라면 선거자금 때문에 부패할 가능성이 크다. 하지만 부유한 사람은 선거자금을 마련하기 위해 영혼을 팔 필요가 없기 때문에 유일하게 정직한 사람일 수 있다. 이제 부는 개인의 가치를 재는 거의 유일한 척도가 되었다.

돈을 어떻게 볼 것인가

〈위대한 개츠비〉에서 거대한 부를 쌓으면 이 세상의 모든 가치, 심지어 사랑까지도 얻을 수 있다고 믿었던 개츠비는 어떤 결말에 도달했을까? 〈위대한 개츠비〉 장면 3에서 고급 와인을 손에 쥐고 여유 있고 자신만만한 표정으로 자신의 삶을 타인에게 권하는 듯한 개츠비는 과연 그토록 원하던 목적을 성취했을까?

　　어느 날 톰은 개츠비와 데이지의 관계를 눈치채고, 호텔 파티에서 개츠비의 실체를 폭로한다. 파티는 깨지고 데이지가 운전하며 개츠비와 함께 돌아오는 도중에 톰과 내연관계인 윌슨의 아내가 차에 뛰어들어 죽는다. 개츠비는 뺑소니를 친 그녀를 위해 살인죄를 덮어쓰기로 마음먹는다. 도주 차량 주인을 아내의 불륜 상대로 오해하는 윌슨에게, 톰은 그 남자가 개츠비라고 거짓말을 한 후 집을 알려준다. 데이지는 자신의 범죄를 덮어줄 수 있는 울타리인 톰을 따라 떠난다. 자신이 누리던 부와 평화를 무너뜨리고 싶지 않았던 것이다. 데이지의 전화만 기다리던 개츠비는 저택 수영장에서 윌슨의 총에 맞아 목숨을 잃는다.

　　파티를 즐기던 사람들 중 단 한 명도 개츠비의 장례식에 나타나지 않는다. 데이지도 끝내 장례식에 오지 않는다. 닉은 개츠비를 죽음

▲ 영화 〈위대한 개츠비〉 장면 3

으로 몰고 간 무책임하고 속물적인 부류로 가득한 동부사회에 환멸을 느끼고 고향으로 돌아갈 결심을 한다. 소설 끝 부분에서 닉은 성공을 꿈 꾸며 찾아온 동부사회에 대해 다음처럼 생각한다.

> 덧없이 흘러가는 매혹적인 한 순간, 인간은 이 대륙을 바라보며 틀림없이 숨을 죽였을 것이다. (…) 개츠비가 부두 끝에 있는 데이지의 초록색 불빛을 처음 찾아냈을 때 느꼈을 경이감에 대해 생각해보았다. 이 푸른 잔디밭을 향해 머나먼 길을 달려왔고, 그의 꿈은 너무 가까이 있어 금방이라도 붙잡을 수 있을 것 같았으리라. 꿈이 이미 그의 뒤쪽에, 공화국의 어두운 벌판이 밤하늘 아래 펼쳐져 있는 도시 저쪽의 광막하고 어두운 곳에 가 있다는 사실을 그는 미처 알아차리지 못했던 것이다.

인간들이 아메리카 대륙을 바라보며 숨을 죽였던 것은 아메리칸 드림이라는 기대 때문이었다. 개츠비 역시 최종 목적지는 사랑하는 여인이었지만, 이를 위해 필요한 모든 것을 돈이 마련해줄 수 있으리라 기대했다. 번쩍거리는 고급 승용차를 사고 주말마다 사치스런 파티를 벌일 수 있을 정도의 막대한 재력을 갖추는 순간 자신의 꿈이 눈앞에 온 느낌을 받았다. 하지만 자본주의사회에서, 특히 아메리칸 드림을 좇는 미국사회에서 돈이 모든 가치를 압도하는 사고방식은 개츠비만이 아니라 다른 사람, 무엇보다도 자신이 진실한 사랑의 대상이라 여겼던 데이지도 마찬가지였다는 점을 직시했어야 했다. 개츠비의 재력과 파티의 화려함에 그녀의 마음이 흔들렸지만, 어떤 돌발 변수가 생기는 순간, 그녀는 자신이 누리던 부와 안정을 위해 사랑이라는 가치는 얼마든지 내팽개칠 수 있다는 점 말이다. 결국 돈으로 여자를 데려올 수는 있지만 진정한 사랑의 관계를 맺을 수 있는가에 대해서는 상당히 회의적이다.

또한 매주 함께 파티를 즐기던 수백 명의 사람들이 정작 장례식에 단 한 명도 나타나지 않았다는 점도 눈여겨볼 필요가 있다. 돈이 인간성과 내적인 끈끈함을 지닌 관계를 대신할 수 없음을 단적으로 보여준다. 돈에 대한 무한한 소유욕과 이를 둘러싼 욕망의 관계가 언제든지 추한 모습을 드러낼 수 있다는 점을 씁쓸히 확인해준다.

그렇다고 해서 개츠비의 결말을 무조건 돈의 피할 수 없는 운명으로 여겨야 하는 것은 아니다. 또한 '돈은 좋은 것인가, 나쁜 것인가?'라거나 '돈은 인간에게 축복인가, 저주인가?'라는 식으로, 양자택일의

돈과 일 그리고 여가

문제로만 이해할 필요도 없다. 고도로 발달한 화폐경제 아래에서 돈과 영혼이 구별할 수 없는 관계가 되었다는 짐멜의 주장 전부를 수용해야 하는 것은 아니지만, 적어도 돈이 단순한 교환도구 이상이 된 현실은 인정할 수밖에 없다. 이제 돈은 자신과 가족의 생존에 필요한 상품과 서비스를 제공하는 생계 수단의 의미는 물론이고 교육과 문화 등 자기계발과 여가에 대한 다양한 욕구 충족과 긴밀한 관계를 갖는다. 이처럼 돈이 우리에게 삶의 물질적 조건은 물론이고 정신활동과 여가의 토대까지도 제공하는 한, 단선적인 도덕적 잣대로만 다가설 수 없는 노릇이다.

돈을 기계적인 매개 수단을 넘어 중요한 '의식'으로 바라볼 필요는 있다. 돈에 대해 어떤 태도를 갖는가가 그 사람이 지닌 의식을 보여주기 때문이다. 의식의 문제로 바라볼 때 부와 가난은 둘 다 질병의 가능성을 갖고 있다. 가난이 무력감이나 열등감, 혹은 패배감으로 이어지는 상태만 문제 되는 것이 아니다. 끊임없는 탐욕의 노예로 살 때 적지 않은 부를 축적하고 있다 하더라도 여전히 부족하다고 느끼는 결핍감과 언제든지 잃어버릴 수 있다는 두려움에 시달릴 수 있다. 의식이라는 측면에서 둘 다 정신질환일 수 있다.

돈은 우리에게 자유와 속박이라는 두 가지 모순으로 다가온다. 돈을 수단으로 임의대로 무엇이든 할 수 있는 능력을 갖춘다는 점에서 돈은 자유에의 열망과 연관된다. 하지만 동시에 돈에 대한 욕망이 돈 이외의 다른 가치를 그 자체로 보지 않고 돈을 향한 집착으로 유인한다는 점에서 돈은 속박을 향한다. 우리가 발달한 화폐경제 아래에서 살고 있는 한 돈을 둘러싼 자유와 속박의 딜레마에서 완전히 벗어나기는 불가능하다.

하지만 자신의 의식이 돈의 지배를 받는 상황에 대해서는 진지한 반성적 성찰이 필요하다. 돈이 충분히 있어도 이룰 수 없는 것이 있다는 점, 그것이 대체로 인간에게 소중한 가치에 해당하는 경우가 많다는 점은 분명히 이해할 필요가 있다. 사랑을 포함해서 인간 사이의 정서적 유대, 공동체 관계를 통해 얻을 수 있는 안정감과 풍요로운 감정, 건강한 내면 등이 그러하다. 빈부격차가 극심한 사회일수록 인간 의식이 돈에 지배당하는 경우가 많다는 점을 고려할 때 근본적으로는 사회의 구조적인 혁신이 필요하다. 하지만 사회 변화를 위한 노력과 함께 돈의 노예와 속박에서 벗어나려는 개인의 결단도 중요할 것이다.

왜 일을 하는가
막스 베버 《프로테스탄티즘의 윤리와 자본주의 정신》

포드 매덕스 브라운의 〈노동〉은 성실하게 일하는 노동자들의 모습을 담고 있다. 어느 길거리에서 집을 짓거나 보수하는 공사장 풍경이다. 맨 앞의 노동자는 모래를 체에 뿌려 돌을 걸러내는 중이다. 뒤에서는 모래와 자갈을 시멘트에 섞어 콘크리트 반죽을 한다. 노동자들은 팔을 걷어붙인 건강한 모습이다. 뒤편에서는 일하다 목이 마른지 물을 벌컥벌컥 들이켜고 있다. 앞에서 소년과 소녀가 공사장 수레를 가지고 장난을 치는 모습도 보인다. 오른편으로는 공사를 의뢰한 사람이거나 사장처럼 보이는 두 사람이 공사 진행 상황을 지켜보고 있다.

이 그림은 육체노동의 현장을 담고 있지만, 정신노동까지 포함할 때 대부분의 사람은 성인이 된 후 60세 정년퇴직을 할 때까지 일과 함께 살아간다.

▲ 포드 매덕스 브라운 〈노동〉 1860년

　　대학 진학 여부에 따라 일정한 차이는 있겠지만 대체로 20대 중반부터 60세까지 약 35년 가까운 시간 동안 일한다. 보통 8시간 노동을 기준으로 하지만 아침에 일어나서 출근 준비를 하는 시간도 넓은 의미에서 노동을 위한 시간이다. 또한 직장이 있는 도심과 거주지가 분리된 현대 도시의 조건에서 한 시간 이상 출근을 위해 도로에 있어야 한다. 퇴근 후에 다행히 잔업이 없다고 해도 복잡한 교통 상황을 뚫고 집으로 돌아오면 8시를 넘기기 십상이다. 다음 날 출근을 위해 늦어도 밤 12시 정도에는 잠자리에 들어야 하므로 주말을 제외하고 평일 기준으로 볼 때 개인적으로 사용할 수 있는 시간은 고작 서너 시간에 불과하다. 젊은 시절에서 장년에 이르기까지 우리는 대부분의 시간을 노동 속에서 보낸다.

근면하고 성실한 노동은 사회에서 건강한 구성원을 판단하는 기준 역할을 한다. 산업화된 현대사회에 국한된 현상은 아니다. 이미 고대국가 시기부터 게으름을 경멸하고 성실한 노동을 강조해왔다. 또한 한 개인으로 놓고 볼 때도 마찬가지다. 초등학교에 들어가기 전부터 근면과 성실을 강조하는 도덕률을 훈련받는다.

　　어린아이에게 무슨 성실한 노동의 도덕률을 훈련시키겠느냐며 의문을 품을 사람들이 있을 것이다. 하지만 어린이용 동화에는 게으름과 부지런함을 대비하는 내용이 자주 등장한다. 예를 들어 현재 동서양을 통틀어서 아이들이 가장 많이 접하는 동화는 《이솝우화》일 것이다. 지금 성인인 사람이 어릴 때 본 《이솝우화》 중 가장 기억에 남는 것을 꼽으라고 하면 개미와 베짱이 이야기 또는 나귀와 소금 장수 이야기, 토끼와 거북이 이야기 등이 순위 안에 들어갈 것이다. 상당수의 우화가 게으르거나 꾀를 부릴 때 불행한 결과로 이어진다는 교훈을 담고 있다. 이솝우화는 고대 그리스 시대부터 전해져 내려오는 이야기라는 점을 생각해보면, 수천 년 동안 아이들은 게으름과 부지런함에 대한 교훈을 훈련받아온 셈이다.

　　《이솝우화》의 하나로 개미와 베짱이 이야기를 보자. 우리가 어려서부터 익숙하게 알고 있는 이야기는 이솝우화를 변형한 내용이고 원래는 〈개미와 매미〉 이야기다.

겨울이었습니다. 개미가 저장한 곡식이 젖어서 그것을 말리기 위해 펴 널고 있었습니다. 배고픈 매미가 먹을 것을 달라고 부탁을 했지요.

"왜 너는 우리처럼 여름에 먹을 것을 모아두지 않았니?" 개미가 말했습니다.

"노래 부르느라고 시간이 없었거든." 매미가 대답했습니다.

개미가 코웃음을 쳤습니다.

"여름에 노래했으니, 겨울에는 춤이나 추렴."

매미가 여름 내내 시원한 나무 그늘에서 노래를 부르며 노는 동안 개미는 열심히 일을 하며 먹이를 모아 저축했다. 가을이 지나고 드디어 추운 겨울이 되자 미리 성실한 노동을 통해 준비를 해둔 개미는 행복한 나날을 보내지만 매미는 거지가 되어 동냥을 한다는 결말이다. 개미가 다가올 겨울을 대비하며 열심히 일한 것처럼, 사람도 미래를 대비해서 땀 흘려 일해야 한다는 교훈을 강조한다. 장기적인 안목을 가지고 오늘의 즐거움을 참고, 미래를 위해 투자해야만 안락한 내일을 바라볼 수 있다고, 만약 오늘의 즐거움에 빠지거나 게으름을 피운다면 나중에 빈곤 속에서 고통스러운 나날을 보내야 한다고 말한다.

게으름이나 당장의 쾌락만이 아니라 꾀를 부리는 행위도 경계 대상이다. 《이솝우화》 중에서 〈나귀와 소금 장수〉 이야기는 이를 상징한다.

소금 짐을 지고 강을 건너던 나귀가 발을 헛디뎌 물에 빠졌습니다. 그래서 소금이 녹아버렸지요. 다시 일어섰을 때 짐이 제거된 것을 알고 나귀는 굉장히 기뻤습니다. 그래서 다음번 짐을 지고 강으로 갔을 때 나귀는 일부러 물에 빠졌습니다. 물속으로 들어가면 전과 똑같은 일이 벌어지리라 생각했던 것이지요. 그러나 이번엔 해면을 지고 있었고 해면이 물을 너무나 많이 빨아들여 머리를 치켜들 수 없어 빠져 죽고 말았습니다.

동화를 현대식으로 조정하는 과정에서 아이들이 이해하기 어려운 해면을 솜으로 바꾼 듯하다. 또한 나귀가 결국 물에 빠져 죽었다는 결말이 너무 살벌했는지 더 힘들게 짐을 날라야 했다는 식으로 바뀌었다. 하지만 어떻게 바뀌었든 이야기를 통해 전달하고자 하는 교훈은 같다. 잔머리 굴리지 말고 그냥 주어진 대로 열심히 일하라는 주문이다. 어린 시절에 가장 먼저 접하는 〈토끼와 거북이〉 이야기도 큰 틀에서는 비슷한 맥락이다. 자기의 재주를 믿고 중간에 낮잠을 자는 등 게으름을 피우는 토끼는 망하고, 묵묵하고 성실하게 자기 일에 충실한 거북이가 승리한다는 맥락이다.

그냥 동화일 뿐이라고 치부할 수는 없다. 한 사람의 성격과 정서는 태어나서 일고여덟 살 정도까지 상당 부분 형성된다. 이 시기에 어린이들은 마치 마른 모래가 물을 빨아들이듯이 왕성한 흡수력으로 자신이 접한 정보를 받아들인다. 유아기나 아동기에 받아들일수록 더 강력하게 내면을 지배하는 상식으로 자리 잡는다. 동화만큼 인간의 도덕률 형성에 큰 영향을 미치는 수단을 찾아보기 어려울 정도다.

교육 내용만이 아니라 형식도 노동규율의 훈련 성격을 갖는다.

초등학교에서 고등학교에 이르기까지의 교육 형식 자체가 사회에서 요구하는 근면 성실한 노동을 훈련시키는 과정이기도 하다. 10여 년에 이르는 긴 기간 동안 나중에 성인이 되어 직장생활을 할 때 요구되는 노동규율을 몸으로 익힌다. 성인의 노동 과정과 동일한 방식으로 반복 훈련이 이루어지면서 노동하는 삶을 자연스럽게 체화한다. 먼저 아이들은 비가 오든 눈이 오든 아침 일찍 일어나서 학교로 '출근'한다. 서너 시간의 '일' 이후 한 시간 정도의 간단한 식사와 휴식의 시간이 주어진다. 다시 오후 '일'이 시작된다. 또한 한 시간을 집중적으로 일하고 십 분 쉬는 방식으로 절도 있는 '노동' 습관을 기른다. 직장에서 일의 성과를 정기적으로 점검하듯이 학생들은 정기적인 시험을 통해 자신의 '생산력'을 검증받는다.

유럽에서 자본주의가 확대되고, 기계제 대공업이 일반화되면서 대규모로 훈련된 노동력이 필요해진 시점에 정부에 의해 의무교육제도가 도입된 사실이 우연은 아닐 것이다. 이렇게 10여 년 이상을 학교에서 노동규율을 온몸으로 습득하면 사회에 나와서 바로 회사나 공장에서 요구하는 습관대로 일을 할 수 있게 된다.

종교가 자본주의 발전에 영향을 미쳤다

막스 베버의 머릿속에는 항상 "어떻게 하면 독일을 영국과 같은 선진자본주의 국가 반열에 올려놓을 것인가?" 하는 문제가 맴돌고 있었다. 당시 독일사회의 지주 귀족과 신흥 부르주아지는 새로운 시대를 열어갈

만한 진취성과 주도력이 결여되어 있었다. 그는 독일의 전근대적인 낙후성이 기존 지배세력의 낙후성 때문이라고 보았다.

　　그는 특히 마르크스주의와 뚜렷한 구별 위에서 미래를 모색한다. 그가 이해한 마르크스주의에 따르면 자본주의의 탄생과 성장은 경제적 토대의 자연스러운 발전 과정이고, 자본주의의 문화와 윤리, 정신세계는 경제적 발전의 단순한 반영물에 지나지 않는다. 즉 경제가 정신과 문화를 결정한다. 베버는 반대로 정신과 문화가 어떻게 자본주의의 발전에 영향을 미쳤는지를 중심으로 접근한다. 특히 프로테스탄티즘으로 표현된 종교적 측면에서 자본주의의 발전을 탐구한다. 자본주의 발전 과정에서는 경제적 요소의 영향을 인정하지만, 자본주의 발생의 원천에서는 종교적·정신적 요소가 더 중요한 역할을 했다고 주장한다.

　　그는 전 세계적으로 자본주의의 맹아가 나타났지만, 왜 영국과

막스 베버(Max Weber, 1864~1920)
독일 국민자유당 의원이자 자유주의 지식인이었던 아버지의 영향 아래서 지적 자극을 받으며 자랐다. 민족주의 성향이 강했던 베버는 독일의 미래에 관해 고심했다. 그가 보기에 독일 지도자들은 무능하고 부패했다. 권력을 장악한 지주 귀족의 정치적 무능력은 나날이 명백해져갔다. 독일 신흥 부르주아지들은 기존 지배세력과의 타협과 거래방식으로 지위를 보장받으려 했다. 그래서 베버는 무엇 때문에 영국은 합리적·진취적인 자본주의 발전을 선도해갈 수 있었는가, 반면 독일 자본주의는 무엇을 결여하고 있는가에 답하고자 했다. 제1차 세계대전이 후진적 독일민족의 국민정신을 각성시킬 중대한 계기가 될 것이라고 생각하며 적극적으로 지지했다. 주요 저서로 《직업으로서의 학문》, 《직업으로서의 정치》, 《경제와 사회》 등이 있다.

같은 유럽 국가에서 자본주의가 빠르게 개화했는지에 관심을 갖는다. "왜 영국과 같은 유럽 국가에서 먼저 자본주의가 고유한 색채를 띠며 등장했는가? 여기에는 무엇이 있었으며, 다른 나라에는 무엇이 없었는가?" 이런 관점에서 접근할 때 물질적·경제적 토대의 차이보다 정신적·종교적 전통의 차이가 더 큰 역할을 수행했다는 것이다. 자본주의 형성과 발전에 가장 적합한 정신이 무엇이었는가라는 질문에 대한 그의 결론은 프로테스탄티즘에서 출발한 새로운 직업윤리였다. 바로 이것이《프로테스탄티즘의 윤리와 자본주의 정신》의 핵심 문제의식이다.

시간 낭비는 악, 성실한 노동을 통한 부 획득은 선

베버는 종교개혁을 통해 나타난 프로테스탄티즘 윤리가 자본주의 정신을 만들어내는 데 결정적인 기여를 했다고 주장한다. 특히 마틴 루터와 함께 종교개혁의 주도자였던 장 칼뱅의 문제의식은 종교만이 아니라 이후 유럽사회의 발전에 지대한 영향을 미쳤다.

> 칼뱅은 성직자의 부는 활동에 방해가 되지 않고 오히려 그들의 평판을 좋게 하기에 바람직하다고 보았으며, 재산을 유리하게 투자하는 것조차 인정했다. (…) 도덕적으로 배척해야 할 것은 부의 소유에 안주하는 태도, 부에 빠져 향락·나태와 육체적 유혹에 빠지는 것, 의로운 생활 추구를 포기하는 것이다. 재산 소유가 위험한 것은 이와 같은 휴식의 위험성을 내포할 때뿐이다. 성자의 영원한 휴식은 내세에 있다. 지상에서

는 은총의 상태를 확인하기 위하여 "자기를 보내신 분의 일을 해가 있는 낮 동안에 행해야 하며, 태만과 향락이 아니라 활동만이 신의 영광에 이바지한다는 사실은 명백히 제시된 신의 의지다." 이리하여 시간 낭비는 제일 큰, 또 원초적인 죄가 된다. 사람의 일생은 선택됨을 확인하기에 너무나 짧고 소중하다. 사교, 무익한 담화, 사치로 인한 시간 손실, 건강에 필요한 여섯 시간이나 여덟 시간 이상의 수면까지도 도덕적으로 비난을 받는다.

베버가 보기에 칼뱅의 논리에는 '시간은 돈'이라고 한 프랭클린의 주장을 정신적으로 뒷받침할 수 있는 내용을 담고 있다. 기존의 가톨릭에서는 부의 축적을 위한 노력 자체를 부정적으로 생각하는 경향이 있었다. 부자가 하늘나라에 가는 것은 낙타가 바늘구멍에 들어가는 것보다 어렵다는 《성경》의 내용이 적지 않은 영향을 미쳤다. 하지만 칼뱅이 보기에 부를 위한 활동 자체가 신의 뜻에 대립하거나 부도덕한 것은 아니다. 문제는 부에 안주하여 향락과 나태함에 빠져드는 일이다. 부에 근거한 사치와 사교, 휴식으로 인한 시간 낭비가 죄악이다. 반대로 건강을 위해 필요한 최소한의 수면과 휴식의 시간 이외에 해가 떠 있는 동안 성실하게 일하고, 이를 통해 부를 축적한다면 신의 뜻에 부응하는 행위가 된다.

시간 낭비를 죄악으로 여기고 성실한 노동을 통해 부를 축적해야 한다고 주장한다는 점에서 칼뱅의 주장은 자본주의 정신과 연결된다. 낭비를 통해 잃어버린 모든 시간은 신의 영광을 위하여 일하는 기회의 상실이다. 그만큼 시간은 한없이 귀중하다. 칼뱅은 엄격하고 계속적인 정신적·육체적 노동의 중요성을 열정적이라고 할 만큼 쉴 사이 없이 설교한다.

이러한 주장이 왜 자본주의 정신으로 연결될까? 부를 축적하려는 욕망은 자본주의 이전에도 있었다. 하지만 베버가 보기에 자본주의 정신에 합당한 부와 이전의 부는 전혀 다른 유형으로 구분될 수 있다. 과거의 부는 약탈과 사기, 고리대금업 등 수단과 방법을 가리지 않고 난폭하게 돈을 긁어모으는 방식이었다. 그렇게 형성된 부로 흥청망청 나태한 생활을 했다. 이는 칼뱅이 주장하는 신의 뜻일 수 없고, 자본주의 정신에 일치하지도 않는다. 만약 자본주의에서 이러한 경향이 나타난다면 자본주의 정신을 위배한 천민賤民자본주의일 뿐이다.

베버가 강조하는 자본주의 정신은 '시간은 금'이라는 프랭클린의 말처럼 정직과 성실에 기초해 부를 형성하는 것이다. "치열한 경쟁이 시작되자 상당한 재산이 모아져도 이자를 노리는 대부로 사용되지 않고 재차 사업에 투자되는 현상이 생겨났다. (…) 합리화 과정에 참여하여 성공한 사람은 쓰지 않고 벌려고만 했다. 이러한 변화를 낳은 것은 새로운 화폐의 유입이 아니라 새로운 정신, 즉 '근대자본주의의 정신'이었다." 즉 부지런히 일할 것, 성실하고 신의 있는 방식으로 직업에 종사할 것, 도덕적 타락과 낭비를 피하고 절약하고 금욕적으로 생활할 것 등이 자본주의 정신이라고 규정한다. 루터나 칼뱅에 의해 대표되

▲ 루카스 크라나흐 〈포도밭 경작〉 1569년

는 프로테스탄티즘 윤리가 바로 이러한 자본주의 정신의 정신적 토대를 제공했다는 것이다.

　　루카스 크라나흐의 〈포도밭 경작〉은 신 앞에 평등한 인간, 근면함과 성실한 노동을 강조한 루터의 생각을 잘 보여준다. 가톨릭과 개신교가 양쪽으로 나뉘어서 포도밭을 경작하고 있다. 왼쪽은 교황과 추

▶ 루터와 칼뱅

기경, 주교를 비롯한 가톨릭 성직자들이 경작하고 있는데, 포도나무가 다 죽어서 황폐화되었다. 그 결과 아래쪽에서 예수와 신도들에 의해 쫓겨나는 모습이 나온다. 반대로 오른쪽의 개신교도들은 풍성한 수확을 하고 있다. 우물 옆에서 갈퀴를 들고 열심히 일하는 루터의 모습도 보인다.

특징적인 것은 가톨릭은 옷의 색깔과 모양, 머리에 쓴 관 등으로 위계화된 질서를 반영하고 있을 뿐만 아니라 화려하고 사치스럽다는 점이다. 금빛으로 빛나는 관과 옷으로 치장한 교황에 비해 오히려 예수가 초라하다. 하지만 개신교 쪽은 모두가 검소한 검은색 옷이어서 신 앞에 신분의 격차가 없는 동등한 존재임을 보여주는 동시에 근면한 삶과 성실한 노동을 상징한다. 그 결과 풍성한 결실을 맺었다는 점에서 프로테스탄티즘 윤리가 신의 뜻임을 암시한다.

칼뱅은 보다 적극적으로 노동윤리에 기초한 부의 형성에 공감한다. 상업과 수공업에 의해 새롭게 부를 형성하고 있던 중간계층의 이해와 욕구에 대해 윤리적인 부담을 덜어준다. 루터는 직업을 신성한 것으로 여기고 여기에 힘쓰는 것이 신의 계시라고 인정한다. 근검을 생활원칙으로 하는 상공업자의 역할을 정당화한다. 칼뱅은 더 나아가 부의 축적과 부를 근거로 한 인간적인 욕구 충족까지 인정한다. 윤리적으로 선과 악으로 구분할 수 없는 부분에 대해서는 인간적인 욕구 충족을 인정하는 것이다.

신의 뜻은 인간이 매사에 두려워 떨도록 행사되는 것이 아니라 인간의 양심에 평안을 주는 데 목적이 있다고 한다. "신은 웃지 말라고 금하신 일도 없고, 배불리 먹지 말라거나, 유산으로 물려받은 오래된 재물에다 새것을 더하지 말라거나, 음악을 즐기지 말고 포도주를 마시지 말라고 금하신 일도 없다." _{《기독교강요》} 부의 축적, 더 좋은 생활 조건 형성이 정당하다고 주장한다. 종교개혁의 유력한 지지계층 역할을 하던 중간계층의 윤리적 부담을 덜어줌으로써 개신교의 확대를 꾀하고자 했던 현실적 이해를 반영한 것으로 보인다.

베버의 주장이 실제의 역사적 현실을 유일하게 대표하는 견해라고 볼 수는 없다. 칼뱅의 기대나 베버의 구분과는 달리 현실에서는 부의 축적을 추구하는 두 가지 유형이 뒤섞여 나타났다. 검소한 생활과 성실한 노동으로 축적한 부를 재투자하여 산업화의 맹아를 만들어나가는 경향과, 약탈이나 고리대금업을 통해 짧은 시간에 거대한 부를 형성하고 이를 투자로 전환해 산업화를 추동하는 경향이 공존했다. 특히 후자의 경향이 베버가 생각했던 것보다 매우 두드러진 방식으로 나타났다.

현실의 역사에서 자본 축적은 정복, 노예화, 강탈, 살인 등 한마디로 말해 폭력적 약탈이 큰 역할을 했다. 근면함과 게으름에서 자본가와 노동자의 구분이 생겨났다는 베버의 주장은 역사의 일부분만을 본 것이다. 이를 가장 극명하게 보여주는 것이 이른바 '시초 축적'이다. 이것은 자본주의 출발에 필요한 최초의 자본 축적이라는 의미인데, 인클로저enclosure 운동이 바로 시초 축적의 전형적인 방법이었다.

원래 인클로저라는 말은 울타리를 두른다는 뜻이다. 지주들이 그 지역 농민 모두의 공유지에 말뚝을 박아 울타리를 치고 '지금부터 이 땅은 내 거니까 너희들은 앞으로 이용하지 마!'라는 식으로 강제로 빼앗았다. 직접적인 원인은 양모산업 성장과 양모 가격 폭등이었다. 지주들이 곡물 생산보다 상대적으로 유리한 양모 생산을 위해 농경지를 목장으로 전환했다. 농지와 공유지에서 농민들을 강제로 내쫓고 대규모로 양을 길러 막대한 이익을 챙겼다. 이 과정에서 대규모의 자본 축적이 일어났고 자본주의 기업을 생산하기 위한 돈을 마련했다. 처음에는 말 그대로 아무 근거 없이 빼앗고 농민을 내쫓았다면 나중에는 아예 합법적인 의회 입법을 통해 정부 주도하에 이루어졌다.

또한 고리대금업도 여전히 성행해서, 그나마 농지와 공유지를 잃고 어쩔 수 없이 도시로 이주하여 빈민층을 형성한 노동자를 쥐어짰다. 고리대금업을 통해 부당하게 취득한 부도 상당 부분 자본주의 기

▲ 쿠엔틴 마시스 〈대금업자와 그의 아내〉 1514년

업을 생산하기 위한 자본으로 전환됐다. 쿠엔틴 마시스의 〈대금업자와 그의 아내〉는 당시 사회적으로 빠르게 확대되고 있던 상인과 수공업자 등 중간계층의 모습을 잘 보여준다. 대금업자인 남편은 저울을 이용해 벌어들인 동전의 무게를 달고 있다. 아내는 성모자상 삽화가 그려진 성경을 잡고 있다. 두 손으로 책을 잡고 있지만 눈은 동전에 고정되어 있어서 실제의 관심은 영적 양식보다 물질적 양식으로 향하고 있다. 이들은 자신의 성공을 과시하기 위해 돈을 주고 이 그림을 제작하게 했다.

종교개혁은 경제적 변화와 맞물리면서 전개되었다. 12세기 이후로 상업의 부활과 십자군 전쟁을 매개로 자치도시가 활성화되고, 생활

도구의 제작과 상거래가 지속적으로 팽창했다. 토지와 직접적인 물물교환에 기초했던 기존의 사고방식은 점차 화폐경제에 자리를 내놓아야만 하는 상황이었다. 문화적으로도 중세의 농촌 중심 정서에서 벗어나 상인의 활력이 반영된 도시 중심 문화로 중심이 이동하고 있었다. 이들은 토지 재산에 의존하는 기존의 가톨릭교회와 성직자들의 전통적인 사고와 문화에서 벗어나 자신의 활동 영역을 확대하고자 하는 욕구를 자연스럽게 갖고 있었다. 이러한 상황에서 로마 가톨릭교회의 영향력을 결정적으로 약화하는 종교개혁은 도시를 중심으로 새롭게 부를 형성해가고 있던 이들 계층에게 매우 긍정적인 계기로 다가왔을 것이다. 또한 종교개혁을 추구하는 세력으로서도 중간계층의 지속적인 지지를 끌어낼 필요가 있었다. 두 집단의 이해가 맞물린 지점이 루터와 칼뱅의 윤리철학에 미묘하게 반영되어 있는 것이다.

금욕주의와 직업관에 입각한 합리적 생활

결국 프로테스탄티즘 윤리나 베버의 자본주의 정신은 '직업과 노동에 충실할 것'이라는 성격을 띤다. 이를 통해 한편으로는 영리 추구를 정당화하고, 다른 한편으로는 직업과 노동의 충실성 차이를 근거로 현실의 불평등을 정당화하는 논리로 사용된다.

> 독특하고 시민적인 직업적 에토스가 생겨난다. 신의 은총 안에 서 있고,
> 신의 축복을 눈으로 볼 수 있다는 의식을 갖는 시민적 사업가는 형식적

정당성의 한계를 지키고 도덕적 행동에 흠이 없으며 부를 사용하는 과정에서 다른 사람에게 해를 주지 않는다면 얼마든지 영리를 추구하고 또 그럼으로써 의무를 수행한다고 느낀다. 종교적 금욕주의는 그들에게 또한 성실하고 양심적이며 열심히 일하며 노동이 신으로부터 받은 생활목표라고 굳게 믿고 있는 노동자들을 제공했다. 최종적으로 금욕주의는 사업가에게 이 세상에서 재산의 불평등한 분배는 신의 섭리에 의한 특별한 처리이며 은총에서와 같이 이 차이에서 신은 사람들이 모르는 비밀의 목적을 수행하기 위한 것이라는 즐거운 보장을 제공했다.

프로테스탄티즘이 어떻게 영리 추구와 불평등을 정당화했는지를 설명하는 내용이다. 프로테스탄티즘은 새로운 직업적 에토스를 만들어낸다. 에토스ethos는 사람에게 도덕 감정을 갖게 하는 보편적인 도덕적·이성적 요소를 말한다. 직업을 갖고 일을 통해 부를 형성하는 일이 윤리의 실현일 수 있다는 사고방식을 제공했다는 의미다. 노동을 통한 부의 축적이 곧 소명이며 신의 은총을 확인하는 가장 좋은, 궁극적으로는 유일한 방법이라고 생각함으로써 영리활동이 정당화된다. 고용주의 영리활동이 소명이기 때문에 노동자에 대한 착취도 윤리적으로 정당화된다.

또한 종교적 금욕주의는 성실한 노동이 신의 뜻에 합당한 생활이라고 믿는 노동자들을 제공한다. "일하지 않는 자는 먹지도 말라."는 문구가 만인의 규칙으로 자리 잡는다. 자본주의가 발전하기 위해서는 자본 축적만이 아니라 대규모로 공장에서 일할 수 있는 노동자가 필요하다. 만약 부유하다면 애써 일하지 않을 것이다. 또한 가난하더라도 성실하게 일할 마음이 없다면 고용주의 영리활동에 지장을 초래할 수 있다. 그러므로 가난하지만 성실하게 일할 마음을 가진 노동자를 대규모로 배출해야 하는데, 종교적 금욕주의가 이를 가능케 했다는 주장이다.

마지막으로 금욕주의가 어떻게 불평등한 분배를 정당화했다는 것일까? 금욕주의는 현실의 가난은 금욕과 근면한 생활에 충실하지 못했기 때문에 생겨났다는 논리를 제공한다. 예를 들어 옛날에 한편에는 근면하고 영리하며 특히 절약하는 특출한 사람이 있었고, 다른 한편에는 게으르고 자기의 모든 것을 탕진해버리는 불량배가 있었다는 식의 논리가 성립한다. 이 논리에 따르면 현재 토지나 자본을 소유하고 있지 못한 것은 자신이나 조상이 금욕에 충실하지 못하고 게을렀기 때문이다. 여기에서 대다수의 빈곤과 소수의 부가 유래한다는 생각을 갖게 만든다는 것이다. 이러한 생각이 일반화될 때 부를 지닌 소수는 자신의 정당성을 주장하기 쉬워지고, 빈곤한 다수는 자기의 게으름 때문에 초래된 불평등이므로 어쩔 수 없이 감수하려는 마음을 갖게 된다.

프로테스탄티즘에 의한 종교적 금욕주의가 직업을 갖고 성실하게 일하는 것이 신의 뜻에 합당한 생활이라고 믿는 노동자들을 제공한다는 베버의 주장도 역사의 현실과 일치하지 않는 면이 있다. 금욕주의라는 윤리적 정신보다 현실의 폭력과 강제가 더 중요하게 작용했다는 주장이 제기될 수 있다. 앞에서 보았듯이 인클로저 운동에 의해 땅을 빼앗겨서 아무런 생산 수단도 갖지 못한 무산자들이 폭발적으로 늘어났다. 이들은 어쩔 수 없이 살길을 찾아 공장이 있는 도시로 유민이 되어 몰려 들어가야 했다. 근면성이나 금욕주의 윤리가 영향을 준 측면보다 노골적 강제가 더 중요한 측면이라는 주장이다.

또한 공장에서 필요로 하는 노동규율을 익히는 과정도 종교적 윤리와는 거리가 있다는 지적이 가능하다. 처음에 도시 빈민가로 쓸려 들어온 농민들은 공장 노동에 필요한 규율을 지니고 있지 못했다. 공장이나 회사에서는 점심 식사시간과 중간에 10분 정도 잠시 주어지는 휴식시간 말고는 쉴 새 없이 일을 해야 한다. 하지만 농사의 경우 일하는 시간을 농부 자신이 정한다. 전날 특별한 사유로 피곤하거나 몸이 좀 안 좋으면 하루 이틀 논밭에 안 나가는 경우도 있다. 여름이어서 더우면 한낮에 나무 그늘에 누워 쉬거나 낮잠을 즐기기도 한다. 혹은 일하다 간식과 함께 술을 마실 수도 있다. 일이 끝나는 시간도 정해진 게 없어서 더 하는 날도 있고, 덜 하는 날도 있다. 인류는 수천 년 이상의 농경생활을 하면서 이렇게 일하는 게 당연한 듯 몸에 배어 있었다. 공장에서 요구하는 노동규율은 겪어보거나 전혀 생각해보지 않은 이상한 방식이었다. 당연히 새로운 방식에 적응할 수 없었다.

수천 년 동안 익숙한 생활과 일하는 방식을 바꾼 것은 역사적 현실을 중심으로 볼 때 프로테스탄티즘 윤리가 아니라 폭력적인 면이 강하다. 처음에는 강제와 폭력이 동원됐다. 심한 경우에는 채찍과 쇠사슬이 동원됐다. 나중에는 영국을 비롯한 몇몇 나라에서 아예 부랑자법을 만들어서 일하지 않는 사람은 감옥에 가두기도 했다. 그 결과 기업에서 아무리 형편없이 적은 임금을 주거나 가혹한 노동 조건에 있다 하더라도 감옥에 가지 않으려면 공장에서 일해야 했다. 사실상 국가와 법의 이름으로 자행되는 강제노동이었다는 것이다.

근대 자본주의 정신의 쇠퇴와 위기

베버에 의하면 근대 자본주의 정신뿐만 아니라 모든 근대문화의 가장 근본적인 특징 중 하나인 직업관에 입각한 합리적 생활 태도는 개신교의 금욕주의에서 나온 것이다. 그런데 초기 자본주의의 건강함과 달리 현실에서는 자본주의 정신이 세계적으로 쇠퇴 기미를 보이고, 이로 인해 자본주의의 위기 가능성이 생겨나고 있다는 것이다.

> 금욕주의는 세계를 개조하고 세계 속에서 이상을 실현하려 했지만, 물적 재화의 힘이 증가하여 역사상 유례가 없을 만큼 인간 생활에 엄청난 힘을 갖게 되었다. 오늘날 종교적 금욕주의 정신은 갑옷에서 빠져나오고 말았다. 기계에 기반을 둔 자본주의는 그의 도움을 필요로 하지 않는다. (…) 직업의 수행이 고도의 정신적·문화적 가치와 연결되지 않은 곳에서는, 그리고 경제적 강제에 의한 것으로밖에 느껴지지 않을 때는 누구도 그 의미를 찾으려 하지 않는다. 부의 추구가 가장 활발한 미국에서는 윤리적·종교적 의미가 없어졌기 때문에 순전한 경쟁 감정과 연결되고 때로는 스포츠 성격까지도 지니게 되었다.

기계 발달에 의한 대량생산과 대량소비가 자본주의의 일반적 특징이 되면서 직업과 노동이 정신적·문화적 가치와 괴리되는 현상이 벌어지고 있다. 금욕주의는 돌이킬 수 없을 만큼 퇴색하고, 직업을 윤리적 의무로 생각하는 태도도 마치 사멸한 신앙의 유령처럼 우리들의 생활 속을 배회하고 있다. 한때 금욕, 정직, 성실을 지표로 삼고 합리적이고 진취적인 태도로 자본주의를 부흥시켰던 자본가들은 이제 이윤의 노예가 되어 천박한 속성을 드러내고 있다. 독일의 신흥 자본가들은 새로운 시대에 걸맞은 자본주의 정신을 가져보기도 전에 노쇠한 집단이 되어 부패해갔다. 특히 미국의 경우 '고도의 정신적·문화적 가치'를 결여한 채 순전히 스포츠의 성격을 갖는 경쟁 체제로까지 나아가버렸다.

　　노동자는 노동자대로 더 이상 직업을 윤리적 의무로 생각하지 않는다. 이는 한국사회에서 나타나는 현상만 봐도 쉽게 이해가 간다. 번듯한 대기업의 사무직 직장이 아닌 한, 새로운 세대로 갈수록 고정된 직장생활을 기피하는 경향이 늘어나고 있다. 생산직 노동이 일차적 기피 대상이다. 특히 중소기업 공장에서는 생산직 노동의 기피 현상으로 외국인 노동자가 전체 노동자의 상당 부분을 차지할 정도다. 겉보기에는 화려하지만 직업으로서의 전문성을 쌓기가 어려운 백화점, 대형 마트, 편의점 등에서의 단순 판매직 아르바이트를 더 선호한다.

　　이러한 현실에서 베버는 자본주의에 대한 위기감을 느낀다. 프로테스탄티즘에 바탕을 둔 직업윤리와 자본주의 정신이야말로 전근대성을 탈피하여 자본주의의 합리적 발전을 촉진할 수 있는 핵심 조건인

데, 바로 그 조건이 점차 쇠퇴하고 있기 때문이다. 베버가 비판했던 전 근대적 천민자본주의 경향이 오히려 현대사회에 이르러 맹렬하게 부활하고 있는 것이다. 자본주의 정신의 쇠퇴는 곧바로 현실 자본주의의 왜곡과 쇠퇴로 연결될 수 있다. 지금이라도 시급하게 방향 전환을 하여 기업가는 금욕, 절제, 정직, 신뢰를 바탕으로 합리적 경제활동을 펼치고, 노동자는 근면에 기초한 직업윤리를 지닐 때 자본주의는 다시 정상적으로 성장할 수 있을 것이라 전망한다. 그러한 의미에서 베버는 자본주의 초기의 건강한 윤리의식을 회복하여 새로운 도약의 기회를 마련하려는 문제의식을 가지고 있었다고 볼 수 있다.

현실 자본주의의 변화에 대한 베버의 위기감은 한편으로 그가 지나치게 정신적·문화적 측면을 중심으로 자본주의를 분석했기 때문에 나타나는 결과일 수 있다. 자본주의의 객관적·물질적·경제적 측면을 고찰한다면 대량생산을 위해서라도 대량소비를 자극하는 방향으로 나아갈 수밖에 없는 요인을 발견할 수 있다. 또한 20세기 중반 이후 자본주의가 급속하게 생산자본보다는 금융자본에 의한 투기적 성격으로 나아갈 수밖에 없는 본질적인 요인을 발견할 수 있다. 베버가 줄곧 유지한 자본주의 분석 방법 자체에 대한 재평가가 필요함을 말해주는 대목이다. 물질적인 측면과 정신적인 측면은 자본주의 분석을 위해 필요한 두 개의 기둥이라는 점을 일깨워준다.

시간과 어떻게 관계 맺어야 하는가

테일러 《과학적 관리의 원칙》

인간은 시간 속에서 살아간다. 시간으로부터 자유로운 존재는 이 세상에 아무것도 없다. 십 년이면 강산도 변한다는 말이 괜히 나왔겠는가. 그토록 단단해 보이는 바위도 풍화작용에 의해 모양이 바뀌는데 인간이라고 온전히 자신을 보존할 리 없다. 어떠한 생각이나 행위든 시간 안에서 이루어진다. 우리가 '지금'이라고 말하는 순간 그 '지금'은 이미 '과거'가 되어버린다. 엄밀한 의미에서 정지된 '지금'이라는 순간은 존재하지 않는다. 오직 지나간 과거와 아직 오지 않은 미래가 있을 뿐이다.

시간의 흐름 안에 살기 때문에 인간과 시간의 관계는 삶과 사고방식에 긴밀하게 연관된다. 시간은 시대에 따라 다른 성격으로 인간에게 다가온다. 보다 정확히 말하자면 시간이 다르게 다가오기보다는 우리 인간이 시간을 다르게 느낀다. 농경을 중심으로 하던 사회에서의 시간과 산업문명 아래에서의 시간은 우리에게 전혀 다른 느낌을 전달한다.

농경사회에서 인간에게 시간은 자연의 시간이었다. 시간의 흐름을 재는 수단도 해와 달이 뜨거나 지는 자연 현상이었다. 논이나 밭에서 일을 할 때도 해가 어디쯤에 떠 있는가를 보며 식사시간을 가늠했다. 보다 세분화된 시간 개념을 갖기 위해 이용한 해시계와 물시계 역시 자연에 기초를 두고 있다. 태양력과 태음력은 이를 보다 장기적으로 체계화한 시간 개념이다. 그렇게 자연의 흐름이 곧 시간의 흐름이었다.

또한 인간이 시간을 조절하는 주체였다. 식사나 일을 하는 시간을 스스로 정할 수 있었다. 기본적으로 농경에 필요한 정해진 일정은 있었다. 해가 뜨면 들로 나가고, 해가 지면 집으로 돌아왔다. 하지만 시간은 개인 사정에 따라 스스로 얼마든지 조정이 가능한 것이었다. 몸 상태나 집안 사정에 따라 일터로 나가는 시간을 정하면 되었다. 일하다 잠을 자든 술을 마시든 누구 하나 간섭할 일이 없었다. 일하던 중이라 하더라도 누군가 찾아오면 손에 묻은 흙을 툭툭 털고 일어서면 그만이었다. 농번기에는 바빠도 가을에 추수가 끝난 후 농한기가 되면 매일 한가한 시간을 보낼 수도 있었다.

시간의 의미를 바꾸다 - <모던 타임스>

현대사회에서 시간과 인간의 관계는 전혀 다른 성격을 갖는다. 인간의 시간과 자연의 시간은 분리되고 기계적인 시간이 자연을 대신한다. 인간과 시간의 관계도 역전된다. 인간은 시간의 주체 자격을 박탈당하고

돈과 일 그리고 여가

▲ 영화 〈모던 타임스〉 장면 1

기계에 의해 인위적으로 정해진 시간에 허덕이며 뒤좇아야 하는 처지로 바뀐다.

찰리 채플린으로 유명한 영화 〈모던 타임스〉는 현대의 변화된 시간을 상징한다. 장면 1은 이 영화를 보지 않은 사람이라 하더라도 TV나 책 등 어디서든 한두 번 이상 본 기억이 있을 것이다. 공장에서 일하던 채플린이 컨베이어 벨트를 따라 기계 안으로 끌려 들어가 거대한 톱니바퀴에 끼어서 도는 모습이다. 보통 산업사회에서 거대한 기계의 부품처럼 되어버린 인간의 소외된 현실을 표현할 때 자주 사용되는 장면이다. 하지만 보다 꼼꼼하게 영화를 보면 '모던 타임스'라는 제목답게 변화된 시간에 대한 채플린의 문제의식을 곳곳에서 발견할 수 있다.

이 영화는 1936년에 흑백영화이자 무성영화로 상영되었다. 제작, 각본, 감독, 주연, 음악을 모두 채플린이 맡았다. 영화의 간략한 줄거리는 다음과 같다. 거대한 시계의 초침에 맞추어 일터로 향하는 공장 노동자의 무리가 돼지 떼와 비교되는 장면으로 영화가 시작된다. 컨베이어 벨트로 움직이는 공장에서 채플린은 하루 종일 나사못 조이는 일을 하고 있다. 사장은 사무실에 앉아 스크린을 통해 전체 공장 상황을 일상적으로 감시하며 계속 더 빠르게 생산하라고 재촉한다. 컨베이어 벨트의 속도를 높이고 채플린은 기계에 떠밀려 거듭 실수를 저지른다. 단순 작업을 반복한 결과 나사처럼 조금이라도 튀어나온 것은 모두 조이려는 강박 관념에 빠진다.

급기야 채플린은 정신이 이상해져서 정신병원으로 강제 이송된다. 그곳에서 정상적인 생활리듬을 찾으면서 낫는다. 병원에서 나왔지만 공장에서 해고되어 거리를 떠돈다. 그러다가 우연히 트럭에서 떨어진 빨간 깃발을 주우려고 달리다 공산주의자로 몰려 경찰서에 간다. 경찰서에서 탈옥수를 잡은 공으로 사면되고, 일자리를 찾지만 쉽게 구하지 못하여 다시 경찰서로 가고 싶어 한다.

이즈음 채플린은 한 소녀를 만난다. 소녀의 아버지는 실업자로 시위 중에 죽고 소녀는 소년원에 가지 않으려고 탈출하여 거리를 방황하던 중이었다. 채플린은 두 사람만의 근사한 집을 사기 위해 백화점 야간 경비원으로 취직도 하고, 철공소에서도 일하지만 번번이 소동으로 끝난다. 우여곡절 끝에 카바레에 취직한 둘은 행복한 삶을 예상한다. 그러나 소녀의 정체를 안 경찰관은 소녀를 체포하려 하고 소녀와 채플린은 다시 탈출한다. 새벽에 둘은 내일에 대한 희망을 갖고 길을 나서며 영화는 막을 내린다.

채플린은 이 영화에 대해 "물질문명의 모든 혜택을 거부하고 비폭력주의라는 신념을 위해 끝내 목숨까지 바치게 되는 성자 간디와의 만남과 미국 산업시대의 상징적 도시 디트로이트를 방문하고 얻은 감흥을 바탕으로 극을 만들게 됐다."는 생각을 밝힌 바 있다. 영화에 대한 평가는 상반된 두 방향으로 나타났다. 영화 공개 후 한편에서는 피카소를 비롯한 많은 사람들이 "우리 생애에서 추천할 수 있는 단 한 편의 영화"라거나 가장 뛰어난 창조적 성과라고 극찬했다. 하지만 다른 한편으로는 극우세력의 거친 반발을 불러일으켰다. 이 영화가 발단이 되어 채플린은 나중에 공산주의자로 몰렸고, FBI 후버 국장은 여기에 더해 여러 번의 결혼과 사생아 출생 등 그의 사생활을 트집 잡아 미국에서 강제 추방하는 조치를 취했다.

합리적 관리와 통제 대상으로서의 시간

테일러는 《과학적 관리의 원칙》에서 기업에서 시간을 과학적으로 관리하여 생산성을 극대화하는 방안을 모색한다. 주먹구구식 작업 과정을 획기적으로 개선한 몇 가지 사례를 통해 과학적 관리의 놀라운 성과를 제시한다. 특히 단순한 기술적 방법의 의미를 넘어서 과학적 관리의 기본철학으로까지 확장한다.

테일러의 '과학적 관리' 이전에는 세부 노동 과정에 대해 기업주가 노동자에게 일임하는 방식이었다. 테일러는 시간이나 동작 등 작업에 필요한 요소들을 과학적으로 분석하여 생산량을 월등히 상승하는 작업 관리 방법과 일일 목표를 설정하여 노동자의 생산성을 증대하고자 했다. 목표 생산량의 계획이나 과업을 부과함으로써 전문적인 경영을 강화하고, 생산량에 따른 차등 임금으로 노동자의 태업을 없애야 한다고 보았다. 테일러 시스템은 노동 과정과 관리 시스템 낭비를 최소화하여 생산량을 증대하는 데 초점을 두었다.

그는 생산성 향상을 통한 대량생산 체제를 확립함으로써 기업의 이윤을 확대하는 것은 물론이고 노동자의 임금을 높일 수 있다고 보았다. 테일러는 인간이라면 누구나 더 많은 이익을 실현하기 위해 노력한다는 경제적 동기에 바탕을 두며, 생산량에 따른 고임금이 보장된다면 노동자들이 더 열심히 일할 것이라고 생각했다. 테일러의 과학적 관

프레드릭 테일러(F. W. Taylor, 1856~1915)

미국 출생으로 20세를 전후하여 공장의 도제·기계공·목형공으로도 일했다. 이후 조장·직장을 거쳐 수석 엔지니어로 초고속 승진을 거듭했다. 뒤늦게 공과대학에서 기계공학사 학위를 취득했다. 그의 직장 경험이 '과학적 관리'에 대한 관심을 자극했다. 당시 일하던 제강소의 노동자들은 다른 공장의 노동자처럼 조직적 태업으로 한계 생산량을 스스로 정해놓고 있었다. 이러한 경험이 경영자와 노동자의 이해가 일치하도록 '과학적 관리의 원칙'을 수립하는 동기로 작용했다. 과학적 관리는 효율성을 인정받아 미국 전체 사업장에 전파되었고, 육체노동에 대한 효과적 관리 시스템으로 정착하게 되었다. 주요 저서로는 《공장 관리》, 《과학적 관리의 원칙》 등이 있다.

리는 산업혁명에 버금가는 생산성혁명으로 평가된다. 테일러의 과학적 관리에 이르러 전문적인 경영과 생산성의 증대가 본격적인 연구 과제로 등장했기 때문이다.

과학적 관리 원칙이란 무엇인가

먼저 테일러가 왜 과학적 관리 원칙이 필요하다고 보았는지에 대한 이해가 필요하다. 무언가 기존 방식에 문제가 있으니 개선이 필요하다고 여겼을 것이기 때문이다. 과거의 생산과 노동 과정이 어떠했기에 새로운, 그것도 과학적 원칙이 필요하다는 것일까?

> 구식의 경영 형태하에서 어떤 경영방식의 성공은 노동자의 '솔선'을 얻는 것에 거의 전적으로 의존한다. 그리고 사실상 이 '솔선'이 정말로 얻어지는 경우는 매우 드물다. 과학적 관리하에서는 노동자의 '솔선', 즉 그들의 성실·선의·창의성이 과거의 경영 체제하에서보다 훨씬 더 획일적으로 또 훨씬 광범위하게 얻어진다.

테일러가 보기에 과거의 기업 경영방식은 노동자가 스스로 성실하고 창의적으로 일하도록 하는 것이었다. 경영자는 이러한 노동자들을 격려하는 것으로 자신의 역할을 다했다고 생각하는 방식이다. 하지만 모든 작업을 노동자에게만 의존하는 주먹구구식 방식에서는 솔선을 이끌어내기가 힘들다. 자본가는 무작정 노동자에게 더 많은 노동을 요구하고, 노동자는 자본가가 자신의 이윤만 챙기려 한다는 불신을 가지고 있는 상태에서 노동자가 자발적으로 성실하게 일하리라고 기대하기 어려운 현실이었다.

테일러가 일했던 공장도 마찬가지 상황이었다. 자본가와 노동자의 반목 상태에서 노동자들은 조직적·항시적 태업 상태에 있었다. 이로 인해 기업의 생산성은 낮은 수준에서 벗어나기 어려웠다. 막연한 기대에 기초한 전근대식 방법으로는 효율적인 생산성 증대는 불가능하다고 보았다. 노동자의 자발적 솔선수범이 아니라 경영자의 과학적 관리에 의해서만 변화가 가능해 보였다. 그러기 위해서는 노동자의 경험을 체계적으로 수집하고 경영자의 새로운 업무와 책임을 창출하는 작업이 필요하다. 그러면 과학적 관리 원칙의 실제 내용은 무엇인가?

> 과학의 개발은 개별 노동자의 판단을 대신할 원칙·법칙·공식의 개발을 수반하는데, 이들 원칙은 체계적으로 기록되고 색인화된 후에만 효과적으로 사용될 수 있다. (…) 새로운 작업방법으로의 외형적 변화, 시간연구의 실행, 작업에 관련된 모든 기구의 표준화, 각 기계를 연구하여 최선의 상태로 유지시키는 것, 이 모두가 시간을 필요로 한다. 이러한 작업요소의 연구와 개선은 신속하면 할수록 작업 목표의 수행에 더 이롭다. 반면에 '솔선과 격려'에 의한 관리에서 '과학적 관리'로 변화할 때에 발생하는 정말 중요한 문제는, 경영진은 물론 노동자의 정신적 자세나 습관의 완벽한 개혁까지도 포함해야 한다는 점이다.

노동자가 자신의 작업을 개별적으로 판단하게 해서는 안 된다. 가장 효과적으로 작업이 수행될 수 있는 원칙과 공식을 경영자가 수립하고 이를 일괄적으로 적용해야 한다. 이를 위해 가장 필요한 것은 시간 연구의 실행, 작업에 관련된 기구의 표준화다. 나머지 기계의 점검이나 개선은 노동자의 노동 과정에 직접 관련되기보다는 경영자가 특별히 유의할 점 정도로 이해하면 된다.

먼저 그가 과학적 관리의 주요 요소로 강조한 시간 연구를 살펴보자. 테일러는 건설현장 벽돌공의 작업을 분석해 생산성을 개선한 사례를 통해 구체적으로 설명한다. 벽돌공 개인의 작업 효과를 최대 수준으로 끌어올리기 위해 공정을 세부적으로 분석하여, 벽돌 쌓는 동작과 거기에 할애되는 시간의 불필요한 부분을 제거하는 실험 내용이다.

벽, 반죽통, 벽돌 더미가 위치한 곳에서 양발이 각각 디뎌야 할 정확한 위치를 찾아냈고, 벽돌공이 벽돌을 쌓고 벽돌 더미 쪽으로 한두 발짝 움직이는 동작을 없애도록 했다. 또 그는 반죽통과 벽돌의 가장 알맞은 높이를 연구한 다음, 비계를 고안해 그 위에 모든 재료를 올려놓을 탁자를 둠으로써 벽돌공이 반죽통과 벽돌을 가장 알맞은 위치에 두고 작업을 할 수 있게 했다. 비계는 벽의 높이에 따라 조정할 수 있었는데, 비계를 조정하는 일만 전담하는 노동자를 두었다. 이런 방법을 통해 벽돌공은 반죽을 퍼낼 때마다 벽돌을 들고 몸을 구부렸다 펴는 일을 줄이게 되었다.

▲ 테일러의 조언에 따라 생산 공정을 진행하고 있는 한 회사의 생산공

　　아무리 사소한 것이라 해도 벽돌공의 작업 속도에 영향을 미치는 온갖 요소를 모두 분석과 실험 대상으로 삼았다. 쌓고 있는 벽과 벽돌, 그리고 콘크리트 반죽통을 어떻게 배치하면 가장 빨리 처리할 수 있는가를 찾아냈다. 또한 건설 현장에서 쓰는 가설 발판인 비계에 탁자를 설치하여 작업에 필요한 재료와 도구를 편리하게 잡을 수 있도록 했다. 벽돌 윗면이 항상 위를 향하도록 반죽통 옆에 쌓아둠으로써 벽돌공이 윗면과 아랫면을 살피는 시간을 절약하게 했다. 벽 높이에 따라 작업대 위치를 조절할 수 있도록 하여 한결 더 신속한 작업이 가능하게 했다.

　　테일러시스템을 좀 더 쉽게 이해하기 위해 우리 가정의 주방 구조를 살펴보자. 주방 싱크대를 보면 수도꼭지가 달려 있는 개수대 왼편

　　　　　　　　　　　　　　　　　　　　　돈과 일 그리고 여가

에 음식을 만들 수 있는 조리대, 그 옆에는 가스레인지가 있다. 개수대 오른편에는 전자레인지나 전기밥통 같은 것을 올려놓는 공간, 그 옆으로는 보통 냉장고가 있다. 위나 아래쪽에는 그릇을 넣어두는 찬장, 돌아서면 식탁이 있다. 왜 아파트를 비롯해서 대부분의 집 주방이 같은 구조로 되어 있을까? 주방 일을 하는 사람이 최소한의 동작으로 빠른 시간에 많은 일을 처리할 수 있는 구조를 만든 것이다.

테일러는 공장에서 기계나 공구의 위치, 재료나 부품의 배치, 노동자의 동선을 체계화해서 과학적인 작업 관리법을 만들었다. 이를 공장과 사무실에 도입함으로써 동일한 시간에 더 많은 물건을 만들 수 있도록 했다. 그는 이 모든 것을 측정할 수 있고 시간과 생산량으로 수치화할 수 있으므로 '과학적 관리'라 부른 것이다.

다음으로 그가 과학적 관리의 주요 요소로 강조한, 작업에 관련된 기구의 표준화란 무엇인지 살펴보자. 기구의 표준화란 말 그대로 작업에 사용되는 도구 및 부품 규격과 품질의 균일화를 가리킨다. 기구의 표준화는 분업화와 밀접하게 연관된다. 과거 수공업 단계에서는 한 사람의 노동자가 제품의 전체 과정을 모두 도맡아 생산했다. 예를 들어 자전거를 만든다면 한 사람의 훈련된 공인이 대부분의 부품을 직접 만들고 최종적으로 조립하는 작업까지를 모두 책임진다. 이 방식으로는 대규모 생산이 불가능하다. 모든 과정을 다 습득할 정도의 종합적 기능을 갖추도록 노동자를 훈련하는 일도 쉽지 않지만 작업 속도도 매우 떨어질 수밖에 없다.

분업화는 생산성을 비약적으로 증가시키고 품질을 개선한다. 자전거 제작 과정을 여러 공정으로 분리함으로써 각 부품의 기능을 개선할 수 있다. 한 종류의 작업만 반복하기 때문에 노동자의 전문적인 능력이 개발된다. 한 가지 일만 하기 때문에 작업 속도도 크게 빨라진다. 20세기 초반에는 공장에서 이미 어느 정도의 분업화가 이루어졌지만 이를 더욱 세분화하는 방향으로 나아간다.

분업화를 위해서는 필수적으로 업무 단순화와 기구 표준화가 선행되어야 한다. 한 사람의 노동자가 수행해야 하는 작업을 최대한 단순화하지 않으면 빠른 속도를 낼 수 없다. 또한 작업을 단순화해야 오랜 기간 숙련된 소수의 노동자가 아니라 다수의 노동자가 약간의 교육 후에 작업에 투입될 수 있어서 대규모 생산이 가능해진다. 기구도 표준화되어야 노동자의 숙련도 차이에 따른 상이한 결과를 방지할 수 있고, 균일한 품질을 유지할 수 있다.

현실의 테일러시스템과 시간의 노예로 전락한 인간

과학적 관리 원칙에 의해 고안된 테일러시스템은 유사한 목적을 지닌 포드시스템과 결합되면서 모든 산업국가에서 현대화된 작업 시스템으로 확고하게 자리 잡았다. 포드시스템은 20세기 초반에 포드자동차 창업자인 헨리 포드가 T모델 생산 과정에 도입하면서 일반화됐다. 컨베이어 벨트가 가장 중요한 역할을 했다. 노동자들이 일렬로 서서 똑같은 작업을 반복하는 라인 생산 시스템을 도입한 것이다. 길게 늘어선 작업

돈과 일 그리고 여가

▲ 영화 〈모던 타임스〉 장면 2

대를 따라서 제작 중인 물건이 움직이고 노동자는 각자의 위치에서 분
업화된 노동을 한다. 다음에 일할 물건이 각 노동자 앞에 즉시 도착한
다. 테일러시스템과 마찬가지로 시간 낭비가 없어져 동일한 시간에 더
많은 물건을 만들 수 있다. 테일러시스템이 개별 작업의 시간 낭비를
없앴다면, 포드시스템은 작업과 작업 사이의 시간 낭비를 최소화했다.

〈모던 타임스〉 장면 2는 테일러시스템과 포드시스템에 의한 생
산 과정을 잘 보여준다. 일렬로 서 있는 노동자 앞에 자동으로 벨트가
움직이는 긴 작업대가 놓여 있다. 채플린은 두 손으로 동시에 두 개의
나사를 조이는 작업을 맡고 있다. 그러면 곧바로 바로 옆의 노동자로 제
품이 이동하고 망치와 정을 이용하여 고정하는 작업이 이루어진다. 그

시간과 어떻게 관계 맺어야 하는가

옆의 모자를 쓴 노동자는 도색 작업을 맡고 있다.

이제 자기의 신체 리듬이 아니라 돌아가는 컨베이어 벨트가 인간의 시간을 결정한다. 영화에서 사장은 깨끗한 사무실에서 대형 모니터를 통해 각 작업 공정을 보다가 생산량을 늘리기 위해 컨베이어 벨트 속도를 높이라고 중간관리자에게 지시한다. 컨베이어 벨트 속도가 빨라지자 노동자들은 정신적·신체적 에너지를 쥐어짜내며 기계의 속도에 자신을 맞춘다. 채플린이 겨드랑이를 긁거나 얼굴 앞에서 날아다니는 파리에 신경을 쓰면 속도가 늦어져서 옆 노동자의 작업에 차질을 준다. 중간관리자는 물론이고 라인의 다른 노동자들로부터 일을 빨리 하라는 협박을 받는다.

결국 컨베이어 벨트 속도를 제대로 따라가지 못하던 채플린은 실수로 기계 속에 끼어 들어가게 된다. 거대한 톱니바퀴로 가득한 기계 안에서 그는 습관적으로 나사 조이는 행위를 한다. 기계에서 빠져나와서도 코나 귀, 여자 옷의 단추처럼 뭔가 튀어나온 것만 보면 조이려는 이상행동을 보인다. 접시를 잡아도 돌리는 동작으로 이어진다. 착란 상태에서 컨베이어 벨트 기계를 망가뜨리게 되고, 결국 채플린은 정신병원에 강제 수용된다.

희극 영화의 특성상 일정한 과장이 있지만 전달하려는 문제의식은 분명하다. 테일러시스템과 포드시스템은 효율성과 생산성이라는 관점, 자본가와 경영자의 관점에서만 본다면 생산성혁명이라는 규정이 과장은 아니다. 이 시스템을 본격 도입한 포드자동차만 하더라도 얼

▲ 자동차바퀴 조립 라인에서 일하고 있는 포드자동차 노동자들

마나 큰 변화가 일어났는지 확인할 수 있다. 1908년에는 노동자 한 사람이 연간 자동차 3대를 생산하는 꼴이었으나, 1914년에는 19대를 생산할 수 있었다. 1908년에는 한 시간에 한 대꼴로 자동차를 만들었는데 1914년에는 24초당 1대를 만들었다.

하지만 노동자의 관점에서 접근하면 전혀 다른 국면이 나타난다. 이해하기 쉽게 스포츠에 비유해 설명해보겠다. TV로 축구 중계를 보면 카메라가 주로 공을 몰고 있는 선수나 그 주변에서 수비하는 선수를 비춘다. 공 주변의 선수를 중심으로 중계를 해서 모든 선수가 전력 질주하는 것처럼 보인다. 하지만 실제 경기장에서는 다르다. 공격할 때는 공격수가 전력 질주하고 그 사이 수비수는 뒤에서 호흡을 조절한다. 반대로 상대방이 공격하면 수비수가 전력 질주하고, 최전방에 나가 있던 공격수는 속도를 조절하면서 되돌아온다. 그렇게 체력을 비축하면서 뛴다. 만약 전반과 후반 경기 내내 전력 질주하면 축구 선수들은 체력적으로 버틸 수가 없다. 아마 몇 년 안 돼 몸이 망가져서 선수생활을 못하게 될지도 모른다. 오죽하면 가끔 쉴 새 없이 뛰는 선수가 나오면 심장이 두 개라는 말까지 하겠는가. 그만큼 드물다는 말이다.

노동도 마찬가지다. 자본주의 역사에서 테일러시스템과 포드시스템을 이용한 생산성 향상은 대부분 노동자의 동작 낭비를 없애는 방향으로 발전해왔다. 동작 낭비라는 말도 사실은 자본가 입장에서 나온 표현이다. 자본가 입장에서는 동작 낭비를 줄이고 효율성을 높이는 획기적인 방법이지만, 노동자 입장에서는 쉴 새 없이 일을 해야 하니 노동 강도의 대폭 강화인 셈이다. 자본가 입장에서는 같은 시간에 더 많은 물건을 만드는 것이지만, 노동자 입장에서는 그만큼 조금의 여유도 없이 일만 해야 하는 상황이다.

또한 테일러시스템과 포드시스템은 극단적 분업화를 전제로 해서만 작동할 수 있다. 노동자의 개별 작업이 최대한 단순화되고, 동일한 동작을 반복할 때 컨베이어 벨트는 도입될 수 있다. 이 과정에서 노동자는 기계를 수단으로 사용하여 일을 하는 존재가 아니라, 오히려 기계에 속해 있는 하나의 부품으로 변질되어버린다. 또한 컨베이어 벨트의 속도에 의해 시간을 지배당하는 처지로 전락한다.

이러한 사태를 테일러가 이론적으로 의도한 것은 아니다. 하지만 그의 이론이 갖는 맹점이 그대로 드러나는 대목이기도 하다. 테일러

돈과 일 그리고 여가

는 《과학적 관리의 원칙》에서 작업 속도를 높이되 신중한 점검과 절차에 의해, 제한적으로 이루어져야 한다고 주문한다.

어떤 경우라도 노동자의 건강을 해칠 정도의 속도로 작업하도록 설정된 것이 결코 아님을 명백히 인식해야 한다. 이 업무 목표는 만약 적성에 맞는 노동자가 수행할 경우, 비록 오랜 기간 동안 이런 속도로 일을 해도 과로하지 않고, 더 행복해지고, 더 부유해지도록 항상 조정되어 있다.

테일러의 오류는 먼저 기업이 마치 도덕적 행위의 주체인 양 생각하는 데서 발견할 수 있다. 그의 이론은 생산성을 높이더라도 노동자의 건강을 해치지 않을 정도로만 이루어지며, 노동자가 과로를 느끼지 않도록 기업 스스로가 조절할 수 있다는 믿음을 전제로 한다. 하지만 이윤 극대화를 존립의 근거로 삼는 기업이 도덕적 감정에 의해 생산량과 이윤을 하향 조정할 수 있을까? 만약 그러하다면 산업사회에서 과로사는 왜 생기고, 산업재해는 왜 증가하겠는가!

또한 항상 노동자가 더 부유해지는 한도 내에서 속도를 조정해야 한다는 주문도 현실과 거리가 있기는 마찬가지다. 테일러만이 아니라 포드도 이러한 시스템 도입의 정당성을 노동자 임금이 증가하는 데서 찾았다. 현상적으로는 컨베이어 벨트와 과학적 관리가 도입된 후 생산성 향상과 함께 포드자동차 노동자의 임금도 올랐다. 당시 포드자동차 노동자는 동종업계 노동자 가운데 가장 높은 임금을 받았다.

하지만 이후 포드의 행위를 보면 노동자의 처지를 개선하는 데 별 관심이 없음을 알 수 있다. 포드는 노동자의 가장 기본적 권리인 노동조합 설립을 철저하게 막았다. "내 시신을 밟기 전에는 노동조합을 허용할 수 없다."는 것이 확고한 경영철학이었다. 또한 포드 노동자의 임금이 동종업계의 다른 노동자보다 많은 것은 컨베이어 벨트와 과학적 관리의 도입이 주로 포드자동차에 집중되었을 때로 한정된 현상이다. 포드시스템과 테일러시스템이 자동차산업 전반으로 확대된 이후는 의미 있는 임금 차이가 사라졌다. 또한 최근 수십 년 사이에 물가 인상을 고려한 실질임금 인상이 매우 미미하고, 노동생산성 증가와 실질임금 인상 사이의 격차가 갈수록 벌어지는 점을 직시해야 한다. 기계 발달과 집중적인 관리 기법 도입으로 생산성이 비약적으로 향상된 정도를 고려하면 강화된 노동 강도에 비해 임금은 사실상 별로 오르지 않았음을 알 수 있다. 이러한 현실을 고려할 때 과학적 관리 원칙이 노동자가 더 부유해지는 것을 목표로 삼는다는 말이 상당 부분 허구임을 보여준다.

과학적 관리 원칙이 불러올 수 있는 재앙

테일러도 과학적 관리 원칙을 맹목적으로 적용하면 재앙을 초래할 수 있다고 경고한 바 있다. 특히 도입 초기에는 노동자에게 영향을 미치는 어떠한 변화도 아주 천천히 진행되어야 한다며 신중한 태도를 견지해야 한다고 말한다. 노동자 스스로가 새로운 작업 방법이 자신에게 큰 도움이 된다고 확신할 때까지 더 이상의 어떤 변화도 시도되어서는 안 된다

▲ 영화 〈모던 타임스〉 장면 3   ▲ 영화 〈모던 타임스〉 장면 4

는 점을 강조한다. 만약 제대로 준비가 갖춰져 있지 않은 상태에서 무분별하게 기계적으로 적용할 경우 큰 부작용이 나타날 수 있기 때문이다.

> 만약 시간연구, 직능직장제 등과 같은 메커니즘의 기본 요소들이 진정한 경영철학을 수반하지 않은 채 사용될 때, 대개 재앙이라고까지 할 만한 나쁜 결과를 초래하게 된다.

영화 〈모던 타임스〉에서는 노동 강도 강화나 인간이 기계의 시간에 정복당하는 문제, 또한 과도한 분업화로 인해 인간이 기계의 일부로 전락하는 문제 이외에도 다양한 측면에서 새로운 시스템이 불러일으키는 문제를 고발한다. 〈모던 타임스〉 장면 3은 과학적 관리 원칙이 초래하는 또 다른 문제를 보여준다. 회사 경영진은 생산 공정에 테일러시스템을 도입하는 것만으로는 성에 안 찼는지 노동자의 식사시간조차 줄이기 위해 자동식사 기계를 개발한다. 식사 과정에서의 동작 낭비를 제거하여 시간을 최소화하려는 의도다.

노동자가 식사 기계에 앉아 정해진 위치에 몸과 머리를 고정하면 기계가 자동으로 접시를 들어 입 안으로 음식을 집어넣는다. 접시를 하나 비우면 컨베이어 벨트처럼 식판이 돌아서 다음 차례의 음식이 입 앞으로 온다. 하지만 채플린은 기계 고장으로 생고생을 한다. 스프는 기울이는 각도가 잘못 계산되어 아예 온몸에 부어버린다. 옥수수가 자동으로 회전하며 골고루 입으로 들어가야 하는데 고장으로 온 얼굴을 엉망으로 만들어놓는다. 더 황당한 것은 접시의 음식을 하나씩 밀어 넣는 과정에서 나사가 입 안으로 들어가기도 한다.

과학적 관리 원칙을 식사 과정에 적용하여 노동 이외의 시간 낭비를 줄이려는 시도는 영화의 과장으로만 머물지 않고 현대사회에 실제로 도입된다. 맥도날드시스템은 과학적 관리에 의한 통제가 사회 각 분야, 심지어 식사 과정에도 적용된 대표적 사례다. 맥도날드는 분업화와 표준화를 통한 효율성 추구의 대명사다. 신속한 조리와 공급을 위해 재료를 표준화하고 조리 과정을 획일화했다. 한정된 메뉴에 동일한 사이즈와 재료, 소스를 통해 품질을 규격화했다. 의자와 테이블의 크기도 똑같고 심지어 매장의 입지조건도 비슷하다. 또한 동일한 서비스를 위하여 식당 종업원들을 엄격히 훈련했다.

패스트푸드 매장의 장치도 효율성으로 완전 무장되어 있다. 매장은 항상 빠른 템포의 음악이 정신없이 흐른다. 탁자와 의자는 좁은 편이어서 불편하다. 왜 그럴까? 빨리 먹고 빨리 나가라는 이야기다. 그래야 자본 회전 속도가 빨라지기 때문이다. 만약 맥도날드나 버거킹에 조용한 발라드나 클래식 음악이 흐르고 의자는 카페처럼 안락의자로 되어 있다고 생각해보라. 사람들이 긴 시간 죽치고 앉아 있어서 매상은 뚝 떨어질 게 뻔하다. 거기에다 패스트푸드점은 음식을 주문하고, 가져오고, 버리는 것도 손님 스스로 하게 되어 있다. 업주 입장에서는 비용 지출 없이 손님 스스로 종업원 역할을 하게 만드니 이 얼마나 좋은가.

맥도날드 방식의 표준화는 노동자뿐만 아니라 고객의 움직임과 시간마저 효과적으로 통제한다. 표준화란 과학적으로 분석된 조리 방식과 근무 지침을 과학적으로 재생한 것이다. 과학적 관리 원칙은 맥도날드 매장에서 일하는 노동자들이 분업화된 근무 형태로 신속하게 노동을 수행하게 할 뿐 아니라 심지어 소비자조차 포장을 벗겨 5분 안에 한 끼를 뚝딱 다 먹어치우게 만든다.

〈모던 타임스〉 장면 4는 과학적 관리 원칙의 적용에서 필연적으로 나타나는 감시와 통제 강화 문제를 보여준다. 화장실에 갈 때는 정해진 시간에, 그것도 카드에 시간을 체크하면서 가야 한다. 만약 대체 인력이 투입되지 않은 상태에서 자기 마음대로 화장실에 가면 다른 작업에 큰 차질을 주기 때문이다. 노동자의 생리작용조차 통제하는 상황이다. 채플린이 화장실에서 일을 본 후 잠시 담배를 한 대 피우려 하자 이를 모니터로 지켜보던 사장이 벽에 걸린 스크린을 통해 빨리 작업라인으로 복귀하라고 호통을 치는 모습이다. 포드시스템과 테일러시스템은 이처럼 개별 노동자의 작업 상태를 일상적으로 감시하고 업무 지시를 통해 통제해야만 작동할 수 있는 장치다.

감시와 통제 강화는 육체노동에만 한정되지 않는다. 사무직 업무에도 여지없이 적용된다. 특히 정보화기기의 발달과 함께 회사 내에서 이루어지는 각종 업무는 전산화된 시스템에 의해 대부분 관리된다. 각 직원이 컴퓨터를 통해 무슨 업무를 하는지, 어느 사이트를 보는지, 심지어 누구에게 어떤 내용의 이메일을 보내는지조차 관리된다. CCTV와 연결되면서 통제 효과는 극대화된다. 복도나 계단에서 잠시 커피를 마시며 다른 직원과 잡담을 나누는 것조차 확인되고 직장 상사로부터 싫은 소리를 들어야 하는 경우도 있다.

또한 세밀한 분업화는 노동자를 원자화된 존재로 만들어버린다. 세분화된 개별 작업으로 분리함으로써 노동자의 협력과 연대를 효과적으로 해체한다. 기업은 작업을 관리함으로써 노동자를 통제한다. 과학적 관리가 내포하는 가장 커다란 특징은 경영자가 노동자를 통제할 수 있게 되었다는 점이다.

지금까지 여러 측면에서 살펴보았듯이 현대 산업사회에서, 특히 테일러의 관리 원칙이 생산직과 사무직을 막론하고 거의 모든 노동 과정에 일방적·획일적으로 강제된 조건에서 우리는 시간의 주체 자격을 상실해버렸다. 스스로의 의지와 결정으로 시간을 조절하여 사용할 수 있는 여지가 수면시간을 제외할 때 고작 하루 서너 시간에 불과하다. 인간이 시간의 흐름 안에서만 살아가는 존재임을 생각할 때 기계적 시간에의 종속은 필연적으로 사고방식과 삶에 있어서의 종속을 낳는다.

인간의 본질을 자유에서 찾고자 한다면 우리는 인간이 다시 시간과 능동적인 관계를 맺을 수 있는 가능성을 모색해야 한다. 만약 변화가 가능하다면 어디서부터 실마리를 찾아야 할까? 이 글의 뒤에 이어지는 주제인 '여가'에서 그 전망을 조심스럽게 검토해보자.

여가와 놀이는 낭비인가

러셀《게으름에 대한 찬양》

한국사회에서도 여가에 대한 관심이 점차 증가하고 있다. 한강 공원을 비롯해서 각 도시의 조금이라도 넓은 공간에 가보면 시간을 내서 자전거나 보드를 즐기는 사람이 부쩍 늘어났다. 등산은 물론이고 지리산이나 한라산의 둘레길, 올레길을 찾는 발걸음도 많아졌다. 스포츠나 레저 분야로 상당 부분 한정되어 있기는 하지만 눈에 띌 정도로 일 이외의 시간을 즐기려는 사람들이 늘어나는 중이다.

최근에는 여행에 대한 관심도 많아졌다. 일상에 쫓겨 사는 사람들에게 지금 가장 하고 싶은 것을 꼽으라고 하면 별로 망설이지 않고 여행을 언급하는 경우가 많다. 직장인이든 주부든 당장은 떠나지 못하지만 언젠가는 훌쩍 기차나 비행기에 오르고 싶어 한다. 서점 판매대에서도 여행 관련 책이 붐을 이룰 정도다.

▲ TV 연예 프로그램 〈꽃보다 할배〉의 한 장면

특히 세계여행을 꿈꾸는 경우가 많다. TV 연예 프로그램인 〈꽃보다 할배〉의 장면은 이들의 꿈을 대변한다. 70세를 훌쩍 넘긴 노년 연기자들이 유럽으로 여행을 떠나는 이야기다. 이 프로그램이 공전의 히트를 기록한 이후 대만 여행 편이 나왔고, 더 나아가서 후속 작업으로 중장년층 여배우들을 주인공으로 한 〈꽃보다 누나〉도 상당한 인기를 얻었다. 나이를 가리지 않고 다양한 연령층의 가슴을 두근거리게 했다.

하지만 어쩌면 꿈을 현실에서 이루지 못하기 때문에 생기는 대리만족의 측면이 강하지 않을까? 실제 여행지에서 보면 한국 여행객의 특징이 두드러지게 나타난다. 대학생들의 배낭여행을 제외하고 본다면, 가장 먼저 눈에 띄는 것은 단체로 패키지여행을 온 경우가 대부분

여가와 놀이는 낭비인가

이라는 점이다. 한국과 중국의 여행객이 주로 여기에 해당한다. 다음으로 여행객의 연령층을 보면 한국은 30세를 전후하여 신혼여행을 온 부부와 70세 전후의 노부부가 대부분이다. 30대에서 50대까지의 여행자를 찾아보기 어렵다.

　유럽을 비롯해서 일본, 중국 등 다른 나라의 여행객은 우리에 비해 상대적으로 고른 연령층을 보인다. 하지만 한국은 특이하다 싶을 정도로 특정 연령대의 사람으로 제한된다. 왜 그럴까? 누구나 쉽게 예상할 수 있듯이 30~50대 한국인은 일 년 내내 직장에 발이 묶여 있기 때문이다. 휴가라고 해봐야 고작 삼사일 정도에 불과하기 때문에 열흘 가까이 시간을 내야 하는 해외여행은 그림의 떡이기 십상이다.

한국인에게 여가란 무엇인가

흔히 현대사회를 일컬어 무한경쟁시대라고 하는데, 그 특징이 가장 전형적으로 나타나는 사회가 바로 한국이다. 실제로 수많은 사람이 치열한 경쟁의 터널 속으로 들어가서 정년퇴직할 때까지 끊임없이 자신을 경쟁력 있는 상품으로 만드는 데만 전념해야 하는 실정이다. 법적으로 8시간 노동제가 보장되어 있지만 공무원을 제외하고 사기업에서 일하는 사람치고 정시에 퇴근하는 사람이 몇이나 되겠는가. 정해진 노동시간 외에도 상급자의 눈치를 보며 자리를 지키고 앉아 있어야 한다. 결국 해외여행을 하염없이 먼 미래의 일로 미루고 만다. 당장은 여가보다 일에 집중하는 것을 미덕으로 여긴다.

▲ 영화 〈로마의 휴일〉의 한 장면

　언제 실현될지 모르는 막연한 꿈이긴 하지만 한국인들이 세계 여행의 대상으로 가장 선호하는 지역은 단연 유럽이다. 첫 유럽 여행을 꿈꾸는 사람은 주로 프랑스와 이탈리아를 선호한다. 파리 거리에서의 낭만을 꿈꾸고, 루브르 박물관이나 베르사유 궁전을 거닐고 싶어 한다. 한두 번 경험을 가진 사람이라면 스페인과 그리스, 터키 등을 꼭 가보려 한다. 아직 접해보지 못한 다양한 문화와의 만남을 기다린다.

　이탈리아 여행은 콜로세움을 비롯해 다수의 로마 유적을 품고 있는 로마 거리와 바티칸 궁전이 단연 관심거리다. 중년층에게는 영화 〈로마의 휴일〉의 영향도 적지 않다. 현재 중년층 이상이면 거의 한두 번은 봤을, 오드리 헵번과 그레고리 펙 주연의 흑백영화다.

로마를 방문한 왕녀가 꽉 짜인 일정에 진력이 나서 어느 날 밤 몰래 숙소를 빠져나간다. 그러다 우연히 미국의 기자와 만나 함께 스쿠터를 타고 로마 시내 명소들을 다니며 자유를 만끽한다. 특종을 기대하며 왕녀와의 데이트를 즐기던 기자도 점차 그녀에게 연정을 품는다. 실종된 공주를 찾던 비밀경찰에 의해 발각된 두 사람은 강으로 뛰어들고, 무사히 벗어난 후 키스를 나눈다. 나중에 귀국하는 공주의 기자 회견장에서 기자는 특종을 단념하고 그녀의 사진을 건네주며 작별을 고한다.

두 사람의 로마 시내 여행 과정에서 인상적으로 나온 곳이 대부분의 여행객이 꼭 가보길 원하는 장소다. 〈로마의 휴일〉의 한 장면의 배경인 스페인 광장은 일 순위다. 공주를 뒤 따라다니던 기자가 광장 계단에서 우연히 마주친 것처럼 다가가 로마 거리를 구경시켜주겠다며 제안하는 장면이다. 스페인 광장에서 아이스크림을 먹는 아름다운 오드리 헵번처럼 많은 관광객이 광장 계단에 앉아 아이스크림을 먹는다. 공주가 머리를 자르러 가는 장면에서 나오는 트레비 분수도 단골 여행지다. 이 분수에 동전을 던지면 다시 로마에 오게 되고, 사랑을 찾는다는 속설을 떠올리며 동전을 던지는 사람이 많다. 거짓말쟁이가 입속에 손을 넣으면 손을 물어버린다는 진실의 입에 가서는 그레고리 펙처럼 손을 넣고 사진을 찍는다.

매일 반복되는 일에 허덕이며 살아야 하는 한국의 직장인과 주부들에게 자유롭고 다양한 여가는 언제까지 꿈으로만 남아 있어야 하는가? 러셀은 여가를 줄이고 일하는 시간을 늘리는 것을 하나의 미덕으

460

로 여기고 있는 우리에게 반대로 일하는 시간을 대폭 줄이고 여가를 늘리는 것이 개인의 행복뿐만 아니라 이 사회를 제대로 유지할 수 있는 가장 현명한 길이라고 주장한다.

게으름과 여가를 권하다

《게으름에 대한 찬양》은 러셀의 다양한 활동만큼이나 다양한 영역에 걸친 문제의식을 자유롭게 정리한 일종의 에세이집이다. 지식에 대한 이해, 건축, 교육, 문화, 이념 등 여러 분야에 대한 생각들을 밝히고 있지만 전체 내용을 관통하는 것은 서구 근대문명에 대한 비판적 성찰이라 할 수 있다. 목적으로서가 아니라 수단으로 전락한 현대사회의 실용적 지식에 대한 날카로운 비판을 담고 있다.

버트런드 러셀(Bertrand Russell, 1872~1970)

러셀은 다방면에 걸친 활동으로 여러 분야에 큰 영향을 미쳤다. 《수학의 원리》를 통해 논리주의 현대수학을 이론화한 수학자이면서 활발한 철학 연구로도 잘 알려져 있다. 제1차 세계대전 이후 사회 사상가이자 반전·평화운동가의 길을 걷기도 했다. 징병반대운동으로 대학에서 강의를 박탈당했고 이후 6개월 구금형에 처해지기도 했다. 아인슈타인과 함께 발표한 '러셀·아인슈타인 성명'으로 핵전쟁 위험을 경고한 후 핵철폐를 위한 시민불복종운동 선동 혐의로 형을 선고받기도 했다. 노벨문학상을 수상한 문학가이기도 하다. '사랑에 대한 갈망', '지식에 대한 탐구' 그리고 '인류가 겪고 있는 고통에 대한 참을 수 없는 연민'을 자신의 세 가지 열정으로 삼았다. 주요 저서로는 《수학의 원리》, 《서양철학사》, 《정신분석》, 《의미와 진리에 관한 탐구》 등이 있다.

특히 이 책의 제목이기도 한 '게으름에 대한 찬양'에는 현대사회를 바라보는 문제의식이 집중적으로 나타나 있다. 우리는 흔히 게으름은 인간이 지양해야 할 악덕으로 여긴다. 게으른 사람으로 낙인 찍히면 주위의 인정을 받기도 어렵다. 하지만 러셀은 끊임없이 성실하게 일할 것만을 요구하는 노예의 도덕을 거부하고 여가를 통한 편안함과 안전함을 추구하는 사회로 개조해야 한다고 강조한다. 그래서 "근로의 도덕은 노예의 도덕이며 (…) 의무란 개념은 권력을 가진 자들이 그렇지 못한 자들에게 자기 자신의 이익이 아니라 주인의 이익을 위해 살도록 유도하는 수단으로 이용되어왔다."라고 주장한다.

현대사회는 특히 합리성과 효율성을 중심으로 움직이는 사회다. 모든 것이 시장을 통한 경쟁 중심으로 움직인다. 생산 과정이나 노동 과정만이 아니라 사회 대부분의 영역에서 효율성·생산성 여부가 판단 기준이다. 이 책에서는 사회를 움직이는 가치 자체가 경쟁과 배제로부터 인간다운 삶, 타인을 배려하는 삶의 원리로 바뀌어야 함을 강조한다. 한마디로 현대사회의 지배적 가치에 대한 도전이다. 노예의 도덕에서 벗어나 인간임을 선언하기 위해 게으름이라는 상징적인 화두를 꺼낸다.

수입을 저축하기보다는 적극적으로 써야 한다

러셀은 게으름에 대한 얘기를 하기 전에 왜 사람들은 돈을 써야 하는가에 대해서 설명한다. 사람들이 버는 만큼 소비할 때 고용을 창출하게 된다는 사실을 강조한다.

돈과 일 그리고 여가

사람들은 버는 만큼 쓰게 마련이고 그렇게 소비할 때 고용을 창출하게 된다. 그 사람이 번 돈을 쓰고 사는 한, 돈을 벌 때 다른 사람의 입에서 가져온 것만큼의 빵을 돈을 쓸 때 사람들의 입에 넣어주는 것이다. 이런 견지에서 본다면 진짜 악당은 수입을 저축하는 사람이다. (…) 저축한 돈을 산업체에 투자한다면 경우가 다르지 않느냐고 말할 사람도 있다. 물론 투자한 사업이 성공해서 뭔가 유용한 것을 생산한다면야 인정해줄 수도 있다. 그러나 오늘날 대부분의 사업이 실패하고 있다는 데 대해선 아무도 부인하지 못할 것이다.

원래 20세기 초반까지 자본주의 경제학에서는 소비 영역에 대해서 큰 관심이 없었다. 오직 어떻게 대량생산을 조직할까에만 관심이 집중되어 있었다. 대량생산을 하면 애덤 스미스가 주장한 대로 이른바 '보이지 않는 손'에 이끌려 소비는 저절로 이루어질 것이라고 보았다. 하지만 이러한 신화를 깬 것은 잘 알려졌다시피 대공황이었다. 대공황 이후 대량소비를 조직하지 않으면 대량생산도 불가능하다는 것을 깨닫게 되었다.

소비를 해야 생산이 이루어지기 때문이다. 그래야 생산 과정과 유통 과정에서 일하는 또 다른 사람들이 돈을 벌 수 있다. 그래서 러셀은 "돈을 벌 때 다른 사람들의 입에서 가져온 것만큼의 빵을 돈을 쓸 때 사람들의 입에 넣어주는 것"이라고 말한다. 심지어 그는 "진짜 악당은 수입을 저축하는 사람"이라고까지 말한다. "저축한 돈을 산업체에 투자한다면 경우가 다르지 않느냐"는 반론에 대해서는 "오늘날 대부분의 사업들이 실패"하고 있기 때문에 오히려 대부분의 경우 아무에게도 이익을 주지 못하고 오히려 타인에게 해를 주는 결과가 된다고 비판한다. 실제로 어떤 업종이든 사업에서의 성공률은 10퍼센트 이내라는 것이 상식적 통계이고 보면 러셀이 무슨 얘기를 하는지 일단 이해는 간다.

　　그런데 저축과 소비 중에 무엇을 중시해야 하는가는 그 자체로 논쟁적 문제이긴 하다. 우리나라는 지난 외환위기 이후 정부가 앞장서서 소비 확대를 추진했다. 그 일환으로 카드 남발 정책을 폈고 한때 400만 명이 넘는 신용불량자를 양산한 주범 역할을 했다. 일본은 전통적으로 국민의 저축 선호 경향이 뚜렷했다. 그래서 일본경제의 '거품'이 꺼지고 난 후 정부 차원에서 대대적 소비 촉진 캠페인을 벌였지만 도무지 지갑이 열리지 않아 오랜 불황의 그늘 아래 있어야 했다. 상대적으로 유럽에서는 일본이나 한국에 비해 소비가 원활하게 이루어지는 경향을 보인다.

　　소비와 저축의 문제를 절대적인 기준으로 선택하기는 어렵다. 이는 그 사회의 분배 문제와 아주 깊은 관련을 맺고 있다. 북유럽이나 서유럽의 경우 복지가 상대적으로 잘되어 있기 때문에 노후생활에 대한 불안감이 덜할 수밖에 없고 그만큼 당장 지갑을 여는 데 자유로울 수 있다. 하지만 일본이나 한국의 경우 사회복지 수준이 바닥이다. 대부분 개인의 월급에 의존해서 살 수밖에 없는 처지다. 그래서 국가에 의한 복지를 중심으로 하는 나라에서는 상대적으로 소비가 활성화되는 경향을 보이고, 반대로 복지를 대부분 시장에서 상품의 형태로 각 개인의 능력에 맞게 구해야 하는 나라에서는 앞날에 대한 불안 때문에 저축을 선호하는 경향이 뚜렷하게 나타난다. 우리는 흔히 시장이 제대로 움직이기 위해서는 공공복지를 줄이고 개인의 경쟁에 맡겨야 한다는 주장을 상식이라고 믿는다. 하지만 이러한 점을 볼 때 정말 건전한 소비를 위해서도, 그리하여 시장이 정상적으로 작동하도록 하기 위해서도 공공적 복지를 일정하게 확대해야 하는 것은 아닌가 하는 문제의식을 던져볼 수 있다.

근로의 도덕은 노예의 도덕이다

여가는 시대의 변화에 따라 다른 조건 아래 있다. 특히 경제적 영역에서 생산력의 발달 정도가 여가에 미치는 영향이 매우 크다.

> 현대 기술은 여가를 소수 특권 계층만의 전유물에서 벗어나 공동체 전체가 고르게 향유할 수 있는 권리로 만들어주었다. 근로의 도덕은 노예의 도덕이며 현대 세계는 노예 제도를 필요로 하지 않는다. (…) 처음에 전사와 사제들은 힘으로 강제하여 농부들을 생산케 하고 잉여를 내놓도록 만들었다. 그러나 시간이 흐르면서 일한 대가의 일부가 놀고 있는 사람의 부양으로 빠져나가도 열심히 일하는 것이 농부의 본분이라는 윤리를 받아들이도록 유도할 수 있음을 깨달았다. (…) 만일 사회를 현명하게 조직해서 아주 적정한 양만 생산하고 보통 근로자가 하루 4시간씩만 일한다면 모두에게 충분한 일자리가 생겨나고 실업도 없을 것이다.

러셀의 말대로 처음에는 "전사와 사제들은 힘으로 강제하여 농부들을 생산케 하고 잉여를 내놓도록 만들었다."고 봐야 한다. 생산력이 일천했던 원시공동체사회에서는 누구나가 다 먹고사는 문제에만 매달려야 했다. 제사만을 담당하는 사제나 전쟁만을 담당하는 직업군인의 탄생은 농부에게서 잉여 생산물을 거둠으로써 가능할 수 있었다. 자기 수입의 십분의 일을 교회에 헌금하는 기독교의 십일조도 원시 기독교에서 비슷한 기능으로 생겨났다. 그 대신 생산자들은 조금의 여가도 없이 일만 해야 했다.

초기 자본주의사회만 해도 여가는 특정 계층의 전유물이었다. 19세기 중반은 산업화가 진행되어 일정한 공업 생산력을 갖추었으나 여전히 소수의 부유한 계층만이 여가를 향유했으며, 다수의 노동자와 농민은 오직 노동에만 몰두해야 하는 상황이었다.

부댕의 〈트루빌의 해변〉은 소수 귀족 출신이나 부유한 시민계급에 한정된 여가 현실을 잘 보여준다. 부댕은 프랑스 서북부에 있는 트루빌 해변에서 여가를 즐기는 상류층의 여가를 즐겨 그렸다.

수십 명의 남녀가 바닷가 모래사장에서 해가 지는 풍경을 감상하고 있다. 이미 하늘은 조금씩 석양에 물들어가고 있다. 남자들은 말쑥한 신사복 차림이고 여자들은 치마폭이 넓은 화려한 드레스와 장식 모자로 치장하고 있다. 한눈에 보기에도 상당히 부유한 계층의 사람들임을 알 수 있다. 화가가 특정 계층만을 그리고자 했던 것이 아니다. 당시 노을이 지는 바닷가 풍경을 느긋하게 즐길 수 있는 사람이 귀족 출신이나 성공한

▲ 부댕 〈트루빌의 해변〉 1864년

시민계급밖에 없었기 때문에 자연스럽게 이들을 주로 다룬 것이다. 소수
부유계층이 여가를 즐기는 동안 인구의 대다수를 차지하는 민중은 공장
과 농장에서 장시간 노동의 굴레로부터 한 치도 벗어날 수 없는 상황에
놓여 있었다.

여가와 놀이는 낭비인가

하지만 상식적으로 이러한 부당한 역할 분담을 순순히 받아들일 바보가 어디 있겠는가! 당연히 일정 단계에서 물리적인 강제를 통해 유지되었다. 그러다가 지배자들은 더 효과적인 방법을 발견해냈다. "열심히 일하는 것이 농부의 본분이라는 윤리"를 만들어내고 이를 자연스럽게 받아들이도록 하면 편하게 일을 시킬 수 있다는 것을 깨달았다. 그렇기 때문에 러셀은 역사적으로 근로의 도덕은 자연스럽게 생겨난 것이 아니라 지배자가 생산자에게 유포한 노예의 도덕에 불과하다고 주장한다. 끊임없이 열심히 일하는 개미가 되라는 도덕률은 지배자에 의해 기만적으로 유포된 근로의 도덕에 불과하다.

그런데 현대 과학기술은 생산력을 비약적으로 증가시켜서 노동자도 충분히 여가를 즐길 수 있게 만들어주었다. 그래서 "근로자가 하루 4시간씩만 일한다면 모두에게 충분한 일자리가 생겨나고 실업도 없을 것"이라고 밝은 전망을 그린다. 이게 어떻게 가능할까? 우리가 일상적으로 사용하는 옷핀 생산을 생각해보자. 8시간 일해서 인간에게 필요한 양의 핀을 생산하다가 기계가 발달해서 두 배를 생산할 수 있을 때 만약 계속 8시간 일을 시키면 어떤 일이 생길까? 핀은 자꾸자꾸 남아돌고, 파산하는 고용주들이 생겨나고, 과거 핀 제조에 관계했던 인원의 절반이 직장에서 내쫓기는 상황이 발생한다. 그러므로 가장 현명한 처방으로 4시간만 일하면 일자리도 보존하고 노동자의 여가도 늘어날 수 있다는 것이 러셀의 문제의식이다.

돈과 일 그리고 여가

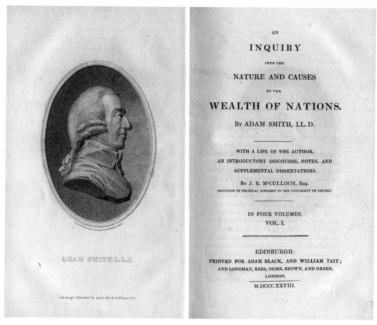

애덤 스미스와 《국부론》

　실제로 그간 생산력 발달은 눈부실 정도였다. 애덤 스미스의《국부론》은 위에 예로 든 핀 생산에서 분업이 얼마나 생산력의 발전에 기여했는가에 대한 묘사로 시작한다. 분업의 결과 노동자 1인당 생산량이 20개에서 4,800개로 증가하여 수공업자가 혼자 일하는 경우에 비해 무려 240배에 이르는 생산량 증가가 나타났다는 자료를 제시한다. 이후 기계의 발달에다가 분업을 더 고도화하여, 공구와 작업장 배치로 노동 과정에서의 동작 낭비를 없앤 테일러시스템과 컨베이어 벨트를 도입한 포드시스템이 기여한 것을 계산하면 인간의 생산력은 상상을 초월할 정도로 증가했다.

그래서 러셀이 보기에는 엄청난 생산력 발전에도 불구하고 현대 사회에서 근로의 도덕이 여전히 맹위를 떨치고 있는 현상은 정신 나간 짓이다. 이 사회의 지배자들은 개미와 베짱이의 중간에 해당하는 곤충이나 동물도 있다는 걸 도무지 생각하려 하지 않는다. 쉴 틈 없이 열심히 일하지 않으면 모두 다 날건달 정도로 치부해버린다. 그래서 그는 이제 노예의 도덕을 거부하고 게을러지자고, 여가를 누리기 위해 필요한 만큼의 일을 하는 사회를 만들자고 주장하는 것이다.

여가문화가 개인의 행복과 사회의 발전을 만들어준다

여러 사회 체제를 거치는 동안 지배세력은 항상 게으름과 여가를 낭비의 일종으로만 여겨왔다. 여가를 최소화하고 생산적인 노동을 확대할수록 사회 전체의 이익이 증가하고 결과적으로 개인에게도 득이 된다는 논리를 펴왔다. 하지만 러셀이 보기에 이러한 그릇된 통념에서 벗어나는 발상의 전환이 필요하다.

> 여가란 문명에 필수적이다. 예전에는 다수의 노동이 있어야만 소수의 여가가 가능했다. 그러나 다수의 노동이 가치 있는 이유는 일이 좋아서가 아니라 여가가 좋은 것이기 때문이다. 이제 현대사회는 기술 발전으로 문명에 피해를 주지 않고도 얼마든지 공정하게 여가를 분배할 수 있게 되었다. 현대 기술은 만인을 위한 생활필수품을 확보하는 데 필요한 노동의 양을 엄청나게 줄였다. (…) 모든 도덕적 자질 가운데서도 선한 본

성은 세상이 가장 필요로 하는 자질이며 이는 힘들게 분투하며 살아가
는 데서 나오는 것이 아니라 편안함과 안전에서 나오는 것이다.

러셀은 선한 본성은 "힘들게 분투하며 살아가는 데서 나오는 것
이 아니라 편안함과 안전에서 나오는 것"이라고 말한다. 그에게 노동은
힘들게 분투하는 것이고 여가는 편안함과 안전함을 주는 것이다. 그러
므로 "여가가 좋은 것이기 때문에" 노동이 가치가 있다고 단언한다. 현
대사회의 생산력이 보장하는 한도 내에서 노동을 최소화하고 여가를 최
대한 늘리자는 주장이다.

페르낭 레제의 〈여가〉는 현대인의 여가 모습을 담고 있다. 이 그
림이 제작된 20세기 중반은 이미 테일러시스템과 포드시스템에 의한
획기적인 생산성 향상으로 대량생산, 대량소비가 산업사회에 전반적으
로 자리를 잡은 상태다. 레제는 산업문명이 만들어내는 밝은 미래를 적
극적인 시각으로 표현한 화가다. 이 그림에서도 과학기술의 발달로 실
현된 물질적 풍요 아래에서 여가를 즐기는 도시인의 모습을 밝은 분위
기로 묘사했다. 평범한 사무직 직장인으로 보이는 남성과 여성, 그리고
아이들이 교외에서 즐거운 시간을 보내고 있다. 자전거를 타다가 경치
좋은 곳에서 한낮의 따사로운 햇볕을 만끽하는 분위기다.

보다 근본적으로 사람은 일을 위해 일을 하는 것이 아니라 여가
가 좋기 때문에 일을 한다. 일은 여가를 위한 수단일 뿐이다. 현대사회
학을 대표하는 한 사람인 지그문트 바우만도《고독을 잃어버린 시간》에

▲ 페르낭 레제 〈여가〉 1949년

서 더 많은 여가와 소비를 위해 더 근면하고 성실한 노동의 윤리가 필요
하다는 논리를 비판한다. 인간이 지향해야 하는 것은 일 자체가 아니라
여가다. 그는 유럽 식민주의 시대에 유행하던 오래된 농담을 통해 여가
를 위해 잔업과 철야를 마다하지 않는 강도 높은 노동의 허구성을 지적
한다. 다음은 나무 그늘에서 코를 골며 자고 있는 원주민과 그것을 본
'계몽'이라는 사명감에 불타는 영국인의 대화 내용이다.

> "너는 왜 이렇게 시간을 낭비하고 있느냐? 넌 정말 빈둥거리며 시간을 보
> 낼 수밖에 없는 아무짝에도 쓸모없는 게으름뱅이냐?"

"아이고 나리. 그럼 제가 대체 이것 말고 무엇을 할 수 있겠습니까?"

"당연히 낮이니까 일을 하러 가야지."

"왜요? 대체 왜?"

"돈을 벌어야 할 것 아니야!"

그러자 원주민은 더 의아해하며 다시 물었다.

"근데 대체 왜 돈을 벌어야 하죠?"

"당연히 여유롭게 휴식도 취하고 여가를 즐기기 위해서 돈을 버는 거지."

그러자 원주민은 몹시 불쾌하고 분한 듯 다음과 같이 소리치며 다시 돌아누웠다.

"하지만 그게 바로 지금 제가 하고 있는 일이잖아요."

하지만 노동과 여가를 이렇게 구분하는 시각에 반대하는 주장도 만만치 않다. 찰리 채플린의 〈모던 타임스〉에 묘사된 노동, 즉 분업에 의해 단순한 동작을 반복해야 하는 산업사회의 육체노동으로는 더 이상 현대사회의 노동을 설명할 수 없다는 반론이다. 특히 정보화사회의 특징인 지식노동은 노동과 여가에 대한 새로운 접근을 요구한다고 지적한다. 예를 들어 마셜 맥루언은 《미디어의 이해》에서 정보화사회의 노동은 과거와 전혀 다른 성격을 지닌다고 주장한다.

문화와 테크놀로지, 예술과 상업, 일과 여가라는 낡은 이분법을 없애버린다. 단편화가 지배적이었던 기계시대에는 여가란 일이 없는 것, 또는 단순히 놀고 지내는 것이었지만, 전기시대에는 그 반대가 맞는 말이 된다. 정보시대가 모든 능력을 동시에 사용하는 것을 우리에게 요구하고 있기 때문에, 우리는 모든 시대의 예술가들이 그랬던 것처럼 열심히 대상에 관여함으로써 가장 한가하게 여가를 누리게 된다.

　"일과 여가라는 낡은 이분법을 없애버린다."는 게 무슨 말일까? 당연히 일과 여가가 하나의 의미가 된다는 뜻이다. 그래서 예술가들이 그러했듯이 열심히 일하는 행위가 곧 가장 한가하게 여가를 누리는 것이 된다. 미술가, 음악가, 연극배우 등 예술가들을 생각하면 이해가 더 쉬워진다. 이들 역시 아주 고된 작업을 한다. 피아니스트, 바이올리니스트, 미술가 등 예술가들도 어린 시절부터 쉴 새 없이 연습에 연습을 거듭하고, 연주자가 되어서도 매일 고된 일정에 시달려야 한다. 하지만 우리는 이들이 "나는 피아노와 결혼했어요."라거나 혹은 "나는 미술과 결혼했어요."라고 말하는 것을 심심치 않게 듣는다. 그리고 음악가들은 휴가 중에도 악상을 떠올리고 미술가들은 스케치북을 갖고 여행한다. 일과 여가가 구분이 안 되는, 어찌 보면 일이 곧 여가인 셈이다.

　　하지만 노동자에게서 "나는 망치와 결혼했어요."라거나 "나는 공장과 결혼했어요."라는 말을 들어본 적 있는가? 당연히 없다. 그럼 왜 예술가들은 여가 중에도 일을 할까? 자기가 하고 싶은 일을 하기 때문이다. 또한 그 일이 갖는 창조적 성격이 많이 작용한다. 과거의 노동자는 테일러시스템과 포드시스템 아래에서 지루하게 반복되는 단순한 작업에서 어떠한 창의성도 발휘하기 어려웠다. 하지만 정보화사회에서 지식노동자들은 자기 취향이나 적성과 연관성이 높고 창의성을 요구하는 노동을 하기 때문에 예술가와 마찬가지로 일과 여가의 구분이 무의미해지는 상황을 맞이하게 된다는 주장이다.

맥루언은 육체노동의 변화에 대해서도 지적한다. "자동제어 기구의 전기시대는 사람들을, 앞선 기계시대의 기계적·전문가적 노예 상태로부터 해방시킨다. 기계와 자동차가 말을 해방해서 오락의 세계 속으로 던져 넣은 것처럼, 자동화가 인간을 해방하는 것이다."라고 한다. 이건 또 무슨 이야기일까? 과거에는 말이 운송 수단이자 노동 수단이었다. 먼 거리를 이동하거나 짐 실은 마차를 끌면서 말은 고된 육체노동을 했다. 그런데 자동차와 기차가 생기고 기계가 생기면서 말은 노동으로부터 해방되었다. 그러면 요즘에 말은 무엇을 할까? 승마나 폴로, 아니면 아이들을 태우고 사진을 찍는 것처럼 '오락의 세계'에서 즐기고 있다는 이야기다. 마찬가지로 산업시대에는 인간이 직접 고된 육체노동을 했지만 앞으로는 자동화가 진전되면서 대부분의 단순하고 반복적인 힘든 노동은 기계가 대신하고 인간은 관리를 중심으로 하며 노동으로부터 해방될 것이라는 주장이다.

하지만 맥루언의 주장에도 문제는 있다. 공장에서 자동화의 진전은 항상 실업 확대로 귀결되어왔다. 이러한 문제 해결 없이는 그가 말하는 행복한 상황은 정말 공상에 불과하다. 또한 예술가와 지식노동을 비유한 것도 고민할 부분이 있다. 예술 영역에는 다양성이 존재한다. 그래서 더 많이 찾는 미술품이나 음악이 있지만 그래도 다양한 장르와 작품이 공존한다. 하지만 경제 영역은 독점화 경향이 강하다. 프로그래머를 예로 들어보자. 한글 워드 프로그램은 초기에는 그래도 다양한 것이 있다가 '아래아한글'로 판이 정리되었다. 이른바 독점화된 것이다. 즉 극히 소수의 노동만 '산 노동'이 되고 나머지는 '죽은 노동'이 되는 것이 정보화와 연관된 지식노동일 수도 있다. 그런 점에서 예술과 경제에서의 '일'을 단지 정신적 노동이라는 공통 특징만을 가지고 연결하는 것은 아무래도 무리일 수 있다.

러셀의 문제의식대로 과학기술과 분업에 의한 생산력 발전을 노동시간 단축과 여가 확대로 연결하면 인간은 기계의 시간에 종속되었던 인간의 시간을 다시 되찾을 수 있지 않을까? 4시간 노동까지는 아니라 하더라도 현재 프랑스나 독일에서 시행되고 있는 7시간 노동제, 조금 더 욕심을 내서 6시간 노동제만 제대로 정착돼도 큰 변화가 나타날 수 있다. 아침 9시에 출근해서 낮 3~4시에 퇴근할 수 있다면 노동이 하루의 거의 전부가 아니라 일부로 바뀔 수 있다. 퇴근 이후 여가시간에 다양한 취미 활동은 물론이고 미술, 음악, 무용 등의 예술 활동, 나아가서는 학문에 대한 욕구를 다시 충족할 수 있는 다양한 활동에 참여할 수 있다. 만약 그럴 수 있으면 인간은 다시 시간을 자신의 의지로 조절하는, 시간과의 능동적 관계를 맺을 수 있지 않을까?

_ 데카르트, 《방법서설》
_ 러셀, 《게으름에 대한 찬양》
_ 레비스트로스, 《슬픈 열대》
_ 레비스트로스, 《신화학》
_ 레스터 C. 서로우, 《부의 지배》
_ 루소, 《에밀》
_ 르페브르, 《현대세계의 일상성》
_ 마르쿠제, 《일차원적 인간》
_ 마셜 맥루언, 《미디어의 이해》
_ 마키아벨리, 《군주론》
_ 막스 베버, 《직업으로서의 학문》
_ 막스 베버, 《프로테스탄티즘의 윤리와 자본주의 정신》
_ 미나미 겐코, 《오브리가다 아마존》
_ 미셸 푸코, 《광기의 역사》
_ 베이컨, 《학문에 관하여》
_ 보부아르, 《계약결혼》
_ 보부아르, 《제2의 성》
_ 불경, 《법구경》
_ 불경, 《상응부경전》
_ 빅토르 위고, 《레 미제라블》
_ 사드, 《소돔의 120일》
_ 사드, 《쥘리엣, 악덕의 번영》
_ 사르트르, 《실존주의는 휴머니즘이다》
_ 사르트르, 《존재와 무》
_ 세르반테스, 《돈키호테》
_ 셰익스피어, 《베니스의 상인》
_ 셸링, 《철학의 원리로서의 자아》
_ 순자, 《순자》
_ 스콧 피츠제럴드, 《위대한 개츠비》
_ 아들러, 《심리학이란 무엇인가》
_ 아리스토텔레스, 《수사학》
_ 아리스토텔레스, 《영혼에 대하여》

_ 아리스토텔레스, 《형이상학》
_ 아서 밀러, 《세일즈맨의 죽음》
_ 아우구스티누스, 《고백록》
_ 애덤스, 《미국의 서사시》
_ 앨리 러셀 혹실드, 《감정노동》
_ 야스퍼스, 《철학학교》
_ 에리히 프롬, 《소유냐 존재냐》
_ 이솝, 《이솝우화》
_ 입센, 《인형의 집》
_ 장자, 《장자》
_ 존 스튜어트 밀, 《자유론》
_ 주제 사라마구, 《눈먼 자들의 도시》
_ 지그문트 바우만, 《고독을 잃어버린 시간》
_ 짐멜, 《돈의 철학》
_ 칸트, 《실천이성비판》
_ 칼뱅, 《기독교강요》
_ 키에르케고르, 《불안의 개념》
_ 키에르케고르, 《죽음에 이르는 병》
_ 테일러, 《과학적 관리의 원칙》
_ 톨스토이, 《크로이체르 소나타》
_ 프로이트, 《꿈의 해석》
_ 프로이트, 《정신분석강의》
_ 플라톤, 《소크라테스의 변론》
_ 플라톤, 《알키비아데스》
_ 플라톤, 《파이돈》
_ 피에르 쌍소, 《느리게 산다는 것의 의미》
_ 하이데거, 《동일성과 차이》
_ 하이데거, 《존재와 시간》
_ 한비, 《한비자》
_ 허먼 멜빌, 《모비 딕》
_ 호이징가, 《중세의 가을》